Benno Frei Das Mehrwertsteuergesetz (MWStG)

BENNO FREI

Das MehrWertSteuer-Gesetz

Handbuch für die Praxis

5. erweiterte und aktualisierte Auflage

5., überarbeitete, erweiterte und aktualisierte Auflage

Alle Rechte vorbehalten
© 2012 by Cosmos Verlag AG, 3074 Muri / Bern
Umschlag: Atelier Otto Kunz, 3012 Bern
Druck: Schlaefli & Maurer AG, 3661 Uetendorf
Einband: Schumacher AG, 3184 Schmitten

ISBN 978-3-85621-207-0

Vorwort

Seit Erscheinen der 1. Auflage (1994) haben sich das MWStG (resp. die MWStV) sowie die Verwaltungspraxis der ESTV wesentlich verändert. Die MWSt ist zu einer komplexen Materie geworden. Beabsichtigt wird die MWSt zu vereinfachen. Politische und wirtschaftliche Interessen werden dieses Ziel jedoch negativ beeinflussen. Die Gesetzesreform erfolgt in zwei Teilen. Mit dem neuen MWStG per 1.1.2010 wurde der Teil A (beabsichtigtes Ziel «Entlastung der Unternehmen») umgesetzt. Die Umsetzung erfolgte aufgrund politischen Drucks sehr kurzfristig, was in der Anwendung Probleme verursacht. Die Umsetzung des Teils B (beabsichtigtes Ziel: Vereinfachung der MWSt / 2-Satz-Modell / Reduktion der Ausnahmen) wird voraussichtlich in den nächsten 2 – 3 Jahren erfolgen. Aufgrund des Veränderungsprozesses ist es notwendig, dass sich die steuerpflichtigen Personen und die Berater laufend mit dieser komplexen Materie beschäftigen. In diesem Handbuch sind das MWStG, die MWStV sowie einige wichtige Publikationen der ESTV berücksichtigt. Präzisierungen, Anpassungen sowie Änderungen vorbehalten. Es erfüllt einen Autor immer mit Stolz, wenn die Leserschaft nach einer Neuauflage verlangt. Im neuen, aktualisierten Werk habe ich die praxisnahe und verständliche Weise beibehalten. Es war jedoch unmöglich, sämtliche Themen- und Problembereiche in diesem Handbuch zu behandeln. Ich habe mich auf die wesentlichsten Themen beschränkt. Detaillierte Hinweise sind den Publikationen der ESTV (Aufstellung auf Seite 13 - 14) zu entnehmen. Aus Vereinfachungsgründen wird nur die männliche Sprachform gewählt.

Ich möchte es nicht unterlassen, der Leserschaft für das Interesse an meinem Buch zu danken. Die vielen positiven Rückmeldungen und Anregungen haben mich stets gefreut und dazu motiviert, eine neue Auflage zu schreiben. Auch habe ich versucht, die reiche Berufspraxis und die Unterrichtserfahrungen optimal ins Handbuch einzubringen.

Dieses Buch soll auf einfache, praxisnahe Weise die Anwendung des Mehrwertsteuergesetzes (MWStG) im beruflichen Alltag erleichtern und den interessierten Personen eine wertvolle Hilfestellung sein. Zahlreiche Grafiken unterstützen dieses Vorgehen. Anwendungsbeispiele, grafische Darstellungen, Tabellen sowie Checklisten geben sämtlichen steuerpflichtigen Personen wertvolle Hinweise. Das Buch ersetzt jedoch nicht das Studium der Publikationen der ESTV sowie eine individuelle Beratung.

Veröffentlichungen der ESTV via Internet «www.estv.admin.ch» geben zudem wertvolle und aktuelle Hinweise.

Praxisbeispiele zu wichtigen Themen und Fragen nach den Kapiteln ermöglichen es den Lesern, sich im Selbststudium zu vertiefen. Das Buch eignet sich deshalb auch für den Lehrunterricht.

Der Leserschaft wünsche ich viel Freude bei der Durchsicht des Handbuches und einen grossen Nutzen daraus.

Benno Frei

Brunnen SZ, August 2012

Inhaltsverzeichnis

1	Allgemeine Bestimmungen	15
1.1	Vorinformationen	15
1.1.1	Entwicklung der MWSt	15
1.1.2	Steuersätze (Fakturierungssätze/Abrechnungssätze)	16
1.1.3	Voraussetzung für die Abrechnung der MWSt	17
1.2	Begriffe	18
1.3	Systematik	24

2	Steuersubjekt	27
2.1	Steuersubjekt Inlandleistungen	27
2.2	Verzicht auf die Befreiung der Steuerpflicht	29
2.3	Sonderregelungen bei der Steuerpflicht	31
2.3.1	Gemeinwesen	31
2.3.2	Gruppenbesteuerung	34
2.3.3	Rechtsformändernde Umwandlung nach FusG	38
2.3.4	Steuerpflicht bei der Erstellung von Liegenschaften und bei Liegenschaften einer Einzelfirma	39
2.4	Beginn und Ende der Steuerpflicht	47
2.4.1	Beginn der Steuerpflicht	47
2.4.2	Ende der Steuerpflicht	50
2.5	Mithaftung und Steuernachfolge	53
2.5.1	Mithaftung	53
2.5.2	Steuernachfolge	53
2.6	Steuersubjekt Bezugsteuer	54
2.7	Steuersubjekt Einfuhrsteuer	57
2.8	Abgrenzung Steuersubjekt Bezugsteuer / Einfuhrsteuer bei Lieferungen	58
2.9	Fragen	61

3	Steuerobjekt	63
3.1	Mittelflüsse (Nicht-Entgelt)	63
3.2	Steuerbare Leistungen und Sonderfälle	64
3.3	Von der Steuer ausgenommene Leistungen	65
3.4	Option für die Versteuerung der von der Steuer ausgenommenen Leistungen	70
3.5	Von der Steuer befreite Leistungen	76
3.5.1	Lieferungen ins Ausland (Exportlieferungen)	78
3.5.2	Dienstleistungen im Ausland (Auslandleistungen)	79
3.5.3	Lieferungen im Ausland (Auslandleistungen)	79
3.5.4	Besonderheiten	80
3.6	Fragen	88

4	Berechnung und Überwälzung der Steuer	90
4.1	Bemessungsgrundlage	90
4.2	Steuersätze	101
4.3	Rechnungsstellung und Steuerausweis	105
4.4	Fragen	123

5	**Vorsteuerabzug, Vorsteuerkorrekturen**	**125**
5.1	Grundsatz effektiver/fiktiver Vorsteuerabzug	125
5.1.1	effektiver Vorsteuerabzug	125
5.1.2	fiktiver Vorsteuerabzug (Bezug von Urprodukten, Bezug von gebrauchten individualisierbaren beweglichen Gegenständen)	126
5.1.3	Vorsteuerabzug bei steuerpflichtigen Muttergesellschaften/Holdinggesellschaften	132
5.1.4	Zusammenfassung	135
5.1.5	Nachträglicher Vorsteuerabzug (Einlageentsteuerung) infolge Nutzungsänderungen	138
5.1.6	Nachträgliche Vorsteuerabzugskorrektur (Eigenverbrauch) infolge Nutzungsänderungen	140
5.2	Ausschluss des Anspruchs auf Vorsteuerabzug	142
5.3	Vorsteuerabzugskürzung / -korrektur	142
5.3.1	Vorsteuerabzugskürzung / -korrektur bei Erhalt von Mittelflüssen nach Art.18 Abs. 2 MWStG	142
5.3.2	Vorsteuerabzugskorrektur bei gemischter Verwendung	144
5.4	Spezialfälle Vorsteuerkorrekturen (Eigenverbrauch / Einlageentsteuerung)	153
5.4.1	Entnahme von Gegenständen / Eigenverbrauch	153
5.4.2	Privatanteil Fahrzeug / Eigenverbrauch	155
5.4.3	Eigenleistungen bei der Erstellung von Bauwerken zwecks Verkauf / Vermietung ohne Option oder zwecks Nutzung für nicht zum Vorsteuerabzug berechtigte Tätigkeiten / Eigenverbrauch	156
5.4.4	Nutzungsänderungen (Eigenverbrauch / Einlageentsteuerung)	159
5.5	Fragen	169
6	**Veranlagung und Verjährung der Steuerforderung**	**170**
6.1	Geschäftsperiode/-abschluss	170
6.2	Steuerperiode	170
6.3	Abrechnungsperiode	170
6.4	Finalisierungsperiode	170
6.5	Abrechnungsformulare	170
6.6	Abrechnungsmethoden	173
6.6.1	effektive Abrechnungsmethode	173
6.6.2	Abrechnung nach Saldosteuersätzen	173
6.6.3	Abrechnung nach Pauschalsteuersätzen	180
6.7	Meldeverfahren	181
6.8	Abrechnungsarten	189
6.9	Entstehung der Steuerforderung	191
6.9.1	Umsatzsteuern und Vorsteuern	191
6.9.2	Bezugsteuer	191
6.9.3	Einfuhrsteuer	192
6.10	Verjährungsfristen/Rechtskraft der Steuerforderung	192
6.10.1	Verjährungsfristen	192
6.10.2	Rechtskraft der Steuerforderung	194
6.10.3	Fristen für die Geschäftsperiode 01.01. – 31.12.2012	195
6.11	Beispiel «Erstellen der Abrechnung Q04/2012»	196
6.12	Fragen	206

7	**Bezugsteuer und Einfuhrsteuer**	**207**
7.1	Bezugsteuer	207
7.2	Einfuhrsteuer	207
7.2.1	Steuerobjekt	207
7.2.2	Bemessungsgrundlage	207
7.2.3	Entstehung der Einfuhrsteuerschuld	209
7.2.4	Unterstellungserklärung beim Einfuhrreihengeschäft	210
7.2.5	Rückerstattung wegen Wiederausfuhr	215
7.2.6	Verlagerung der Steuerentrichtung	215
7.3	Fragen	220
8	**Verfahrensrecht für die Inland- und die Bezugsteuer**	**221**
8.1	Allgemeine Verfahrensbestimmungen	221
8.1.1	Behörde für die Erhebung und den Einzug	221
8.1.2	Steuervertretung	221
8.1.3	Auskunftspflicht und Auskunftsrecht	221
8.2	An- und Abmeldung als steuerpflichtige Person	221
8.3	Buchführung und Aufbewahrung	222
8.4	Einreichung der Abrechnung	224
8.5	Korrektur von Mängeln in der Abrechnung (Finalisierung)	224
8.6	MWSt-Checkliste für den Geschäftsabschluss	240
8.7	Kontrolle	250
8.8	Ermessenseinschätzung	251
8.9	Vereinfachungen	251
8.10	Verfügungs- und Rechtsmittelverfahren	251
8.11	Entrichtung der Steuer/Verzugszins	252
8.12	Steuererlass	253
8.13	Sicherstellung	254
8.14	Löschung im Handelsregister	254
8.15	Fragen	255
9	**Strafbestimmungen**	**256**
9.1	Steuerhinterziehung	256
9.2	Qualifizierte Steuerhinterziehung	257
9.3	Steuerhehlerei	257
9.4	Widerhandlung im Geschäftsbetrieb	257
9.5	Verletzung von Verfahrenspflichten	257
9.6	Selbstanzeige	258
9.7	Fragen	258
10	**Übergangsbestimmungen/Wahlmöglichkeiten**	**259**
10.1	Übergangsbestimmungen	259
10.2	Wahlmöglichkeiten	260
10.3	Änderung der Steuersätze	260

11	**Anhang**	**261**
11.1	Lösungen zu den Fragen	261
11.2	Bundesgesetz über die Mehrwertsteuer (MWStG)	267
11.3	Mehrwertsteuerverordnung (MWStV)	323
11.4	Sachverzeichnis	383

Abkürzungsverzeichnis

Abs.	Absatz
abzgl.	abzüglich
AG	Aktiengesellschaft
Art.	Artikel
aSB	alte Spezialbroschüre (bis 31.12.2009)
BG	Bruttogewinn
BGE	Bundesgerichtsentscheid
Bst.	Buchstabe
BV	Bundesverfassung der Schweizerischen Eidgenossenschaft
bzw.	beziehungsweise
DBG	Bundesgesetz über die direkte Bundessteuer
dgl.	dergleichen
d.h.	das heisst
DS	Dienststelle eines Gemeinwesens
EESt	Einlageentsteuerung
EFD	Eidgenössisches Finanzdepartement
Eidg.	Eidgenössische
EIDI-V	Verordnung über elektronisch übermittelte Daten und Informationen
EP	Einstandspreis
ESTV	Eidgenössische Steuerverwaltung
ESTV HA MWST	Eidgenössische Steuerverwaltung, Hauptabteilung Mehrwertsteuer
EV	Eigenverbrauch
evtl.	eventuell
exkl.	exklusive
EZV	Eidgenössische Zollverwaltung
EZV Publ.	Publikationen der Eidg. Zollverwaltung
ff.	und folgende
FL	Fürstentum Liechtenstein
Form.	Formular
Fr.	Schweizer Franken
FusG	Fusionsgesetz
GmbH	Gesellschaft mit beschränkter Haftung
GVA	Gebäudeversicherungsanstalt
idR	in der Regel
inkl.	inklusive
KAG	Kollektivanlagengesetz
KG	Kollektivgesellschaft (Personengesellschaft)
Kto.	Konto
LA	Lohnausweis
lit.	Litera
LMG	Bundesgesetz über Lebensmittel und Gebrauchsgegenstände
MBI	MWSt-Branchen-Info (Informationsbroschüren der ESTV)
MI	MWSt-Info (Informationsbroschüren der ESTV)
Mio.	Million
MPI	MWSt-Praxis-Info (Informationsbroschüren der ESTV)
MWSt	Mehrwertsteuer
MWStG	Bundesgesetz über die Mehrwertsteuer
MWStV	Verordnung zum Bundesgesetz über die Mehrwertsteuer
Nr.	Nummer
OR	Schweizerisches Obligationenrecht
OZD	Oberzolldirektion

PBV	Preisbekanntgabeverordnung
Pers.ges.	Personengesellschaft
p. J.	pro Jahr
p. Mt.	pro Monat
Reg.-Nr.	Registernummer der Mehrwertsteuer
resp.	respektive
sep.	separat
sog.	sogenannt
Stpfl.	steuerpflichtige Personen
STWE	Stockwerkeigentum
u.a.	unter anderem
u.Ä.	und Ähnliches
USG	Umweltschutzgesetz
USt	Umsatzsteuer
usw.	und so weiter
u.U.	unter Umständen
vgl.	vergleiche
VOSt	Vorsteuer
VOStA	Vorsteuerabzug
VP	Verkaufspreis
VStrR	Bundesgesetz über das Verwaltungsstrafrecht
VwVG	Bundesgesetz über das Verwaltungsverfahren
ZAZ	zentralisiertes Abrechnungsverfahren der Zollverwaltung
z.B.	zum Beispiel
ZG	Zollgesetz
ZGB	Schweizerisches Zivilgesetzbuch
Ziff.	Ziffer
zL	zulasten
z.Zt.	zurzeit

Publikationen ESTV 13

MWST-PRAXIS-INFO

MPI 01	Präzisierungen zur MWSt Übergangsinfo 01
MPI 02	MWSt-liche Behandlung von CO_2-Emissionsrechten (2. Ausgabe)
MPI 03	Präzisierungen zur MWSt-Info 19 (Steuersatzerhöhung per 1.1.2011)

MWST-INFO

MI 00	Übersicht über die wichtigsten Änderungen des neuen MWStG
MI 01	MWSt in Kürze und Übergangsinfo
MI 02	Steuerpflicht
MI 03	Gruppenbesteuerung
MI 04	Steuerobjekt
MI 05	Subventionen und Spenden
MI 06	Ort der Leistungserbringung
MI 07	Steuerbemessung und Steuersätze
MI 08	Privatanteile
MI 09	Vorsteuerabzug und Vorsteuerkorrekturen
MI 10	Nutzungsänderungen
MI 11	Meldeverfahren
MI 12	Saldosteuersätze
MI 13	Pauschalsteuersätze
MI 14	Bezugsteuer
MI 15	Abrechnung und Steuerentrichtung
MI 16	Buchführung und Rechnungsstellung
MI 17	Leistungen an diplomatische Vertretungen und internationale Organisationen
MI 18	Vergütungsverfahren
MI 19	Steuersatzerhöhung per 1.1.2011
MI 20	Zeitliche Wirkung von Praxisfestlegungen

MWST-BRANCHEN-INFO

MBI 01	Urproduktion und nahe stehende Bereiche
MBI 02	Gärtner und Floristen
MBI 03	Druckerzeugnisse
MBI 04	Baugewerbe
MBI 05	Motorfahrzeuggewerbe
MBI 06	Detailhandel
MBI 07	Elektrizität und Erdgas in Leitungen
MBI 08	Hotel- und Gastgewerbe
MBI 09	Transportwesen
MBI 10	Transportunternehmungen des öffentlichen und des touristischen Verkehrs
MBI 11	Luftverkehr
MBI 12	Reisebüros sowie Kur- und Verkehrsvereine
MBI 13	Telekommunikation und elektronische Dienstleistungen
MBI 14	Finanzbereich
MBI 15	Vorsteuerpauschale für Banken
MBI 16	Versicherungswesen
MBI 17	Liegenschaftsverwaltung/Vermietung und Verkauf von Immobilien
MBI 18	Rechtsanwälte und Notare
MBI 19	Gemeinwesen

MBI 20   Bildung
MBI 21   Gesundheitswesen
MBI 22   Hilfsorganisationen, sozialtätige und karitative Einrichtungen
MBI 23   Kultur
MBI 24   Sport
MBI 25   Forschung und Entwicklung
MBI 26   Betreibungs- und Konkursämter

Die Publikationen der ESTV sind auf der Homepage «www.estv.admin.ch» verfügbar.

1. ALLGEMEINE BESTIMMUNGEN

1.1 VORINFORMATIONEN

1.1.1 Entwicklung der MWSt

Nachfolgend sind die wichtigsten gesetzlichen Schritte aufgeführt:

1995	Einführung Mehrwertsteuer Inkrafttreten der Verordnung über die Mehrwertsteuer (MWStV) vom 22.6.1994
1996	Inkraftsetzung eines Sondersatzes von 3% für die Besteuerung der Beherbergungsleistungen (Übernachtung mit Frühstück) befristet bis 31.12.2001

1999	Erhöhung der Steuersätze Normalsatz von 6,5% auf 7,5%
	                               Sondersatz von 3,0% auf 3,5%
	                               Reduzierter Satz von 2,0% auf 2,3%
	
	Der Sondersatz wird bis 31.12.2003 verlängert.

2001	Inkrafttreten des Bundesgesetzes über die Mehrwertsteuer (MWStG) vom 2.9.1999 (befristet bis 31.12.2006)
	
	Erhöhung der Steuersätze Normalsatz von 7,5% auf 7,6%
	                               Sondersatz von 3,5% auf 3,6%
	                               Reduzierter Satz von 2,3% auf 2,4%

2003	Der Sondersatz wird bis 31.12.2006 verlängert.
2004	Verlängerung des MWStG bis 31.12.2020
2005	Der Sondersatz wird bis 31.12.2010 verlängert.
2010	Inkrafttreten des Bundesgesetzes über die Mehrwertsteuer (MWStG) vom 12.6.2009 Der Sondersatz wird bis 31.12.2013 verlängert.

2011	Erhöhung der Steuersätze Normalsatz von 7,6% auf 8,0%
	                               Sondersatz von 3,6% auf 3,8%
	                               Reduzierter Satz von 2,4% auf 2,5%

1.1.2 Steuersätze (Fakturierungssätze / Abrechnungssätze)

Aus der nachfolgenden Tabelle 1 ist ersichtlich, wie sich die Steuersätze (Fakturierungssätze[1]) in der Vergangenheit entwickelt haben. Die entsprechenden Leistungen können dem Art. 25 MWStG entnommen werden.

Tabelle 1

Zeitpunkt ab	Nullsatz[2]	Reduz. Satz	Sondersatz	Normalsatz	....
01.01.1995	0,0%	2,0%		6,5%	
01.10.1996	0,0%	2,0%	3,0%	6,5%	
01.01.1999	0,0%	2,3%	3,5%	7,5%	
01.01.2001	0,0%	2,4%	3,6%	7,6%	
01.01.2011	0,0%	2,5%	3,8%	8,0%	

Aus der nachfolgenden Tabelle 2 ist ersichtlich, wie sich die Abrechnungssätze (Saldosteuersätze / Pauschalsteuersätze) in der Vergangenheit entwickelt haben. Weitere Einzelheiten können der Verordnung zu den Saldosteuersätzen entnommen werden.

Tabelle 2

ab 01.01.1995	ab 01.01.1999	ab 01.01.2001	ab 01.01.2010	ab 01.01.2011	.....
0,1%	0,1%	0,1%	0,1%	0,1%	
0,5%	0,6%	0,6%	0,6%	0,6%	
1,0%	1,2%	1,2%	1,2%	1,3%	
			2,0%	2,1%	
2,0%	2,3%	2,3%			
			2,8%	2,9%	
3,0%	3,4%	3,5%	3,5%	3,7%	
			4,2%	4,4%	
4,0%	4,6%	4,6%			
			5,0%	5,2%	
4,5%	5,1%	5,2%			
			5,8%	6,1%	
5,2%	5,9%	6,0%			
			6,4%	6,7%	

---

[1] bei effektiver Abrechnungsmethode entsprechen sie auch den Abrechnungssätzen
[2] von der Steuer ausgenommene Leistungen (Art. 21 MWStG), von der Steuer befreite Leistungen (Art. 23 MWStG)

1 Allgemeines

1.1.3 Voraussetzung für die Abrechnung der MWSt

Wer steuerpflichtig ist ...

... der hat die auf seinen eigenen Umsätzen geschuldete Steuer zu berechnen. Er überwälzt sie aber auf seine Abnehmer. Dem Bund bezahlt er den Steuerbetrag, der sich nach Abzug der Vorsteuern ergibt (Selbstveranlagungssteuer).

Wer nicht steuerpflichtig ist ...

... der hat seine eigenen Umsätze nicht zu versteuern. Dafür bleibt ihm die Vorsteuer haften.

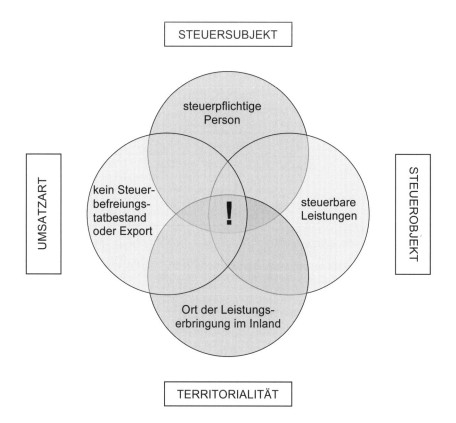

Die Steuer bezweckt die Besteuerung des nicht unternehmerischen Endverbrauchs im Inland (Art. 1 Abs. 1 MWStG). Art. 29 Abs. 1 MWStG vorbehalten.

1.2 BEGRIFFE Art. 3, 7 und 8

Inland

Das schweizerische Staatsgebiet mit den Zollanschlussgebieten nach Art. 3 Abs. 2 des Zollgesetzes vom 18. März 2005

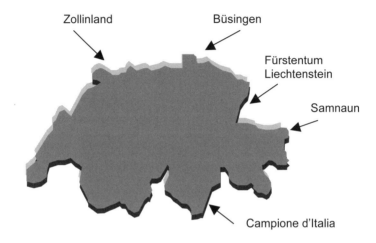

Als Inland gelten das Gebiet der Schweiz, das Fürstentum Liechtenstein (erhebt die Steuern selbst), die deutsche Enklave Büsingen, die italienische Enklave Campione, die Talschaft Samnaun und Sampuoir (Gemeinden Samnaun und Tschlin / nur für Dienstleistungen (Art. 4 MWStG)).

Gegenstand

Bewegliche und unbewegliche Sachen sowie Elektrizität, Gas, Wärme, Kälte und Ähnliches

➢ beweglich: Gegenstand eines Fahrniskaufes oder Energielieferung

➢ unbeweglich: Liegenschaften, Gebäude und Teile davon (als gleichwertig zu betrachten sind auch die Begriffe Immobilien, Bauwerke, Grundstücke)

Leistung

Die Einräumung eines verbrauchsfähigen wirtschaftlichen Wertes an eine Drittperson in Erwartung eines Entgelts, auch wenn sie von Gesetzes wegen oder aufgrund behördlicher Anordnung erfolgt. In der Verwaltungspraxis sollte keine Unterscheidung zwischen «verbrauchsfähigem» und «gebrauchsfähigem» Wert vorgenommen werden.

Lieferung

Verschaffen der Befähigung, im eigenen Namen über einen Gegenstand wirtschaftlich zu verfügen.

Abliefern eines Gegenstandes, an dem Arbeiten besorgt worden sind, auch wenn dieser Gegenstand dadurch nicht verändert, sondern bloss geprüft, geeicht, reguliert, in der Funktion kontrolliert oder in anderer Weise behandelt worden ist.

Überlassen eines Gegenstandes zum Gebrauch oder zur Nutzung.

Dienstleistung

Jede Leistung, die keine Lieferung ist. Eine Dienstleistung liegt auch vor, wenn:
- immaterielle Werte und Recht überlassen werden;
- eine Handlung unterlassen oder eine Handlung bzw. ein Zustand geduldet wird.

Entgelt

Vermögenswert, den der Empfänger oder an seiner Stelle eine Drittperson für den Erhalt einer Leistung aufwendet.

Hoheitliche Tätigkeit

Tätigkeit eines Gemeinwesens, die nicht unternehmerischer Natur ist, namentlich nicht marktfähig ist und nicht im Wettbewerb mit Tätigkeiten privater Anbieter steht, selbst wenn dafür Gebühren, Beiträge oder sonstige Abgaben erhoben werden.

Eng verbundene Personen

Die Inhaber von massgebenden Beteiligungen an einem Unternehmen oder ihnen nahe stehende Personen. Eine massgebende Beteiligung liegt vor, wenn die Schwellenwerte gemäss Art. 69 DBG[3] überschritten werden oder wenn eine entsprechende Beteiligung an einer Personengesellschaft vorliegt.

Spende

Freiwillige Zuwendung in der Absicht, den Empfänger zu bereichern ohne Erwartung einer Gegenleistung im mehrwertsteuerlichen Sinne. Eine Zuwendung gilt auch dann als Spende, wenn die Zuwendung in einer Publikation in neutraler Form einmalig oder mehrmalig erwähnt wird, selbst wenn dabei die Firma oder das Logo des Spenders verwendet wird. Beiträge von Passivmitgliedern sowie von Gönnern

---

[3] mindestens 10% am Grund- oder Stammkapital oder mindestens 10% am Gewinn und an den Reserven oder Beteiligungsrechten im Verkehrswert von mindestens Fr. 1 Mio. (MI 01 «MWSt in Kürze und Übergangsinfo», Teil II Ziff. 2.3)

an Vereine oder an gemeinnützige Organisationen werden den Spenden gleichgestellt.

Bekanntmachungsleistungen, welche von oder an gemeinnützige Organisationen erbracht werden, sind von der Steuer ausgenommen nach Art. 21 Abs. 2 Ziff. 27 MWStG. Als Bekanntmachungsleistungen gelten Leistungen, welche den Namen bzw. die Firma, die Tätigkeit oder auch die Leistungen von gemeinnützigen Organisationen oder von Dritten bekannt machen sollen, sofern es sich dabei nicht um eine Spende im Sinne von Art. 3 Bst. i MWStG handelt (MI 05 «Subventionen und Spenden», Ziff. 2.3.2).

Gemeinnützige Organisation

Organisation, die die Voraussetzungen erfüllt, welche gemäss Art. 56 Bst. g DBG für die direkte Bundessteuer gelten. Die ESTV stützt sich dabei auf die Bestätigung der kantonalen Steuerverwaltung, wonach die Einrichtung über eine Steuerbefreiung bei der direkten Bundessteuer verfügt (MI 05 «Subventionen und Spenden», Ziff. 2.3.2).

Rechnung

Jedes Dokument, mit dem gegenüber einer Drittperson über das Entgelt für eine Leistung abgerechnet wird, gleichgültig, wie dieses Dokument im Geschäftsverkehr bezeichnet wird.

Nachfolgend sind weitere wichtige Begriffe erläutert:

Steuerperiode

Als Steuerperiode gilt das Kalenderjahr. Das Geschäftsjahr kann erst zu einem späteren Zeitpunkt als Steuerperiode herangezogen werden (Art. 34 und Art. 116 MWStG), voraussichtlich ab 1.1.2014.

Ort der Lieferung

Als Ort einer Lieferung gilt der Ort, an dem
- sich der Gegenstand zum Zeitpunkt der Verschaffung der Befähigung, über ihn wirtschaftlich zu verfügen, der Ablieferung oder der Überlassung zum Gebrauch oder zur Nutzung befindet,
- die Beförderung oder Versendung des Gegenstandes zum Abnehmer oder in dessen Auftrag zu einer Drittperson beginnt.

Als Ort der Lieferung von Elektrizität und Erdgas in Leitungen gilt der Ort, an dem der Empfänger der Lieferung den Sitz der wirtschaftlichen Tätigkeit oder eine Betriebsstätte hat, für welche die Lieferung erbracht wird, oder in Ermangelung eines solchen Sitzes oder einer solchen Betriebsstätte der Wohnort oder der Ort, von dem aus er tätig wird (Art. 7 MWStG).

1 Allgemeines 21

Ort der Dienstleistung

Der Art. 8 MWStG bestimmt den Ort der erbrachten Dienstleistungen (MI 06 «Ort der Leistungserbringung», Teil III Ziff. 1 und 2):

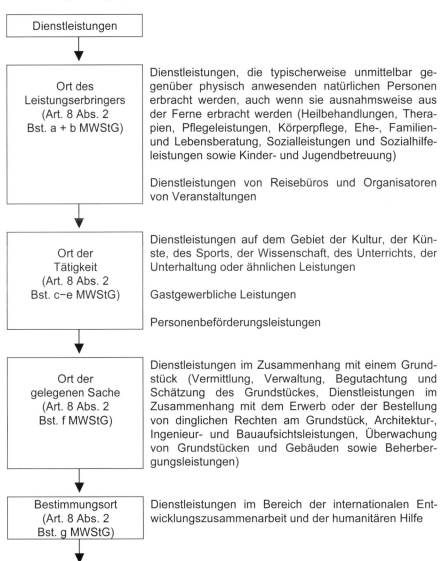

Dienstleistungen	
Ort des Leistungserbringers (Art. 8 Abs. 2 Bst. a + b MWStG)	Dienstleistungen, die typischerweise unmittelbar gegenüber physisch anwesenden natürlichen Personen erbracht werden, auch wenn sie ausnahmsweise aus der Ferne erbracht werden (Heilbehandlungen, Therapien, Pflegeleistungen, Körperpflege, Ehe-, Familien- und Lebensberatung, Sozialleistungen und Sozialhilfeleistungen sowie Kinder- und Jugendbetreuung) Dienstleistungen von Reisebüros und Organisatoren von Veranstaltungen
Ort der Tätigkeit (Art. 8 Abs. 2 Bst. c–e MWStG)	Dienstleistungen auf dem Gebiet der Kultur, der Künste, des Sports, der Wissenschaft, des Unterrichts, der Unterhaltung oder ähnlichen Leistungen Gastgewerbliche Leistungen Personenbeförderungsleistungen
Ort der gelegenen Sache (Art. 8 Abs. 2 Bst. f MWStG)	Dienstleistungen im Zusammenhang mit einem Grundstück (Vermittlung, Verwaltung, Begutachtung und Schätzung des Grundstückes, Dienstleistungen im Zusammenhang mit dem Erwerb oder der Bestellung von dinglichen Rechten am Grundstück, Architektur-, Ingenieur- und Bauaufsichtsleistungen, Überwachung von Grundstücken und Gebäuden sowie Beherbergungsleistungen)
Bestimmungsort (Art. 8 Abs. 2 Bst. g MWStG)	Dienstleistungen im Bereich der internationalen Entwicklungszusammenarbeit und der humanitären Hilfe
Ort des Leistungsempfängers (Art. 8 Abs. 1 MWStG) (Auffangartikel)	Immaterielle Rechte, Werbeleistungen, Leistungen von Beratern, Treuhändern, Anwälten usw., Datenverarbeitung, Personalverleih, Warenbeförderungsleistungen, Entsorgungsleistungen usw.

Um Wettbewerbsverzerrungen durch Doppelbesteuerungen oder Nichtbesteuerungen bei grenzüberschreitenden Leistungen zu vermeiden, kann der Bundesrat gemäss Art. 9 MWStG die Abgrenzung zwischen Lieferungen und Dienstleistungen abweichend von Art. 3 MWStG regeln sowie den Ort der Leistungserbringung abweichend von den Art. 7 und 8 MWStG bestimmen. Eine Beförderungsleistung liegt gemäss Art. 6 MWStV auch vor, wenn ein Beförderungsmittel mit Bedienungspersonal zu Beförderungszwecken zur Verfügung gestellt wird.

Ein wichtiger Begriff wurde im Art. 3 MWStG nicht behandelt. Es handelt sich um den Begriff «Unternehmen».

Unternehmen

Gemäss Art. 10 Abs. 1 MWStG betreibt ein Unternehmen, wer

➢ eine auf die nachhaltige Erzielung von Einnahmen aus Leistungen ausgerichtete berufliche oder gewerbliche Tätigkeit selbständig ausübt und

➢ unter eigenem Namen nach aussen auftritt.

Was für Leistungen darunterfallen, ist nirgends geregelt. Aus den Gesetzesartikeln können jedoch folgende Leistungen der unternehmerischen Tätigkeit zugeordnet werden:

➢ steuerbare Leistungen (zum Vorsteuerabzug berechtigt)

➢ steuerbefreite Leistungen (zum Vorsteuerabzug berechtigt)

➢ von der Steuer ausgenommene Leistungen (nicht zum Vorsteuerabzug berechtigt).

Wenn ein Unternehmen nur von der Steuer ausgenommene Leistungen (ohne Option) erbringt, ist es nach Art. 10 MWStG auch unternehmerisch tätig. Ein Verzicht auf die Befreiung von der Steuerpflicht ist jedoch aufgrund der Verwaltungspraxis der ESTV nicht möglich (MI 02 «Steuerpflicht», Teil A Ziff. 3, Nachtrag (Entwurf)).

Der Hinweis in Art. 1 Abs. 1 MWStG (die Steuer bezweckt die Besteuerung des nicht unternehmerischen Endverbrauchs im Inland) steht im Widerspruch zum Art. 29 Abs. 1 MWStG, d.h. das MWStG kennt auch die Besteuerung der unternehmerischen Investitionen/Aufwendungen bei Leistungen, die von der Steuer ausgenommen sind und nicht optiert wurden (unecht befreite Leistungen).

Keine Einnahmen aus unternehmerischen Leistungen sind

➢ «Nicht»-Entgelte (Mittelflüsse nach Art. 18 Abs. 2 Bst. a-i, k MWStG, Einnahmen aus Durchlaufposten, Einnahmen aus Verkauf eines Bodens (MBI 17 «Liegenschaftsverwaltung / Vermietung und Verkauf von Immobilien», Ziff. 1.3);

➢ Einnahmen aus unselbstständiger Tätigkeit (Art. 18 Abs. 2 Bst. j MWStG), hoheitliche Tätigkeiten (Art. 18 Abs. 2 Bst. l MWStG), Leistungen ohne resp. mit geringen Einnahmen (wenn Aufwendungen nicht mind. zu 25% durch Einnahmen aus Leistungen gedeckt werden (MI 02 «Steuerpflicht», Teil A Ziff. 1.1 und Ziff. 5, Nachtrag (Entwurf))), private Zwecke.

Die ESTV wird die MI 02 «Steuerpflicht» mit Detailangaben zum Begriff «Unternehmen» ergänzen.

1 Allgemeines

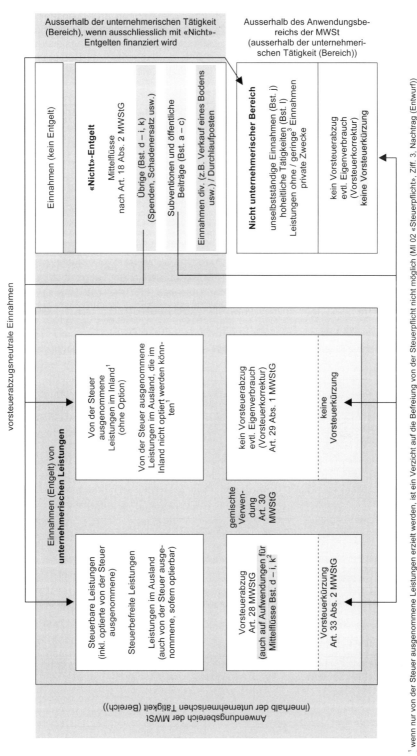

1.3 SYSTEMATIK

Grafik 1

	Warenwert (exkl. MWSt)		MWSt %	Fr.
Einkauf Betriebsmittel (inkl. 8,0% MWSt) Vorsteuerabzug möglich!				
ZOLLVERWALTUNG				
Einfuhren Rohstoffe	100.–	Umsatzsteuer	8,0	8.00
HERSTELLUNG Gewebe				
Lieferung Gewebe	VP 150.– EP 100.– BG 50.–	Umsatzsteuer Vorsteuer	8,0 8,0	12.00 8.00 4.00
HERSTELLER Kleider				
Lieferung Kleider	VP 230.– EP 150.– BG 80.–	Umsatzsteuer Vorsteuer	8,0 8,0	18.40 12.00 6.40
HÄNDLER Kleider				
Verkauf Kleider	VP 340.– EP 230.– BG 110.–	Umsatzsteuer Vorsteuer	8,0 8,0	27.20 18.40 8.80
KONSUMENTEN private Endverbraucher				
Nach der Einfuhr wird bei jeder Wirtschaftsstufe nur der Mehrwert mit der Umsatzsteuer belastet.	Total MWSt abzüglich Vorsteuer auf Investitionen und übrigem Betriebsaufwand			27.20

1 Allgemeines

Grafik 2

Die nachfolgende Grafik zeigt die Abrechnung der MWSt bei einer steuerpflichtigen Person im Inland auf.

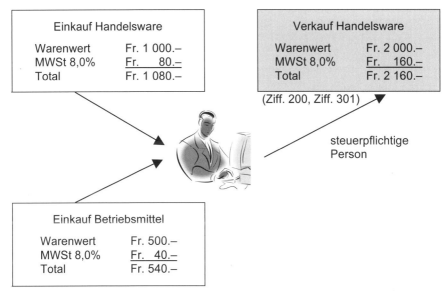

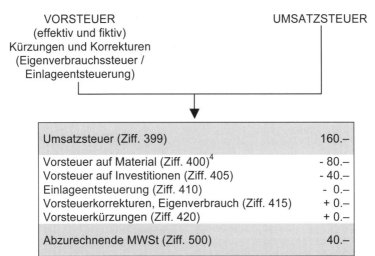

Quartalsweise Abrechnung (Seite 171) (Normale Abrechnungsweise)
Halbjährliche Abrechnung (Seite 172) (Saldosteuersatzmethode)
Monatliche Abrechnung (Antrag an die ESTV bei laufendem Vorsteuerüberhang)

---

[4] effektive und fiktive Vorsteuern

Grafik 3

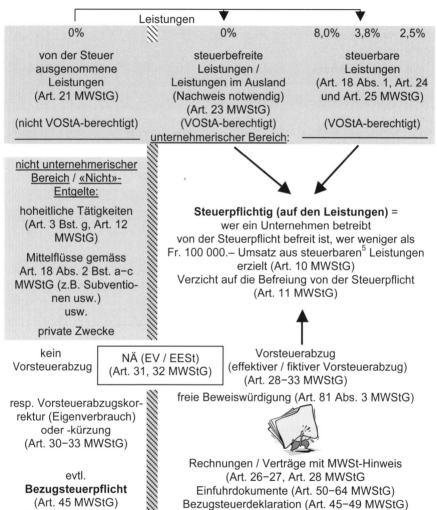

Es gibt drei Arten von Einnahmen: Einnahmen von unternehmerischen Leistungen (Entgelte), Einnahmen aus Mittelflüssen nach Art. 18 Abs. 2 MWStG, div. Einnahmen (Verkauf eines Bodens usw., Durchlaufposten).

---

[5] inkl. steuerbefreite Exportleistungen (jedoch ohne Leistungen im Ausland)

2. STEUERSUBJEKT

2.1 STEUERSUBJEKT INLANDLEISTUNGEN Art. 10, 12

> Steuerpflichtig ist, wer ein Unternehmen betreibt

Steuerpflichtig ist, wer unabhängig von Rechtsform, Zweck und Gewinnabsicht ein Unternehmen betreibt[1] und nicht von der Steuerpflicht befreit ist. Ein Unternehmen betreibt, wer

- eine auf die nachhaltige Erzielung von Einnahmen aus Leistungen ausgerichtete berufliche oder gewerbliche Tätigkeit selbständig ausübt und
- unter eigenem Namen nach aussen auftritt.

Was für Leistungen darunterfallen, ist nirgends geregelt. Aus den Gesetzesartikeln können jedoch folgende Leistungen der unternehmerischen Tätigkeit zugeordnet werden:

- steuerbare Leistungen (zum Vorsteuerabzug berechtigt)
- steuerbefreite Leistungen (zum Vorsteuerabzug berechtigt)
- von der Steuer ausgenommene Leistungen (nicht zum Vorsteuerabzug berechtigt).

Gemäss Art. 9 MWStV stellt auch das Erwerben, Halten und Veräussern von Beteiligungen im Sinn von Art. 29 Abs. 2-4 MWStG[2] eine unternehmerische Tätigkeit dar. Steht im Widerspruch zum Art. 10 und Art. 18 Abs. 2 Bst. f MWStG.

Die Hinweise zum Begriff «Unternehmen» auf Seite 22 und 23 sind zu beachten.

> und nicht von der Steuerpflicht befreit ist

Von der Steuerpflicht ist befreit, wer

- im Inland innerhalb eines Jahres weniger als Fr. 100 000.– Umsatz aus steuerbaren Leistungen (inkl. Exportlieferungen) erzielt (beim Gemeinwesen weniger als Fr. 100 001.–), sofern er nicht auf die Befreiung von der Steuerpflicht verzichtet. Der Umsatz bemisst sich nach den vereinbarten Entgelten ohne die MWSt;
- ein Unternehmen mit Sitz im Ausland betreibt, das im Inland ausschliesslich der Bezugsteuer (Art. 45–49 MWStG) unterliegende Leistungen erbringt. Nicht von der Steuerpflicht befreit ist jedoch, wer ein Unternehmen mit Sitz im Ausland betreibt,
  - das im Inland Telekommunikations- oder elektronische Dienstleistungen im Sinn von Art. 10 MWStV an nicht steuerpflichtige Empfänger erbringt;
  - das Elektrizität und Erdgas in Leitungen an nicht steuerpflichtige Personen ins Inland liefert (Art. 109 Abs. 2 MWStV).

---

[1] vorsteuerabzugsberechtigt ist (zwingende Gesetzesanpassung, systematisch notwendig), siehe Seite 22 / Ergänzungen in MI 02 «Steuerpflicht» Nachtrag (Entwurf))
[2] Anteile von mindestens 10% am Kapital

➢ als nicht gewinnstrebiger, ehrenamtlich geführter Sport- oder Kulturverein oder als gemeinnützige Institution im Inland weniger als Fr. 150 000.– Umsatz aus steuerbaren Leistungen erzielt, sofern er nicht auf die Befreiung von der Steuerpflicht verzichtet. Der Umsatz bemisst sich nach den vereinbarten Entgelten ohne die MWSt.

Folgende Einnahmen sind für die Beurteilung der Steuerpflicht nicht zu berücksichtigen:

Entgelte / Einnahmen:	Bemerkungen:
Entgelte für von der Steuer ausgenommene Leistungen nach Art. 21 MWStG;	Option gemäss Art. 22 MWStG möglich.
Entgelte für Lieferungen im Ausland; Entgelte für Dienstleistungen nach Art. 8 Abs. 2 MWStG, sofern der Ort der Dienstleistung im Ausland liegt; Entgelte für Dienstleistungen nach Art. 8 Abs. 1 MWStG, sofern der Empfänger im Ausland domiziliert ist;	Eine der Steuerpflicht im Inland nicht unterliegende Leistung / Verzicht auf die Befreiung von der Steuerpflicht nach Art. 11 MWStG möglich / wenn eine steuerpflichtige Person solche Leistungen hat, sind sie als Leistungen im Ausland (Ziff. 200 und Ziff. 221 des Abrechnungsformulars) zu deklarieren.
Einnahmen für hoheitliche Tätigkeit nach Art. 3 Bst. g MWStG;	Option nicht möglich.
Mittelflüsse nach Art. 18 Abs. 2 MWStG (z.B. Subventionen, Beiträge der öffentlichen Hand, Spenden, Schadenersatz usw.);	Option nicht möglich.
Einnahmen aus unselbstständiger Erwerbstätigkeit;	
Umsätze, die nicht beruflicher oder gewerblicher Natur sind resp. denen die erforderliche Nachhaltigkeit fehlt (z.B. Veräusserung eines Fahrzeuges durch eine Privatperson);	
Leistungen von im Inland nicht steuerpflichtigen Unternehmen mit Sitz im Ausland, die der Bezugsteuer unterliegen (Art. 45 MWStG).	

Bei der Anmeldung müssen die nachfolgenden Formulare ebenfalls beurteilt und evtl. eingereicht werden:

➢ Antragsformular «Abrechnung nach vereinnahmten Entgelten»;
➢ Unterstellungserklärung «Saldosteuersätze»;
➢ Unterstellungserklärung «Pauschalsteuersätze».

2.2 VERZICHT AUF DIE BEFREIUNG DER STEUERPFLICHT   Art. 11

Wer ein Unternehmen betreibt und nach Art. 10 Abs. 2 MWStG oder Art. 12 Abs. 3 MWStG von der Steuerpflicht befreit ist, hat das Recht, gemäss Art. 11 MWStG auf die Befreiung von der Steuerpflicht zu verzichten.

Der Verzicht auf die Befreiung kann frühestens auf den Beginn der laufenden Steuerperiode erklärt werden (Art. 14 Abs. 4 MWStG) und gilt für mindestens eine Steuerperiode (Art. 11 Abs. 2 MWStG). Auf die Befreiung von der Steuerpflicht kann somit auch ein Unternehmen verzichten, das noch keine Umsätze getätigt hat (z.B. bei Start-up-Unternehmen). Dies gilt beispielsweise auch für Unternehmen, die Umsätze mit von der Steuer ausgenommenen Leistungen erzielen wollen und beabsichtigen, für die freiwillige Versteuerung nach Art. 22 MWStG dieser Leistungen zu optieren (MI 02 «Steuerpflicht», Teil A Ziff. 3). Es kann während der gesamten Steuerperiode rückwirkend auf den 1.1., 1.4., 1.7. oder 1.10. die Registrierung ins Steuerregister beantragt werden (MPI 01 «Präzisierungen zur MWSt Übergangsinfo 01», Ziff. 3).

Beispiel: Steuerpflicht

Ausgangslage:

Die Muster AG (gegründet 1.1.2012) erzielt voraussichtlich im Jahr 2012 folgende vereinbarte Leistungen und übrige Einnahmen:

Leistungen im Inland	Fr. 40 000.–
Exportlieferungen (Ausfuhrnachweise vorhanden)	Fr. 30 000.–
Leistungen im Ausland	Fr. 50 000.–
Von der Steuer ausgenommene Leistungen	Fr. 20 000.–
(Art. 21 MWStG ohne Option nach Art. 22 MWStG)	
Schadenersatzzahlungen (Mittelflüsse)	Fr. 10 000.–
Total	Fr. 150 000.–

Frage:

Wird die Muster AG steuerpflichtig?

Lösungsansätze:

Nein, die Muster AG wird im Jahr 2012 nicht steuerpflichtig, weil der Umsatz aus steuerbaren Leistungen weniger als Fr. 100 000.– beträgt (Art. 10 Abs. 2 Bst. a MWStG). Als steuerbare Leistungen gelten:

Leistungen im Inland	Fr. 40 000.–
Exportlieferungen (Ausfuhrnachweise vorhanden)	Fr. 30 000.–
Total	Fr. 70 000.–

Die Muster AG kann jedoch gemäss Art. 11 MWStG auf die Befreiung von der Steuerpflicht verzichten, d.h. sie kann sich bei der ESTV anmelden.

Die Steuerpflicht kann mit folgender Grafik beurteilt werden (Art. 10 MWStG):

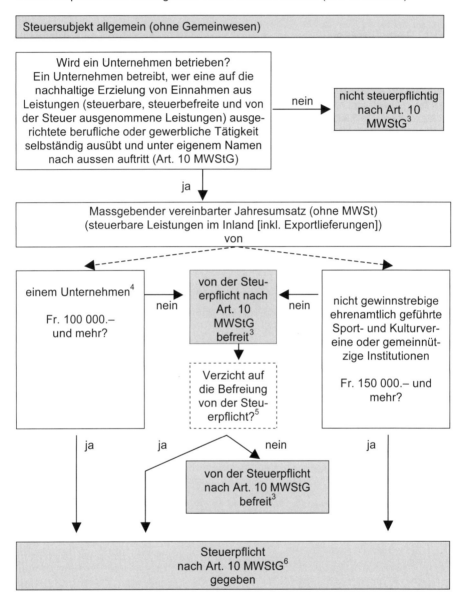

[3] zu prüfen ist jedoch die Bezugsteuerpflicht nach Art. 45–49 MWStG und die Steuerpflicht bei der Einfuhr nach Art. 50 - 64 MWStG
[4] ohne Unternehmen mit Sitz im Ausland, das im Inland ausschliesslich der Bezugsteuer (Art. 45–49 MWStG) unterliegende Leistungen erbringt, jedoch nicht Telekommunikations- oder elektronische Dienstleistungen im Inland oder Elektrizität und Erdgas in Leitungen ins Inland an nicht steuerpflichtige Empfänger
[5] auch wenn noch keine Umsätze getätigt werden oder ausschliesslich Leistungen im Ausland erbracht werden (mindestens während einer Steuerperiode [Kalenderjahr, Geschäftsjahr] [Art. 11, Art. 34 MWStG])
[6] inkl. Bezugsteuerpflicht nach Art. 45–49 MWStG und die Steuerpflicht bei der Einfuhr nach Art. 50–64 MWStG

2 Steuersubjekt

2.3 SONDERREGELUNGEN BEI DER STEUERPFLICHT

2.3.1 Gemeinwesen   Art. 12

Steuersubjekt der Gemeinwesen sind die autonomen Dienststellen von Bund, Kantonen und Gemeinden und die übrigen Einrichtungen des öffentlichen Rechts. Die Unterteilung eines Gemeinwesens in Dienststellen richtet sich nach der Gliederung des finanziellen Rechnungswesens (Finanzbuchhaltung), soweit dieses dem organisatorischen und funktionalen Aufbau des Gemeinwesens entspricht. Dienststellen können sich zu einem einzigen Steuersubjekt zusammenschliessen. Der Zusammenschluss kann auf den Beginn jeder Steuerperiode gewählt werden. Er muss während mindestens einer Steuerperiode beibehalten werden.

Ein Steuersubjekt eines Gemeinwesens ist von der Steuerpflicht befreit, solange nicht mehr als Fr. 25 000.– Umsatz pro Jahr aus steuerbaren Leistungen an Nichtgemeinwesen stammen. Stammen mehr als Fr. 25 000.– des Umsatzes aus steuerbaren Leistungen an Nichtgemeinwesen, so bleibt es so lange von der Steuerpflicht befreit, als sein Umsatz aus steuerbaren Leistungen an Nichtgemeinwesen und an andere Gemeinwesen Fr. 100 000.– im Jahr nicht übersteigt. Der Umsatz bemisst sich nach den vereinbarten Entgelten ohne MWSt.

Die folgenden unternehmerischen Leistungen von Gemeinwesen sind gemäss Art. 14 MWStV steuerbar (keine abschliessende Aufzählung):

1. Dienstleistungen im Bereich von Radio und Fernsehen, Telekommunikationsdienstleistungen sowie elektronische Dienstleistungen;
2. Lieferung von Wasser, Gas, Elektrizität, thermischer Energie, Ethanol, Vergällungsmitteln und ähnlichen Gegenständen;
3. Beförderung von Gegenständen und Personen;
4. Dienstleistungen in Häfen und auf Flughäfen;
5. Lieferungen von zum Verkauf bestimmten neuen Fertigwaren;
6. Lieferungen von landwirtschaftlichen Erzeugnissen durch landwirtschaftliche Interventionsstellen von Gemeinwesen;
7. Veranstaltung von Messen und Ausstellungen mit gewerblichem Charakter;
8. Betrieb von Sportanlagen wie Badeanstalten und Kunsteisbahnen;
9. Lagerhaltung;
10. Tätigkeiten gewerblicher Werbebüros;
11. Tätigkeiten der Reisebüros;
12. Leistungen von betrieblichen Kantinen, Personalrestaurants, Verkaufsstellen und ähnlichen Einrichtungen;
13. Tätigkeiten von Amtsnotaren;
14. Tätigkeiten von Vermessungsbüros;
15. Tätigkeiten im Entsorgungsbereich;
16. Tätigkeiten, die durch vorgezogene Entsorgungsgebühren gestützt auf Art. 32 a^{bis} des Umweltschutzgesetzes vom 7.10.1983 (USG) finanziert werden;
17. Tätigkeiten im Rahmen der Erstellung von Verkehrsanlagen;
18. Rauchgaskontrollen;
19. Werbeleistungen.

Beispiele von abrechnungspflichtigen Dienststellen: Abfallbeseitigung, Abwasserbeseitigung, Energie, Forstwirtschaft, Grundbuchamt, Kranken- und Pflegeheime, Massenmedien, Spitäler, Sport, Verwaltungsliegenschaften (mit Option), Wasserversorgung.

Steuerpflicht eines Gemeinwesens

```
                    Autonome Dienststellen /
                    übrige Einrichtungen des öffentlichen Rechts
                    Gesamtleistung
                    (Art. 12 MWStG)
```

- **Steuerbare Leistungen (Steuerobjekt) = massgebender Umsatz**
  - Umsätze aus Leistungen an Nichtgemeinwesen > Fr. 25 000.–? (Art. 12 MWStG)
    - ja → Gesamtumsatz mehr als Fr. 100 000.–? (an Nichtgemeinwesen und andere Gemeinwesen) (Art. 12 MWStG)
      - ja → **Subjektive Steuerpflicht gegeben für autonome Dienststelle**
      - nein → Verzicht auf die Befreiung von der Steuerpflicht (Art. 11 MWStG)
    - nein → Verzicht auf die Befreiung von der Steuerpflicht (Art. 11 MWStG)

- **Nicht steuerbare Einnahmen** aus von der Steuer ausgenommenen Leistungen (Art. 21 MWStG), aus hoheitlicher Tätigkeit (Art. 3 Bst. g MWStG), aus Erhalt von Subventionen (Art. 18 Abs. 2 Bst. a MWStG)
  - Option für von der Steuer ausgenommene Leistungen (inkl. Leistungen an andere Gemeinwesen und im eigenen Betrieb gewonnene Erzeugnisse der Urproduktion) (Art. 22 MWStG)
    - ja → Verzicht auf die Befreiung von der Steuerpflicht (Art. 11 MWStG)
    - nein → **Subjektive Steuerpflicht nicht gegeben für autonome Dienststelle / Von der Steuerpflicht befreit**

Verzicht auf die Befreiung von der Steuerpflicht (Art. 11 MWStG):
- ja → Subjektive Steuerpflicht gegeben für autonome Dienststelle
- nein → Subjektive Steuerpflicht nicht gegeben für autonome Dienststelle / Von der Steuerpflicht befreit

Leistungen innerhalb des gleichen Gemeinwesens sind Leistungen zwischen den Organisationseinheiten der gleichen Gemeinde, des gleichen Kantons oder des Bundes (Art. 38 MWStV). Die Gleichartigkeit ist nicht relevant. Der Begriff «gleiches Gemeinwesen» wird ausgeweitet.

2 Steuersubjekt

Beispiel: Steuerpflicht der Dienststelle «Bauamt»

Ausgangslage:

Die Dienststelle «Bauamt» der Gemeinde Muster erzielt folgende Jahresumsätze:

	Fr.
Reinigen, Unterhalt, Grabarbeiten Gemeindestrassen (für DS «Strassen»)	256 000.–
Reinigen, Unterhalt Privatstrassen	20 000.–
Grabarbeiten Gemeindestrasse für die Gemeinde B	10 000.–
Architekturleistungen an Ortsgemeinde A	32 000.–
Transporte für die DS «Kehricht» (Grünabfuhr)	8 000.–
Transporte für Private	12 000.–
Vermietung Räumlichkeiten im Werkhof 1. OG an die Bau AG (ohne Option)	24 000.–
Total Jahresumsatz	362 000.–

Frage:

Beurteilen Sie die Steuerpflicht der Dienststelle «Bauamt» der Gemeinde Muster. Auf welchem Betrag ist allenfalls die MWSt abzurechnen?

Lösungsansätze:

Die Dienststelle «Bauamt» der Gemeinde Muster ist gemäss Art. 10 Abs. 2 MWStG von der Steuerpflicht befreit.

Stufe:	Umsätze:	Fr.	Bemerkungen:
I	Steuerbare Leistungen an Nichtgemeinwesen:	32 000.–	über Fr. 25 000.– (Voraussetzung für die Steuerpflicht) (Reinigung Privatstrassen Fr. 20 000.–, Transporte für Private Fr. 12 000.–)
II	Total Jahresumsatz:	362 000.–	ohne von der Steuer ausgenommene Leistungen (Art. 21 Abs. 2 Ziff. 21 und 28 MWStG):
		– 24 000.–	Vermietung von Räumlichkeiten,
		– 256 000.–	Reinigen, Unterhalt, Grabarbeiten Gemeindestrassen (für DS «Strassen»),
		– 8 000.–	Transporte für die DS «Kehricht» (Grünabfuhr).
	Gesamtumsatz:	74 000.–	unter Fr. 100 000.– (Art. 10 MWStG)

III Leistungen an andere Gemeinwesen:	10 000.– Grabarbeiten Gemeindestrasse für die Gemeinde B.
	32 000.– Architekturleistungen an Ortsgemeinde A
Total (Stufen I+III):	74 000.–

Die Dienststelle «Bauamt» der Gemeinde Muster kann jedoch gemäss Art. 11 MWStG auf die Befreiung von der Steuerpflicht verzichten. Die MWSt wäre auf dem Betrag von Fr. 74 000.– zum Normalsatz mit der ESTV abzurechnen.

Bei Verzicht auf die Befreiung von der Steuerpflicht verursachen die von der Steuer ausgenommenen Leistungen bei effektiver Abrechnungsmethode bei den Investitionen und Aufwendungen eine Vorsteuerabzugskorrektur.

Die Dienststelle «Bauamt» der Gemeinde Muster kann gemäss Art. 22 MWStG durch offenen Ausweis der Steuer jede obgenannte von der Steuer ausgenommene Leistung versteuern (Option).

2.3.2 Gruppenbesteuerung   Art. 13

Rechtsträger mit Sitz oder Betriebsstätte in der Schweiz, die unter einheitlicher Leitung eines Rechtsträgers miteinander verbunden sind, können sich auf Antrag zu einem einzigen Steuersubjekt zusammenschliessen (Mehrwertsteuergruppe). In die Gruppe können auch Rechtsträger, die kein Unternehmen betreiben, und natürliche Personen einbezogen werden.

Bei der Gruppenbesteuerung sind nachfolgende Hinweise zu beachten I (Art. 15–22 MWStV):

Einheitliche Leitung:	Wenn durch Stimmenmehrheit, Vertrag oder auf andere Weise das Verhalten eines Rechtsträgers kontrolliert wird.
Gruppenbildung:	Kreis der Mitglieder der Mehrwertsteuergruppe kann – innerhalb der zur Teilnahme an der Gruppenbesteuerung Berechtigten – frei bestimmt werden.
	Die Bildung mehrerer Teilgruppen ist zulässig.
Gesuch / Bewilligung:	Gesuch ist von der Gruppenvertretung einzureichen:
	➢ ein in der Schweiz ansässiges Mitglied der Mehrwertsteuergruppe oder
	➢ eine Person (nicht Mitglied der Mehrwertsteuergruppe), mit Wohn- oder Geschäftssitz in der Schweiz.
	Die ESTV erteilt auf Gesuch hin die Bewilligung zur Gruppenbesteuerung, sofern die Voraussetzungen erfüllt sind.

2 Steuersubjekt

Änderung im Bestand der Gruppe:	Auf Gesuch hin kann ein Rechtsträger in eine bestehende Gruppe eintreten oder ein Mitglied aus einer Gruppe austreten.
	Die ESTV bewilligt den Ein- oder den Austritt auf den Beginn der folgenden bzw. auf das Ende der laufenden Steuerperiode.
Administrative und buchhalterische Erfordernisse:	Die Mitglieder müssen ihre Buchhaltung am gleichen Bilanzstichtag (Ausnahme: Holdinggesellschaften, wenn diese aus Gründen der Rechnungslegung einen anderen Bilanzstichtag aufweisen) abschliessen.
	Jedes Mitglied muss eine interne MWSt-Abrechnung erstellen, die in der Abrechnung der Mehrwertsteuergruppe zu konsolidieren ist.
	Jedes Gruppenmitglied hat nach der gleichen Abrechnungsart die MWSt-Abrechnungen zu erstellen.
	Sämtliche Gruppenmitglieder müssen nach der effektiven Methode abrechnen.
	Jedes Gruppenmitglied hat mindestens einmal jährlich eine Umsatz- und eine Vorsteuerabstimmung vorzunehmen.
	Die gruppeninternen Transaktionen (Aufwand und Ertrag) sind in den Geschäftsbüchern separat darzustellen (separate Konti oder separate Steuercode).
	Bei Gruppeninnenleistungen sind Belege gemäss den handelsrechtlichen Vorschriften oder interne Buchungsbelege zu erstellen. Die Gruppeninnenleistungen sind in der MWSt-Abrechnung nicht zu deklarieren.
	Belege über gruppeninterne Transaktionen dürfen keine Hinweise auf die MWSt tragen.
Mithaftung:	Während Gruppenzugehörigkeit: für sämtliche von der Mehrwertsteuergruppe geschuldeten Steuer-, Zins- und Kostenforderungen, ohne Bussen.
	Nach Austritt aus der Gruppe: Steuerforderungen, die sich aus ihren eigenen unternehmerischen Tätigkeiten ergeben haben.

Nicht Mitglied einer Mehrwertsteuergruppe werden können:
- ➢ assoziierte Unternehmungen,
- ➢ einfache Gesellschaften,
- ➢ Joint Ventures,
- ➢ Vorsorgeeinrichtungen,
- ➢ ausländische Gesellschaften,
- ➢ Gesellschaften im Fürstentum Liechtenstein.

Die Mehrwertsteuergruppe kann einheitlich unter einer MWSt-Nummer abrechnen. Die Innenumsätze unterliegen nicht der MWSt, sie sind jedoch buchmässig zu erfassen. Der Umsatzsteuer unterliegen die nach ausserhalb der Gruppe getätigten steuerbaren Leistungen. Die von der Steuer ausgenommenen Leistungen nach ausserhalb der Gruppe verursachen eine anteilmässige Vorsteuerabzugskorrektur der ausserhalb der Gruppe ausgeführten Aufwendungen und Investitionen.

Gruppenstruktur:

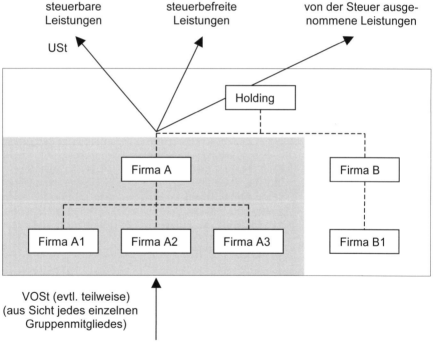

Die Gruppenvertretung sowie die Gruppenmitglieder haben eine Einverständniserklärung zur Gruppenbesteuerung und zur Mithaftung zu unterzeichnen und der ESTV einzureichen (siehe nachfolgendes Formular Nr. 664).

Einverständniserklärung zur Gruppenbesteuerung und zur Mithaftung

Name der Gruppenvertretung: ....

MWST-Nr. der Gruppe: ....
(wird wenn nötig durch ESTV vervollständigt)

Die untenstehenden Unterzeichnenden sind mit dem Antrag um Gruppenbesteuerung nach Artikel 13 und 15 MWSTG (Bundesgesetz vom 12. Juni 2009 über die Mehrwertsteuer, SR 641.20) und Art. 15 bis 22 MWSTV (Mehrwertsteuerverordnung vom 27. November 2009, SR 641.201) einverstanden. Im Rahmen des Antrages und entsprechend Artikel 15 MWSTG und Artikel 22 MWSTV erklären die genannten Unterzeichnenden, die während ihrer Zugehörigkeit zur MWST-Gruppe sind, sich der solidarischen Mithaftung für alle Steuer-, Zins- und Kostenforderungen (ausgenommen Bussen), die während ihrer Zugehörigkeit zur Gruppe entstehen, zu unterstellen. Zudem bevollmächtigen Sie die Gruppenvertretung, Sie in allen administrativen Belangen gegenüber der ESTV zu vertreten.

Mit ihrer Unterschrift verpflichtet sich die Gruppenvertretung, sämtliche Gruppenmitglieder über Eintritte und Austritte von Mitgliedern zu informieren. Jedes neue Mitglied ist zudem über den aktuellen Gruppenbestand zu orientieren.

Rechtsform/Name und Vorname *(durch jedes Gruppenmitglied auszufüllen, einschliesslich Gruppenvertretung)*	Adresse/Sitz	Geburtsdatum/Heimatort (für natürliche Personen)	Rechtsgültige Unterschrift(en)
....	....	....	....
....	....	....	....
....	....	....	....
....	....	....	....
....	....	....	....

Ort und Datum: .... Die Gruppenvertretung: .... *(wenn nötig bitte Kopie erstellen)*

ESTV / MWST
Schwarztorstrasse 50, CH-3003 Bern

D_MWST Nr. 0664_01 / 01.10

2.3.3 Rechtsformändernde Umwandlung nach FusG

Nimmt eine Gesellschaft eine im FusG vorgesehene Umwandlung ihrer Rechtsform vor (z.B. Umwandlung Personengesellschaft in Aktiengesellschaft), so führt diese nicht zu einem Wechsel des Steuersubjekts. Die Unternehmung behält ihre MWSt-Nr., Abrechnungsart (vereinbart/vereinnahmt) sowie Abrechnungsmethode (effektiv oder Saldo- bzw. Pauschalsteuersatz) bei. Damit im MWSt-Register die notwendigen Änderungen vorgenommen werden können, ist eine Umwandlung der Rechtsform unter Beilage eines Handelsregisterauszuges der ESTV zu melden (MI 11 «Meldeverfahren», Ziff. 1.3.3).

Überblick (keine abschliessende Aufzählung)
über alle zulässigen Transaktionen nach FusG:
(MI 11 «Meldeverfahren», Anhang II)

Übernehmender Rechtsträger:		KG	KomG	AG	KAG	GmbH	Geno
Übertragender Rechtsträger:							
Kollektivgesellschaft	KG	F	F U	F U	F U	F U	F U
Kommanditgesellschaft	KomG	F U	F	F U	F U	F U	F U
Aktiengesellschaft	AG			F S	F S U	F S U	F S U
Kommanditaktiengesellschaft	KAG			F S U	F S	F S U	F S U
Gesellschaft mit beschränkter Haftung	GmbH			F S U	F S U	F S	F S U
Genossenschaft	Geno			F S U	F S U	F S U	F S
Verein	Verein			F U	F U	F U	F U

Legende: F = Fusion, S = Spaltung, U = Umwandlung

gilt nicht für Einzelfirmen

2.3.4 Steuerpflicht bei der Erstellung von Liegenschaften und bei Liegenschaften einer Einzelfirma

Steuerpflicht bei der Erstellung von Bauwerken zwecks Verkauf ohne Option

Aktuelle Verwaltungspraxis (ab 1.7.2010)

Bei der Erstellung von Bauwerken zwecks Verkauf ohne Option muss (bei Anwendung der Besteuerungsvariante III) unterschieden werden zwischen

- steuerbare «werkvertragliche» Leistungen (ohne Wert des Bodens) (mit Vorsteuerabzug) / *Steuerpflicht*

und

- von der Steuer ausgenommene Liegenschaftsverkäufe (ohne Wert des Bodens) (kein Vorsteuerabzug resp. eine Vorsteuerabzugskorrektur (Eigenverbrauch)) / *keine Steuerpflicht*

Anhand der nachfolgenden Tabelle kann die Unterscheidung vorgenommen werden (MPI 01 «Präzisierungen zur MWSt Übergangsinfo 01», Ziff. 1; MBI 04 „«Baugewerbe», Ziff. 8). Wenn das Feld «steuerbare werkvertragliche Leistungen» bei einer Position zutrifft, wird der Leistungserbringer steuerpflichtig (sofern er nicht bereits steuerpflichtig ist).

	Steuerbare «werkvertragliche»Leistungen	
	Von der Steuer ausgenommene Leistungen	
	WER IST EIGENTÜMER DES BODENS?	
1.	Drittperson (nicht Bauunternehmer[7] / nicht Käufer)	ja
2.	Käufer	ja
3.	Bauunternehmer[7] (oder wenn Eigentümer des Bodens eine eng verbundene Person des Bauunternehmers ist) ja	
	a) erwirbt der Käufer ein fertig geplantes und projektiertes Objekt?	ja / nein
	b) wird ein (vom Bauunternehmer[7] zuvor festgesetzter) Pauschalpreis für Boden und Gebäude bezahlt?	ja / nein
!	c) kann der Käufer auf den Bau, die Ausgestaltung des Gebäudes (inkl. Umgebungsarbeiten) und die Leistungserbringer (Handwerker) nur beschränkten* Einfluss nehmen?	ja / nein
	d) liegt nur ein Vertrag vor (Kaufvertrag zwischen Bauunternehmer[7] und Käufer über Boden und Gebäude)?	ja / nein
!	e) gehen Nutzen und Gefahr erst nach Fertigstellung auf den Käufer über?	ja / nein
!	f) erfolgt die Bezahlung erst nach bezugsbereiter Fertigstellung (eine Anzahlung bis zu einer Höhe von 30% des Kaufpreises ist nicht schädlich)?	ja / nein
	Konnten sämtliche Fragen (Bst. a – f kumulativ mit «ja» beantwortet werden?	ja / nein

[7] Generalunternehmer, Investor

*Änderungen am projektierten Gebäude (Bst. a) aufgrund von individuellen Käuferwünschen (z.B. anderer Bodenbelag, zusätzliche Küchengeräte, zusätzliche Steckdosen) ändern an der Qualifikation des Vertrages als Kaufvertrag noch nichts, sofern die durch diese Änderungswünsche bedingten Mehrkosten 5% des angebotenen Pauschalpreises (für Boden und Gebäude (Bst. b)) nicht übersteigen. Findet nicht ein Verkauf des Bodens statt, sondern wird der Boden vom Bauunternehmer im Baurecht überlassen, so erhöht sich der Prozentsatz auf 7% des angebotenen Pauschalpreises für das Gebäude. Die Prozent-Grenzen verstehen sich pro Objekt. Zur Berechnung der Grenze ist die Summe aller Mehr- und Minderkosten ein und desselben Objektes massgebend. Überschreiten die Mehrkosten 5% bzw. 7% des Pauschalpreises, handelt es sich um steuerbare «werkvertragliche Leistungen» (ohne Wert des Bodens) (MPI 01 «Präzisierungen zur MWSt Übergangsinfo 01», Ziff. 1.1.3; MBI 04 «Baugewerbe», Ziff. 8.1.1.2).

Eine steuerbare «werkvertragliche» Leistung liegt u.a. dann vor

- wenn der Verkäufer des Gebäudes resp. Gebäudeteils nicht Besitzer des Bodens ist und somit den Boden nicht verkauft
- wenn beim Verkauf des Gebäudes resp. Gebäudeteils inkl. Boden
  - Käuferwünsche von mehr als 5% des Pauschalpreises bestehen oder
  - Anzahlungen von mehr als 30% des Kaufpreises bis zur Bezugsbereitschaft vorgenommen werden oder
  - Nutzen und Gefahr vor der Fertigstellung auf den Käufer übergehen.

Ein unwiderrufliches Zahlungsversprechen ist gemäss nicht publizierter Verwaltungspraxis nicht relevant, sofern keine Anzahlung von über 30% des Kaufpreises bis zur Bezugsbereitschaft erfolgt. Detaillierte Verwaltungspraxis ist zu beachten.

Die Leistung (Verkaufspreis des Bauwerkes ohne Wert des Bodens) kann aufgrund von Mehrkosten über 5% des Pauschalpreises bei Käuferwünschen erst während der Bauphase steuerbar werden. Wichtig ist, dass bei der Weiterbelastung der Mehrkosten an die Käufer ein Zuschlag (zusätzlich anfallende MWSt) erhoben wird.

Bei steuerbaren «werkvertraglichen» Leistungen ist die MWSt im Verkaufspreis (ohne Wert des Bodens) einzurechnen. In bezug auf eine allfällige Verwaltungspraxisänderung sollte die MWSt im Vertrag / in der Rechnung nicht offen ausgewiesen werden. Auch bei den separat in Rechnung gestellten Mehrkosten sollte die MWSt nicht offen aufgeführt werden.

Bei steuerbaren «werkvertraglichen» Leistungen ist auf dem Verkaufspreis des Gebäudes oder des Gebäudeteils (ohne Wert des Bodens) die Steuer zum Normalsatz geschuldet. Auf den vorsteuerbelasteten Anlagekosten kann der Vorsteuerabzug vorgenommen werden.

Beim von der Steuer ausgenommenen Liegenschaftsverkauf kann auf den Anlagekosten kein Vorsteuerabzug vorgenommen werden. Bei Eigenleistungen entfällt der baugewerbliche Eigenverbrauch. Auf dem zugekauften Material für die Eigenleistungen kann kein Vorsteuerabzug vorgenommen werden oder es ist ein Eigenverbrauch nach Art. 31 Abs. 1 und 2 Bst. b MWStG abzurechnen. Auf den verwendeten Infrastrukturen muss gemäss Art. 31 Abs. 4 MWStG auf einem Mietwert der Vorsteuerabzug korrigiert werden. Gemäss Art. 69 MWStV kann bei selbst hergestellten Gegenständen für die Ingebrauchnahme der Infrastruktur ein Pauschalzu-

2 Steuersubjekt

schlag von 33% auf den Vorsteuern auf Material und allfälligen Drittarbeiten bei Halbfabrikaten vorgenommen werden. Die Vorsteuerabzugskorrektur für die Ingebrauchnahme der (Verwaltungs-) Infrastruktur bei Ingenieur- und Architekturleistungen kann mit 8,0% MWSt auf den geschätzten vorsteuerbelasteten Aufwendungen (15% der selbst erbrachten Dienstleistungen zu Drittpreisen) ermittelt werden. Vorbehalten bleibt der effektive Nachweis der Vorsteuern, die auf die Ingebrauchnahme der Infrastruktur entfallen (Art. 69 Abs 3 MWStV) (MBI 17 «Liegenschaftsverwaltung / Vermietung und Verkauf von Immobilien», Ziff. 4.1).

Allgemeines:

Wird auf einer Baulandparzelle (Boden) eine Liegenschaft erstellt, gelten die beim Kauf des Bodens und bei der Erschliessung angefallenen vorsteuerbelasteten Aufwendungen als Anlagekosten des Gebäudes und gehören nicht mehr zum Wert des Bodens (MBI 17 «Liegenschaftsverwaltung / Vermietung und Verkauf von Immobilien», Ziff. 1.3). Beim Verkauf der Liegenschaft mit Option oder im Meldeverfahren gehören die vorgenannten Kosten zum Gebäudepreis und unterliegen der Lieferungssteuer oder dem Meldeverfahren.

Bei einer allfälligen Vorsteuerkorrektur (z.B. bei Verkauf ohne Option, bei Vermietung ohne Option usw.) sind die geltend gemachten Vorsteuern auf den beim Kauf angefallenen Kosten sowie auf den Erschliessungskosten (Roh- und/oder Feinerschliessung, Sondierungsarbeiten, Parzellierungskosten, Kosten für Vermarchung, Abbrucharbeiten, Bodensanierung usw.) ebenfalls zu berücksichtigen.

Beim Verkauf eines bebauten Grundstücks darf der Verkäufer auf den in direktem Zusammenhang mit dem Verkauf stehenden Kosten (Inserate, Vermittlungshonorar usw.) die Vorsteuern wie folgt geltend machen (MBI 17, Ziff. 5):

> Verkauf ohne Option: kein Vorsteuerabzug;

> Verkauf mit Option: Vorsteuerabzug möglich;

> Verkauf mit Meldeverfahren: Vorsteuerabzug im Rahmen seiner unternehmerischen, zum Vorsteuerabzug berechtigenden Tätigkeit.

Der Bodenverkauf ist unter Ziff. 200 und Ziff. 280 im Abrechnungsformular zu deklarieren (MBI 17 «Liegenschaftsverwaltung / Vermietung und Verkauf von Immobilien», Ziff. 1.3). Auch beim Verkauf eines bebauten Grundstücks (ohne Option, mit Option oder im Meldeverfahren) ist der Wert des Bodens unter Ziff. 200 und Ziff. 280 zu deklarieren.

Bei der Erstellung von Bauwerken zwecks Vermietung oder Verkauf kann aber auch bereits bei Baubeginn optiert werden, sofern die Räumlichkeiten beim Mieter / Käufer nicht ausschliesslich zu privaten Zwecken genutzt werden. Bei einer optierten Vermietung oder einem optierten Verkauf einer Liegenschaft kann auf den Investitionen und Aufwendungen der Vorsteuerabzug vorgenommen werden.

Bei Erstellung von Bauwerken zwecks Verkauf ohne Option mit Baubeginn vor dem 1.1.2010 oder im 1. Semester 2010 ist die alte Verwaltungspraxis der ESTV (Besteuerungsvariante I resp. II) anzuwenden (z.B. Baubeginn 1. Etappe im Jahr 2009 / 2. Etappe im Jahr 2012, usw.). Bei der ESTV ist ein entsprechendes Ruling einzuholen.

Die nachfolgende Aufstellung zeigt die drei bisherigen Besteuerungsvarianten auf:

Besteuerungsvarianten bei Erstellung von Bauwerken zwecks Verkauf (ohne Option)

Jahr 2009	1. Semester 2010	2. Semester 2010	usw.
Baubeginn		**BESTEUERUNGSVARIANTE I** vor Baubeginn sind sämtliche Verträge vorhanden: Bauwerk[1] für fremde Rechnung (steuerbare Lieferung ohne Wert des Bodens) vor Baubeginn sind *nicht* sämtliche Verträge vorhanden: Bauwerk[1] für eigene Rechnung (bis 31.12.2009: evtl. baugewerblicher Eigenverbrauch mit Vorsteuerabzug (aSB 04, Ziff. 7) / ab 01.01.2010: kein Vorsteuerabzug auf Material und Fremdleistungen sowie Vorsteuerabzugskorrektur auf Infrastruktur für Eigenleistungen (Art. 69 Abs. 3 MWStV)	
	Baubeginn	**BESTEUERUNGSVARIANTE II** vor Baubeginn sind Verträge vorhanden: Bauwerk[1] für fremde Rechnung (steuerbare Lieferung ohne Wert des Bodens) vor Baubeginn sind *keine* Verträge vorhanden: Bauwerk[1] für eigene Rechnung: kein Vorsteuerabzug auf Material und Fremdleistungen sowie Vorsteuerabzugskorrektur auf Infrastruktur für Eigenleistungen (Art. 69 Abs. 3 MWStV)	
	Baubeginn (Wahlmöglichkeit)	**BESTEUERUNGSVARIANTE III** Von der Steuer ausgenommener Liegenschaftsverkauf (ohne Wert des Bodens): Verkauf Gebäude mit Boden, sofern die Bst. a - f[2] kumulativ mit «ja» beantwortet werden können Steuerbare «werkvertragliche» Leistung (ohne Wert des Bodens): Verkauf Gebäude (ohne Boden) oder Gebäude mit Boden, sofern die Bst. a - f[2] mind. mit einem «Nein» beantwortet werden müssen	

[1] Bauwerk: Baubeginn bis 31.12.2009: grundsätzlich Gesamtprojekt gemäss aSB 04 «Eigenverbrauch», Ziff. 7.1.1 / Baubeginn ab 01.01.2010: ganzes Bauwerk oder selbstständige Teile davon (z.B. einzelne Stockwerkeinheiten) (MI 01 «MWSt in Kürze und Übergangsinfo, Teil II Ziff. 2.5.3.2)

Baubeginn: Zeitpunkt des Aushubs, Zeitpunkt des Teilabbruchs (oder ab 1.1.2010 voraussichtlich Totalabbruch, Roherschliessung, Bodensanierung (Verwaltungspraxis noch unklar))

Verträge: Werkverträge nach Art. 363 OR und/oder rechtsgültig abgeschlossene Kauf- oder Vorverträge nach Art. 216 Abs. 1 und 2 OR

Bei steuerbaren Leistungen (resp. Lieferungen) besteht der Anspruch auf den Vorsteuerabzug bei den vorsteuerbelasteten Anlagekosten

[2] MPI 01 «Präzisierungen zur MWSt Übergangsinfo 01», Ziff. 1.1.1; MBI 04 «Baugewerbe», Ziff. 8.1.1.1)

2 Steuersubjekt

Inskünftige Verwaltungspraxis (voraussichtlich Herbst 2012)

Weil die aktuelle Verwaltungspraxis (Besteuerungsvariante III) bei Erstellung von Bauwerken zwecks Verkauf ohne Option bei den KMU's einige steuerliche Nachteile bringt, ist eine Praxisänderung notwendig.

Gemäss des Autors sollte die Besteuerungsvariante II wieder eingeführt werden.

Für fremde Rechnung ausgeführte steuerbare Leistungen (ohne Wert des Bodens)	wenn bei Baubeginn des ganzen Bauwerks oder selbstständige Teile davon bereits rechtsgültig unterzeichnete Kauf- oder Werkverträge vorliegen
Für eigene Rechnung ausgeführte Leistungen (Verkauf: von der Steuer ausgenommen)	wenn bei Baubeginn des ganzen Bauwerks oder selbstständige Teile davon noch keine rechtsgültig unterzeichneten Kauf- oder Werkverträge vorliegen

Die vorgenannte Besteuerungsvariante II bringt bereits bei Baubeginn Klarheit über das steuerliche Vorgehen.

Als Bauwerk gilt grundsätzlich das Objekt, für welches ein Projekt erstellt wurde. Sofern klare Verhältnisse bei Baubeginn hinsichtlich Eigentumsverhältnissen, Vertragsart, Zuordnung der Bezugsfakturen und buchmässiger Aufzeichnung bestehen, kann als Bauwerk auch das Objekt oder die Bauetappe betrachtet werden. Die ESTV behält sich vor, bei Vorliegen von Missbräuchen die Aufteilung und Versteuerung nach Objekten oder Bauetappe zu verlangen oder zu verweigern (aSB 04 «Eigenverbrauch», Ziff. 7.1.1).

Der Zeitpunkt des Baubeginns ist der Beginn der Bautätigkeit (Aushub, Erschliessungskosten). Die Verwaltungspraxis der ESTV im Zusammenhang mit den Erschliessungskosten ist zurzeit noch etwas unklar.

Um den Zeitpunkt des Baubeginns nicht beurteilen zu müssen, könnte auch auf den Zeitpunkt von Nutzen und Gefahr (Besteuerungsvariante IV) abgestellt werden.

Besteuerungsvariante IV (neu):

Für fremde Rechnung ausgeführte steuerbare Leistungen (ohne Wert des Bodens)	wenn Nutzen und Gefahr des ganzen Bauwerks oder selbstständige Teile davon bei Vertragsunterzeichnung auf den Käufer übergehen
Für eigene Rechnung ausgeführte Leistungen (Verkauf: von der Steuer ausgenommen)	wenn Nutzen und Gefahr des ganzen Bauwerks oder selbstständige Teile davon bei Fertigstellung / Bezug auf den Käufer übergehen

Sofern die MWSt in den Verträgen sowie den Rechnungen nicht offen ausgewiesen wird, sollte gemäss Art. 43 Abs. 2 MWStG bei einer Änderung der Verwaltungspraxis die bereits abgerechnete Steuer, sofern sie nicht rechtskräftig oder verjährt ist, korrigiert werden können. Die ESTV hat zwischenzeitlich hiezu die MI 20 «Zeitliche Wirkung von Praxisfestlegungen» herausgegeben. Eine allfällige Korrektur ist jedoch nur möglich, wenn die MWSt nicht offen ausgewiesen ist. Art. 27 Abs. 2 - 4 MWStG ist zu beachten.

Beispiel: Steuerpflicht bei der Erstellung von Bauwerken zwecks Verkauf ohne Option (Verwaltungspraxis I - IV)

Ausgangslage:

Der Investor Hans Muster (nicht MWSt-pflichtig) lässt vier Eigentumswohnungen erstellen. Bei Baubeginn sind noch keine Kaufverträge unterzeichnet. Die Käuferanzahlungen betragen 50% des Kaufpreises von Fr. 1 200 000.– (inkl. Bodenanteil Fr. 300 000.–) inkl. allfällige MWSt je Eigentumswohnung.

Die gesamten Baukosten (inkl. 8,0% MWSt) betragen Fr. 3 200 000.–. Der Investor Hans Muster ist Eigentümer des Bodens.

Während der Bauphase konnten sämtliche Eigentumswohnungen verkauft werden. Nutzen und Gefahr gehen bei Fertigstellung / Bezug auf die vier Käufer über.

Die Käuferwünsche sind unbedeutend, d.h. nicht über 5% des Pauschalpreises und in den vorgenannten Beträgen enthalten.

Frage:

Wie muss der Investor Hans Muster bei den vier Besteuerungsvarianten den Verkauf der 4 Eigentumswohnungen mit der ESTV abrechnen?

Lösungsansätze:

Besteuerungsvariante I (Baubeginn bis 31.12.2009)
Weil bei Baubeginn noch keine rechtsgültigen Werkverträge nach Art. 363 OR und/oder rechtsgültig abgeschlossene Kauf- oder Vorverträge nach Art. 216 Abs. 1 und 2 OR vom ganzen Bauwerk vorliegen, handelt es sich beim Verkauf der Eigentumswohnungen um von der Steuer ausgenommene Leistungen nach Art. 18 Ziff. 20 aMWStG. Wenn die Bedingungen in Ziff. 7.3.1 der aSB 04 erfüllt sind, wird auf die Besteuerung des Eigenverbrauchs nach Art. 9 Abs. 2 Bst. a aMWStG verzichtet. Auf den Baukosten besteht kein Anspruch auf den Vorsteuerabzug.
Grundsätzlich wird der Investor Hans Muster nicht MWSt-pflichtig.

Besteuerungsvariante II
Weil bei Baubeginn noch keine rechtsgültigen Werkverträge nach Art. 363 OR und/oder rechtsgültig abgeschlossene Kauf- oder Vorverträge nach Art. 216 Abs. 1 und 2 OR vom ganzen Bauwerk oder selbstständige Teile davon vorliegen, handelt es sich beim Verkauf der Eigentumswohnungen um von der Steuer ausgenommene Leistungen nach Art. 21 Abs. 2 Ziff. 20 MWStG. Auf den Baukosten besteht kein Anspruch auf den Vorsteuerabzug.
Grundsätzlich wird der Investor Hans Muster nicht MWSt-pflichtig.
Allenfalls könnte die Weiterbelastung der Käuferwünsche steuerbar werden.

2 Steuersubjekt

Besteuerungsvariante III

Weil der Investor Hans Muster das Gebäude mit Boden verkauft und nicht sämtliche Kriterien gemäss Ziff. 8.1.1 der MBI 04 «Baugewerbe» und Ziff. 1 der MPI 01 «Präzisierungen zur MWSt Übergangsinfo 01» erfüllt sind (Bst. f, Anzahlung über 30%), handelt es sich beim Verkauf der Eigentumswohnungen um steuerbare «werkvertragliche» Leistungen (exkl. Wert des Bodens).

Umsatzsteuer 8% von (108,0%) Fr. 3 600 000.– =	Fr. 266 666.65
(Ziff. 200 und Ziff. 301 des Abrechnungsformulars)	
(Ziff. 200 und Ziff. 280 Boden Fr. 1 200 000.–)	
Vorsteuern 8% von (108,0%) Fr. 3 200 000.– =	Fr. 237 037.05
abzurechnende MWSt	Fr. 29 629.60

Der Investor Hans Muster wird MWSt-pflichtig.

Besteuerungsvariante IV

Weil Nutzen und Gefahr erst bei Fertigstellung / Bezug auf die Käufer übergehen, handelt es sich beim Verkauf der Eigentumswohnungen um von der Steuer ausgenommene Leistungen nach Art. 21 Abs. 2 Ziff. 20 MWStG. Auf den Baukosten besteht kein Anspruch auf den Vorsteuerabzug.

Grundsätzlich wird der Investor Hans Muster nicht MWSt-pflichtig.

Allenfalls könnte die Weiterbelastung der Käuferwünsche steuerbar werden.

Steuerpflicht bei Liegenschaften einer Einzelfirma

Eine steuerpflichtige Person (Einzelfirma), die in ihrer eigenen Liegenschaft (ganz oder teilweise) unternehmerisch tätig ist, kann auf den Aufwendungen (Reparaturen, Unterhalt, Nebenkosten und Investitionen) den Vorsteuerabzug auf jenem Gebäudeteil geltend machen, den sie für eine zum Vorsteuerabzug berechtigende unternehmerische Tätigkeit nutzt. Gilt das Gebäude aufgrund der sog. Präponderanz-Methode, welche von den direkten Steuern angewendet wird, nicht als Teil des Geschäftsvermögens und ist somit in der Geschäftsbuchhaltung nicht aktiviert, so sind die Belege der Aufwendungen (inkl. Investitionen), welche nicht über die Geschäftsbuchhaltung bezahlt werden, die jedoch für eine unternehmerische, zum Vorsteuerabzug berechtigende Tätigkeit verwendet werden, aufzubewahren und ein Vorsteuerabzug ist möglich. Die gegenüber der ESTV geltend gemachten Vorsteuern sind wie folgt zu verbuchen: Vorsteuerkonto (Aktiven) / Privatkonto (Passiven). Die bei der Ermittlung einer allfälligen Nutzungsänderung anfallenden Unterlagen sind während 26 Jahren aufzubewahren. (MBI 17 «Liegenschaftsverwaltung / Vermietung und Verkauf von Immobilien», Ziff. 6.5).

Während Ferienhäuser und -wohnungen sowie Parkplätze im Eigentum von juristischen Personen (z.B. AG, GmbH) und Personengesellschaften (z.B. Kollektiv- oder Kommanditgesellschaften) als Geschäftsvermögen (= unternehmerischer Bereich) gelten, sind diese bei Einzelfirmen primär dem Privatvermögen (= nicht unternehmerischer Bereich) zuzuordnen (MBI 17 «Liegenschaftsverwaltung / Vermietung und Verkauf von Immobilien», Ziff. 7.1). Solche Vermögenswerte werden für die

Belange der MWSt jedoch insbesondere dann dem unternehmerischen Bereich einer Einzelfirma zugeordnet, wenn eine der folgenden Voraussetzungen erfüllt ist:

➢ die Vermietung von Ferienhäusern / -wohnungen und / oder Parkplätzen stellt einen eigenen Betrieb oder Betriebsteil dar. Dies ist aus steuerlicher Sicht erfüllt, wenn aus solchen Vermietungen jährlich insgesamt Bruttomietzinseinnahmen (inkl. Nebenkosten) von mehr als Fr. 40 000.– erzielt werden (dieser Betrag versteht sich inkl. MWSt);

➢ die Ferienhäuser / -wohnungen und / oder Parkplätze bilden Gegenstand eines gewerbsmässigen Handels mit Liegenschaften;

➢ die Ferienhäuser / -wohnungen und / oder Parkplätze dienen dem Unternehmen als Betriebsreserve;

➢ die Ferienhäuser / -wohnungen und / oder Parkplätze dienen dem Unternehmen als Sicherheit für die ihm gewährten Betriebskredite.

Sind Ferienhäuser / -wohnungen dem unternehmerischen Bereich zuzuordnen (z.B. wenn die Ferienhäuser / -wohnungen dem Unternehmen als Sicherheit für die ihm gewährten Betriebskredite dienen), so ist das aus der Vermietung erzielte Entgelt eines im Inland gelegenen Ferienhauses bzw. einer im Inland gelegenen Ferienwohnung durch den steuerpflichtigen Eigentümer zum Sondersatz für Beherbergungsleistungen, das aus der Vermietung der im Inland gelegenen Parkplätze zum Normalsatz zu versteuern. Für Aufwendungen im Zusammenhang mit Ferienhäusern / -wohnungen und Parkplätze, die dem unternehmerischen Bereich zuzuordnen sind und vorwiegend geschäftlich genutzt werden, besteht der Anspruch auf vollen Vorsteuerabzug.

Wird ein(e) dem unternehmerischen Bereich zugeordnete im Inland gelegene(s) Ferienhaus / -wohnung vorwiegend für eine nicht unternehmerische Tätigkeit (z.B. für den Privatgebrauch bei einer Einzelfirma) verwendet, ist ein bereits geltend gemachter Vorsteuerabzug zu korrigieren (Art. 31 Abs. 2 MWStG). Werden bei einer steuerpflichtigen Einzelfirma eine oder mehrere Ferienliegenschaften dem unternehmerischen Bereich zugeordnet, geht die ESTV im Sinne einer annäherungsweisen Ermittlung davon aus, dass eines dieser Objekte während zweier Monate im Jahr für Privatzwecke (Art. 31 Abs. 2 MWStG) verwendet wird. Für diese zwei Monate ist ein Mietwert gemäss Art. 31 Abs. 4 MWStG zu berechnen. Die ESTV anerkennt als solchen Wert den Durchschnitt der bei den direkten Bundessteuern gültigen Jahreseigenmietwerte der einzelnen Objekte mit einem Zuschlag von 25%. Für die Berechnung im Einzelfall wird zudem davon ausgegangen, dass ein Jahr 360 Tage umfasst. Die zum Sondersatz für Beherbergungsleistungen bzw. Normalsatz (Parkplätze) berechnete Steuer auf diesem Mietwert ist als Vorsteuerkorrektur zu deklarieren. Sowohl die ESTV als auch die steuerpflichtige Person haben die Möglichkeit, eine davon abweichende Nutzungsdauer heranzuziehen, sofern diese durch geeignete Belege nachgewiesen wird (MBI 17 «Liegenschaftsverwaltung / Vermietung und Verkauf von Immobilien», Ziff. 7.1).

Stehen Ferienhäuser / -wohnungen und/oder Parkplätze im Gesamt- oder Miteigentum der steuerpflichtigen Person und ihres Ehepartners, bilden diese für die Belange der MWSt ein selbstständiges Steuersubjekt (einfache Gesellschaft). (MBI 17 «Liegenschaftsverwaltung / Vermietung und Verkauf von Immobilien», Ziff. 7.1 und Ziff. 7.1.4).

2.4 BEGINN UND ENDE DER STEUERPFLICHT   Art. 14

Die Steuerpflicht beginnt mit der Aufnahme der unternehmerischen Tätigkeit (Art.14 MWStG).

Die Steuerpflicht endet
- mit der Beendigung der unternehmerischen Tätigkeit
- bei Vermögensliquidation: mit dem Abschluss des Liquidationsverfahrens.

Die Befreiung von der Steuerpflicht endet, sobald das Total der im letzten Geschäftsjahr erzielten Umsätze die Grenze von Art. 10 Abs. 2 Bst. a oder c MWStG oder Art. 12 Abs. 3 MWStG erreicht hat oder absehbar ist, dass diese Grenze innerhalb von 12 Monaten nach der Aufnahme oder Ausweitung der unternehmerischen Tätigkeit überschritten wird.

Der Verzicht auf die Befreiung von der Steuerpflicht kann frühestens auf den Beginn der laufenden Steuerperiode erklärt werden.

Unterschreitet der massgebende Umsatz der steuerpflichtigen Person die Umsatzgrenze nach Art. 10 Abs. 2 Bst. a oder c MWStG oder Art. 12 Abs. 3 MWStG und ist zu erwarten, dass der massgebende Umsatz auch in der folgenden Steuerperiode nicht mehr erreicht wird, so muss sich die steuerpflichtige Person abmelden. Die Abmeldung ist frühestens möglich auf das Ende der Steuerperiode, in der der massgebende Umsatz nicht erreicht worden ist. Die Nichtabmeldung gilt als Verzicht auf die Befreiung von der Steuerpflicht nach Art. 11 MWStG. Der Verzicht gilt ab Beginn der folgenden Steuerperiode.

2.4.1 Beginn der Steuerpflicht

Personen, die nach Art. 10 MWStG steuerpflichtig werden, haben sich unaufgefordert innert 30 Tagen nach Beginn ihrer Steuerpflicht bei der ESTV schriftlich anzumelden. Diese teilt ihnen eine nicht übertragbare Nummer (UID-Nummer) zu, die registriert wird (Art. 66 Abs. 1 MWStG).

> **Unternehmen, die ihre Tätigkeit neu aufnehmen oder ihre Geschäftstätigkeit durch Geschäftsübernahme oder durch Eröffnung eines neuen Betriebszweiges erweitern (Art. 11 MWStV; MI 02 «Steuerpflicht», Teil A Ziff. 5):**
>
> Steuerpflicht beginnt mit der Aufnahme der unternehmerischen Tätigkeit.
>
> Befreiung von der Steuerpflicht endet mit der Neuaufnahme der Tätigkeit oder Erweiterung der Geschäftstätigkeit, wenn zu diesem Zeitpunkt den Umständen nach anzunehmen ist, dass die Umsatzgrenze von Fr. 100 000.– innerhalb der nächsten 12 Monate überschritten wird.
>
> Verzicht auf die Befreiung von der Steuerpflicht kann frühestens auf den Beginn der laufenden Steuerperiode erklärt werden.

Kann zum Zeitpunkt der Tätigkeitsaufnahme oder -ausweitung noch nicht beurteilt werden, ob die Umsatzgrenze überschritten wird, ist spätestens nach Ablauf von 3 Monaten seit Beginn oder Erweiterung der Geschäftstätigkeit eine erneute Beurteilung vorzunehmen. Ist aufgrund dieser Beurteilung anzunehmen, dass die Umsatzgrenze überschritten wird, so beginnt die Steuerpflicht bzw. endet die Befreiung von der Steuerpflicht wahlweise

➢ rückwirkend auf den Zeitpunkt der Aufnahme bzw. der Ausweitung der Tätigkeit (z.B. 1.1.2012) oder

➢ auf den Stichtag der erneuten Überprüfung, spätestens aber mit Beginn des 4. Monats (z.B. 1.4.2012).

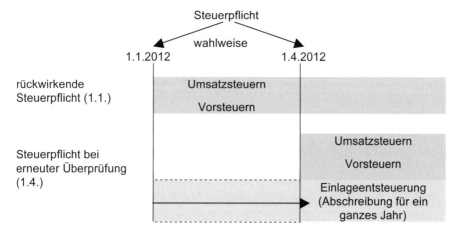

Bei der Eintragung auf den 4. Monat des Geschäftsjahres ist bei der Einlageentsteuerung für diese drei Monate eine Abschreibung für ein ganzes Jahr vorzunehmen (Art. 73 Abs. 2 MWStV, MI 02 «Steuerpflicht», Teil A Ziff. 5.1). Die Umsatzsteuern sowie die Vorsteuern sind ab Eintragung in der MWSt-Abrechnung zu deklarieren.

Bei der rückwirkenden Eintragung auf den Zeitpunkt der Aufnahme, bzw. der Erweiterung der Geschäftstätigkeit, können die Vorsteuern rückwirkend vollumfänglich vorgenommen werden, sofern die Unternehmung hiezu berechtigt ist. Die Umsatzsteuer ist ebenfalls rückwirkend ab dem Zeitpunkt der Aufnahme bzw. der Erweiterung der Geschäftstätigkeit abzurechnen.

Bestehende, bis anhin von der Steuerpflicht befreite Unternehmen (Art. 11 MWStV, MI 02 «Steuerpflicht», Teil A Ziff. 5):

Die Befreiung von der Steuerpflicht endet nach Ablauf des Geschäftsjahres, in dem die massgebende Umsatzgrenze von Fr. 100 000.– überschritten wurde.

Wurde die für die Steuerpflicht massgebende Tätigkeit nicht während eines ganzen Jahres ausgeübt, so ist der Umsatz auf ein volles Jahr umzurechnen.

Bei der Eintragung auf das neue Geschäftsjahr ist die Einlageentsteuerung auf dem Zeitwert gemäss Art. 32 Abs. 2 MWStG vorzunehmen. Die Umsatzsteuern sowie die Vorsteuern sind ab Eintragung in der MWSt-Abrechnung zu deklarieren. Im neuen Geschäftsjahr fakturierte Leistungen, die im alten Geschäftsjahr erbracht worden sind, müssen nicht mit der ESTV abgerechnet werden.

Der Fragebogen ist elektronisch zu erfassen.
(http://www.estv.admin.ch/mwst/dienstleistungen/00229/00591/index.html?lang=de)

Sonderfälle (MI 02 «Steuerpflicht», Teil A Ziff. 6.3):

Unternehmen mit Sitz im Ausland, die ausschliesslich der Bezugsteuer unterliegende Leistungen erbringen, sind grundsätzlich von der Steuerpflicht befreit, mit folgenden Ausnahmen:

a. Unternehmen mit Sitz im Ausland, die im Inland Telekommunikations- oder elektronische Dienstleistungen an nicht steuerpflichtige Empfänger erbringen, werden steuerpflichtig, sofern die Umsatzgrenze von Fr. 100 000.– innerhalb eines Jahres erreicht wird (Art. 10 Abs. 2 Bst. b MWStG). Für die Bestimmung der Steuerpflicht sind nur die den nicht steuerpflichtigen Personen im Inland in Rechnung gestellten erbrachten Telekommunikations- und elektronischen Dienstleistungen massgebend. Wird die Umsatzgrenze von Fr. 100 000.– innerhalb eines Jahres erreicht, muss sie die gesamten im Inland erzielten Leistungen (auch die an steuerpflichtige Leistungsempfänger) versteuern.

b. Unternehmen mit Sitz im Ausland, die im Inland Elektrizität oder Erdgas in Leitungen an nicht steuerpflichtige Empfänger liefern, werden steuerpflichtig, sofern die Umsatzgrenze von Fr. 100 000.– innerhalb eines Jahres erreicht wird. Wird die Umsatzgrenze von Fr. 100 000.– innerhalb eines Jahres erreicht, muss sie nur die Leistungen an nicht steuerpflichtige Empfänger versteuern (Art. 109 Abs. 2 MWStV).

Unternehmen mit Sitz im Ausland, die im Inland keine Leistungen erbringen, werden nicht obligatorisch steuerpflichtig und können auch nicht auf die Befreiung von der Steuerpflicht verzichten.

2.4.2 Ende der Steuerpflicht

Endet die Steuerpflicht nach Art. 14 Abs. 2 MWStG, so hat sich die steuerpflichtige Person innert 30 Tagen nach der Beendigung der unternehmerischen Tätigkeit, spätestens aber mit dem Abschluss des Liquidationsverfahrens, bei der ESTV schriftlich abzumelden (Art. 66 Abs. 2 MWStG).

Unterschreitet der massgebende Umsatz der steuerpflichtigen Person die Umsatzgrenze von Fr. 100 000.– und ist zu erwarten, dass der massgebende Umsatz auch in der folgenden Steuerperiode nicht mehr erreicht wird, muss sich die steuerpflichtige Person abmelden. Die Abmeldung ist frühestens auf das Ende der Steuerperiode, in der der massgebende Umsatz nicht erreicht worden ist, möglich.

Die Nichtabmeldung gilt als Verzicht auf die Befreiung von der Steuerpflicht. Der Verzicht gilt ab Beginn der folgenden Steuerperiode und muss während mindestens einer Steuerperiode angewendet werden.

Bei Beendigung der Steuerpflicht sind die Eigenverbrauchssteuer (Vorsteuerabzugskorrektur) und u.U. die angefangenen Arbeiten und offenen Debitoren mit der ESTV abzurechnen. Bei Anwendung der Saldosteuersatzmethode ist die Eigenverbrauchssteuer beim Warenlager, bei den Betriebsmitteln und den Anlagegütern (ohne Liegenschaften) abgegolten. Bei Beendigung der Steuerpflicht oder bei Entnahme aus dem unternehmerischen steuerbaren Bereich ist jedoch auf dem Zeitwert der unbeweglichen Gegenstände (Liegenschaften) im Zeitpunkt der Löschung aus dem MWSt-Register resp. der Entnahme die MWSt zum aktuellen Normalsatz abzurechnen, wenn (Art. 82 Abs. 2 MWStV; Art. 93 MWStV; MI 12 «Saldosteuersätze», Ziff. 9):

> der Gegenstand von der steuerpflichtigen Person erworben, erbaut oder umgebaut wurde, als sie nach der effektiven Methode abrechnete und sie den Vorsteuerabzug vorgenommen hat;

> der Gegenstand von der steuerpflichtigen Person während der Zeit, in der sie mit Saldosteuersätzen abrechnete, im Rahmen des Meldeverfahrens von einer effektiv abrechnenden steuerpflichtigen Person erworben wurde.

Zur Ermittlung des Zeitwertes der unbeweglichen Gegenstände wird für jedes abgelaufene Jahr linear $1/20$ abgeschrieben.

2 Steuersubjekt

Schlussabrechnung bei Beendigung der Steuerpflicht
(Stand 1.1.2012)

SCHLUSSABRECHNUNG per:
Einreichefrist und Zahlungsfrist:
Valuta (Verzugszins ab):

Abrechnungsmethode: effektiv

SA009950

Ihre Nummer: CHE-123.456.789 MWST
Ref-Nr: 999'999

B ☐

XXXXXXXXX

Auskünfte erteilt: xxxxxx
Tel.-Nr. xxxxx

Wurde ein Gesamt- oder Teilvermögen im Meldeverfahren (Form. Nr. 764) übertragen? ☐ ja ☐ nein
Wurde ein Gesamt- oder Teilvermögen mit Ausweis der MWST verkauft und versteuert? ☐ ja ☐ nein
--> *Bitte Bilanzen der letzten zwei Jahre beilegen, falls beide Antworten "nein" sind*

Falls einige der untenstehenden Positionen bereits in den ordentlichen Abrechnungen deklariert wurden, sind diese in der Schlussabrechnung nicht mehr zu deklarieren. **Die Schlussabrechnung ist auf jeden Fall unterschrieben einzureichen, auch wenn keine Steuer mehr zu deklarieren ist!**

			Steuersatz	Umsatz CHF	Steuer CHF / Rp.
A	**Ausgeführte, noch nicht fakturierte Leistungen**	bis 31.12.2010	7.6 %		+
	.	ab 01.01.2011	8.0 %		+
	Die Werte sind ohne MWST zu deklarieren.	bis 31.12.2010	2.4 %		+
	.	ab 01.01.2011	2.5 %		+
		bis 31.12.2010	3.6 %		+
	.	ab 01.01.2011	3.8 %		+
B	**Debitoren per Löschungsdatum**	bis 31.12.2010	7.6 %		+
	.	ab 01.01.2011	8.0 %		+
	Die Werte sind ohne MWST zu deklarieren	bis 31.12.2010	2.4 %		+
	Deklaration nur bei Abrechnung	ab 01.01.2011	2.5 %		+
	nach vereinnahmten Entgelten.	bis 31.12.2010	3.6 %		+
	.	ab 01.01.2011	3.8 %		+
C	**Waren- und Materialvorräte (Eigenverbrauch)** Bei den per Löschungsdatum vorhandenen Gegenständen muss die früher in Abzug gebrachte Vorsteuer zurückerstattet werden.				+
D	**Betriebsmittel / Investitionsgüter (Eigenverbrauch)** Bei den per Löschungsdatum vorhandenen Gegenständen muss die früher in Abzug gebrachte Vorsteuer zurückerstattet werden. Der Vorsteuerbetrag ist pro abgelaufenem Jahr um 20 % zu reduzieren. Es sind die letzten 5 Jahre zu berücksichtigen.				+
E	**Immobilien (Eigenverbrauch)** Bei den per Löschungsdatum vorhandenen Immobilien muss die früher in Abzug gebrachte Vorsteuer für aktivierbare Anlagekosten (Neuerstellung, Erwerb, wertvermehrende Aufwendungen) zurückerstattet werden. Der Vorsteuerbetrag ist pro abgelaufenem Jahr um 5 % zu reduzieren. Es sind die letzten 20 Jahre zu berücksichtigen.				+
F	**Dienstleistungen (Eigenverbrauch)** Hat man in den letzten 5 Jahren Dienstleistungen aktiviert, so muss auf dem Wert des noch nicht genutzten Teils die Vorsteuer zurückerstattet werden. Der Vorsteuerbetrag ist pro abgelaufenem Jahr um 20 % zu reduzieren. Es sind die letzten 5 Jahre zu berücksichtigen.				+
G	**Vorsteuer auf Material- und Dienstleistungsaufwand** --> *Bitte detaillierte Aufstellung beilegen*				-
H	**Vorsteuer auf Investitionen und übrigem Betriebsaufwand** --> *Bitte detaillierte Aufstellung beilegen*				-
I	**Vorsteuerkorrekturen / Vorsteuerkürzungen** Korrekturen / Kürzungen auf den bei der Schlussabrechnung geltend gemachten Vorsteuern oder Nachtrag aus Vorperioden (z.B. Privatanteile an den Autokosten).				+

An die Eidg. Steuerverwaltung zu bezahlender Betrag (500)

Guthaben der steuerpflichtigen Person (510)

Der/die Unterzeichnende bestätigt die Richtigkeit seiner/ihrer Angaben:

Datum   Buchhaltungsstelle   Telefon   Rechtsverbindliche Unterschrift

2 Steuersubjekt

SCHLUSSABRECHNUNG per:
Einreichefrist und Zahlungsfrist:
Valuta (Verzugszins ab):

Abrechnungsmethode: SSS/PSS

SA009950

Ihre Nummer: CHE-123.456.789 MWST
Ref-Nr: 999'999

B ☐

XXXXXXXXX

Auskünfte erteilt: xxxxx
Tel.-Nr. xxxxx

Wurde ein Gesamt- oder Teilvermögen im Meldeverfahren (Form. Nr. 764) übertragen?   ☐ ja   ☐ nein
Wurde ein Gesamt- oder Teilvermögen mit Ausweis der MWST verkauft und versteuert?   ☐ ja   ☐ nein
Wurde in den letzten 20 Jahren ein Gebäude oder ein Gebäudeteil erworben, erbaut oder umgebaut?   ☐ ja   ☐ nein

Falls einige der untenstehenden Positionen bereits in den ordentlichen Abrechnungen deklariert wurden, sind diese in der Schlussabrechnung nicht mehr zu deklarieren. **Die Schlussabrechnung bitte in jedem Fall unterschrieben einreichen, auch wenn keine Steuer mehr zu deklarieren ist!**

			Steuersatz	Umsatz CHF	Steuer CHF / Rp.
A	**Ausgeführte, noch nicht fakturierte Leistungen** *Die Werte sind inkl. MWST zu deklarieren.*				
	bis 31.12.2010	1. Saldosteuersatz			+
	ab 01.01.2011	1. Saldosteuersatz			+
	bis 31.12.2010	2. Saldosteuersatz			+
	ab 01.01.2011	2. Saldosteuersatz			+
B	**Debitoren per Löschungsdatum** *Die Werte sind inkl. MWST zu deklarieren.* *Deklaration nur bei Abrechnung nach vereinnahmten Entgelten.*				
	bis 31.12.2010	1. Saldosteuersatz			+
	ab 01.01.2011	1. Saldosteuersatz			+
	bis 31.12.2010	2. Saldosteuersatz			+
	ab 01.01.2011	2. Saldosteuersatz			+
C	**Steueranrechnung der Exporte (Formular-Nr. 1050)**				-
D	**Steueranrechnung der fiktiven Vorsteuer (Formular-Nr. 1055)**				-
E	**Immobilien** Wenn ein unbeweglicher Gegenstand (Gebäude oder Gebäudeteil) bisher für eine grundsätzlich zum Vorsteuerabzug berechtigende Tätigkeit verwendet wurde, ist auf dem Zeitwert die Steuer zum Normalsatz geschuldet, wenn die steuerpflichtige Person • den unbeweglichen Gegenstand erworben, erbaut oder umgebaut hat, als sie nach der effektiven Methode abrechnete, und sie den Vorsteuerabzug vorgenommen hat; oder • den unbeweglichen Gegenstand in der Zeit, in der sie die SSS- oder die PSS-Methode angewendet hat, im Rahmen des Meldeverfahrens von einer nach der effektiven Methode abrechnenden steuerpflichtigen Person erworben hat. *Zur Ermittlung des Zeitwerts des unbeweglichen Gegenstandes ist pro Jahr eine 5 %-ige Abschreibung vorzunehmen. In der ersten Steuerperiode der Ingebrauchnahme ist der Wertverlust für die ganze Steuerperiode zu berücksichtigen. In der letzten noch nicht abgelaufenen Steuerperiode ist hingegen keine Abschreibung vorzunehmen, ausser die Ausscheidung tritt am letzten Tag der Steuerperiode ein. Ein Beispiel finden Sie in der MWST-Info Saldosteuersätze.*				+

An die Eidg. Steuerverwaltung zu bezahlender Betrag (500)

Guthaben der steuerpflichtigen Person (510)

Der/die Unterzeichnende bestätigt die Richtigkeit seiner/ihrer Angaben:

Datum   Buchhaltungsstelle   Telefon   Rechtsverbindliche Unterschrift

2.5 MITHAFTUNG UND STEUERNACHFOLGE

2.5.1 Mithaftung   Art. 15

Mit der steuerpflichtigen Person haften solidarisch:

a. die Teilhaber an einer einfachen Gesellschaft, Kollektiv- oder Kommanditgesellschaft im Rahmen ihrer zivilrechtlichen Haftbarkeit;

b. Personen, die eine freiwillige Versteigerung durchführen oder durchführen lassen;

c. jede zu einer Mehrwertsteuergruppe gehörende Person oder Personengesellschaft für sämtliche von der Gruppe geschuldeten Steuern; tritt eine Person oder Personengesellschaft aus der Gruppe aus, so haftet sie nur noch für die Steuerforderungen, die sich aus ihren eigenen unternehmerischen Tätigkeiten ergeben haben;

d. bei der Übertragung eines Unternehmens: der bisherige Steuerschuldner noch während drei Jahren seit der Mitteilung oder Auskündigung der Übertragung für die vor der Übertragung entstandenen Steuerforderungen;

e. bei Beendigung der Steuerpflicht einer aufgelösten juristischen Person, Handelsgesellschaft oder Personengesamtheit ohne Rechtspersönlichkeit: die mit der Liquidation betrauten Personen bis zum Betrag des Liquidationsergebnisses;

f. für die MWSt einer juristischen Person, die ihren Sitz ins Ausland verlegt: die geschäftsführenden Organe bis zum Betrag des reinen Vermögens der juristischen Person.

Die in Bst. e und f bezeichneten Personen haften nur für Steuer, Zins- und Kostenforderungen, die während ihrer Geschäftsführung entstehen oder fällig werden; ihre Haftung entfällt, soweit sie nachweisen, dass sie alles ihnen Zumutbare zur Feststellung und Erfüllung der Steuerforderung getan haben.

2.5.2 Steuernachfolge   Art. 16

Stirbt die steuerpflichtige natürliche Person, so treten ihre Erben in ihre Rechte und Pflichten ein. Sie haften solidarisch für die vom Erblasser geschuldeten Steuern bis zur Höhe ihrer Erbteile, mit Einschluss der Vorempfänge.

Wer ein Unternehmen übernimmt, tritt in die steuerlichen Rechte und Pflichten des Rechtsvorgängers ein.

2.6 STEUERSUBJEKT BEZUGSTEUER Art. 45

Der Bezugsteuer unterliegen (Art. 45 Abs. 1 MWStG):

a. Dienstleistungen von Unternehmen mit Sitz im Ausland, die nicht im Register der steuerpflichtigen Personen eingetragen sind, sofern sich der Ort der Leistung nach Art. 8 Abs. 1 MWStG im Inland befindet;

b. die Einfuhr von Datenträgern ohne Marktwert mit den darin enthaltenen Dienstleistungen und Rechten (Details gemäss Art. 111 MWStV);

c. Lieferungen im Inland durch Unternehmen mit Sitz im Ausland, die nicht im Register der steuerpflichtigen Personen eingetragen sind, sofern diese Lieferungen nicht der Einfuhrsteuer unterliegen.

Steuerpflichtig für vorgenannte Leistungen ist deren Empfänger im Inland,

wenn der Empfänger:

nach Art. 10 MWStG steuerpflichtig ist	nach Art. 10 MWStG nicht steuerpflichtig ist
Generelle Deklaration der vorgenannten Leistungen im Abrechnungsformular (Ziff. 381).	Meldung an die ESTV, wenn im Kalenderjahr für mehr als Fr. 10 000.– vorgenannte Leistungen bezogen werden und die nicht steuerpflichtige Person in den Fällen von Bst. c vorgängig (innerhalb der Verjährungsfrist [5 Jahre]) durch die zuständige Behörde schriftlich über die Bezugsteuerpflicht informiert wurde.

Bei Lieferungen nach Art. 45 Abs. 1 Bst. c MWStG muss die zuständige Behörde nicht steuerpflichtige Empfänger vorgängig schriftlich über die Bezugsteuerpflicht informieren (Verwaltungspraxis der ESTV: innerhalb der Verjährungsfrist aufgrund Meldungen der EZV, der kantonalen Steuerverwaltungen (Abzug Liegenschaftsaufwand in Steuererklärung), inländische Handwerker usw.).

Bei steuerpflichtigen Empfängern ist die Bezugsteuer im Abrechnungsformular unter Ziff. 381 zu deklarieren.

	Ziffer	Leistungen CHF	Steuer CHF/Rp.
Bezugsteuer	381		

Ein Vorsteuerabzug kann im Rahmen der unternehmerischen Tätigkeit geltend gemacht werden (Art. 28 Abs. 1 Bst. b MWStG).

Ein nach Art. 10 MWStG nicht steuerpflichtiger Leistungsbezüger hat sich innert 60 Tage nach Ablauf des Kalenderjahres des Bezugs unaufgefordert auf dem Korrespondenzweg bei der ESTV zu melden, wenn er die Voraussetzungen nach Art. 45 MWStG erfüllt (Art. 66 Abs. 3 MWStG; MI 14 «Bezugsteuer», Ziff. 4.2).

2 Steuersubjekt

Leistungen, die nach Art. 21 MWStG von der Steuer ausgenommen oder nach Art. 23 MWStG von der Steuer befreit sind, unterliegen nicht der Bezugsteuer. Ebenfalls nicht der Bezugsteuer – sondern der Inlandsteuer – unterliegen die Lieferung von Elektrizität und Erdgas in Leitungen nach Art. 7 Abs. 2 MWStG und Telekommunikations- oder elektronische Dienstleistungen nach Art. 10 Abs. 2 Bst. b MWStG an Personen, welche nicht nach Art. 10 MWStG steuerpflichtig sind.

Ist ein ausländischer Leistungserbringer im Inland als steuerpflichtige Person registriert, unterliegen die von ihm erbrachten Leistungen nicht der Bezugsteuer (MI 14 «Bezugsteuer», Ziff. 2.1.5, Ziff. 2.3.2). Wird in der Rechnung des ausländischen Leistungserbringers eine ausländische MWSt offen überwälzt, berechnet sich die Bezugsteuer vom aufgewendeten Betrag ohne die ausländische MWSt (MI 14 «Bezugsteuer», Ziff. 3).

Sonderfälle:

Steuerpflichtige inländische Empfänger von Telekommunikations- oder elektronischen Dienstleistungen von Unternehmen mit Sitz im Ausland haben die Bezugsteuer nur zu deklarieren, wenn der ausländische Leistungserbringer im Inland nicht steuerpflichtig ist und die MWSt nicht überwälzt. Wird die Umsatzgrenze von Fr. 100 000.– von Leistungen an nicht steuerpflichtige Empfänger innerhalb eines Jahres erreicht, muss der ausländische Leistungserbringer die gesamten im Inland erzielten Leistungen (auch die an steuerpflichtige Leistungsempfänger) versteuern.

Unternehmen mit Sitz im Ausland, die im Inland Elektrizität oder Erdgas in Leitungen an nicht steuerpflichtige Empfänger liefern, werden steuerpflichtig, sofern die Umsatzgrenze von Fr. 100 000.– innerhalb eines Jahres erreicht wird. Wird die Umsatzgrenze von Fr. 100 000.– innerhalb eines Jahres erreicht, muss sie nur die Leistungen an nicht steuerpflichtige Empfänger versteuern (Art. 109 Abs. 2 MWStV).

Beispiel: Steuerpflicht Bezugsteuer

Ausgangslage:

Die Liegenschaften AG, St. Gallen (nicht steuerpflichtig) lässt im Jahr 2012 vom österreichischen Malergeschäft S Malerarbeiten für Fr. 28 000.– an einer Mietliegenschaft ausführen. Das benötigte Material wird im Inland eingekauft.

Frage:

Wird die Liegenschaften AG steuerpflichtig (Bezugsteuer)?

Lösungsansätze:

Nein, die Liegenschaften AG wird erst steuerpflichtig, wenn die ESTV sie über die Bezugsteuerpflicht informiert (innerhalb der Verjährungsfrist).

2 Steuersubjekt

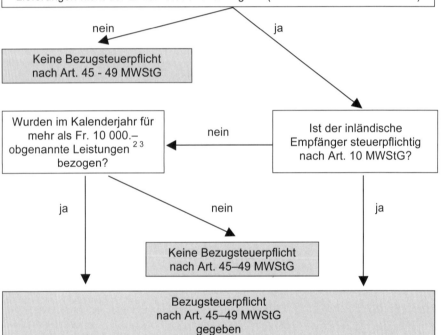

[1] wenn sich bei der Einfuhr von Datenträgern kein Marktwert feststellen lässt, unterliegt die Einfuhr nicht der Einfuhrsteuer sondern der Bezugsteuer (Art. 52 Abs. 2 MWStG)
[2] ohne Telekommunikationsdienstleistungen und elektronische Dienstleistungen (Art. 10 Abs. 2 Bst. b MWStG) und Lieferungen von Elektrizität und Erdgas in Leitungen (MI 14 «Bezugsteuer», Ziff. 2.1.5 und Ziff. 2.3)
[3] sofern bei Lieferungen nach Art. 45 Abs. 1 Bst. c MWStG die zuständige Behörde vorgängig schriftlich über die Bezugsteuerpflicht informiert

2.7 STEUERSUBJEKT EINFUHRSTEUER Art. 51

Steuerpflichtig ist, wer nach Art. 70 Abs. 2 und 3 ZG Zollschuldner ist. Zollschuldner ist:

- die Person, die Waren über die Zollgrenze bringt oder bringen lässt;
- die Person, die zur Zollanmeldung verpflichtet oder damit beauftragt ist;
- die Person, auf deren Rechnung die Waren ein- oder ausgeführt werden;
- im Postverkehr auch der Empfänger, sofern der Versender die Zollschuld nicht ausdrücklich übernommen hat.

Die Zollschuldner haften für die Zollschuld solidarisch.

Der Steuer unterliegt die Einfuhr von Gegenständen einschliesslich der darin enthaltenen Dienstleistungen und Rechte.

Lässt sich bei der Einfuhr von Datenträgern kein Marktwert feststellen, so ist hierauf keine Einfuhrsteuer geschuldet und die Bestimmungen über die Bezugsteuer sind anwendbar.

Wer Steuern im Verlagerungsverfahren entrichten will, bedarf einer Bewilligung der ESTV (Art. 117 MWStV).

Weitere Hinweise können der Ziff. 7.2. entnommen werden.

Bei Lieferungen von Leistungserbringern im Sitz im Ausland an Empfänger mit Sitz im Inland ist die nachfolgende Abgrenzungsgrafik zu beachten. Die Grafik zeigt auch die Haftung des inländischen Empfängers der Lieferung auf.

2.8 ABGRENZUNG STEUERSUBJEKT BEZUGSTEUER / EINFUHRSTEUER BEI LIEFERUNGEN

Bei Leistungserbringern mit Sitz im Ausland wird die ESTV genauer prüfen, ob die Lieferung der Bezugsteuer (ESTV) oder der Einfuhrsteuer (EZV) unterliegt. Allenfalls werden gegenseitig (ESTV / EZV) Meldungen vorgenommen. Es empfiehlt sich, die nachfolgende Überprüfung vorzunehmen:

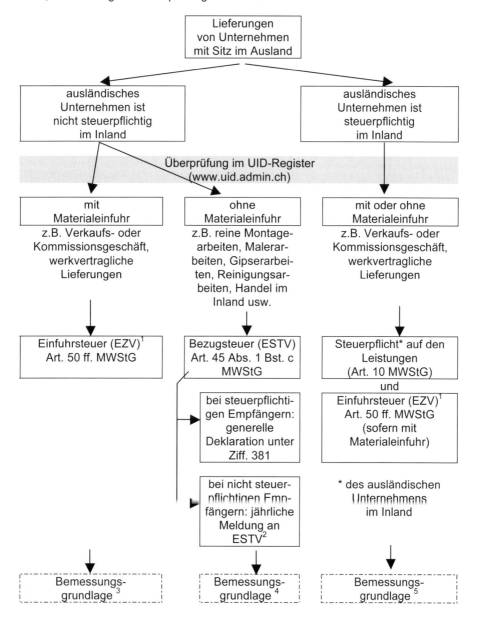

2 Steuersubjekt

Aus den Kundenrechnungen der ausländischen Leistungserbringer müssen die Lieferungen im Detail klar erkennbar sein.

[1] die Einfuhrsteuerschuld entsteht zur gleichen Zeit wie die Zollschuld. Steuerpflichtig und somit Steuerschuldner ist der Zollschuldner im Sinn des Zollgesetzes. Der Kreis dieser Personen ist relativ weit gefasst. Dazu gehört beispielsweise (EZV Publ. 52.01, Ziff. 4.3.1)

> ➤ die Person, welche die Gegenstände über die Grenze bringt oder bringen lässt;
> ➤ die Person, welche zur Zollanmeldung verpflichtet oder damit beauftragt ist;
> ➤ die Person, auf deren Rechnung die Gegenstände eingeführt werden.

Ob der Zollschuldner Lieferant, Importeur, Händler, Konsument, im Inland als Steuerpflichtiger registriert, nicht als Steuerpflichtiger registriert oder Eigentümer der eingeführten Gegenstände ist, hat für die Steuerzahlpflicht keine Bedeutung. Die Steuerpflichtigen (Steuerschuldner) haften untereinander solidarisch für die geschuldete Einfuhrsteuer. Der Rückgriff unter ihnen richtet sich nach dem Zivilrecht.

Die Solidarhaftung ist für Personen aufgehoben, die gewerbsmässig Zollanmeldungen ausstellen, sofern die Voraussetzungen gemäss EZV Publ. 52.01, Ziff. 4.3.2.1 kumulativ erfüllt sind.

Der Leistungsempfänger sollte aus Haftungsgründen die Veranlagungsverfügung MWST der EZV (evtl. Kopie) verlangen und prüfen. Für den Vorsteuerabzug braucht es ein Original.

[2] Meldung, sofern die nicht steuerpflichtige Person im Kalenderjahr für mehr als Fr. 10 000.– Leistungen nach Art. 45 Abs. 1 MWStG bezieht und bei Lieferungen die nicht steuerpflichtige Person vorgängig durch die zuständige Behörde schriftlich über die Bezugsteuerpflicht informiert wurde (Art. 45 Abs. 2 Bst. b MWStG) (innerhalb der Verjährungsfrist von 5 Jahren). Die ESTV kann die Informationen von der EZV, ESTV HA Bundessteuer (via Kantonale Steuerämter) oder von inländischen Konkurrenzunternehmen erhalten.

[3] Entgelt der Gegenstände oder der werkvertraglichen Lieferungen (inkl. Kosten für das Befördern oder Versenden und alle damit zusammenhängenden Leistungen bis zum Bestimmungsort im Inland (sofern nicht bereits im Entgelt enthalten)) (Art. 54 MWStG; EZV Publ. 52.02, Ziff. 3.1; MI 06 «Ort der Leistungserbringung», Ziff. 3). Bei werkvertraglichen Leistungen bemisst sich die Einfuhrsteuer inkl. Montage, Einbau oder Bearbeitungskosten (EZV Publ. 52.02, Ziff. 3.1). Die Sonderregelung bei werkvertraglichen Fahrnislieferungen ist zu beachten (EZV Publ. 52.02, Ziff. 5.1.2.2). Bei werkvertraglichen Leistungen ist die Steuerpflicht im Inland zu prüfen. Sofern dem Bund aufgrund der Nichtregistrierung des ausländischen Leistungserbringers nachweislich kein Steuernachteil erwachsen ist, wird in der Verwaltungspraxis von einer rückwirkenden Eintragung des ausländischen Leistungserbringers im MWSt-Register abgesehen. Diese Vereinfachung entbindet den ausländischen Leistungserbringer nicht davon sich im MWSt-Register eintragen zu lassen, sofern er die entsprechenden Voraussetzungen für die Steuerpflicht erfüllt (MI 06 «Ort der Leistungserbringung», Ziff. 3.2.1).

[4] zum Entgelt gehören alle vom Leistungserbringer fakturierten Betreffnisse (z.B. Material und Arbeit beim Lieferungsbezug, Transportkosten, Porti, Spesen usw.) (MI 14 «Bezugsteuer», Ziff. 3). Wird in der Rechnung des ausländischen Leistungserbringers eine ausländische MWSt offen überwälzt, berechnet sich die

Bezugsteuer vom aufgewendeten Betrag (i.d.R. Rechnungsbetrag) ohne die ausländische MWSt (MI 14 «Bezugsteuer», Ziff. 3).

⁵ die Einfuhrsteuer bemisst sich vom Marktwert (Verkaufspreis des eingeführten Gegenstandes ohne allfällige Montage- oder Einbaukosten) des eingeführten Gegenstands am Bestimmungsort im Inland (EZV Publ. 52.02, Ziff. 3.1 und Ziff. 5.1.2.1; MI 06 «Ort der Leistungserbringung», Teil II Ziff. 3).

Beispiel: Abgrenzung Einfuhrsteuer / Bezugsteuer / Steuerpflicht

Ausgangslage:

Die Privatperson A in Heerbrugg SG (nicht steuerpflichtig) beabsichtigt im Jahr 2012 die Aussenfassade des Einfamilienhauses neu für Fr. 16'000.-- streichen zu lassen. Sie beauftragt den österreichischen Malermeister B mit den Malerarbeiten.

Frage:

Soll der Malermeister B die Farbe für die Malerarbeiten im Ausland oder im Inland einkaufen? Warum?

Lösungsansätze:

Je nach Ort des Einkaufs der Farbe ergeben sich folgende steuerlichen Auswirkungen:

Farbe wird im Ausland eingekauft	Farbe wird im Inland eingekauft
Baugewerbliche werkvertragliche Leistung im Inland (Lieferung)	Baugewerbliche werkvertragliche Leistung im Inland (Lieferung)
Ausländischer Leistungserbringer wird bei der EZV einfuhrsteuerpflichtig (Art. 51 MWStG)	Ausländischer Leistungserbringer wird bei der EZV *nicht* einfuhrsteuerpflichtig (keine Materialeinfuhr)
Ausländischer Leistungserbringer wird bei der ESTV umsatzsteuersteuerpflichtig, sofern die Umsatzgrenzen nach Art. 10 MWStG erreicht werden	Ausländischer Leistungserbringer wird bei der ESTV *nicht* umsatzsteuersteuerpflichtig (Art. 10 Abs. 2 Bst. b MWStG)
Inländischer Kunde wird *nicht* ➢ umsatzsteuerpflichtig im Inland (Art. 10 MWStG) ➢ bezugsteuerpflichtig (Art. 45 Abs. 1 Bst. c MWStG) jedoch ➢ einfuhrsteuerpflichtig bei der EZV (Solidarhaftung) (Art. 51 MWStG)	Inländischer Kunde wird *nicht* ➢ umsatzsteuerpflichtig im Inland (Art. 10 MWStG) ➢ einfuhrsteuerpflichtig bei der EZV (Art. 51 MWStG) jedoch ➢ bezugsteuerpflichtig, sofern die zuständige Behörde vorgängig schriftlich über die Bezugsteuerpflicht informiert (Art. 45 Abs. 2 Bst. b MWStG)

Aus Haftungsgründen (bei der EZV) empfiehlt es sich die Farbe im Inland einzukaufen, damit keine Materialeinfuhr erfolgt. Der nicht steuerpflichtige Leistungsempfänger muss nur MWSt abrechnen, sofern ihn die ESTV HA MWST allenfalls auffordert. Damit bei einer allfälligen Bezugsteuer keine Doppelbesteuerung erfolgt, sollte die Farbe vom nicht steuerpflichtigen inländischen Leistungsempfänger eingekauft werden.

Wenn der ausländische Leistungserbringer kein Material einführt, hat er keine Steuerpflicht im Inland (EZV und ESTV).

2.9 FRAGEN

1 Die Privatperson S verkauft ihren Oldtimer für Fr. 120 000.–.
   Ist dieser Verkauf mehrwertsteuerpflichtig?

2 Welches Entgelt ist für die Beurteilung der Steuerpflicht massgebend?
   (Vereinnahmtes oder vereinbartes Entgelt)

3 Der Steuerberater K führt Steuerberatungsleistungen für im Ausland domizilierte Kunden an seinem Geschäftssitz in Zug für Fr. 240 000.– aus.
   Ist der Steuerberater K mehrwertsteuerpflichtig?

4 Hat die Gemeindeverwaltung folgende Umsätze mit der MWSt abzurechnen?
   ➢ Steuereinnahmen
   ➢ Eintrittsgebühren des Schwimmbades
   ➢ Betreibungsgebühren
   ➢ Stromverkauf durch das Elektrizitätswerk

5 Die Liegenschaften AG lässt ab 1.4.2012 durch den Generalunternehmer Z ein Mehrfamilienhaus erstellen. Bei Bauvollendung (1.11.2012) werden die 20 Wohnungen vermietet.
   Wird die Liegenschaften AG mehrwertsteuerpflichtig?

6 Die Maschinenfabrik A in Zürich (steuerpflichtig) liefert an ihre inländische Schwestergesellschaft B Halbfabrikate im Wert von Fr. 450 000.–. Wie ist diese Lieferung zu versteuern,
   ➢ wenn die Gruppenbesteuerung angewendet wird?
   ➢ wenn die Gruppenbesteuerung nicht angewendet wird?

7 Eine nicht steuerpflichtige Floristin C mit einem Umsatz von jährlich Fr. 90 000.–, selbständig seit 1. März 2006, wird durch den Berater aufmerksam gemacht, dass sie als steuerpflichtige Person (freiwillig) weniger Mehrwertsteuer bezahlen müsste. Welche Möglichkeiten hat die Floristin?

8 Eine Arbeitsgemeinschaft übernimmt am 1. April 2012 die Ausführung von

Bauarbeiten für Fr. 800 000.–. Ab wann ist die Arbeitsgemeinschaft steuerpflichtig?

9   Eine Versicherungsgesellschaft eröffnet ein Personalrestaurant mit einem voraussichtlichen Jahresumsatz von Fr. 300 000.–. Sind diese Umsätze steuerpflichtig? Wenn ja, ab wann?

10 Der Maler X eröffnet sein Unternehmen am 1. Juli 2012 und ist nicht sicher ob die Umsatzgrenze von Fr. 100 000.– innert der nächsten 12 Monate überschritten wird. Muss sich der Maler X ins Register der steuerpflichtigen Personen eintragen lassen?

11 Eine Versicherungsgesellschaft in Zürich lässt einen Werbefeldzug durch eine im Ausland niedergelassene Werbeagentur planen. Deren Honorar beträgt Fr. 50 000.–. Sind diese Honorarleistungen steuerpflichtig?

12 Beim Tod einer steuerpflichtigen Person (Einzelfirma) stellen die Erben fest, dass noch MWSt-Rechnungen von Fr. 150 000.– unbezahlt sind. Die Einzelfirma wird nicht weitergeführt. Die Erbschaft beträgt Fr. 50 000.–, zuzüglich Erbvorbezug Fr. 70 000.–. Sind die Erben verpflichtet, die MWSt zu bezahlen? Wenn ja, welchen Betrag?

13 Ein Sohn übernimmt auf den 1. Januar 2011 die Einzelfirma seines Vaters. Anlässlich einer Revision im Juni 2012 werden folgende Korrekturen vorgenommen:

			MWSt
2007 – 2010:	nicht deklarierte Umsätze	Fr. 200 000.–	Fr. 15 200.–
2011:	nicht deklarierte Umsätze	Fr. 100 000.–	Fr. 8 000.–
		Fr. 300 000.–	Fr. 23 200.–

Welchen Betrag muss der Sohn bezahlen?

14 Anlässlich einer Revision wird festgestellt, dass bei Beendigung der Steuerpflicht der aufgelösten Bau AG die MWSt nicht korrekt abgerechnet wurde. Bei der Liquidation wurde ein Liquidationsergebnis von Fr. 30 000.– erzielt. Die anlässlich der Revision nachbelastete MWSt beträgt Fr. 50 000.–.

Welche Möglichkeit hat die ESTV? Wer muss die MWSt bezahlen?

(Lösungen im Anhang, Seite 261–262)

3. STEUEROBJEKT

3.1 MITTELFLÜSSE («NICHT»-ENTGELT) Art. 18

Mangels Leistung gelten namentlich die folgenden Mittelflüsse nicht als Entgelt (Art. 18 Abs. 2 MWStG):

a. Subventionen und andere öffentlich-rechtliche Beiträge gemäss Art. 29 MWStV, auch wenn sie gestützt auf einen Leistungsauftrag oder eine Programmvereinbarung gemäss Art. 46 Abs. 2 der BV ausgerichtet werden;

b. Gelder, die Kur- und Verkehrsvereine ausschliesslich aus öffentlich-rechtlichen Tourismusabgaben erhalten und die sie im Auftrag von Gemeinwesen zugunsten der Allgemeinheit einsetzen;

c. Beiträge aus kantonalen Wasser-, Abwasser- oder Abfallfonds an Entsorgungsanstalten oder Wasserwerke;

Gemäss Art. 33 Abs. 2 MWStG hat die steuerpflichtige Person bei Erhalt von Mittelflüssen nach Bst. a–c ihren vorgenommenen Vorsteuerabzug verhältnismässig zu kürzen (Deklaration unter Ziff. 420 des Abrechnungsformulars). Die Mittelflüsse nach Bst. a–c sind im Abrechnungsformular unter Ziff. 900 zu deklarieren.

d. Spenden;

e. Einlagen in Unternehmen, insbesondere zinslose Darlehen, Sanierungsleistungen und Forderungsverzichte (nicht Forderungen aus Lieferungen und Dienstleistungen);

f. Dividenden und andere Gewinnanteile;

g. vertraglich oder gesetzlich geregelte Kostenausgleichszahlungen, die durch eine Organisationseinheit, namentlich durch einen Fonds, an Akteure innerhalb einer Branche geleistet werden;

h. Pfandgelder, namentlich auf Umschliessungen und Gebinden;

i. Zahlungen für Schadenersatz, Genugtuung und dgl.;

j. Entschädigungen für unselbständig ausgeübte Tätigkeiten wie Verwaltungsrats- und Stiftungsratshonorare, Behördenentschädigungen oder Sold;

k. Erstattungen, Beiträge und Beihilfen bei Lieferungen ins Ausland, die nach Art. 23 Abs. 2 Ziff. 1 MWStG von der Steuer befreit sind;

l. Gebühren, Beiträge oder sonstige Zahlungen, die für hoheitliche Tätigkeiten empfangen werden.

Gemäss Art. 33 Abs. 1 MWStG führen die Mittelflüsse nach Bst. d–l nicht zu einer Kürzung des Vorsteuerabzugs. Sie sind im Abrechnungsformular unter Ziff. 910 zu deklarieren. Mittelflüsse nach Bst. j und l können jedoch zu einer Vorsteuerabzugskorrektur führen (MI 09 «Vorsteuerabzug und Vorsteuerkorrekturen», Ziff. 2).

Die vorgenannten Mittelflüsse sind im Abrechnungsformular wie folgt zu deklarieren:

III. ANDERE MITTELFLÜSSE	Ziffer	CHF
Subventionen, durch Kurvereine eingenommene Tourismusabgaben, Entsorgungs- und Wasserwerkbeiträge (Bst. a–c)	900	
Spenden, Dividenden, Schadenersatz usw. (Bst. d-l)	910	

3.2 STEUERBARE LEISTUNGEN UND SONDERFÄLLE

Der Inlandsteuer unterliegen die im Inland durch steuerpflichtige Personen gegen Entgelt erbrachten Leistungen. Sie sind steuerbar, soweit das MWStG keine Ausnahme vorsieht (Art. 18 Abs. 1 MWStG).

Eine Leistung gilt als von derjenigen Person erbracht, die nach aussen als Leistungserbringer auftritt (Art. 20 Abs. 1 MWStG). Handelt eine Person im Namen und für Rechnung einer anderen Person, so gilt die Leistung als durch die vertretene Person getätigt, wenn die Vertreterin nachweisen kann, dass sie als Stellvertreterin handelt und die vertretene Person eindeutig identifizieren kann und das Bestehen eines Stellvertretungsverhältnisses dem Leistungsempfänger ausdrücklich bekannt gibt oder sich dieses aus den Umständen ergibt.

Grundsätzlich werden voneinander unabhängige Leistungen selbständig behandelt (Art. 19 MWStG), sofern es sich nicht um

mehrere voneinander unabhängige Leistungen handelt, die zu einer Sachgesamtheit vereinigt sind oder als Leistungskombination angeboten werden:	Können einheitlich nach der überwiegenden Leistung behandelt werden, wenn sie zu einem Gesamtentgelt erbracht werden und die überwiegende Leistung wertmässig mindestens 70% des Gesamtentgelts ausmacht (Kombination).
Leistungen, die wirtschaftlich eng zusammengehören und so ineinandergreifen, dass sie als unteilbares Ganzes anzusehen sind:	Gelten als ein einheitlicher wirtschaftlicher Vorgang und sind nach dem Charakter der Gesamtleistung zu behandeln.
Nebenleistungen handelt:	Werden steuerlich gleich behandelt wie die Hauptleistung (Umschliessung und Verpackung).

Spezialwerkzeuge, die eine steuerpflichtige Person eigens für die Ausführung eines Fabrikationsauftrages zukauft, anfertigen lässt oder selbst anfertigt, gelten als Teil der Lieferung des damit hergestellten Gegenstands. Unerheblich ist, ob die Spezialwerkzeuge (Art. 31 MWStV):

a. dem Leistungsempfänger allenfalls gesondert fakturiert oder in den Preis der Erzeugnisse eingerechnet werden;

b. nach Ausführung des Fabrikationsauftrages dem Leistungsempfänger oder einer von ihm bezeichneten Drittperson abgeliefert werden oder nicht.

Als Spezialwerkzeuge gelten namentlich Klischees, Fotolithos und Satz, Stanz- und Ziehwerkzeuge, Lehren, Vorrichtungen, Press- und Spritzformen, Gesenke, Giessereimodelle, Kokillen und Filme für gedruckte Schaltungen.

Die Überwälzung der MWSt richtet sich nach privatrechtlichen Vereinbarungen. Zur Beurteilung von Streitigkeiten über die Steuerüberwälzung sind die Zivilgerichte zuständig (Art. 6 MWStG).

3.3 VON DER STEUER AUSGENOMMENE LEISTUNGEN Art. 21

Liste der Steuerausnahmen (Art. 21 MWStG)

Option nach Art. 22 MWStG möglich	
(N = Normalsatz; R = reduzierter Satz)	
1. die Beförderung von Gegenständen, die unter die reservierten Dienste nach Art. 3 des Postgesetzes vom 30.4.1997 fällt;	N
2. die Spitalbehandlung und die ärztliche Heilbehandlung in Spitälern im Bereich der Humanmedizin einschliesslich der damit eng verbundenen Leistungen, die von Spitälern sowie Zentren für ärztliche Heilbehandlung und Diagnostik erbracht werden. Die Abgabe von selbst hergestellten oder zugekauften Prothesen und orthopädischen Apparaten gilt als steuerbare Lieferung;	N
3. die von Ärzten, Zahnärzten, Psychotherapeuten, Chiropraktoren, Physiotherapeuten, Naturärzten, Entbindungspflegern und Hebammen, Pflegefachmännern und Pflegefachfrauen oder Angehörigen ähnlicher Heil- und Pflegeberufe erbrachten Heilbehandlungen im Bereich der Humanmedizin, soweit die Leistungserbringer über eine Berufsausübungsbewilligung verfügen; der Bundesrat bestimmt die Einzelheiten[1]. Die Abgabe von selbst hergestellten oder zugekauften Prothesen und orthopädischen Apparaten gilt als steuerbare Lieferung;	N
4. die von Krankenpflegepersonen, Organisationen der Krankenpflege und der Hilfe zu Hause (Spitex) oder in Heimen erbrachten Pflegeleistungen, sofern sie ärztlich verordnet sind;	N
5. die Lieferungen von menschlichen Organen durch medizinisch anerkannte Institutionen und Spitäler sowie von menschlichem Vollblut durch Inhaber einer hiezu erforderlichen Bewilligung;	N
6. die Dienstleistungen von Gemeinschaften, deren Mitglieder Angehörige der in Ziff. 3 aufgeführten Berufe sind, soweit diese Dienstleistungen	N

---

[1] Begriff der Heilbehandlung (Art. 34 MWStV) und Voraussetzung für die Anerkennung als Erbringer einer Heilbehandlung (Art. 35 MWStV)

anteilmässig zu Selbstkosten an die Mitglieder für die unmittelbare Ausübung ihrer Tätigkeiten erbracht werden;

7. die Beförderung von kranken oder verletzten Personen oder Personen mit Behinderungen in dafür besonders eingerichteten Transportmitteln;

8. Leistungen, die von Einrichtungen der Sozialhilfe und der sozialen Sicherheit erzielt werden, Leistungen von gemeinnützigen Organisationen der Krankenpflege und der Hilfe zu Hause (Spitex) und von Alters-, Wohn- und Pflegeheimen;

9. die mit der Kinder- und Jugendbetreuung verbundenen Leistungen durch dafür eingerichtete Institutionen;

10. die mit der Kultur- und Bildungsförderung von Jugendlichen eng verbundenen Leistungen von gemeinnützigen Jugendaustauschorganisationen; Jugendliche im Sinne dieser Bestimmung sind Personen bis zum vollendeten 25. Altersjahr;

11. die folgenden Leistungen im Bereich der Erziehung und Bildung mit Ausnahme der in diesem Zusammenhang erbrachten gastgewerblichen Leistungen und Beherbergungsleistungen:

    a. die Leistungen im Bereich der Erziehung von Kindern und Jugendlichen, des Unterrichts, der Ausbildung, der Fortbildung und der beruflichen Umschulung einschliesslich des von Privatlehrern oder an Privatschulen erteilten Unterrichts,

    b. Kurse, Vorträge und andere Veranstaltungen wissenschaftlicher oder bildender Art; die Referententätigkeit ist von der Steuer ausgenommen, unabhängig davon, ob das Honorar der unterrichtenden Person oder ihrem Arbeitgeber ausgerichtet wird,

    c. im Bildungsbereich durchgeführte Prüfungen,

    d. Organisationsdienstleistungen (mit Einschluss der damit zusammenhängenden Nebenleistungen) der Mitglieder einer Einrichtung, die von der Steuer ausgenommene Leistungen nach den Buchstaben a–c erbringt, an diese Einrichtung,

    e. Organisationsdienstleistungen (mit Einschluss der damit zusammenhängenden Nebenleistungen) an Dienststellen von Bund, Kantonen und Gemeinden, welche von der Steuer ausgenommene Leistungen nach den Buchstaben a–c entgeltlich oder unentgeltlich erbringen;

12. das Zurverfügungstellen von Personal durch religiöse oder weltanschauliche, nichtgewinnstrebige Einrichtungen für Zwecke der Krankenbehandlung, der Sozialhilfe und der sozialen Sicherheit, der Kinder- und Jugendbetreuung, der Erziehung und Bildung sowie für kirchliche, karitative und gemeinnützige Zwecke;

13. die Leistungen, die nichtgewinnstrebige Einrichtungen mit politischer, gewerkschaftlicher, wirtschaftlicher, religiöser, patriotischer, weltan-

schaulicher, philanthropischer, ökologischer, sportlicher, kultureller oder staatsbürgerlicher Zielsetzung ihren Mitgliedern gegen einen statutarisch festgesetzten Beitrag erbringen;

14. dem Publikum unmittelbar erbrachte kulturelle Dienstleistungen[2] der nachstehend aufgeführten Arten, sofern hiefür ein besonderes Entgelt verlangt wird: R

    a. Theater-, musikalische und choreographische Aufführungen sowie Filmvorführungen,

    b. Darbietungen von Schauspielern, Musikern, Tänzern und anderen ausübenden Künstlern sowie Schaustellern, einschliesslich Geschicklichkeitsspiele,

    c. Besuche von Museen, Galerien, Denkmälern, historischen Stätten sowie botanischen und zoologischen Gärten,

    d. Dienstleistungen von Bibliotheken, Archiven und Dokumentationsstellen, namentlich die Einsichtgewährung in Text-, Ton- und Bildträger in ihren Räumlichkeiten; steuerbar ist jedoch die Lieferung von Gegenständen (einschliesslich Gebrauchsüberlassung) solcher Institutionen;

15. für sportliche Anlässe verlangte Entgelte einschliesslich derjenigen für die Zulassung zur Teilnahme an solchen Anlässen (z.B. Startgelder) samt den darin eingeschlossenen Nebenleistungen; R

16. kulturelle Dienstleistungen und Lieferungen von Werken durch deren Urheber wie Schriftsteller, Komponisten, Filmschaffende, Kunstmaler, Bildhauer sowie von den Verlegern und den Verwertungsgesellschaften zur Verbreitung dieser Werke erbrachte Dienstleistungen; R

17. die Umsätze bei Veranstaltungen (wie Basare und Flohmärkte) von Einrichtungen, die von der Steuer ausgenommene Tätigkeiten auf dem Gebiete der Krankenbehandlung, der Sozialhilfe und der sozialen Sicherheit, der Kinder- und Jugendbetreuung und des nichtgewinnstrebigen Sports ausüben, sowie von gemeinnützigen Organisationen der Krankenpflege und der Hilfe zu Hause (Spitex) und von Alters-, Wohn- und Pflegeheimen, sofern die Veranstaltungen dazu bestimmt sind, diesen Einrichtungen eine finanzielle Unterstützung zu verschaffen und ausschliesslich zu ihrem Nutzen durchgeführt werden; Umsätze von Einrichtungen der Sozialhilfe und der sozialen Sicherheit, die diese mittels Brockenhäusern ausschliesslich zu ihrem Nutzen erzielen; N

18. die Versicherungs- und Rückversicherungsumsätze einschliesslich der Umsätze aus der Tätigkeit als Versicherungsvertreter oder Versicherungsmakler;

19. die folgenden Umsätze im Bereich des Geld- und Kapitalverkehrs:

    a. die Gewährung und die Vermittlung von Krediten und die Verwal-

---

[2] Künstler und Urheber gemäss Art. 36 MWStV

tung von Krediten durch die Kreditgeber,

b. die Vermittlung und die Übernahme von Verbindlichkeiten, Bürgschaften und anderen Sicherheiten und Garantien sowie die Verwaltung von Kreditsicherheiten durch die Kreditgeber,

c. die Umsätze, einschliesslich Vermittlung, im Einlagengeschäft und Kontokorrentverkehr, im Zahlungs- und Überweisungsverkehr, im Geschäft mit Geldforderungen, Checks und anderen Handelspapieren; steuerbar ist jedoch die Einziehung von Forderungen im Auftrag des Gläubigers (Inkassogeschäft),

d. die Umsätze, einschliesslich Vermittlung, die sich auf gesetzliche Zahlungsmittel (in- und ausländische Valuten wie Devisen, Banknoten, Münzen) beziehen; steuerbar sind jedoch Sammlerstücke (Banknoten und Münzen), die normalerweise nicht als gesetzliches Zahlungsmittel verwendet werden,

e. die Umsätze (Kassa- und Termingeschäfte), einschliesslich Vermittlung, von Wertpapieren, Wertrechten und Derivaten sowie von Anteilen an Gesellschaften und anderen Vereinigungen; steuerbar sind jedoch die Verwahrung und die Verwaltung von Wertpapieren, Wertrechten und Derivaten sowie von Anteilen (namentlich Depotgeschäft) einschliesslich Treuhandanlagen,

f. der Vertrieb von Anteilen an und die Verwaltung von kollektiven Kapitalanlagen nach dem Kollektivanlagengesetz vom 23.6.2006 (KAG) durch Personen, die diese verwalten oder aufbewahren, die Fondsleitungen, die Depotbanken und deren Beauftragte; als Beauftragte werden alle natürlichen oder juristischen Personen betrachtet, denen die kollektiven Kapitalanlagen nach dem KAG Aufgaben delegieren können; der Vertrieb von Anteilen und die Verwaltung von Investmentgesellschaften mit festem Kapital nach Art. 110 KAG richtet sich nach Bst. e;

20. die Übertragung und Bestellung von dinglichen Rechten an Grundstücken sowie die Leistungen von Stockwerkeigentümergemeinschaften an die Stockwerkeigentümer, soweit die Leistungen in der Überlassung des gemeinschaftlichen Eigentums zum Gebrauch, seinem Unterhalt, seiner Instandsetzung und sonstigen Verwaltung sowie der Lieferung von Wärme und ähnlichen Gegenständen bestehen; N[3]

21. die Überlassung von Grundstücken und Grundstücksteilen zum Gebrauch oder zur Nutzung; steuerbar sind jedoch: N[3]

    a. die Vermietung von Wohn- und Schlafräumen zur Beherbergung von Gästen sowie die Vermietung von Sälen im Hotel- und Gastgewerbe,

    b. die Vermietung von Campingplätzen,

---

[3] Die Option ist ausgeschlossen, wenn der Gegenstand vom Empfänger ausschliesslich für private Zwecke genutzt wird

3 Steuerobjekt

    c. die Vermietung von nicht im Gemeingebrauch stehenden Plätzen für das Abstellen von Fahrzeugen, ausser es handle sich um eine unselbständige Nebenleistung zu einer von der Steuer ausgenommenen Immobilienvermietung,

    d. die Vermietung und Verpachtung von fest eingebauten Vorrichtungen und Maschinen, die zu einer Betriebsanlage, nicht jedoch zu einer Sportanlage gehören,

    e. die Vermietung von Schliessfächern,

    f. die Vermietung von Messestandflächen und einzelnen Räumen in Messe- und Kongressgebäuden;

22. die Lieferungen von im Inland gültigen Postwertzeichen und sonstigen amtlichen Wertzeichen höchstens zum aufgedruckten Wert;   N

23. die Umsätze bei Wetten, Lotterien und sonstigen Glücksspielen mit Geldeinsatz, soweit sie einer Sondersteuer oder sonstigen Abgaben unterliegen;

24. die Lieferung gebrauchter beweglicher Gegenstände, die ausschliesslich zur Erbringung von nach diesem Artikel von der Steuer ausgenommenen Leistungen verwendet wurden;   N

25. die Leistungen von Ausgleichskassen untereinander sowie die Umsätze aus Aufgaben, die den Ausgleichskassen aufgrund des Bundesgesetzes vom 20. Dezember 1946 über die Alters- und Hinterlassenenversicherung oder den Familienausgleichskassen aufgrund des anwendbaren Rechts übertragen werden und die zur Sozialversicherung gehören oder der beruflichen und sozialen Vorsorge sowie der beruflichen Aus- und Weiterbildung dienen;   N

26. die Veräusserung von im eigenen Betrieb gewonnenen Erzeugnissen der Landwirtschaft, der Forstwirtschaft sowie der Gärtnerei durch Landwirte, Forstwirte oder Gärtner sowie der Verkauf von Vieh durch Viehhändler und der Verkauf von Milch durch Milchsammelstellen an milchverarbeitende Betriebe;   R N

27. Bekanntmachungsleistungen, die gemeinnützige Organisationen zugunsten Dritter oder Dritte zugunsten gemeinnütziger Organisationen erbringen;   N

28. Leistungen innerhalb des gleichen Gemeinwesens[4];   N R

29. die Ausübung von Funktionen der Schiedsgerichtsbarkeit.   N

---

[4] Leistungen zwischen den Organisationseinheiten der gleichen Gemeinde, des gleichen Kantons oder des Bundes gemäss Art. 38 MWStV

Ist eine Leistung entweder aufgrund von Eigenschaften des Leistungserbringers oder des Leistungsempfängers von der Steuer ausgenommen, so gilt die Ausnahme nur für Leistungen, die von einer Person mit diesen Eigenschaften erbracht oder empfangen werden.

Die von der Steuer ausgenommenen Leistungen sind im Abrechnungsformular unter Ziff. 200 und Ziff. 230 zu deklarieren.

I. UMSATZ	Ziffer	Umsatz CHF	Umsatz CHF
Total der vereinbarten bzw. vereinnahmten Entgelte, inkl. Entgelte aus Übertragungen im Meldeverfahren sowie aus Leistungen im Ausland	200		
Abzüge: Nicht steuerbare Leistungen (Art. 21 MWStG), für die nicht nach Art. 22 MWStG optiert wird	230		

3.4 OPTION FÜR DIE VERSTEUERUNG DER VON DER STEUER AUSGENOMMENEN LEISTUNGEN Art. 22

Die steuerpflichtige Person kann unter nachfolgendem Vorbehalt durch offenen Ausweis der MWSt jede von der Steuer ausgenommene Leistung versteuern (Option) (Art. 22 MWStG).

Die Option ist ausgeschlossen für:
➢ Leistungen nach Art. 21 Abs. 2 Ziff. 18, 19 und 23 MWStG
➢ Leistungen nach Art. 21 Abs. 2 Ziff. 20 und 21 MWStG, wenn der Gegenstand vom Empfänger ausschliesslich für private Zwecke genutzt wird.

Wenn die steuerpflichtige Person nicht durch offenen Ausweis der MWSt optieren kann, kann sie die Ausübung der Option der ESTV auf andere Weise bekanntgeben (Art. 39 MWStV).

Bei der Option wird die von der Steuer ausgenommene Leistung in eine steuerbare Leistung umgewandelt.

Eine entsprechende Option ist bereits möglich, wenn noch keine Leistungen erbracht werden (Art. 39 MWStV).

Für im Ausland erbrachte, von der Steuer ausgenommene Leistungen ist der Vorsteuerabzug im selben Umfang möglich, wie wenn diese im Inland erbracht und nach Art. 22 MWStG für deren Versteuerung optiert worden wäre (Art. 60 MWStV).

3 Steuerobjekt

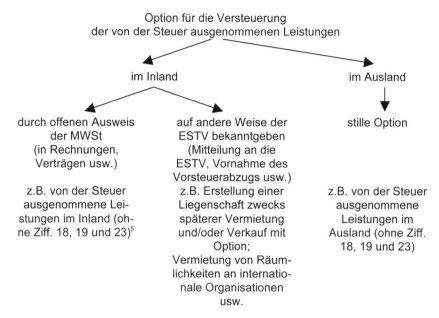

Es empfiehlt sich, dass der Leistungserbringer bei der Offertstellung bereits auf die Option hinweist (z.B. «unsere Schulungsleistungen sind optiert nach Art. 22 MWStG und die MWSt (z.Zt. 8,0%) wird separat in Rechnung gestellt».

Die Option für die Versteuerung der von der Steuer ausgenommenen Leistungen ist grundsätzlich nur bei der effektiven Abrechnungsmethode möglich. Bei den Ziff. 26 und Ziff. 28 des Art. 21 Abs. 2 MWStG kann jedoch auch optiert werden, wenn die steuerpflichtige Person die Saldosteuersatz- resp. Pauschalsteuersatzmethode anwendet (Art. 77 Abs. 3 und Art. 97 Abs. 3 MWStV).

Die optierten, von der Steuer ausgenommenen Leistungen im Inland sind im Abrechnungsformular unter Ziff. 200 und Ziff. 205 zu deklarieren.

I. UMSATZ	Ziffer	Umsatz CHF	Umsatz CHF
Total der vereinbarten bzw. vereinnahmten Entgelte, inkl. Entgelte aus Übertragungen im Meldeverfahren sowie aus Leistungen im Ausland	200		
In Ziff. 200 enthaltene Entgelte aus nicht steuerbaren Leistungen (Art. 21 MWStG), für welche nach Art. 22 MWStG optiert wird	205		

Die von der Steuer ausgenommenen Leistungen im Ausland (ohne Ziff. 18, 19 und 23) sind im Abrechnungsformular unter Ziff. 200 und Ziff. 221 «Leistungen im Ausland» zu deklarieren.

---

[5] bei Option auf von der Steuer ausgenommenen Heilbehandlungen, Alters- und Pflegeleistungen sind die gesetzlichen Tarife und Bestimmungen zu beachten

Option für die Versteuerung von Mieterträgen und Verkaufspreisen bei Liegenschaften

Bei der Vermietung von Räumlichkeiten an steuerpflichtige und an nicht steuerpflichtige Mieter kann optiert werden, wenn der Mieter die Räumlichkeiten nicht ausschliesslich für private Zwecke nutzt. Wenn im bisherigen Mietvertrag keine Klausel enthalten ist, dass jederzeit optiert werden kann, sind Verhandlungen mit den Mietern notwendig. Die Mietverträge sind entsprechend anzupassen (amtliche Formularmitteilung). Allfällige Vorsteuerkorrekturen (Einlageentsteuerung / Eigenverbrauch infolge Nutzungsänderung) sind bei der Beurteilung zu berücksichtigen und im Abrechnungsformular entsprechend zu deklarieren.

Gemäss bisherigen Erfahrungen ist die Option für die Vermietung einer Liegenschaft vorzunehmen, wenn die MWSt dem Mieter überwälzt werden kann (effektive Abrechnungsmethode und vollumfänglicher Vorsteuerabzug beim Mieter) und auf den Liegenschaftsinvestitionen und -aufwendungen Vorsteuern von jährlich ca. Fr. 20 000.– geltend gemacht werden können. Zudem sollte der Vermieter während 10 Jahren mindestens 50% der Fläche optieren können.

Ebenfalls kann beim Verkauf von Liegenschaften an steuerpflichtige und an nicht steuerpflichtige Käufer optiert werden, wenn der Käufer die Räumlichkeiten nicht ausschliesslich für private Zwecke nutzt. Auf dem Wert des Bodens kann nie optiert werden. Dieser Wert muss im Vertrag separat ausgewiesen werden. Allfällige Vorsteuerkorrekturen (Einlageentsteuerung / Eigenverbrauch infolge Nutzungsänderung) sind bei der Beurteilung zu berücksichtigen und im Abrechnungsformular entsprechend zu deklarieren.

Die Option beim Verkauf einer Liegenschaft ist anzuwenden, wenn:

➢ die MWSt auf dem Verkaufspreis (ohne Boden) dem Käufer überwälzt werden kann (effektive Abrechnungsmethode und vollumfänglicher Vorsteuerabzug beim Käufer);

➢ auf den Liegenschaftsinvestitionen und -aufwendungen eine Eigenverbrauchssteuer (infolge Nutzungsänderung) von ca. Fr. 20 000.– vermieden werden kann oder eine Einlageentsteuerung (infolge Nutzungsänderung) von ca. Fr. 20 000.– geltend gemacht werden kann.

Allfällige steuerliche Auswirkungen der Option auf die Grundstückgewinnbesteuerung (monistisches System) und die Handänderungssteuer sind zu beachten.

Beim Verkauf eines Neubaus sollte grundsätzlich immer optiert werden, damit keine Schattensteuer entsteht.

3 Steuerobjekt

Nachfolgend sind einige wichtige Begriffe für die Option bei der Versteuerung von Mieterträgen und Verkaufspreisen bei Liegenschaften erläutert:

Antrag:	Die Option erfolgt durch offenen Ausweis der MWSt im Kauf- / Mietvertrag oder auf den Mietrechnungen (Art. 22 MWStG). Kann die steuerpflichtige Person nicht durch offenen Ausweis der Steuer optieren, so kann sie die Ausübung der Option der ESTV auf andere Weise bekannt geben (z.B. bei Erstellung einer Liegenschaft zwecks späterer Vermietung und/oder Verkauf mit Option; bei Vermietung von Räumlichkeiten an internationale Organisationen, Konsulate usw.).
Ausnahme:	Keine Optionsmöglichkeit gemäss Art. 22 MWStG besteht: a) bei Vermietung von Räumlichkeiten, wenn der Mieter die Räumlichkeiten ausschliesslich für private Zwecke nutzt; b) beim Verkauf von Räumlichkeiten, wenn der Käufer die Räumlichkeiten ausschliesslich für private Zwecke nutzt; c) für Bauland und Baurechtszinsen; d) bei Vermietung von Ferienwohnungen / -häusern; e) wenn der Verkäufer, Vermieter resp. Verpächter mit Saldosteuersätzen resp. Pauschalsteuersätzen abrechnet (Art. 77 Abs. 3 und Art. 97 Abs. 3 MWStV, mit Ausnahme von Ziff. 26 und Ziff. 28 des Art. 21 Abs. 2 MWStG).
Beendigung:	Bei Beendigung der Option ist in den meisten Fällen infolge Nutzungsänderung eine Vorsteuerabzugskorrektur (Eigenverbrauchssteuer nach Art. 31 MWStG) geschuldet.
Beginn:	Grundsätzlich bei Mietbeginn oder beim Verkauf. Eine entsprechende Option ist bereits möglich, wenn noch keine Leistungen erbracht werden. Art. 22 Abs. 2 MWStG bleibt vorbehalten (Art. 39 MWStV). Z.B. bei Baubeginn einer inskünftig mit Option vermieteten / verkauften Liegenschaft.
Dauer:	Es kann - unter Vorbehalt von Art. 22 Abs. 2 MWStG - jede von der Steuer ausgenommene Leistung versteuert werden (Option). Eine Anwendungsfrist besteht nicht.
Deklaration:	Die optierten Leistungen sind im Abrechnungsformular unter Ziff. 200, Ziff. 205 und Ziff. 301 zu deklarieren. Beim Verkauf ist der Wert des Bodens unter Ziff. 200 und Ziff. 280 zu deklarieren.
Objekt:	Vermietung / Verpachtung von Liegenschaften (inkl. Nebenkosten und inkl. Bodenanteil); Verkauf von Liegenschaften (ohne Boden). Die Option kann auch für Teilbereiche eines Gebäudes gewählt werden.

Steuersatz:	Nach dem Grundsatz: «Miete und Nebenkosten = eine Einheit» hat der optierende Eigentümer auf den (gesamten) Mieteinnahmen und auf den Nebenkosten die Steuer zum Normalsatz (z.Zt. 8,0%) zu entrichten, auch wenn in den Nebenkosten einzelne Komponenten (z.b. Versicherungsprämien, Wasserverbrauch) enthalten sind, die – für sich allein betrachtet – nicht oder nur zu 2,5% steuerbar wären. Ein Vorsteuerabzug auf dem Mietaufwand und den Nebenkosten ist nur möglich, wenn das Mietverhältnis optiert wurde (MBI 17 «Liegenschaftsverwaltung / Vermietung und Verkauf von Immobilien», Ziff. 6.3.2).

Bei der Vermietung von Ferienwohnungen / -häusern (möblierte oder unmöblierte Wohn- und Schlafräume zur Beherbergung von Gästen, ungeachtet der Dauer des Vertrages) muss nicht optiert werden, weil es sich um eine zu 3,8% steuerbare Beherbergungsleistung handelt. Um eine steuerbare Vermietung von Ferienwohnungen / -häusern handelt es sich, wenn die vermieteten Räumlichkeiten dem Mieter nicht als Wohnsitz im Sinne von Art. 23 ff. ZGB oder nicht als Wochenaufenthaltssitz dienen (MBI 17 «Liegenschaftsverwaltung / Vermietung und Verkauf von Immobilien», Ziff. 7.2.1).

Die Vermietung von Parkplätzen (Art. 21 Abs. 2 Ziff. 21 Bst. c MWStG) ist grundsätzlich - ungeachtet der Mietdauer - zum Normalsatz (ohne Optionspflicht!) steuerbar. Darunter fallen u.a. Einzelgaragen, Parkplätze in Parkhäusern und nicht im Gemeingebrauch stehende Parkplätze auf durch bauliche Massnahmen (z.B. Barrieren, Bepflanzungen, Ein- und Ausfahrt) vom Strassenbereich abgegrenzten Grossparkplätzen sowie die zu bestimmten Gebäuden gehörenden Parkplätze (z.B. bei Spitälern, Verwaltungsgebäuden, Schulen, Bahnhöfen) (MBI 17 «Liegenschaftsverwaltung / Vermietung und Verkauf von Immobilien», Ziff. 7.4).

Von der Steuer ausgenommen ist die Vermietung von Parkplätzen, sofern es sich bei deren Vermietung um eine unselbständige Nebenleistung zu einer von der Steuer ausgenommenen Immobilienvermietung handelt (z.B. im Vertrag für eine Wohnung eingeschlossene Vermietung eines Parkplatzes). Dies trifft allerdings nur dann zu, wenn der Vermieter und der Mieter beider Objekte die gleichen Rechtspersonen sind. Das Ausstellen von zwei separaten Verträgen ist zulässig.

Jeder Untervermieter kann, ungeachtet dessen, ob der Hauseigentümer optiert hat, für eine allfällige Weitervermietung optieren, sofern die Voraussetzungen erfüllt sind.

3 Steuerobjekt

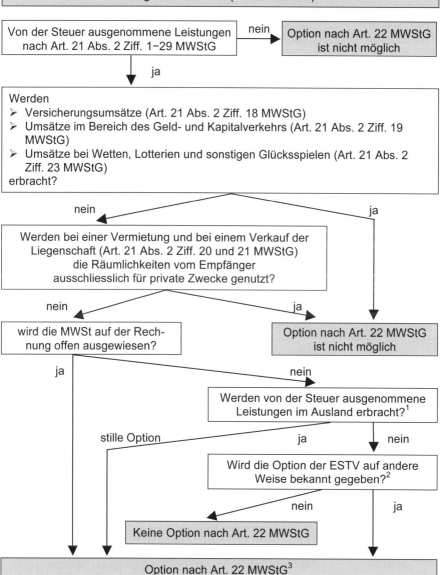

[1] eine sog. stille Option ist auch möglich für Leistungen, die nach Art. 7 oder Art. 8 MWStG im Ausland erbracht werden (Art. 60 MWStV) mit Ausnahme von Ziff. 18, Ziff. 19 und Ziff. 23 des Art. 21 Abs. 2 MWStG. Es muss keine Meldung an die ESTV vorgenommen werden.
[2] kann die steuerpflichtige Person nicht durch offenen Ausweis der Steuer optieren, so kann sie die Ausübung der Option der ESTV auf andere Weise bekanntgeben (Art. 39 MWStV) (z.B. Mitteilung an die ESTV, Vornahme des Vorsteuerabzugs usw.)
[3] eine entsprechende Option ist bereits möglich, wenn noch keine Leistungen erbracht werden (Art. 39 MWStV)

3.5 VON DER STEUER BEFREITE LEISTUNGEN Art. 23

Gemäss Art. 23 MWStG sind folgende Umsätze von der Steuer befreit:

1. die Lieferung von Gegenständen mit Ausnahme der Überlassung zum Gebrauch oder zur Nutzung, die direkt ins Ausland befördert oder versendet werden;

2. die Überlassung zum Gebrauch oder zur Nutzung, namentlich die Vermietung und Vercharterung, von Gegenständen, sofern diese direkt ins Ausland befördert oder versendet werden und vom Lieferungsempfänger überwiegend im Ausland genutzt werden;

3. die Lieferung von Gegenständen, die im Rahmen eines Transitverfahrens (Art. 49 ZG), Zolllagerverfahrens (Art. 50 – 57 ZG), Zollverfahrens der vorübergehenden Verwendung (Art. 58 ZG) oder der aktiven Veredelung (Art. 59 ZG) oder wegen Einlagerung in einem Zollfreilager (Art. 62–66 ZG) nachweislich im Inland unter Zollüberwachung standen;

4. das Verbringen oder Verbringenlassen von Gegenständen ins Ausland, das nicht im Zusammenhang mit einer Lieferung steht;

5. das mit der Einfuhr von Gegenständen im Zusammenhang stehende Befördern oder Versenden von Gegenständen und alle damit zusammenhängenden Leistungen bis zum Bestimmungsort, an den die Gegenstände im Zeitpunkt der Entstehung der Steuerschuld nach Art. 56 MWStG zu befördern sind; entsteht keine Steuerschuld, so gilt für den massgebenden Zeitpunkt Art. 69 ZG sinngemäss;

6. das mit der Ausfuhr von Gegenständen des zollrechtlich freien Verkehrs im Zusammenhang stehende Befördern oder Versenden von Gegenständen und alle damit zusammenhängenden Leistungen;

7. das Erbringen von Beförderungsleistungen und Nebentätigkeiten des Logistikgewerbes, wie Beladen, Entladen, Umschlagen, Abfertigen oder Zwischenlagern, im Ausland oder im Zusammenhang mit Gegenständen, die unter Zollüberwachung stehen;

8. die Lieferung von Luftfahrzeugen an Luftverkehrsunternehmen, die gewerbsmässige Luftfahrt im Beförderungs- oder Charterverkehr betreiben und deren Umsätze aus internationalen Flügen jene aus dem Binnenluftverkehr übertreffen; Umbauten, Instandsetzungen und Wartungen an Luftfahrzeugen, die solche Luftverkehrsunternehmen im Rahmen einer Lieferung erworben haben; Lieferungen, Instandsetzungen und Wartungen der in diese Luftfahrzeuge eingebauten Gegenstände oder der Gegenstände für ihren Betrieb; Lieferungen von Gegenständen zur Versorgung dieser Luftfahrzeuge sowie Dienstleistungen, die für den unmittelbaren Bedarf dieser Luftfahrzeuge und ihrer Ladungen bestimmt sind;

9. die Dienstleistungen von ausdrücklich in fremdem Namen und für fremde Rechnung handelnden Vermittlern, wenn die vermittelte Leistung entweder nach diesem Artikel von der Steuer befreit ist oder ausschliesslich im Ausland bewirkt wird; wird die vermittelte Leistung sowohl im Inland als auch im Aus-

3 Steuerobjekt

land bewirkt, so ist nur der Teil der Vermittlung von der Steuer befreit, der auf Leistungen im Ausland oder auf Leistungen, die nach diesem Artikel von der Steuer befreit sind, entfällt;

10. in eigenem Namen erbrachte Dienstleistungen von Reisebüros und Organisatoren von Veranstaltungen, soweit sie Lieferungen und Dienstleistungen Dritter in Anspruch nehmen, die von diesen im Ausland bewirkt werden; werden diese Leistungen Dritter sowohl im Inland als auch im Ausland erbracht, so ist nur der Teil der Dienstleistung des Reisebüros oder des Organisators von der Steuer befreit, der auf Leistungen im Ausland entfällt.

11. die Lieferung von Gegenständen nach Art. 17 Abs. 1bis ZG an ins Ausland abfliegende oder aus dem Ausland ankommende Reisende.

Die von der Steuer befreiten Leistungen und die Leistungen im Ausland sind im Abrechnungsformular unter Ziff. 200, Ziff. 220 und/oder Ziff. 221 zu deklarieren.

I. UMSATZ	Ziffer	Umsatz CHF	Umsatz CHF
Total der vereinbarten bzw. vereinnahmten Entgelte, inkl. Entgelte aus Übertragungen im Meldeverfahren sowie aus Leistungen im Ausland	200		
Abzüge: Von der Steuer befreite Leistungen (u.a. Exporte), von der Steuer befreite Leistungen an begünstigte Einrichtungen und Personen	220		
Leistungen im Ausland	221		

Steuerbefreite Exportleistungen mit Ausfuhrnachweis und Leistungen an begünstigte Einrichtungen und Personen mit Nachweis;
Ort der Leistungen im Inland;
Steuerpflicht nach Art. 10 MWStG.

Der inländischen Steuerpflicht nicht unterliegende Leistungen;
Ort der Leistungen im Ausland / keine Steuerpflicht nach Art. 10 MWStG;
Verzicht auf die Befreiung von der Steuerpflicht nach Art. 11 MWStG möglich;
belegmässiger Nachweis auf den Kundenrechnungen notwendig;
Steuerpflicht im Ausland ist zu prüfen;
ausländische Formvorschriften auf den Rechnungen beachten.

Auf den vorsteuerbelasteten Aufwendungen und Investitionen für die steuerbefreiten Leistungen und Leistungen im Ausland kann der Vorsteuerabzug vorgenommen werden.

3.5.1 Lieferungen ins Ausland (Exportlieferungen)

Eine direkte Ausfuhr liegt vor, wenn der Gegenstand der Lieferung ohne Ingebrauchnahme im Inland ins Ausland ausgeführt oder in ein offenes Zolllager oder Zollfreilager ausgeführt wird. Bei Reihengeschäften erstreckt sich die direkte Ausfuhr auf alle beteiligten Lieferanten, d.h. alle beteiligten Lieferanten können eine Steuerbefreiung geltend machen. Der Gegenstand der Lieferung kann vor der Ausfuhr durch Beauftragte des nicht steuerpflichtigen Abnehmers bearbeitet oder verarbeitet werden (Art. 23 Abs. 3 MWStG).

Die nachfolgenden direkten Lieferungen ins Ausland sind von der Steuer befreit, sofern der Nachweis der Ausfuhr erbracht werden kann:

Beförderung:	wenn der steuerpflichtige Lieferant die Gegenstände selbst dorthin verbringt.
Versendung:	wenn der steuerpflichtige Lieferant die Gegenstände durch von ihm beauftragten Dritten (z.B. Spediteur / Frachtführer) dorthin verbringen lässt.
Abholung:	wenn der Kunde die Gegenstände selbst oder durch einen von ihm beauftragten Dritten (z.B. Spediteur / Frachtführer) beim Lieferant abholt oder abholen lässt.
Vermietung / Vercharterung:	wenn die Gegenstände direkt ins Ausland befördert oder versendet werden und vom Leistungsempfänger überwiegend im Ausland genutzt werden.

Vor der Ausfuhr darf keine weitere Lieferung im Inland erfolgen (Art. 40 MWStV).

Die bei der Ausfuhr durch die EZV ausgestellten Zolldokumente (z.B. Veranlagungsverfügungen) sind neben Rechnungen oder anderen Belegen aus Sicht der MWSt aber auch des Zollrechts aufzubewahren. Im Mehrwertsteuerrecht gilt der Grundsatz der freien Beweiswürdigung (Art. 81 Abs. 3 MWStG), d.h. die Ausfuhrbefreiung kann auch anderweitig geltend gemacht werden. Die ESTV empfiehlt jedoch unbedingt, die Zolldokumente auch für die Belange der MWSt aufzubewahren (MI 04 «Steuerobjekt», Ziff. 8). Die zollamtlichen Dokumente sind die besten Beweismittel.

Für Voraus- oder Akontozahlungen bei Lieferungen ins Ausland kann unter Ziff. 220 ein Abzug vorgenommen werden. Dies selbst dann, wenn noch keine Veranlagungsverfügung der EZV vorliegt. Voraussetzung dafür ist, dass die vorgesehene Ausfuhr durch Verträge, Bestellungen usw. belegt werden kann.

Zu beachten sind nachfolgende Varianten von Geschäftsfällen:

(Legende: L = Lieferant, H = Händler, K = Kunde)

3 Steuerobjekt

Ein Reihengeschäft liegt vor, wenn mehrere Lieferanten in der Folge Lieferungen desselben Produktes vornehmen, wobei das Produkt in einer einzigen Bewegung vom ersten Lieferanten zum letzten Abnehmer in der Reihe gelangt. Dabei wird jeder Zwischenhändler in der Reihe, der im eigenen Namen auftritt, als Lieferant behandelt, obwohl er den Gegenstand der Lieferung nicht körperlich in Empfang nimmt.

Bei Reihengeschäften gelten sämtliche Lieferungen innerhalb der Reihe als im gleichen Zeitpunkt und am gleichen Ort (Ort der Abholung resp. Ort des Beförderungs- oder Versandbeginns) ausgeführt (MI 06 «Ort der Leistungserbringung», Teil II Ziff. 4).

3.5.2 Dienstleistungen im Ausland (Auslandleistungen)

Bei Dienstleistungen für ausländische Kunden ist massgebend ob die Dienstleistung im In- oder im Ausland erbracht wird. Der Ort der Dienstleistung ist im Art. 8 MWStG geregelt. Es gilt nicht der effektive Ausführungsort. Bei im Ausland erbrachten Dienstleistungen muss der Anspruch auf Steuerbefreiung buch- und belegmässig nachgewiesen sein. Der steuerpflichtige Leistungserbringer hat für solche Leistungen Anspruch auf Vorsteuerabzug. Die Leistungen im Ausland können im Abrechnungsformular unter Ziff. 221 in Abzug gebracht werden.

Bei Leistungen im Ausland ist jeweils die Steuerpflicht im Ausland zu prüfen. Zudem sind die ausländischen Formvorschriften auf den Rechnungen zu beachten.

3.5.3 Lieferungen im Ausland (Auslandleistungen)

Gilt eine an sich steuerbare Lieferung nicht als im Inland, sondern als im Ausland erbracht, unterliegt diese Leistung nicht der MWSt. Der Nachweis dafür ist buch- und belegmässig zu erbringen. Der steuerpflichtige Leistungserbringer hat für solche Leistungen Anspruch auf Vorsteuerabzug. Die Leistungen im Ausland können im Abrechnungsformular unter Ziff. 221 in Abzug gebracht werden. Zudem sind die Steuerpflicht im Ausland zu prüfen und die ausländischen Formvorschriften auf den Rechnungen zu beachten.

Behandlung von werkvertraglichen Lieferungen

Sofern die Bearbeitung des betreffenden Gegenstandes im Ausland erfolgt, liegt beim inländischen Leistungserbringer eine Lieferung im Ausland vor, die im Inland nicht steuerbar ist. Der Leistungserbringer kann für das im Ausland im Rahmen seiner unternehmerischen Tätigkeit benötigte Material grundsätzlich den Vorsteuerabzug vornehmen. Die Ausfuhr dieser Gegenstände ist vorzugsweise anhand einer Veranlagungsverfügung der EZV nachzuweisen, die im Ausland erbrachte Lieferung (Arbeitsleistung) buch- und belegmässig zu dokumentieren. Auf der Ausfuhrzollanmeldung ist der Verkaufspreis der Gegenstände franko Schweizergrenze im Zeitpunkt der Ausfuhr zu deklarieren, der Wert der später im Ausland erbrachten Lieferung (Arbeitsleistung) zählt nicht dazu.

Das Verbringen von Betriebsmitteln ins Ausland ist ebenfalls von der Inlandsteuer befreit (Art. 23 Abs. 2 Ziff. 4 MWStG). Um nach Abschluss der Arbeiten im Ausland bei der Wiedereinfuhr der Betriebsmittel deren Versteuerung zu vermeiden, können diese u.U. nach dem Zollverfahren der vorübergehenden Verwendung oder mit Carnet ATA ausgeführt werden (MI 06 «Ort der Leistungserbringung», Teil II Ziff. 3.3).

Behandlung bei Auslieferungs- und Konsignationslagern im Ausland

Die Abnehmer des inländischen Lieferanten werden ab dem im Ausland gelegenen Auslieferungslager (resp. Konsignationslager) beliefert. Weil der Ort der Lieferung im Ausland liegt, handelt es sich seitens des Lieferanten um im Inland nicht steuerbare Lieferungen (Auslandumsatz). Das vorgängige Verbringen oder Verbringenlassen der Gegenstände ins Auslieferungslager ist beim Lieferanten ebenfalls von der Inlandsteuer befreit, sofern der Export nachgewiesen werden kann (vorzugsweise mit einer Veranlagungsverfügung der EZV). Auf der Zollanmeldung bei der Ausfuhr wird der Preis der Gegenstände franko Schweizergrenze deklariert, der zum Zeitpunkt des Exports einen Dritten in Rechnung gestellt würde (MI 06 «Ort der Leistungserbringung», Teil II Ziff. 6.2).

3.5.4 Besonderheiten

Folgende Besonderheiten sind zu beachten (MI 04 «Steuerobjekt», Ziff. 8):

Grenzüberschreitende Personenbeförderung

Der Bundesrat kann zur Wahrung der Wettbewerbsneutralität Beförderungen im grenzüberschreitenden Luft-, Eisenbahn- und Busverkehr von der Steuer befreien (Art. 23 Abs. 4 MWStG).

Von der Steuer befreit sind (Art. 41 – 43 MWStV)

➢ Beförderungen im Luftverkehr, bei denen entweder der Ankunfts- oder der Abflugsort im Inland liegt;

➢ Beförderungen im Luftverkehr von einem ausländischen Flughafen zu einem anderen ausländischen Flughafen über inländisches Gebiet;

Inlandstrecken im internationalen Luftverkehr sind von der Steuer befreit, wenn der Flug im Inland lediglich durch eine technische Zwischenlandung oder zum Umsteigen auf einen Anschlussflug unterbrochen wird.

➢ Beförderungen im grenzüberschreitenden Eisenbahnverkehr auf Strecken, bei denen entweder der Abgangs- oder der Ankunftsbahnhof im Inland liegt;

➢ Beförderungen im grenzüberschreitenden Eisenbahnverkehr auf inländischen Strecken, die im Transit benutzt werden, um die im Ausland liegenden Abgangs- und Ankunftsbahnhöfe zu verbinden;

Für eine Steuerbefreiung muss der Fahrpreisanteil der ausländischen Strecke grösser sein als die wegen der Steuerbefreiung entfallende MWSt und ein internationaler Fahrausweis vorliegen.

3 Steuerobjekt

> Beförderungen von Personen mit Autobussen auf Strecken, die überwiegend über ausländisches Gebiet führen oder im Transit benutzt werden, um die im Ausland liegenden Abgangs- und Ankunftsorte zu verbinden.

Vermietung von Maschinen und Geräten

Bei Überlassung zum Gebrauch oder zur Nutzung von Maschinen und Geräten ins Ausland kann das Zollverfahren der vorübergehenden Verwendung angewendet werden. Die in diesem Verfahren von der EZV beglaubigten Zolldokumente (z.B. Veranlagungsverfügung für die vorübergehende Verwendung Nr. 11.73 und/oder Veranlagungsverfügung für den Abschluss der vorübergehenden Verwendung Nr. 11.87) sollten auch für die Belange der MWSt aufbewahrt werden. Werden die Maschinen und Geräte überwiegend im Ausland genutzt, ist die Überlassung zum Gebrauch oder zur Nutzung von der Steuer befreit.

Die Überlassung zum Gebrauch oder zur Nutzung von Motorfahrzeugen (z.B. Personenwagen oder Wohnmobile) ist von der Steuer befreit, sofern die Fahrzeuge direkt ins Ausland befördert oder versendet und vom Leistungsempfänger überwiegend im Ausland gebraucht oder genutzt werden. Ob die Übergabe des Fahrzeuges im Inland (Abhollieferung) oder im Ausland (Beförderungs- oder Versandlieferung) erfolgt, spielt keine Rolle. Entscheidend ist, dass das Fahrzeug durch den Mieter oder den Vermieter ins Ausland transportiert wird. Die überwiegende Nutzung des Fahrzeuges durch den Mieter im Ausland ist vom Vermieter mit geeigneten Unterlagen zu belegen (z.B. Tank-, Übernachtungs- und Verpflegungsbelege).

Lieferung von Gegenständen unter Zollüberwachung

Inlandlieferungen von Gegenständen ausländischer Herkunft müssen nicht versteuert werden, wenn sie im Rahmen eines Transitverfahrens, Zolllagerverfahrens, Zollverfahrens der vorübergehenden Verwendung oder der aktiven Veredelung oder wegen Einlagerung in einem Zollfreilager nachweislich im Inland unter Zollüberwachung standen. Internationale Transitverfahren erfolgen meist über das NCTS (New Computerised Transit System) und werden papierlos abgewickelt. Als Bestätigung empfiehlt es sich, den (ungestempelten) Ausdruck des Versandbegleitdokuments (vom Spediteur oder Frachtführer erhältlich) aufzubewahren. Bei allen übrigen Transitverfahren (z.B. im Inlandverkehr zwischen offenen Zolllagern und Zollfreilagern, im Transitverkehr mit Staaten, die dem NCTS nicht angeschlossen sind, oder im Privatwarenverkehr) gelten auch Aufzeichnungen über das Transitzolldokument als Bestätigung.

Verkauf von Motorfahrzeugen

Verlassen Motorfahrzeuge das Inland auf eigenen Rädern, ist das Kriterium der Nichtingebrauchnahme bzw. direkten Ausfuhr erfüllt, sofern die Ausfuhr innert 48 Stunden ab Übernahme des Fahrzeuges erfolgt. Die Lieferung des Motorfahrzeuges ins Ausland ist dann von der Steuer befreit.

Inlandlieferungen von Privatgegenständen zwecks Ausfuhr im Reiseverkehr

Ladenverkäufe im Reiseverkehr im Inland an Personen mit ausländischem Wohnsitz gelten als Inlandlieferungen. Inlandlieferungen von Gegenständen zwecks Ausfuhr im Reiseverkehr sind jedoch von der MWSt befreit, wenn die folgenden Voraussetzungen erfüllt sind (Art. 23 Abs. 5 MWStG, Verordnung über die Steuerbefreiung von Inlandlieferungen von Gegenständen zwecks Ausfuhr im Reiseverkehr):

a. Die Gegenstände sind für den privaten Gebrauch des Abnehmers oder für Geschenkzwecke bestimmt;

b. Der Preis der Gegenstände beträgt je Ausfuhrdokument und Abnehmer mindestens Fr. 300.– (mit Einschluss der MWSt);

c. Der Abnehmer hat nicht im Inland Wohnsitz;

d. Die Gegenstände werden innert 30 Tagen nach ihrer Übergabe an den Abnehmer ins Zollausland verbracht.

Zudem benötigt der Lieferant für die Steuerbefreiung ein von der EZV bestätigtes Ausfuhrdokument oder ein Ausfuhrdokument mit einer Einfuhrveranlagung einer ausländischen Zollbehörde. Wenn kein Ausfuhrdokument vorliegt, kann eine nachträgliche Bestätigung einer ausländischen Zollbehörde oder einer schweizerischen Botschaft / Konsulat im Wohnsitzstaat des Abnehmers dem Lieferanten zugestellt werden.

Eine Inlandlieferung an Teilnehmende von geführten Gruppenreisen ist von der Steuer befreit, wenn der Lieferant eine Liste der Reiseteilnehmenden mit entsprechenden Angaben, eine unterzeichnete Erklärung des Reiseveranstalters und ein Ausfuhrdokument mit Ausweiskopie des Abnehmers verfügt (Bewilligung der ESTV notwendig).

Dienstleistungen von Reisebüros und Organisatoren von Veranstaltungen

Von der Steuer befreit sind in eigenem Namen erbrachte Dienstleistungen von Reisebüros und Organisatoren von Veranstaltungen, soweit sie Lieferungen und Dienstleistungen Dritter in Anspruch nehmen, die von den Dritten im Ausland bewirkt werden.

Leistungen an diplomatische Vertretungen und internationale Organisationen

Leistungen an diplomatische Missionen, ständige Missionen, konsularische Posten und internationale Organisationen (institutionelle Begünstigte) sowie an bestimmte Kategorien von Personen, wie diplomatische Vertreter, Konsularbeamte und hohe Beamte internationaler Organisationen (begünstigte Personen), sind an der Quelle von der MWSt befreit.

Leistungen an institutionelle Begünstigte und begünstigte natürliche Personen (z.B. Diplomaten) sind von der MWSt befreit, wenn (Art. 143 – 150 MWStV; MI 17 «Leistungen an diplomatische Vertretungen und internationale Organisationen»):

➢ die institutionelle Begünstigte auf dem amtlichen Formular bescheinigt, dass die bezogenen Leistungen zum amtlichen Gebrauch bestimmt sind;

➢ die institutionelle Begünstigte, der die begünstigte Person angehört, auf dem amtlichen Formular für jede Leistung bescheinigt, dass die bezogenen Leistungen ausschliesslich für den persönlichen Gebrauch der begünstigten Person bestimmt sind. Die begünstigte Person hat zudem das Formular vorgängig zu unterzeichnen und sich bei jedem Bezug von Gegenständen und Dienstleistungen mit der gültigen Legitimationskarte oder einem gültigen Permis Ci auszuweisen.

Beispiele von Lieferungen von Gegenständen im / ins Ausland:
(MI 04 «Steuerobjekt», MI 06 «Ort der Leistungserbringung», Teil II)

Legende: K = Kunde, L = steuerpflichtiger Lieferant, V = Veredelungsbetrieb
Bestellung ◀----- Lieferung ◀——— x = Ort der Leistung

Der ausländische Kunde (K) bestellt beim steuerpflichtigen Lieferanten (L) Waren. Die Waren werden direkt mit eigenem Lastwagen oder durch den von L beauftragten Spediteur exportiert. Die zollamtlichen Dokumente liegen vor.

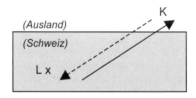

Steuerbefreite Exportlieferung (Versand- oder Beförderungslieferung) von L an den ausländischen K, sofern die Ausfuhrnachweise vorliegen. Die Lieferung ist im Abrechnungsformular unter Ziff. 200 und Ziff. 220 (Exporte usw.) zu deklarieren.

Der ausländische Kunde (K) bestellt beim steuerpflichtigen Lieferanten (L) Waren. Die Waren werden durch K oder durch seinen Spediteur abgeholt. Die zollamtlichen Dokumente liegen vor. Die Ware wird vor der Ausfuhr weder gebraucht noch im Rahmen eines Lieferungsgeschäfts einem Dritten im Inland übergeben.

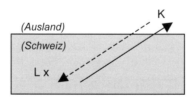

Steuerbefreite Exportlieferung (Abhollieferung) von L an den ausländischen K, sofern die Ausfuhrnachweise vorliegen und der Gegenstand im Inland nicht in Gebrauch genommen wurde. Die Lieferung ist im Abrechnungsformular unter Ziff. 200 und Ziff. 220 (Exporte usw.) zu deklarieren.

Der ausländische Kunde (K) bestellt beim steuerpflichtigen Lieferanten (L) Waren. Die Waren werden direkt mit eigenem Lastwagen an den ausländischen K geliefert und durch L im Ausland montiert. Die zollamtlichen Dokumente liegen vor.

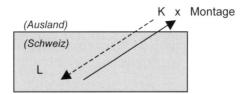

Werkvertragliche Leistung von L im Ausland. Im Inland nicht steuerbar, sofern die exportierten Waren (Vorleistung) zollamtlich nachgewiesen sind und die im Ausland erbrachten Arbeiten buch- und belegmässig nachgewiesen sind. Die Lieferung ist im Abrechnungsformular unter Ziff. 200 und Ziff. 221 (Leistungen im Ausland) zu deklarieren. Die Steuerpflicht im Ausland ist zu prüfen.

Der ausländische Kunde (K1) bestellt beim steuerpflichtigen Lieferanten (L) Waren zur Weiterleitung an den steuerpflichtigen Kunden (K2) von K1 im Inland.

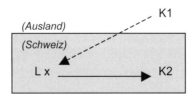

Weil der ausländische K1 die wirtschaftliche Verfügungsmacht der Ware im Inland übernimmt, handelt es sich um eine steuerbare Inlandlieferung von L an den ausländischen K1 (Beförderungs- resp. Versandreihengeschäft). K1 wird u.U. im Inland steuerpflichtig. Sofern der ausländische K1 im Inland nicht steuerpflichtig ist, kann unter den Voraussetzungen von Art. 45 Abs. 2 MWStG die Lieferung beim inländischen K2 der Bezugsteuer unterliegen.

Ein Reihengeschäft liegt vor, wenn mehrere Lieferanten in der Folge Lieferungen desselben Produktes vornehmen, wobei das Produkt in einer einzigen Bewegung vom ersten Lieferanten zum letzten Abnehmer in der Reihe gelangt. Dabei wird jeder Zwischenhändler in der Reihe, der im eigenen Namen auftritt, als Lieferant behandelt, obwohl er den Gegenstand der Lieferung nicht körperlich in Empfang nimmt.

Bei Reihengeschäften gelten sämtliche Lieferungen innerhalb der Reihe als im gleichen Zeitpunkt und am gleichen Ort (Ort der Abholung resp. Ort des Beförderungs- oder Versandbeginns) ausgeführt (MI 06 «Ort der Leistungserbringung», Teil II Ziff. 4).

3 Steuerobjekt

Der ausländische Kunde (K1) (in Österreich) bestellt beim steuerpflichtigen Lieferanten (L2) Waren. Im Auftrag von L2 wird die Ware vom ausländischen Lieferanten (L1 in Deutschland) direkt an den ausländischen Kunden (K1) des L2 geliefert.

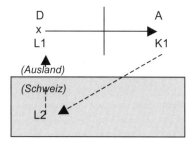

Beförderungsreihengeschäft im Ausland. Im Inland nicht steuerbar, sofern die Lieferung buch- und belegmässig nachgewiesen wird. Aus der Kundenrechnung muss ersichtlich sein, dass die Ware ab ausländischem Lieferanten geliefert wird. Die Lieferung ist im Abrechnungsformular unter Ziff. 200 und Ziff. 221 (Leistungen im Ausland) zu deklarieren. Die Steuerpflicht im Ausland ist zu prüfen.

Der nicht steuerpflichtige ausländische Kunde (K1) bestellt beim steuerpflichtigen Lieferanten (L) Waren. Im Auftrag von K1 wird die Ware durch L an den inländischen steuerpflichtigen Veredelungsbetrieb V geliefert. Die Ware wird im Inland zwar bearbeitet, jedoch weder gebraucht noch an einen Dritten übergeben. L und V stellen an K1 Rechnung.

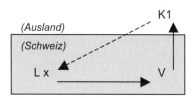

Die Lieferung von L an den ausländischen K1 ist steuerbefreit, weil K1 im Inland den Gegenstand nicht gebraucht oder einem Dritten übergibt, sondern nur verarbeiten lässt. L führt eine steuerbefreite Inlandlieferung zwecks Ausfuhr aus, sofern die Ausfuhrnachweise vorliegen. V führt eine steuerbefreite Exportlieferung aus, sofern die Ausfuhrnachweise vorliegen. Zudem haben L, K1 und V das Zirkularschreiben Nr. 1303/1304 auszufüllen. Die Lieferung ist im Abrechnungsformular unter Ziff. 200 und Ziff. 220 (Exporte usw.) zu deklarieren.

Kunde (K) (steuerpflichtig) mietet beim steuerpflichtigen Messestandbauer (L) einen Messestand für eine Messe im Ausland. Der Messestand wird vom L ins Ausland geliefert (Verfahren der vorübergehenden Verwendung, Carnet ATA). Die Ausfuhrdokumente liegen vor.

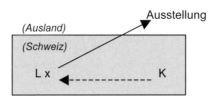

Bei Überlassung zum Gebrauch oder zur Nutzung von Maschinen, Geräten usw. ins Ausland kann das Zollverfahren der vorübergehenden Verwendung angewendet werden. Die in diesem Verfahren von der EZV ausgestellten Zolldokumente sind aufzubewahren. Werden die Maschinen, Geräte usw. vorwiegend im Ausland genutzt, ist die Überlassung zum Gebrauch oder zur Nutzung von der Steuer befreit. Die Lieferung ist im Abrechnungsformular unter Ziff. 200 und Ziff. 220 (Exporte usw.) zu deklarieren.

Beispiele von Dienstleistungen im / ins Ausland:
(MI 04 «Steuerobjekt», MI 06 «Ort der Leistungserbringung», Teil III)

Legende: K = Kunde, DL = steuerpflichtiger Dienstleistungserbringer
           Bestellung ◄----- Dienstleistung ◄------ x = Ort der Leistung

Beratungsgesellschaft (DL) erbringt für den nicht steuerpflichtigen ausländischen Kunden (K) eine Beratungsleistung nach Art. 8 Abs. 1 MWStG.

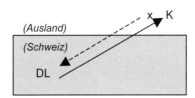

DL führt eine Dienstleistung im Ausland aus (Ort des Leistungsempfängers gemäss Art. 8 Abs. 1 MWStG), sofern die erbrachte Leistung buch- und belegmässig nachgewiesen ist. Die Dienstleistung ist im Abrechnungsformular unter Ziff. 200 und Ziff. 221 (Leistungen im Ausland) zu deklarieren. Die Steuerpflicht im Ausland ist zu prüfen resp. die ausländischen Formvorschriften auf den Rechnungen sind zu beachten.

Wenn der DL nur solche der Steuerpflicht nicht unterliegende Leistungen im Ausland erbringt, ist die subjektive Steuerpflicht nicht gegeben. Ein Verzicht auf die Befreiung von der Steuerpflicht ist möglich.

Der ausländische Kunde (K) erteilt dem steuerpflichtigen Architekten (DL) den Planungsauftrag (Art. 8 Abs. 2 Bst. f MWStG) am Bauwerk in Zürich.

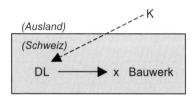

DL führt eine steuerbare Dienstleistung im Inland aus (Ort, an dem das Grundstück gelegen ist). Die Dienstleistung ist im Abrechnungsformular unter Ziff. 200 und Ziff. 301 zu deklarieren.

Die inländische steuerpflichtige M AG (Speditionsunternehmen) führt u.a. folgende Warentransportleistungen nach Art. 8 Abs. 1 MWStG aus:

a. Warentransportleistung im Inland für den inländischen Kunden A

b. Warentransportleistung im Inland für den ausländischen Kunden B

c. Warentransportleistung im Ausland für den inländischen Kunden A

d. Warentransportleistung vom Inland ins Ausland für den inländischen Kunden A

e. Warentransportleistung vom Ausland ins Inland für den inländischen Kunden A

Die vorgenannten Warentransportleistungen sind wie folgt abzurechnen:

a. steuerbare Dienstleistung (8,0%)
Deklaration im Abrechnungsformular unter Ziff. 200 und Ziff. 301.

b. Leistung im Ausland gemäss Art. 8 Abs. 1 MWStG (Empfängerortsprinzip)
Deklaration im Abrechnungsformular unter Ziff. 200 und Ziff. 221.

c. steuerbefreite Dienstleistung gemäss Art. 23 Abs. 2 Ziff. 7 MWStG
Deklaration im Abrechnungsformular unter Ziff. 200 und Ziff. 220.
Allfällige weitere behördliche, steuer- oder zollrechtliche Problembereiche im Ausland sind zu beachten.

d. steuerbefreite Dienstleistung gemäss Art. 23 Abs. 2 Ziff. 4 MWStG
Deklaration im Abrechnungsformular unter Ziff. 200 und Ziff. 220.

e. steuerbefreite Dienstleistung gemäss Art. 23 Abs. 2 Ziff. 5 MWStG
Deklaration im Abrechnungsformular unter Ziff. 200 und Ziff. 220.

3.6 FRAGEN

15 Ein Reinigungsinstitut in Buchs/SG (steuerpflichtig) putzt die Fenster am Gebäude einer im Fürstentum Liechtenstein domizilierten Versicherungsgesellschaft. Ist diese Arbeit zu versteuern?

16 Ein steuerpflichtiges Unternehmen liefert einem Kunden Kühlschränke für Fr. 15 000.–. Infolge Konkurs des Kunden wird der Betrag von Fr. 15 000.– nicht bezahlt. Was muss das steuerpflichtige Unternehmen versteuern?

17 Die Familie Meier mietet von der Mietag in Rorschach (steuerpflichtig) ein Wohnmobil für zwei Wochen. Das Ferienziel ist der Gardasee (I). Gefahren werden 1600 km.
Wie hat die Mietag das Entgelt aus der Vermietung des Wohnmobils (immatrikuliert in der Schweiz) zu versteuern?

18 Sind folgende Umsätze mehrwertsteuerpflichtig?

    a) Die Operation einer Katze durch den Tierarzt
    b) Weiterbildungskurse einer Fachhochschule
    c) Einnahmen aus Theatervorstellungen
    d) Prämien von Motorfahrzeugversicherungen
    e) Gewährung einer Festhypothek durch eine Bank
    f) Verkauf einer Eigentumswohnung durch ein Baugeschäft
    g) Referententätigkeit
    h) Startgeld eines Stadtlaufes

19 Kann auf nachfolgenden Umsätzen optiert werden?

    a) Die Behandlung eines Arztes
    b) Honorar für Weiterbildungskurs eines Berufsverbandes
    c) Eintrittsbillett für den Besuch eines Museums
    d) Prämien einer Versicherungsgesellschaft
    e) Vermietung von Büroräumlichkeiten

Wenn ja, unter welchen Voraussetzungen und zu welchem Steuersatz?

20 Eine Softwarefirma (steuerpflichtig) verkauft ihr Buchhaltungsprogramm «Mix» für Fr. 5 000.– nach Deutschland. Ausfuhrpapiere sind nicht vorhanden. Das Buchhaltungsprogramm wird in Deutschland verwendet.

Wie ist diese Leistung zu versteuern,

    ➢ wenn die Software auf Datenträgern exportiert wurde?
    ➢ wenn die Software über Datenfernleitung dem Kunden übermittelt wurde?

3 Steuerobjekt

21 Die Handels AG in Zürich (steuerpflichtig) bestellt bei der Produktions AG in St. Gallen (steuerpflichtig) Maschinenteile. Die Maschinenteile werden im Auftrag der Handels AG von der Produktions AG nach Berlin (D) geliefert. Die zollamtlichen Ausfuhrdokumente liegen vor.

Liegt bei der Produktions AG in St. Gallen eine steuerbare Inland- oder eine steuerbefreite Exportlieferung vor?

22 Ein Speditionsunternehmen (steuerpflichtig) liefert für eine Schweizer Firma Gegenstände für Fr. 12 000.– nach Frankreich.

Wie sind die Transportkosten zu versteuern?

(Lösungen im Anhang, Seite 262–263)

4. BERECHNUNG UND ÜBERWÄLZUNG DER STEUER

4.1 BEMESSUNGSGRUNDLAGE   Art. 24

Steuerpflichtige Unternehmen müssen zwischen drei Arten von Einnahmen unterscheiden:

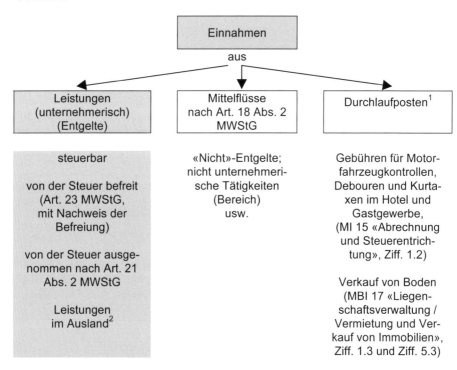

Die MWSt wird vom tatsächlich empfangenen Entgelt berechnet. Zum Entgelt gehören namentlich auch der Ersatz aller Kosten, selbst wenn diese gesondert in Rechnung gestellt werden, sowie die von der steuerpflichtigen Person geschuldeten öffentlich-rechtlichen Abgaben.

Nicht als Entgeltsminderungen gelten namentlich Kreditkartenkommissionen, Scheckgebühren, WIR-Einschläge und dergleichen (Art. 46 MWStV).

---

[1] eine Deklaration ist im Abrechnungsformular nicht vorgesehen / wenn die Einnahmen jedoch für die Umsatzabstimmung unter Ziff. 200 deklariert werden, ist der Abzug unter Ziff. 280 «Diverses» vorzunehmen

[2] damit die Plausibilitätskontrolle umgesetzt werden kann, sind die im Ausland getätigten von der Steuer ausgenommenen Leistungen nach Art. 21 Abs. 2 MWStG (ohne Ziff. 18, 19 und 23) unter Ziff. 200 und Ziff. 221 «Leistungen im Ausland» zu deklarieren

4 Berechnung und Überwälzung der Steuer

Bei nachfolgenden Leistungen ist folgendes Entgelt mit der ESTV abzurechnen:

bei Tauschverhältnissen:	gilt der Marktwert jeder Leistung als Entgelt für die andere Leistung;
bei Austauschreparaturen:	umfasst das Entgelt lediglich den Werklohn für die ausgeführte Arbeit;
bei Leistungen an Zahlungs statt:	gilt als Entgelt der Betrag, der dadurch ausgeglichen wird;
bei gebrauchten beweglichen Gegenständen:	gilt der Verkaufspreis

Nicht in die Bemessungsgrundlage einbezogen werden (Durchlaufposten):

- Billettsteuern, Handänderungssteuern sowie die auf der Leistung geschuldete MWSt selbst;
- Beträge, welche die steuerpflichtige Person von der die Leistung empfangenden Person als Erstattung der in deren Namen und für deren Rechnung getätigten Auslagen erhält, sofern sie diese gesondert ausweist (durchlaufende Posten);
- der Anteil des Entgelts, der bei der Veräusserung eines unbeweglichen Gegenstandes auf den Wert des Bodens entfällt;
- die im Preis für Entsorgungs- und Versorgungsleistungen eingeschlossenen kantonalen Abgaben an Wasser-, Abwasser- oder Abfallfonds, soweit diese Fonds daraus an Entsorgungsanstalten oder Wasserwerke Beiträge ausrichten

Sonderregelung bei Leistungen an das Personal

Bei Leistungen an das Personal ist gemäss Art. 47 MWStV jedoch Folgendes zu beachten:

- Bei entgeltlichen Leistungen an das Personal ist die MWSt vom tatsächlich empfangenen Entgelt zu berechnen. Art. 24 Abs. 2 und 3 MWStG bleiben vorbehalten.
- Leistungen des Arbeitgebers an das Personal, die im Lohnausweis zu deklarieren sind, gelten als entgeltlich erbracht. Die MWSt ist von dem Betrag zu berechnen, welcher auch für die direkten Steuern massgebend ist.
- Leistungen, die im Lohnausweis nicht zu deklarieren sind, gelten als nicht entgeltlich erbracht und es wird vermutet, dass ein unternehmerischer Grund besteht.
- Soweit bei den direkten Steuern Pauschalen für die Ermittlung von Lohnanteilen zulässig sind, die auch für die Bemessung der MWSt dienlich sind, können diese für die MWSt ebenfalls angewendet werden (z.B. Privatanteil Fahrzeug 0,8% usw.).

Es erfolgt eine Angleichung an die direkten Steuern. Die Deklaration im Lohnausweis sowie allfällige Aufrechnungen der KSTV sind zu berücksichtigen.

Unterscheidung zwischen Naturallohn (Drittpreis) und Schenkung (Eigenverbrauch) ist weiterhin notwendig. Unentgeltliche Leistungen an das Personal führen u.U. zu einer Vorsteuerkorrektur im Rahmen des Eigenverbrauchs.

Sonderregelung bei Leistungen an eng verbundene Personen[3]

Bei Leistungen an eng verbundene Personen gilt als Entgelt der Wert, der unter unabhängigen Dritten vereinbart würde (Art. 24 Abs. 2 MWStG). Gemäss Art. 47 MWStV ist jedoch Folgendes zu beachten:

➢ Leistungen des Arbeitgebers an eng verbundene Personen, die im Lohnausweis zu deklarieren sind, gelten als entgeltlich erbracht. Die MWSt ist von dem Betrag zu berechnen, welcher auch für die direkten Steuern massgebend ist.

➢ Leistungen, die im Lohnausweis nicht zu deklarieren sind, gelten als nicht entgeltlich erbracht und es wird vermutet, dass ein unternehmerischer Grund besteht.

➢ soweit bei den direkten Steuern Pauschalen für die Ermittlung von Lohnanteilen zulässig sind, die auch für die Bemessung der MWSt dienlich sind, können diese für die MWSt ebenfalls angewendet werden (z.B. Privatanteil Fahrzeug 0,8% usw.).

Es erfolgt eine Angleichung an die direkten Steuern. Die Deklaration im Lohnausweis sowie allfällige Aufrechnungen der KSTV sind zu berücksichtigen.

Leistungen, die im Lohnausweis nicht zu deklarieren sind

Im Lohnausweis sind folgende Leistungen nicht zu deklarieren (Wegleitung zum Ausfüllen des Lohnausweises, Ziff. III; MI 08 «Privatanteile», Ziff. 2.5):

➢ Gratis abgegebene Halbtaxabonnemente der SBB;

➢ REKA-Check-Vergünstigungen bis Fr. 600.– jährlich;

➢ Übliche Weihnachts-, Geburtstags- und ähnliche Naturalgeschenke bis Fr. 500.– pro Ereignis;

➢ Private Nutzung von Arbeitswerkzeugen (Handy, Computer usw.);

➢ Beiträge an Vereins- und Clubmitgliedschaften bis Fr. 1 000.– im Einzelfall;

➢ Beiträge an Fachverbände unbeschränkt;

➢ Rabatte auf Waren, die zum Eigenbedarf bestimmt und branchenüblich sind;

➢ Zutrittskarten für kulturelle, sportliche und andere gesellschaftliche Anlässe bis Fr. 500.– pro Ereignis;

---

[3] Inhaber von massgebenden Beteiligungen an einem Unternehmen oder ihnen nahe stehende Personen. Eine massgebende Beteiligung liegt vor, wenn einer der drei Schwellenwerte (mindestens 10% am Grund- oder Stammkapital oder mindestens 10% am Gewinn und an den Reserven oder Beteiligungsrechten im Verkehrswert von mindestens Fr. 1 Mio.) überschritten werden oder wenn eine entsprechende Beteiligung an einer Personengesellschaft vorliegt. Nahe stehende Personen sind beispielsweise Familienangehörige oder Schwestergesellschaften (MI 01 «MWSt in Kürze und Übergangsinfo», Teil II Ziff. 2.3)

4 Berechnung und Überwälzung der Steuer

- Die Bezahlung der Reisekosten für den Ehegatten oder den Partner bzw. die Partnerin, die den Arbeitnehmer auf Geschäftsreisen begleiten;
- Beiträge an Kinderkrippen, die für Kinder des Arbeitnehmers verbilligte Plätze anbieten;
- Gratis-Parkplatz am Arbeitsort;
- Kosten für ärztliche Vorsorgeuntersuchungen, die auf Verlangen des Arbeitgebers oder der Pensionskasse erfolgen;
- Gutschriften von Flugmeilen (Verwendung für geschäftliche Zwecke).

Leistungen an eng verbundene Personen, Einzelfirmeninhaber und an das Personal

Bei entgeltlichen Leistungen an das Personal und an eng verbundene Personen sind die Beträge inkl. MWSt, auch wenn z.B. bei Fahrzeugen der Ansatz auf dem Kaufpreis exkl. MWSt berechnet wird.

Die Leistungen sind im Abrechnungsformular unter Ziff. 200 und Ziff. 301 / 311 / 341 zu deklarieren.

Bei Anwendung der Saldosteuersatzmethode sind die entgeltlichen Leistungen zum entsprechenden Saldosteuersatz abzurechnen. Weitere Hinweise können der MI 08 «Privatanteile», Ziff. 6, oder der MI 12 «Saldosteuersätze» entnommen werden.

Jeder Leistungsbezug des Inhabers aus der eigenen steuerpflichtigen Einzelfirma (effektive Abrechnungsmethode) führt zu einer Vorsteuerabzugskorrektur (Eigenverbrauchssteuer, Art. 31 Abs. 2 MWStG), weil es sich um eine nicht steuerpflichtige Leistung innerhalb des Steuersubjektes handelt. Weitere Hinweise können der Ziff. 5.4 entnommen werden.

Bei Anwendung der Saldosteuersatzmethode ist die Eigenverbrauchssteuer abgegolten (Art. 92 und Art. 94 MWStV). Weitere Hinweise können der MI 08 «Privatanteile», Ziff. 6, oder der MI 12 «Saldosteuersätze» entnommen werden.

Nachfolgend sind die entsprechenden Leistungen grafisch dargestellt:

Leistungen an Einzelfirmeninhaber und an das Personal

EINZELFIRMA	Effektive Abrechnungsmethode	Saldosteuersatzmethode
an Einzelfirmeninhaber (inkl. nicht mitarbeitende Familienangehörige)		
sofern ➤ bezahlt ➤ Belastung auf Privatkonto ➤ Übriges	Eigenverbrauchssteuer (Art. 31 Abs. 2 Bst. a MWStG)	abgegolten
an das Personal (inkl. mitarbeitende Familienangehörige des Einzelfirmeninhabers) (Lohnausweisempfänger)		
sofern ➤ bezahlt ➤ verrechnet / Lohnabzug ➤ Belastung auf Privatkonto ➤ betragsmässige Deklaration im Lohnausweis	entgeltliche Leistungen[4] (Art. 24 Abs. 1 MWStG, Art. 47 MWStV) (inkl. MWSt)	entgeltliche Leistungen[4] (inkl. MWSt)
sofern (X)-mässiger Vermerk im Lohnausweis ➤ unentgeltliche Beförderung zwischen Wohn- und Arbeitsort (z.B. Abonnemente (sofern mehrheitlich für unternehmerische Zwecke) usw.) (Bst. F) ➤ Kantinenverpflegung usw. (Bst. G)	keine entgeltlichen Leistungen und kein Eigenverbrauch (MI 08 «Privatanteile», Ziff. 2.4.1 und Ziff. 2.4.2)	keine entgeltlichen Leistungen
sofern keine Deklaration im Lohnausweis (gelten als nicht entgeltlich erbracht)	unternehmerischer Grund (kein Eigenverbrauch) (Art. 31 Abs. 2 Bst. c MWStG, Art. 47 MWStV)	unternehmerischer Grund
an Drittpersonen		
sofern ➤ Geschenke über Fr. 500.– pro Person und Jahr (ohne Warenmuster, Werbegeschenke)	Eigenverbrauchssteuer[5] (Art. 31 Abs. 2 Bst. c MWStG)	abgegolten
sofern ➤ Geschenke bis Fr. 500.– pro Person und Jahr ➤ Warenmuster, Werbegeschenke[6]	unternehmerischer Grund (kein Eigenverbrauch) (Art. 31 Abs. 2 Bst. c MWStG)	unternehmerischer Grund

---

[4] MWSt auf dem bezahlten, verrechneten, belasteten oder im LA deklarierten Betrag
[5] sofern kein unternehmerischer Grund nachgewiesen werden kann
[6] nicht bei Tombola, Wettbewerb, Glücksspielen (= Regelung Geschenke über Fr. 500.–)

4 Berechnung und Überwälzung der Steuer

Leistungen an eng verbundene Personen und an das Personal

ÜBRIGE UNTERNEHMEN	Effektive Abrechnungsmethode	Saldosteuersatzmethode
an das Personal, Verwaltungsräte (inkl. mitarbeitende eng verbundene Personen) (Lohnausweisempfänger) *sofern:* ➤ bezahlt ➤ verrechnet / Lohnabzug ➤ Belastung auf Gesellschafterkonto ➤ betragsmässige Deklaration im Lohnausweis ➤ Naturaldividenden	entgeltliche Leistungen [7] (Art. 24 Abs. 1 MWStG, Art. 47 MWStV) (inkl. MWSt)	entgeltliche Leistungen [7] (inkl. MWSt)
sofern (X)-mässiger Vermerk im Lohnausweis ➤ unentgeltliche Beförderung zwischen Wohn- und Arbeitsort (z.B. Abonnemente (sofern mehrheitlich für unternehmerische Zwecke) usw.) (Bst. F) ➤ Kantinenverpflegung usw. (Bst. G)	keine entgeltlichen Leistungen und kein Eigenverbrauch (MI 08 «Privatanteile», Ziff. 2.4.1 und Ziff. 2.4.2)	keine entgeltlichen Leistungen
sofern keine Deklaration im Lohnausweis (gelten als nicht entgeltlich erbracht)	unternehmerischer Grund (kein Eigenverbrauch) (Art. 31 Abs. 2 Bst. c MWStG, Art. 47 MWStV)	unternehmerischer Grund
an nicht mitarbeitende eng verbundene Personen (nicht Lohnausweisempfänger) *sofern* ➤ bezahlt ➤ verrechnet ➤ Belastung auf Gesellschafterkonto ➤ Übriges / geldwerte Leistungen	entgeltliche Leistungen (Drittpreis) (Art. 24 Abs. 2 MWStG) (inkl. MWSt)	entgeltliche Leistungen (Drittpreis) (inkl. MWSt)
an Drittpersonen (inkl. nicht mitarbeitende eng verbundene Personen ohne massgebende Beteiligung) *sofern* ➤ Geschenke über Fr. 500.– pro Person und Jahr (ohne Warenmuster, Werbegeschenke)	Eigenverbrauchssteuer [8] (Art. 31 Abs. 2 Bst. c MWStG)	abgegolten
sofern ➤ Geschenke bis Fr. 500.– pro Person und Jahr ➤ Warenmuster, Werbegeschenke [9]	unternehmerischer Grund (kein Eigenverbrauch) (Art. 31 Abs. 2 Bst. c MWStG)	unternehmerischer Grund

---

[7] MWSt auf dem bezahlten, verrechneten, belasteten oder im LA deklarierten Betrag
[8] sofern kein unternehmerischer Grund nachgewiesen werden kann
[9] nicht bei Tombola, Wettbewerb, Glücksspielen (= Regelung Geschenke über Fr. 500.–)

Beispiel: Bemessungsgrundlage

Ausgangslage:

Die Firma X AG (steuerpflichtig) verkauft das Produkt X an die eng verbundene Person (Hauptaktionär, pensioniert) und an die Mitarbeiter wie folgt:

	VARIANTE I	VARIANTE II
	Fr.	Fr.
Verkaufspreis brutto	2 000.–	2 000.–
./. 10% Rabatt	200.–	200.–
Drittpreis netto	1 800.–	1 800.–
Einstandspreis	1 400.–	1 400.–
Verkaufspreis für die eng verbundene Person und für das Personal	1 600.–	1 200.–
Im Lohnausweis deklarierte Leistungen		400.–

Frage:

Wie viel MWSt ist für die Lieferungen an die eng verbundene Person und an die Mitarbeiter mit der ESTV abzurechnen?

Lösungsansätze:

Die Firma X AG hat folgende Lieferungen im Abrechnungsformular unter Ziff. 200 zu deklarieren:

Bemessungsgrundlage (Lieferung):	Fr.	Fr.
➢ an die eng verbundene Person (bei einer Pers.ges., AG, GmbH usw.)	1 800.–	1 800.–
➢ an das Personal	1 600.–	1 600.–

Wenn der Verkauf an eine mitarbeitende eng verbundene Person erfolgt, ist die Bemessungsgrundlage Fr. 1 600.–. Der Art. 47 MWStV steht im Widerspruch zum Art. 24 Abs. 2 MWStG.

4 Berechnung und Überwälzung der Steuer

Privatanteil Fahrzeug

Beim Privatanteil Fahrzeug ist zu unterscheiden zwischen entgeltlicher Leistung (Umsatzsteuer) und Eigenverbrauch (Vorsteuerabzugskorrektur infolge vorübergehender Verwendung ausserhalb der unternehmerischen Tätigkeiten).

Eine *entgeltliche Leistung* (Lieferung) setzt eine Gegenleistung voraus (sogenannter Leistungsaustausch).

Vorsteuerabzugskorrektur (Eigenverbrauch) ist idR anzunehmen, wenn es an einer Gegenleistung und somit an einem steuerbaren Leistungsaustausch fehlt, z.b. private Nutzung eines Gegenstandes der Einzelfirma durch den Einzelfirmeninhaber. Wird ein Gegenstand nur vorübergehend ausserhalb der unternehmerischen Tätigkeit oder für eine nicht zum Vorsteuerabzug berechtigende unternehmerische Tätigkeit verwendet, ist gemäss Verwaltungspraxis der ESTV der Vorsteuerabzug im Umfang der aktuellen Steuer, die auf einer einer unabhängigen Drittperson dafür in Rechnung gestellten Miete anfallen würde, zu korrigieren. Weitere Einzelheiten können dem Kapitel 5.4 entnommen werden.

IdR wird der entsprechende Wert pauschal ermittelt. Bei der pauschalen Ermittlung beträgt der Privatanteil (bei entgeltlichen Leistungen und beim Eigenverbrauch) mindestens 0,8% pro Monat (d.h. 9,6% pro Jahr) vom Kaufpreis exkl. MWSt des Fahrzeuges, mindestens jedoch Fr. 150.–, wenn das Fahrzeug überwiegend (mehr als 50%) für unternehmerische steuerbare Tätigkeiten verwendet wird. Der errechnete Betrag versteht sich inkl. MWSt (MI 08 «Privatanteile», Ziff. 2.4.3.2 und Ziff. 3.1.5). Bei Übernahme eines Leasingfahrzeuges durch den Leasingnehmer ist der Privatanteil auf dem Leasingausgangswert zu berechnen (MI 01 «MWSt in Kürze und Übergangsinfo», Teil II Ziff. 2.3.3). Die pauschale Ermittlung ist nur für Personenfahrzeuge anwendbar (leichte Motorfahrzeuge mit einem zulässigen Gesamtgewicht bis 3 500 kg zur Beförderung von max. 9 Personen einschliesslich Fahrer).

Die private Nutzung des Fahrzeuges kann auch effektiv ermittelt werden (Führen eines Fahrtenkontrollheftes / Referenzansatz Fr. -.70 pro Kilometer). Tiefere Ansätze sind durch den Leistungserbringer kalkulatorisch nachzuweisen (MI 08 «Privatanteile», Ziff. 2.4.3.2).

Wird bei einer entgeltlichen Leistung ein höherer Betrag bezahlt, belastet, verrechnet oder im Lohnausweis berücksichtigt, unterliegt der höhere Betrag der Umsatzsteuer.

Es ist davon auszugehen, dass ein Sportwagen der Luxusklasse nicht als Investition für unternehmerische Tätigkeiten (z.B. private Zwecke) betrachtet wird und ein Vorsteuerabzug nicht möglich ist. Eine Eigenverbrauchs- und Lieferungsbesteuerung entfällt. Evtl. wird ein teilweiser Vorsteuerabzug anerkannt. Die Verwaltungspraxis der ESTV ist zu beachten.

Privatanteil Fahrzeug

Die private Benützung von Geschäftsfahrzeugen von Mitarbeitern und eng verbundenen Personen[10] kann eine Leistung (Lieferung) oder eine Vorsteuerabzugskorrektur (Eigenverbrauch) darstellen:

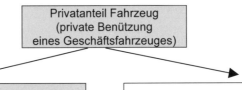

Leistungen (Lieferungen)	Vorsteuerabzugskorrektur (Eigenverbrauch)
Dem Privatkonto belastetes oder bezahltes Entgelt für die Benützung eines Geschäftsfahrzeuges einer Einzelfirma vom Ehepartner des Einzelfirmeninhabers (Mitarbeiter der Einzelfirma)	Private Benützung eines Geschäftsfahrzeuges einer Einzelfirma durch den Einzelfirmeninhaber (unabhängig der Verbuchung)
Verbuchtes resp. bezahltes Entgelt für die Benützung eines Geschäftsfahrzeuges vom Personal	Private Benützung eines Geschäftsfahrzeuges einer Einzelfirma vom Ehepartner des Einzelfirmeninhabers (arbeitet bei der Einzelfirma nicht mit) (unabhängig der Verbuchung)
Im Lohnausweis zu deklarierendes Entgelt für die Benützung eines Geschäftsfahrzeuges vom Personal	
Dem Gesellschafterkonto belastetes resp. bezahltes Entgelt für die Benützung eines Geschäftsfahrzeuges von einer eng verbundenen Person[10] einer Kapitalgesellschaft, Personengesellschaft usw.	
Im Lohnausweis zu deklarierendes Entgelt für die Benützung eines Geschäftsfahrzeuges von einer eng verbundenen Person[10] einer Kapitalgesellschaft, Personengesellschaft usw.	

---

[10] eng verbundene Personen = Inhaber von massgebenden Beteiligungen an einem Unternehmen oder einer ihnen nahe stehenden Personen. Eine massgebende Beteiligung liegt vor, wenn einer der drei Schwellenwerte (mindestens 10% am Grund- oder Stammkapital oder mindestens 10% am Gewinn und an den Reserven oder Beteiligungsrechten im Verkehrswert von mindestens Fr. 1 Mio.) überschritten werden oder wenn eine entsprechende Beteiligung an einer Personengesellschaft vorliegt. Nahe stehende Personen sind beispielsweise Familienangehörige oder Schwestergesellschaften (MI 01 «MWSt in Kürze und Übergangsinfo», Teil II Ziff. 2.3).

4 Berechnung und Überwälzung der Steuer

Beispiel: Eigenverbrauch (Privatanteil Fahrzeug)

Ausgangslage:

Die Z Malergeschäft AG, Zürich (steuerpflichtig), besitzt ein gemischt genutztes Geschäftsfahrzeug. Das Fahrzeug wird vorwiegend für unternehmerische steuerbare Leistungen verwendet. Folgende Daten sind bekannt (exkl. MWSt):

	Kauf 2010:
Neuwagen	Fr. 40 000.–
Eintausch altes Fahrzeug	Fr. 10 000.–
Aufpreis	Fr. 30 000.–
Serviceleistungen 2010:	Fr. 230.–
Serviceleistungen 2011:	Fr. 1 450.–
Serviceleistungen 2012:	Fr. 4 670.–

Fragen:

Frage 1:

Hat die Z Malergeschäft AG auf dem Privatanteil Geschäftsfahrzeug 2012 (Anteil der privaten Nutzung des Gesellschafters) die MWSt abzurechnen? Wenn ja, wie viel?

➢ wenn er die effektive Abrechnungsmethode anwendet?
➢ wenn er die Saldosteuersatzmethode anwendet?

Frage 2:

Was ändert sich an der Besteuerung des Privatanteils Geschäftsfahrzeug 2012, wenn die Z Malergeschäft AG eine Einzelfirma ist?

Frage 3:

Was ändert sich an der Besteuerung des Privatanteils Geschäftsfahrzeug 2012, wenn der Kaufpreis Fr. 140 000.– beträgt?

Frage 4:

Was ändert sich an der Besteuerung des Privatanteils Geschäftsfahrzeug 2012, wenn es sich um einen Sportwagen von Fr. 350 000.– handelt?

4 Berechnung und Überwälzung der Steuer

Lösungsansätze:

Kaufpreis Fahrzeug	Gesellschaftsform	Vorsteuerabzug	effektive Abrechnungsmethode	Saldosteuersatzmethode
Fr. 40 000.–	Aktiengesellschaft	ja	(Lieferung) Fr. 3 840.–[11] (9,6% auf Fr. 40 000.–) (quartalsweise)	(Lieferung) das verbuchte oder im LA deklarierte Entgelt (Zeitpunkt der Verbuchung)
	Einzelfirma	ja	(EV-Steuer) Fr. 284.45 (9,6% auf Fr. 40 000.– = Fr. 3 840.–) (inkl. MWSt) (jährlich)	(EV-Steuer) Fr. 0.–
Fr. 140 000.–	Aktiengesellschaft	ja	(Lieferung) Fr. 13 440.–[11] (9,6% auf Fr. 140 000.–) (quartalsweise)	(Lieferung) das verbuchte oder im LA deklarierte Entgelt (Zeitpunkt der Verbuchung)
	Einzelfirma	ja	(EV-Steuer) Fr. 995.55 (9,6% auf Fr. 140 000.– = Fr. 13 440.–) (inkl. MWSt) (jährlich)	(EV-Steuer) Fr. 0.–
Fr. 350 000.–	Aktiengesellschaft	nein	(Lieferung) Fr. 0.–	(Lieferung) Fr. 0.–
	Einzelfirma	nein	(EV-Steuer) Fr. 0.–	(EV-Steuer) Fr. 0.–

---

[11] wurde ein höherer Betrag bezahlt, belastet, verrechnet oder im Lohnausweis deklariert, ist grundsätzlich auf dem höheren Betrag die Lieferungssteuer geschuldet

4.2 STEUERSÄTZE Art. 25

Zurzeit gelten folgende Steuersätze:

2,5% (reduzierter Steuersatz)

Der reduzierte Steuersatz von 2,5% findet Anwendung:

a. Auf der Lieferung folgender Gegenstände:

- Wasser in Leitungen,
- Nahrungsmittel und Zusatzstoffe nach dem Lebensmittelgesetz vom 9.10.1992 (LMG),

   Nahrungsmittel sind Erzeugnisse, die dem Aufbau oder dem Unterhalt des menschlichen Körpers dienen und nicht als Heilmittel angepriesen werden (Art. 3 Abs. 2 LMG).

   Zutaten sind Lebensmittel, die andern Lebensmitteln zugesetzt werden oder aus denen ein Lebensmittel zusammengesetzt ist sowie Zusatzstoffe. Zusatzstoffe sind Stoffe, die bei der Herstellung von Lebensmitteln zur Erzielung bestimmter Eigenschaften oder Wirkungen verwendet werden (Art. 3 Abs. 4 und Art. 4 Abs. 2 LMG).

- Vieh, Geflügel, Fische,
- Getreide,
- Sämereien, Setzknollen und -zwiebeln, lebende Pflanzen, Stecklinge, Pfropfreiser sowie Schnittblumen und Zweige, auch zu Arrangements, Sträussen, Kränzen und dgl. veredelt.; gesonderte Rechnungsstellung vorausgesetzt, unterliegt die Lieferung dieser Gegenstände auch dann dem reduzierten Steuersatz, wenn sie in Kombination mit einer zum Normalsatz steuerbaren Leistung erbracht wird,
- Futtermittel, Silagesäuren, Streumittel für Tiere,
- Dünger, Pflanzenschutzmittel, Mulch und anderes pflanzliches Abdeckmaterial,
- Medikamente (Art. 49 MWStV),
- Zeitungen, Zeitschriften, Bücher und andere Druckerzeugnisse ohne Reklamecharakter der vom Bundesrat zu bestimmenden Arten (Art. 50–52 MWStV);

b. Auf den Dienstleistungen der Radio- und Fernsehgesellschaften, mit Ausnahme der Dienstleistungen mit gewerblichem Charakter;

c. Auf den optierten Leistungen nach Art. 21 Abs. 2 Ziff. 14–16 MWStG:

Ziff. 14. dem Publikum unmittelbar erbrachte kulturelle Dienstleistungen der nachstehend aufgeführten Arten, sofern hiefür ein besonderes Entgelt verlangt wird:

    a. Theater-, musikalische und choreographische Aufführungen sowie Filmvorführungen,

    b. Darbietungen von Schauspielern, Musikern, Tänzern und anderen ausübenden Künstlern sowie Schaustellern, einschliesslich Geschicklichkeitsspiele,

    c. Besuche von Museen, Galerien, Denkmälern, historischen Stätten sowie botanischen und zoologischen Gärten,

    d. Dienstleistungen von Bibliotheken, Archiven und Dokumentationsstellen, namentlich die Einsichtgewährung in Text-, Ton- und Bildträger in ihren Räumlichkeiten; steuerbar ist jedoch die Lieferung von Gegenständen (einschliesslich Gebrauchsüberlassung) solcher Institutionen;

Ziff. 15. für sportliche Anlässe verlangte Entgelte einschliesslich derjenigen für die Zulassung zur Teilnahme an solchen Anlässen (z.B. Startgelder) samt den darin eingeschlossenen Nebenleistungen;

Ziff. 16. kulturelle Dienstleistungen und Lieferungen von Werken durch deren Urheber wie Schriftsteller, Komponisten, Filmschaffende, Kunstmaler, Bildhauer sowie von den Verlegern und den Verwertungsgesellschaften zur Verbreitung dieser Werke erbrachte Dienstleistungen;

d. Auf den Leistungen im Bereich der Landwirtschaft, die in einer mit der Urproduktion in unmittelbarem Zusammenhang stehenden Bearbeitung des Bodens oder Bearbeitung von mit dem Boden verbundenen Erzeugnissen der Urproduktion bestehen.

3,8% (Sondersatz)

Der Sondersatz von 3,8% (befristet bis zum 31.12.2013) findet Anwendung auf Beherbergungsleistungen, d.h. die Gewährung von Unterkunft einschliesslich der Abgabe eines Frühstücks, auch wenn dieses separat berechnet wird.

4 Berechnung und Überwälzung der Steuer

8,0% (Normalsatz)

auf allen übrigen steuerbaren Umsätzen.

Für Nahrungsmittel, die im Rahmen von gastgewerblichen Leistungen abgegeben werden, gilt der Normalsatz. Als gastgewerbliche Leistung gilt die Abgabe von Nahrungsmitteln, wenn die steuerpflichtige Person sie beim Kunden zubereitet bzw. serviert oder wenn sie für deren Konsum an Ort und Stelle besondere Vorrichtungen bereithält. Werden hingegen die Nahrungsmittel in Verpflegungsautomaten angeboten, oder sind sie zum Mitnehmen oder zur Auslieferung bestimmt und sind hierfür geeignete organisatorische Massnahmen getroffen worden, findet der reduzierte Steuersatz Anwendung (Art. 25 Abs. 3 MWStG, Art. 53–56 MWStV).

Voneinander unabhängige Leistungen werden selbständig behandelt.

Mehrere voneinander unabhängige Leistungen, die zu einer Sachgesamtheit vereinigt sind oder als Leistungskombination angeboten werden, können einheitlich nach der überwiegenden Leistung behandelt werden, wenn sie zu einem Gesamtentgelt erbracht werden und die überwiegende Leistung wertmässig mindestens 70% des Gesamtentgelts ausmacht (Kombination) (Art. 19 MWStG).

Leistungen, die wirtschaftlich eng zusammengehören und so ineinandergreifen, dass sie als unteilbares Ganzes anzusehen sind, gelten als ein einheitlicher wirtschaftlicher Vorgang und sind nach dem Charakter der Gesamtleistung zu behandeln.

Nebenleistungen, namentlich Umschliessungen und Verpackungen, werden steuerlich gleich behandelt wie die Hauptleistung.

Beispiel: Leistungskombination

Ausgangslage:

Der Kursveranstalter X in Luzern (steuerpflichtig auf Umsätzen Bücherverkauf) hat auf den Schulungsumsätzen nicht optiert. Für den eintägigen Kurs «Qualitätskontrolle» erstellt der Kursveranstalter X den Teilnehmern folgende Rechnung:

Teilnahmegebühr für den Kurs «Qualitätskontrolle» vom 1.9.2012 inkl. Verpflegung	Fr. 480.–

Der Verpflegungsanteil beträgt Fr. 80.– pro Person (Rechnung vom Seminarhotel Fr. 72.– pro Person).

Frage:

Wie hat der Kursveranstalter X den vorgenannten Kurs mit der ESTV abzurechnen?

Lösungsansätze:

Der fakturierte Rechnungsbetrag für den Kurs «Qualitätskontrolle» inkl. Verpflegung ist beim Kursveranstalter X von der Steuer ausgenommen nach Art. 21 Abs. 2 Ziff. 11 MWStG, weil der Verpflegungsanteil nicht 30% vom Gesamtpreis ausmacht. Auf der Rechnung des Seminarhotels kann kein Vorsteuerabzug vorgenommen werden.

Die Entgelte aus erbrachten Leistungen ab 1.1.2011 sind im Abrechnungsformular wie folgt zu deklarieren:

II. STEUERBERECHNUNG	Ziffer	Leistungen CHF	Steuer CHF / Rp.	
Leistungen zum Normalsatz	301			8,0%
Leistungen zum reduzierten Satz	311			2,5%
Leistungen zum Beherbergungssatz	341			3,8%

Die Entgelte aus erbrachten Leistungen bis 31.12.2010 können weiterhin wie folgt deklariert werden:

II. STEUERBERECHNUNG	Ziffer	Leistungen CHF	Steuer CHF / Rp.	
Leistungen zum Normalsatz	300			7,6%
Leistungen zum reduzierten Satz	310			2,4%
Leistungen zum Beherbergungssatz	340			3,6%

(MI 19 «Steuersatzerhöhung per 1.1.2011»)

4 Berechnung und Überwälzung der Steuer

4.3 RECHNUNGSSTELLUNG UND STEUERAUSWEIS Art. 26

Der Leistungserbringer hat dem Leistungsempfänger gemäss Art. 26 MWStG auf Verlangen eine Rechnung auszustellen, die den nachfolgenden Anforderungen genügen muss:

a. den Namen und den Ort des Leistungserbringers, wie er im Geschäftsverkehr auftritt, den Hinweis, dass er im Register der steuerpflichtigen Personen eingetragen ist, sowie die Nummer, unter der er eingetragen ist;

b. den Namen und den Ort des Leistungsempfängers, wie er im Geschäftsverkehr auftritt;

c. Datum oder Zeitraum der Leistungserbringung, soweit diese nicht mit dem Rechnungsdatum übereinstimmen;

d. Art, Gegenstand und Umfang der Leistung;

e. das Entgelt für die Leistung;

f. den anwendbaren Steuersatz und den vom Entgelt geschuldeten Steuerbetrag; schliesst das Entgelt die Steuer ein, so genügt die Angabe des anwendbaren Steuersatzes.

Die Rechnung muss den Leistungserbringer, den Leistungsempfänger und die Art der Leistung eindeutig identifizieren und idR die vorgenannten Elemente enthalten.

Bei Rechnungen, die von automatisierten Kassen ausgestellt werden (Kassenzettel), müssen die Angaben über den Leistungsempfänger nicht aufgeführt sein, sofern das auf dem Beleg ausgewiesene Entgelt Fr. 400.– nicht übersteigt (Art. 26 Abs. 3 MWStG, Art. 57 MWStV).

Eine formell korrekte Rechnung nach Art. 26 MWStG ist nicht mehr Tatbestandselement des Vorsteuerabzugs, jedoch ein ideales Beweismittel.

Wer nicht im Register der steuerpflichtigen Personen eingetragen ist oder wer das Meldeverfahren nach Art. 38 MWStG anwendet, darf in Rechnungen nicht auf die Steuer hinweisen.

Wer in einer Rechnung eine Steuer ausweist, obwohl er zu deren Ausweis nicht berechtigt ist, oder wer für eine Leistung eine zu hohe Steuer ausweist, schuldet nach Art. 27 MWStG die ausgewiesene Steuer, es sei denn

➢ es erfolgt eine Korrektur der Rechnung innerhalb des handelsrechtlich Zulässigen durch ein empfangsbedürftiges Dokument, das auf die ursprüngliche Rechnung verweist und diese widerruft.

➢ er weist nach, dass dem Bund kein Steuerausfall entstanden ist; kein Steuerausfall entsteht namentlich, wenn der Rechnungsempfänger keinen Vorsteuerabzug vorgenommen hat oder die geltend gemachte Vorsteuer dem Bund zurückerstattet worden ist.

Nachfolgende Grafik zeigt die notwendigen Voraussetzungen für den Vorsteuerabzug auf:

Eingangsbeleg (Rechnung / Vertrag) für den Vorsteuerabzug

	Elemente	
idR Beleg nach Art. 26 MWStG		RECHNUNG vom 05.01.2012
eindeutige Identifizierung notwendig (Art. 26 Abs. 2 MWStG)	a.a)	KUKA AG Kunststoffkabelherstellung Seestrasse 1 8000 Zürich
	a.b)	MWSt-Nr. CHE-111.111.111 MWST (oder MWSt-Nr. 100 100[12])
eindeutige Identifizierung notwendig (Art. 26 Abs. 2 MWStG) Sonderregelung Kleinbelege (Art. 26 Abs. 3 MWStG, Art. 57 MWStV) bis Fr. 400.–	b)	Werner Weber AG Handelsbetrieb Landstrasse 10 3000 Bern
	c)	Unsere Lieferung vom 03.01.2012
eindeutige Identifizierung notwendig (Art. 26 Abs. 2 MWStG)	d)	1 Rolle à 100 m Kunststoffkabel 20 mm Typ A à Fr. 18.– / m
muss aufgeführt sein	e)	Fr. 1 800.–
muss aufgeführt sein (Art. 28 Abs. 4 MWStG, Art. 59 MWStV), sofern Leistungserbringer steuerpflichtig ist (Art. 27 MWStG)[13]	f)	inkl. 8,0% MWSt oder offener MWSt-Hinweis (z.B. + 8,0% MWSt Fr. 144.–)

Empfehlung: steuerpflichtige Leistungserbringer sollen stets einen formell korrekten Beleg nach Art. 26 MWStG erstellen, damit der zum Vorsteuerabzug berechtigte steuerpflichtige Leistungsempfänger bei einer Kontrolle der ESTV keine zusätzlichen Beweismittel beibringen muss.

Beweismittelfreiheit
(Art. 81 Abs. 3 MWStG;
MI 09 «Vorsteuerabzug und Vorsteuerkorrekturen», Ziff. 1.6)

---

[12] bis 31.12.2013
[13] die Inlandsteuer gilt als in Rechnung gestellt, wenn der Leistungserbringer für den Leistungsempfänger erkennbar von diesem die MWSt eingefordert hat (Art. 59 MWStV)

4 Berechnung und Überwälzung der Steuer

Nachfolgend sind einige korrekt erstellte Musterbelege aufgeführt:

Rechnung mit blosser Angabe des MWSt-Satzes

```
Fritz Muster AG                        Zürich, 1. Februar 2012
Büroapparate
Hauptstrasse 1
8000 Zürich                            Hans Meier
                                       Eisenhandlung
MWSt-Nr. CHE-100.100.100 MWST          Bahnhofstrasse 2
                                       3000 Bern

RECHNUNG

Wir lieferten Ihnen am 15. Januar 2012

1 Kopierer Marke X, Typ A
Geräte-Nr. XXY 1234                         Fr. 5 940.–

                                            inkl. 8,0% MWSt
```

Rechnung mit offenem Ausweis des MWSt-Betrages

```
Fritz Muster AG                        Zürich, 1. Februar 2012
Büroapparate
Hauptstrasse 1
8000 Zürich                            Hans Meier
                                       Eisenhandlung
MWSt-Nr. CHE-100.100.100 MWST          Bahnhofstrasse 2
                                       3000 Bern

RECHNUNG

Wir lieferten Ihnen am 15. Januar 2012
                                            Fr.
1 Kopierer Marke X, Typ A
Geräte-Nr. XXY 1234                         5 500.–

8,0% MWSt                                     440.–

TOTAL                                       5 940.–
```

4 Berechnung und Überwälzung der Steuer

Quittung

> Fritz Muster, Hotel Seehof,
> Hauptstrasse, 3000 Bern
>
> MWSt-Nr. 100 100   18.2.2012
>
> QUITTUNG
>
> | | Fr. |
> |---|---|
> | Kü | 22.— |
> | Mi | 3.20 |
> | Total inkl. 8,0% MWSt | 25.20 |

Kassenzettel für Beträge bis Fr. 400.— müssen keine Angaben über den Leistungsempfänger enthalten (Art. 57 MWStV).

Rechnung mit verschiedenen MWSt-Sätzen

Fritz Muster AG
Handelsprodukte
Hauptstrasse 1
8000 Zürich

MWSt-Nr. CHE-100.100.100 MWST

Zürich, 1. Februar 2012

Hans Meier
Drogerie
Bahnhofstrasse 2
3000 Bern

RECHNUNG

Wir lieferten Ihnen am 15. Januar 2012

Menge	Artikel	Preis je Einheit	Nettobeträge steuerbar zu		Bruttobetrag inkl.MWSt
			2,5%	8,0%	Fr.
100 D	Schmerztabletten	3.—	300.—		
100 T	Zahnpasta	6.—		600.—	
	Total Warenwert netto		300.—	600.—	
	Fracht und Verpackung: (Total Fr. 30.—)		10.—	20.—	
			310.—	620.—	
	2,5% / 8,0% MWSt		7.75	49.60	
	TOTAL inkl. MWSt		317.75	669.60	987.35

4 Berechnung und Überwälzung der Steuer

Rechnung mit Hinweis auf den Lieferschein

```
Handels AG                              Zürich, 1. April 2012
Musterstrasse 1
8001 Zürich

MWSt-Nr. CHE-100.100.101 MWST           Hans Muster
                                        Garage Grünau
                                        Grünaustrasse 5
                                        8000 Zürich

RECHNUNG

Lieferschein Nr. 100                                     Fr.

10 Ersatzteile, Typ 12                              1 200.—
./. Rabatt 10%                                         120.—
Gesamtbetrag netto                                  1 080.—
+ 8,0% MWSt                                            86.40
Total Rechnungsbetrag                               1 166.40
```

Der Lieferschein Nr. 100 mit Vermerk des Lieferdatums ist aufzubewahren.

Handwerkerrechnung an eine einfache Gesellschaft

```
Bauspengler Müller AG                   Bern, 10. Januar 2012
Musterstrasse 1
3003 Bern

MWSt-Nr. CHE-100.100.102 MWST           Baugesellschaft Halde, Köniz
                                        c/o Muster AG
                                        Schreinerei
                                        Hauptstrasse 10
                                        3000 Bern

RECHNUNG

Unsere Bauspenglerarbeiten vom 5.–7. Januar 2012
gemäss Devis vom 10.10.2011                              Fr.

Flachdachsanierung an der Liegenschaft
Hauptstrasse 10 Nord    350 m² à Fr. 100.—          35 000.—
+ 8,0% MWSt                                          2 800.—
Total Rechnungsbetrag                               37 800.—
```

Rechnung an Stellvertreter

Bauspengler Müller AG　　　　　　　　　Bern, 10. Februar 2012
Musterstrasse 1
3003 Bern

MWSt-Nr. CHE-100.100.102 MWST　　　Hans Muster, Zürich
　　　　　　　　　　　　　　　　　　　　c/o Liegenschaftenverwaltung Z
　　　　　　　　　　　　　　　　　　　　Hauptstrasse 10
　　　　　　　　　　　　　　　　　　　　3000 Bern

RECHNUNG

Betrifft am 1. Februar 2012 ausgeführte Spenglerarbeiten an der Liegenschaft Grünaustrasse 5

Anfertigen und montieren von Dachrinnen an der Lukarne　　　　　Fr.

Rinne 25 cm　　　　　5 m　　Fr. 30.–　　　　　150.–
Haken　　　　　　　　5 Stck.　Fr. 10.–　　　　　50.–

Arbeit (Auf- und Zudecken)　2 Std.　Fr. 60.–　　　120.–

Total Rechnungsbetrag (inkl. 8,0% MWSt)　　　　　　320.–

---

oder

Bauspengler Müller AG　　　　　　　　　Bern, 10. Februar 2012
Musterstrasse 1
3003 Bern

MWSt-Nr. CHE-100.100.102 MWST　　　Liegenschaftenverwaltung Z
　　　　　　　　　　　　　　　　　　　　Hauptstrasse 10
　　　　　　　　　　　　　　　　　　　　3000 Bern

RECHNUNG

Rechnung für Hans Muster, Liegenschaften, Grünaustrasse 5, 8000 Zürich, betreffend am 1. Februar 2012 ausgeführte Spenglerarbeiten an der Liegenschaft Grünaustrasse 5

Anfertigen und montieren von Dachrinnen an der Lukarne　　　　　Fr.

Rinne 25 cm　　　　　5 m　　Fr. 30.–　　　　　150.–
Haken　　　　　　　　5 Stck.　Fr. 10.–　　　　　50.–

Arbeit (Auf- und Zudecken)　2 Std.　Fr. 60.–　　　120.–

Total Rechnungsbetrag (inkl. 8,0% MWSt)　　　　　　320.–

4 Berechnung und Überwälzung der Steuer 111

Rechnung mit Eintauschgegenstand
(zwei steuerpflichtige Personen)

Auto Handels AG   Bern, 12. Januar 2012
Musterstrasse 1
3003 Bern

MWSt-Nr. CHE-100.100.103 MWST

                                          Hans Muster
                                          Eisenhandlung
                                          Bahnhofstrasse 1
                                          8000 Zürich

                                          MWSt-Nr. CHE-200.200.200 MWST

RECHNUNG

Unsere Lieferung vom 10. Januar 2012   Fr.

1 PW neu Marke ZZ, Typ ZZ 10000, Stamm-Nr. 1001	20 000.–
./. Rabatt 5%	1 000.–
Zwischentotal 1	19 000.–
+ 8,0% MWSt	1 520.–
Zwischentotal 2	20 520.–
+ Abnahmegebühr*	50.–
Gesamtbetrag	20 570.–
./. Eintausch	
1 PW Marke AA, Typ AA 10000, Stamm-Nr. 2002	10 000.–
+ 8,0% MWSt	800.–
Gesamtbetrag	10 800.–
Km-Stand 46 532	
Aufpreis	9 770.–

---

* Die Abnahme erfolgte im Namen und auf Rechnung des Kunden.

Beim Eintausch von Occasionsfahrzeugen ist die Angabe des Kilometerstandes fakultativ.

Rechnung mit Eintauschgegenstand
(Kunde ist eine Privatperson)

Auto Handels AG Musterstrasse 1 3003 Bern	Bern, 12. Januar 2012
MWSt-Nr. CHE-100.100.103 MWST	Fritz Meier Burg 9000 St. Gallen
RECHNUNG	
Unsere Lieferung vom 10. Januar 2012	Fr.
1 PW neu Marke ZZ, Typ ZZ 10000, Stamm-Nr. 1001 ./. Rabatt 5% Zwischentotal 1 + 8,0% MWSt Zwischentotal 2 + Abnahmegebühr* Gesamtbetrag	20 000.– 1 000.– 19 000.– 1 520.– 20 520.– 50.– 20 570.–
./. Eintausch 1 PW Marke AA, Typ AA 10000, Stamm-Nr. 2002 Km-Stand 46 532	10 000.–
Aufpreis	10 570.–

* Die Abnahme erfolgte im Namen und auf Rechnung des Kunden.

Beim Eintausch von Occasionsfahrzeugen ist die Angabe des Kilometerstandes fakultativ.

Beleg in Landeswährung (mit Angabe Belegtotal in Fremdwährung [z.B. Euro])

Hans Muster Lindenstr. 1		Lebensmittel 8000 Zürich		
18.2.2012 Vollmilch Bier Total Fr. Total Euro	10.05 1.25	10145 1.75 10.70 12.45 9.96	0 1	
Bargeld in Euro zurück in Fr.		10.00 0.05		
MWSt-Nr. 200 200				
Code	MWSt %	Total	MWSt	
0	2,5%	1.75	0.04	
1	8,0%	10.70	0.79	

4 Berechnung und Überwälzung der Steuer

Beleg in Landeswährung und Fremdwährung (z.B. Euro)

Hans Muster Lindenstr. 1	Lebensmittel 8000 Zürich				
18.2.2012	10.05	10145			
			Fr.		EUR
Vollmilch			1.75	0	1.40
Bier			10.70	1	8.56
Total			12.45		9.96
Bargeld					10.00
zurück					0.04
MWSt-Nr. 200 200					
Code	MWSt %	Total Fr.	MWSt Fr.	Total EUR	MWSt EUR
0	2,5%	1.75	0.04	1.40	0.03
1	8,0%	10.70	0.79	8.56	0.63

Beleg in Fremdwährung (z.B. Euro)

Hans Muster Lindenstr. 1	Lebensmittel 8000 Zürich			
18.2.2012	10.05	10145		
			EUR	
Vollmilch			1.40	0
Bier			8.56	1
Total			9.96	
Total Fr.			12.45	
Bargeld in Euro			10.00	
zurück in Fr.			0.05	
MWSt-Nr. 200 200				
Code	MWSt %	Total	MWSt	
0	2,5%	1.40	0.03	
1	8,0%	8.56	0.63	

Die Umsatzsteuern und Vorsteuern beim Beleg in fremder Währung sind zum Monatsmittelkurs oder Devisen-Tageskurs [Verkauf]) abzurechnen. Die Kurse können auf «www.estv.admin.ch» abgefragt werden (Art. 45 MWStV).

Steuerpflichtige Personen, die Teil eines Konzerns sind, können für die Umrechnung ihren internen Konzernumrechnungskurs verwenden.

Leasingvertrag
(steuerpflichtiger Leasingnehmer)

LEASINGVERTRAG Nr. 1005 vom 1. Januar 2012	Leasinggegenstand: Fräsmaschine, Typ 2000
Leasinggeber: Maschinen-Leasing AG Mustergasse 10, 8002 Zürich	Leasingnehmer: Präzisionsprodukte AG Halde 1 8000 Zürich
Preis Fräsmaschine, Typ 2000 Zinsen Verwaltungskosten Kaution Total	Fr. 159 000.– Fr. 6 800.– Fr. 2 200.– Fr. <u>4 000.–</u> Fr. 172 000.–
abzüglich: Kaution 1. Leasingrate (inkl. 8,0% MWSt)	 Fr. 4 000.– Fr. <u>7 000.–</u>
Total	Fr. 161 000.–
monatliche Leasingraten (inkl. 8,0% MWSt)	Fr. 7 000.–
Nach Bezahlung von 24 Monatsraten kann der Leasinggegenstand der Leasinggesellschaft zurückgegeben werden oder zu einem Zeitwert von Fr. 11 000.– käuflich übernommen werden.	
zahlbar:	monatlich, jeweils am 30. je Monat ....

Weitere Vertragsbestimmungen:

Die Leasinggeberin ist im Register der steuerpflichtigen Personen unter der MWST-Nr. CHE-100.100.104 MWST eingetragen.

Die Beträge verstehen sich inkl. 8,0% MWSt.

Die Leasingraten werden bei einer Steuersatzerhöhung entsprechend angepasst und in einem Nachtrag zum Leasingvertrag dem Leasingnehmer drei Monate vorher mitgeteilt.

4 Berechnung und Überwälzung der Steuer

Bei wiederkehrenden Zahlungen aufgrund eines Dauerschuldverhältnisses (z.B. Mietverträge) kann der Vorsteuerabzug geltend gemacht werden, wenn folgende Urkunde vorliegt (bisherige Verwaltungspraxis):

- Eine Rechnung mit den Angaben nach Art. 26 Abs. 2 MWStG für jede einzelne Teilleistung;
- Ein schriftlicher Vertrag mit den Angaben nach Art. 26 Abs. 2 MWStG. Dieser Urkunde muss der in einer Steuerperiode erfolgte Zahlungsvorgang (bei Abrechnung nach vereinnahmten Entgelten) beziehungsweise Verbuchungsvorgang (bei Abrechnung nach vereinbarten Entgelten) zugeordnet werden können. Das Beschriften allfälliger Einzahlungsscheine für Zwecke der MWSt ist nicht notwendig.

Quittung des Lieferanten an den Leasingnehmer
(steuerpflichtiger Leasingnehmer)

QUITTUNG   Leasinggegenstand:
vom 1. Januar 2012   Fräsmaschine, Typ 2000

Lieferant: Leasingnehmer:
Maschinenfabrik AG   Präzisionsprodukte AG
Seestrasse 20, 6000 Luzern   Halde 1
                                             8000 Zürich

Wir haben im Namen und für Rechnung der Maschinen-Leasing AG in Zürich von Ihnen erhalten:

Anzahlung gemäss Leasingvertrag Nr. 1005

Kaution   Fr.   4 000.–
1. Leasingrate   Fr.   7 000.–

Total   Fr.   11 000.–

Für den Vorsteuerabzug der 1. Leasingrate beim Leasingnehmer hat die Leasinggesellschaft dem Leasingnehmer einen formell korrekten Beleg zu erstellen.

Mietvertrag (ohne Option)

Bei der Vermietung von Büro- und Gewerberäumlichkeiten (ohne Option) sollte im Mietvertrag eine Klausel aufgeführt sein, dass der Vermieter jederzeit die Option auf der Vermietung vornehmen kann.

Mietvertrag (mit Option)

MIETVERTRAG vom 1. Januar 2012	Mietobjekt: Gewerbebau Lindenstrasse 1, Zürich 2. OG links
Vermieterin: Liegenschaften AG Mustergasse 5, 8002 Zürich	Mieterin: Werbeagentur AG Halde 5 8000 Zürich
Mietzins monatlich Nebenkosten Total Betrag (inkl. 8,0% MWSt)	Fr. 9 200.– Fr. 600.– Fr. 9 800.–
zahlbar:	monatlich, jeweils am 30. je Monat ....

Weitere Vertragsbestimmungen:

Die Vermieterin (steuerpflichtig unter der MWSt-Nr. CHE-100.100.105 MWST) hat von der Möglichkeit der Option auf den Mieteinnahmen gemäss Art. 22 MWStG Gebrauch gemacht.

Die Beträge verstehen sich inkl. 8,0% MWSt.

Die Beträge werden bei einer Steuersatzänderung entsprechend angepasst und mit amtlicher Formularmitteilung der Mieterin vorher unterbreitet.

Die Mieterin anerkennt die Option auf der Vermietung der Räumlichkeiten und bestätigt, dass sie die Räumlichkeiten nicht ausschliesslich für private Zwecke nutzt.

Die Mieterin hat die Vermieterin zu informieren, wenn sie die Räumlichkeiten zu einem späteren Zeitpunkt ausschliesslich für private Zwecke nutzt.

4 Berechnung und Überwälzung der Steuer

Kaufvertrag (ohne Option und nicht im Meldeverfahren)

KAUFVERTRAG vom 10. Januar 2012	Kaufobjekt: Gewerbebau Musterstrasse 1, Bern
Verkäuferin: Liegenschaften AG Mustergasse 5, 8002 Zürich	Käuferin: Schreinerei Kurt AG Musterstrasse 3 3003 Bern
Kaufpreis: Gebäude inkl. Boden	Fr. 869 800.–
zahlbar bis 20. Januar 2012	....

Weitere Kaufbestimmungen:

Die Parteien vereinbaren, dass beim Verkauf der Liegenschaft die Option nach Art. 22 MWStG sowie das Meldeverfahren nach Art. 38 MWStG nicht angewendet werden.

Kaufvertrag (mit Option)

KAUFVERTRAG vom 10. Januar 2012	Kaufobjekt: Gewerbebau Musterstrasse 1, Bern
Verkäuferin: Liegenschaften AG Mustergasse 5, 8002 Zürich	Käuferin: Schreinerei Kurt AG Musterstrasse 3 3003 Bern
Kaufpreis: Gebäude inkl. Boden	Fr. 869 800.–
zahlbar bis 20. Januar 2012	....

Weitere Kaufbestimmungen:

Die Verkäuferin (steuerpflichtig unter der MWSt-Nr. CHE-100.100.105 MWST) hat von der Möglichkeit der Option auf dem Verkauf der Liegenschaft gemäss Art. 22 MWStG Gebrauch gemacht. Es liegt ein

☐ teiloptierter
  Quote .... (gemäss Anhang)

☐ volloptierter

Verkauf einer Liegenschaft vor.

Der Kaufpreis von Fr. 869 800.– setzt sich wie folgt zusammen:

Büro- und Gewerberäumlichkeiten	Fr. 635 000.–
+ 8,0% MWSt	Fr. 50'800.–
Gebäudewert	Fr. 685'800.–
Räumlichkeiten (ohne Option) (evtl.)	Fr. 0.–
Boden	Fr. 184 000.–
Total Kaufpreis	Fr. 869'800.–

Die Käuferin anerkennt die Option auf dem Verkauf der Liegenschaft und bestätigt, dass sie die Räumlichkeiten nicht ausschliesslich für private Zwecke nutzt.

Die Käuferin nimmt zur Kenntnis, dass die überwälzte Umsatzsteuer bei einer späteren Umnutzung des Objektes voll resp. teilweise bei der Eigenverbrauchssteuer mitberücksichtigt werden muss.

Kaufvertrag (im Meldeverfahren)

KAUFVERTRAG	Kaufobjekt:
vom 10. Januar 2012	Gewerbebau
	Musterstrasse 1, Bern
Verkäuferin:	Käuferin:
Liegenschaften AG	Schreinerei Kurt AG
Mustergasse 5, 8002 Zürich	Musterstrasse 3
	3003 Bern
Kaufpreis:	
Gebäude inkl. Boden	Fr. 819 000.–
zahlbar bis 20. Januar 2012	
....	....

4 Berechnung und Überwälzung der Steuer

Weitere Kaufbestimmungen:

Der Verkauf der Liegenschaft erfüllt die Voraussetzungen für die Übertragung im Meldeverfahren nach Art. 38 MWStG und Art. 104 MWStV. Die Verkäuferin (steuerpflichtig unter der MWSt-Nr. CHE-100.100.105 MWST) meldet die Übertragung mittels Formular Nr. 764 im Abrechnungsformular an die ESTV. Die Käuferin (steuerpflichtig unter der MWSt-Nr. CHE-100.100.106 MWST) verpflichtet sich, beim Meldeverfahren durch Unterzeichnung des Formulars Nr. 764 mitzuwirken. Eine Kopie des unterzeichneten Meldeformulars Nr. 764 ist der Käuferin zu übergeben.

Sofern die Käuferin erst durch die Übernahme steuerpflichtig wird, hat sie nachträglich eine Kopie der Eintragungsbescheinigung der Käuferin zuzustellen. Sofern nach der Übernahme keine Eintragung im Steuerregister erfolgt, ist die MWSt nachträglich geschuldet (volloptierter Verkauf).

Der Kaufpreis von Fr. 819 000.– setzt sich wie folgt zusammen:

Büro- und Gewerberäumlichkeiten	Fr. 635 000.–
Boden	Fr. 184 000.–
Total Kaufpreis	Fr. 819 000.–

Die Vertragspartner nehmen zur Kenntnis, dass auf weiteren Übertragungsbelegen (Rechnungen, Aufstellungen, Verträgen) kein MWSt-Hinweis aufgeführt sein darf.

Die Käuferin bestätigt, dass sie die übernommene Liegenschaft nach dem Erwerb nicht ausschliesslich für private Zwecke nutzt.

Durch die Anwendung des Meldeverfahrens übernimmt die Käuferin für die übertragenen Vermögenswerte die Bemessungsgrundlage und den zum Vorsteuerabzug berechtigenden Verwendungsgrad der Verkäuferin (Art. 38 Abs. 4 MWStG).

Die Verkäuferin übergibt der Käuferin deshalb per Übertragungsdatum sämtliche Unterlagen (in Kopie) von in den letzten 20 Jahren (ab 1.1.1995) ausgeführten wertvermehrenden Investitionen (inkl. Grossrenovationen (> 5% vom Gebäudeversicherungswert), aus denen ersichtlich ist, auf welchen Gegenständen und in welchem Umfang (Verwendungsgrad) die Vorsteuer geltend gemacht wurde.

Die Käuferin nimmt zur Kenntnis, dass der im Meldeverfahren unterliegende Verkaufspreis (exkl. Wert des Bodens) bei einer späteren Umnutzung der Liegenschaft voll resp. teilweise der Eigenverbrauchssteuer oder der Einlageentsteuerung unterliegt.

Bei Verkauf einer Liegenschaft mit Meldeverfahren an eine eng verbundene Person ist im Kaufvertrag der Gebäudeversicherungswert zum Zeitpunkt der Veräusserung aufzuführen (MBI 17, Ziff. 5.3).

Provisionsgutschrift
(zwei steuerpflichtige Personen)

Fritz Muster   Zürich, 20. März 2012
Produktions AG
Grünaustrasse 10
8000 Zürich

MWSt-Nr. CHE-100.100.107 MWST

                              Vertriebs AG
                              Bahnhofstrasse
                              8000 Zürich

                              MWSt-Nr. CHE-100.100.108 MWST

PROVISIONS-GUTSCHRIFT

Verkauf 1 Präzisionsmaschine, Typ XXX, an
Hans Müller, Mechanische Werkstätte, Wetzikon
vom 5. Dezember 2011   Fr.

Provisionsentschädigung   200.–
+ 8,0% MWSt   16.–
Total Gutschriftsbetrag   216.–

Gutschriften und andere Dokumente, die im Geschäftsverkehr Rechnungen ersetzen, sind solchen Rechnungen gleichgestellt.

Werden Entgelte für unterschiedlich besteuerte Lieferungen und Dienstleistungen gemeinsam zurückerstattet (z.B. Jahresbonus, Jahresrückvergütung), so hat der steuerpflichtige Lieferant oder Dienstleistungserbringer dem steuerpflichtigen Empfänger einen Beleg abzugeben, aus dem ersichtlich ist, wie sich die Rückerstattung auf die unterschiedlich besteuerten Umsätze verteilt.

4 Berechnung und Überwälzung der Steuer 121

Beherbergungsleistung

```
Hotel Schönblick AG              Davos, 18. Februar 2012
Bachweg
3000 Davos

MWSt-Nr. CHE-100.100.109 MWST

                                 Fritz Müller
                                 Seestrasse
                                 9400 Rorschach

                                 Rechnung Nr.:    34 678
                                 Zimmer Nr.:      102
                                 Anreise:         16.2.2012
                                 Abreise:         18.2.2012

RECHNUNG
```

Bezeichnung	Datum	Debit Fr.	Kredit Fr.	MWSt
2 Nächte à Fr. 140.– HP	18.2.	280.–		1/2
Minibar	17.2.	12.–		2
Telefon	16.2.	7.–		2
Kurtaxen	18.2.	15.–		3
Barzahlung	18.2.		314.–	
Total		314.–	314.–	

MWSt-Code:					
1	3,8%	210.–	(75%)*	Steuer	Fr. 7.70
2	8,0%	70.–	(25%)*	Steuer	Fr. 5.20
		19.–		Steuer	Fr. 1.40
3	0,0%	15.–		Steuer	Fr. 0.00

* Nebst der pauschalen Ermittlung

Halbpension:	75% des Arrangementspreises	3,8%	
	25% des Arrangementspreises	8,0%	
Vollpension:	65% des Arrangementspreises	3,8%	
	35% des Arrangementspreises	8,0%	

kann bei Halbpension auch die Leistungskombination nach Art. 19 Abs. 2 MWStG angewendet werden.

Rechnung Occasionsfahrzeug im Autogewerbe
(Ankauf von Privatperson)

Heinz Kuster
Lindenstrasse 10
8000 Zürich

Zürich, 10. Januar 2012

Hans Muster GmbH
Garage Linden
Lindenstrasse 1
8000 Zürich

RECHNUNG

Unsere Lieferung vom 10. Januar 2012   Fr.

1 PW Marke AA, Typ AA 10000, Stamm-Nr. 2002   10 000.–
(Km-Stand 39 201)[1]

---

[1] die Kilometerangaben sind fakultativ

Rechnung Occasionsfahrzeug im Autogewerbe
(Verkauf an Privatperson)

Hans Muster GmbH
Garage Linden
Lindenstrasse 1
8000 Zürich
MWSt-Nr. CHE-100.100.110 MWST

Zürich, 20. Januar 2012

Kurt Stadler
Seestrasse 116
8000 Zürich

RECHNUNG

Unsere Lieferung vom 20. Januar 2012   Fr.

1 PW Marke AA, Typ AA 10000, Stamm-Nr. 2002   11 000.–
+ 8,0% MWSt   880.–
                                                   11 880.–

(Km-Stand 40 356)[1]

---

[1] die Kilometerangaben sind fakultativ

4 Berechnung und Überwälzung der Steuer

4.4 FRAGEN

23 Die Angestellten eines Modegeschäftes (steuerpflichtig, effektive Abrechnungsmethode) erhalten die Kleider mit einem Angestelltenrabatt von 25% auf dem Ladenpreis.

Auf welchem Wert muss beim Verkauf an das Personal die MWSt abgerechnet werden?

Einstandspreis	Fr. 120.–
Ladenpreis	Fr. 240.–
Bezugspreis für Mitarbeiter	Fr. 180.–

24 Der Aktionär nicht Lohnausweisempfänger der Haushaltsgeräte AG (steuerpflichtig, effektive Abrechnungsmethode) entnimmt für den privaten Bedarf folgende Gegenstände:

	Verkaufspreis	Einstandspreis
Kaffeemaschine	Fr. 180.–	Fr. 100.–
Mikrowellengerät	Fr. 1 480.–	Fr. 820.–

Auf welchem Betrag ist die MWSt geschuldet?

25 Sind folgende Positionen zum Entgelt (Hauptleistung) hinzuzurechnen?

  a) Frachtkosten
  b) Entsorgungskosten
  c) Verpackungskosten
  d) Subventionen
  e) Verzugszinsen

26 Die Auto Muster AG (steuerpflichtig, effektive Abrechnungsmethode) verkauft einem Privatkunden ein Occasionsfahrzeug Marke ABC für Fr. 25 000.–. Dieses Fahrzeug wurde von einem Privatkunden mit Fr. 23 000.– eingetauscht.

Wie viel MWSt hat die Auto Muster AG mit der ESTV abzurechnen?

27 Im Café Sonnenschein (steuerpflichtig) erhalten Sie für die Konsumation folgende Rechnung:

1 Kaffee	Fr. 4.20
2 Gipfeli	Fr. 2.40
	Fr. 6.60
plus MWSt .... %	....
Total Rechnungsbetrag	....

Die Rechnung ist zu ergänzen!

28 Eine Druckerei (steuerpflichtig) verkauft folgende Druckerzeugnisse:

a) Bücher «Mehrwertsteuer»
b) Visitenkarten
c) Zeitung «Die Schweiz»
d) Rechnungsgarnituren

Mit welchem Steuersatz sind diese Druckerzeugnisse zu versteuern?

29 Das Naturhistorische Museum in Bern hat gemäss Art. 22 MWStG die Optionsmöglichkeit beansprucht. Zu welchem MWSt-Satz sind die Eintrittseinnahmen abzurechnen?

30 Ein Elektrofachgeschäft (steuerpflichtig) überwälzt dem privaten Kunden die Mehrwertsteuer offen. Ist dieses Vorgehen korrekt?

31 Die Auto Muster AG (steuerpflichtig) erhält vom inländischen Generalimporteur ein Fahrzeug geliefert. Auf der Rechnung ist das Lieferdatum nicht aufgeführt. Kann der Vorsteuerabzug trotzdem vorgenommen werden?

32 Der Malermeister (steuerpflichtig) fakturiert seinem steuerpflichtigen Kunden die im Monat April 2012 ausgeführten Malerarbeiten mit folgendem Hinweis:

Zwischentotal	MWSt	Fakturabetrag
Fr. 10 000.–	Fr. 800.–	Fr. 10 800.–

Kann der steuerpflichtige Kunde den Vorsteuerabzug vornehmen?

(Lösungen im Anhang, Seite 263–264)

5. VORSTEUERABZUG / VORSTEUERKORREKTUREN

5.1 GRUNDSATZ EFFEKTIVER / FIKTIVER VORSTEUERABZUG

5.1.1 effektiver Vorsteuerabzug   Art. 28

Die steuerpflichtige Person kann im Rahmen ihrer unternehmerischen Tätigkeit, d.h. bei

- steuerbaren und steuerbefreiten Leistungen
- optierten, von der Steuer ausgenommenen Leistungen
- unentgeltlicher Abgabe, bei der es sich um einen unternehmerischen Grund handelt (bei Geschenken bis Fr. 500.– pro Person und Jahr sowie bei Werbegeschenken und Warenmustern zur Erzielung steuerbarer oder von der Steuer befreiter Umsätze wird der unternehmerische Grund vermutet / bei Geschenken über Fr. 500.– pro Person und Jahr muss der unternehmerische Grund nachgewiesen werden) (Art. 31 MWStG),

unter Vorbehalt der Art. 29 MWStG (Ausschluss des Anspruchs auf Vorsteuerabzug), Art. 30 MWStG (Vorsteuerkorrektur bei gemischter Verwendung) und Art. 33 MWStG (Kürzung des Vorsteuerabzugs) die folgenden Vorsteuern abziehen:

- die ihr in Rechnung gestellte Inlandsteuer (es muss sich um einen MWSt-Satz handeln, der im Abrechnungsformular aufgeführt ist)
- die von ihr deklarierte Bezugsteuer
- die von ihr entrichtete oder zu entrichtende Einfuhrsteuer, die mit unbedingter Forderung veranlagt wurde oder die mit bedingter Forderung veranlagt wurde und fällig geworden ist, sowie die von ihr für die Einfuhr von Gegenständen deklarierte Steuer.

Der Abzug der Vorsteuern ist zulässig, wenn die steuerpflichtige Person nachweist, dass sie die Vorsteuer bezahlt hat (Art. 28 Abs. 4 MWStG). Die Inlandsteuer gilt als in Rechnung gestellt, wenn der Leistungserbringer für den Leistungsempfänger erkennbar von diesem die MWSt eingefordert hat (Art. 59 MWStV). Die Höhe der von ihr eingeforderten Steuer (Betrag, anwendbarer Steuersatz) muss von der steuerpflichtigen Person, welche die Vorsteuer in Abzug bringen will, nachgewiesen werden können. Für die ESTV ist dieser Nachweis noch nicht erbracht, wenn eine Rechnung lediglich den Vermerk «inkl. MWSt» trägt, ohne weiteren Hinweis auf den Steuerbetrag oder den angewendeten Steuersatz (MI 09 «Vorsteuerabzug und Vorsteuerkorrekturen», Ziff. 1.6.1).

Eine formell korrekte Rechnung nach Art. 26 MWStG ist nicht mehr Tatbestandselement des Vorsteuerabzugs, jedoch ein ideales Beweismittel.

Ein Vorsteuerabzug ist auch möglich beim Aufbau einer Geschäftstätigkeit zur Erzielung von steuerbaren resp. steuerbefreiten Leistungen sowie auch bei Erzielung von von der Steuer ausgenommenen Leistungen, sofern die Absicht besteht, für diese zu optieren.

Ein Anspruch auf Vorsteuerabzug besteht auch im Rahmen der zum Vorsteuerabzug berechtigenden unternehmerischen Tätigkeit für das Erwerben, Halten und Veräussern von Beteiligungen sowie für Umstrukturierungen im Sinne von Art. 19 und 61 DBG.

Betriebsweihnachtsessen, gelegentliche Veranstaltungen zur Teambildung, jährlicher Ausflug mit dem Personal oder Aktivitäten im Zusammenhang mit einem Firmenjubiläum berechtigen zum Vorsteuerabzug, sofern die Aufwendungen im unternehmerischen steuerbaren Bereich anfallen (MI 09 «Vorsteuerabzug und Vorsteuerkorrekturen», Ziff. 1.4.4).

5.1.2 fiktiver Vorsteuerabzug

5.1.2.1 Bezug von Urprodukten   Art. 28 Abs. 2

Hat die steuerpflichtige Person bei nicht steuerpflichtigen Landwirten, Forstwirten, Gärtnern sowie Viehhändlern und Milchsammelstellen Erzeugnisse der Landwirtschaft, der Forstwirtschaft, der Gärtnerei, Vieh oder Milch im Rahmen ihrer zum Vorsteuerabzug berechtigenden unternehmerischen Tätigkeit bezogen, kann sie als Vorsteuern 2,5% des ihr in Rechnung gestellten Betrags (100%) abziehen (Art. 28 Abs. 2 MWStG).

Grundsätzlich wäre bei Bezügen von steuerpflichtigen Landwirten, Forstwirten, Gärtnern usw., die auf den von der Steuer ausgenommenen Urprodukteverkäufen nicht optiert haben, kein fiktiver Vorsteuerabzug möglich. Gemäss Verwaltungspraxis der ESTV kann jedoch beim Bezug von nicht mehrwertsteuerbelasteten Urprodukten der fiktive Vorsteuerabzug vorgenommen werden, unabhängig davon, ob der Urproduzent steuerpflichtig ist (MI 09 «Vorsteuerabzug und Vorsteuerkorrekturen», Ziff. 7.1).

Der Landwirt hat für die Lieferung von nicht optierten von der Steuer ausgenommenen eigenen Urprodukteleistungen nach Art. 21 Abs. 2 Ziff. 26 MWStG folgenden Verkaufsbeleg auszustellen:

Fritz Muster   Steinach, 1. September 2012
Landwirt
Riethof
9323 Steinach   Hans Meier
                                                Restaurant Frohsinn
                                                Bahnhofstrasse 10
                                                9400 Rorschach

RECHNUNG

Wir lieferten Ihnen am 28. August 2012
(aus eigener Urproduktion)
                                                                    Fr.
100 Kg Kartoffeln   à Fr. 1.50 / kg   150.–
 60 Kg Rüebli   à Fr. 1.20 / kg   72.–
Total Rechnungsbetrag   222.–

Bei optierten Leistungen sowie bei Handelsprodukten ist die MWSt-Nr. des steuerpflichtigen Leistungserbringers sowie der MWSt-Hinweis (z.B. inkl. 2,5% MWSt) aufzuführen.

5.1.2.2 Bezug von gebrauchten individualisierbaren beweglichen Gegenständen
Art. 28 Abs. 3

Hat die steuerpflichtige Person im Rahmen ihrer zum Vorsteuerabzug berechtigenden unternehmerischen Tätigkeit einen gebrauchten individualisierbaren beweglichen Gegenstand für die Lieferung (Verkauf, Vermietung, Verleasen) an einen Abnehmer im Inland ohne MWSt-Belastung bezogen, kann sie auf dem von ihr entrichteten Betrag einen fiktiven Vorsteuerabzug vornehmen. Der von ihr entrichtete Betrag versteht sich inklusive MWSt zu dem im Zeitpunkt des Bezugs anwendbaren MWSt-Satzes (z.B. 108,0%) (Art. 28 Abs. 3 MWStG). Die steuerpflichtige Person kann, sofern die übrigen Voraussetzungen gegeben sind, auch auf dem für den Erwerb von Gebrauchtgegenständen zu einem Gesamtpreis entrichteten Betrag einen fiktiven Vorsteuerabzug vornehmen (Art. 63 Abs. 1 MWStV).

Als Gegenstand im Sinne von Art. 28 Abs. 3 MWStG (Gebrauchtgegenstand) gilt ein gebrauchter individualisierbarer beweglicher Gegenstand, der in seinem derzeitigen Zustand oder nach seiner Instandsetzung erneut verwendbar ist und dessen Teile nicht unabhängig voneinander veräussert werden (Art. 62 Abs. 1 MWStV). Nicht als Gebrauchtgegenstände gelten Edelmetalle der Zolltarifnummern 7106-7112 und Edelsteine der Zolltarifnummern 7102-7105 (Art. 62 Abs. 2 MWStV). Ob Kunstgegenstände, Sammlungsstücke und Antiquitäten auch als Gebrauchtgegenstände gelten, ist im MWStG und in der MWStV nichts erwähnt. Auch in der MI 09 «Vorsteuerabzug und Vorsteuerkorrekturen» findet sich kein Hinweis hiezu. Gemäss Auskunft der ESTV werden Kunstgegenstände, Sammlungsstücke und Antiquitäten auch als Gebrauchtgegenstände behandelt.

Der fiktive Vorsteuerabzug ist gemäss Art. 63 Abs. 3 MWStV ausgeschlossen:
- wenn beim Erwerb des Gebrauchtgegenstands das Meldeverfahren nach Art. 38 MWStG zur Anwendung kam;
- wenn die steuerpflichtige Person den Gebrauchtgegenstand eingeführt hat;
- wenn Gegenstände nach Art. 21 Abs. 2 MWStG (für von der Steuer ausgenommene Zwecke) erworben werden, mit Ausnahme von Gegenständen nach Art. 21 Abs. 2 Ziff. 24 MWStG;
- wenn die steuerpflichtige Person den Gegenstand im Inland von einer Person bezogen hat, welche den Gegenstand steuerbefreit eingeführt hat;
- in der Höhe der ausgerichteten Zahlungen im Rahmen der Schadenregulierung, die den tatsächlichen Wert des Gegenstandes im Zeitpunkt der Übernahme übersteigt.

Damit die steuerpflichtige Person den fiktiven Vorsteuerabzug geltend machen kann, müssen im Zeitpunkt des Erwerbs folgende Bedingungen kumulativ erfüllt sein (MI 09 «Vorsteuerabzug und Vorsteuerkorrekturen», Ziff. 7.3.3; MBI 05 «Motorfahrzeuggewerbe», Ziff. 3.4):
- es handelt sich um einen gebrauchten individualisierbaren beweglichen Gegenstand;
- der Gebrauchtgegenstand wird mit der Absicht der Lieferung (z.B. Verkauf, Vermietung, Leasing) an einen Abnehmer im Inland bezogen;
- der Bezug des Gebrauchtgegenstandes erfolgt im Rahmen der unternehmerischen, zum Vorsteuerabzug berechtigenden Tätigkeit;

- der Bezug des Gebrauchtgegenstandes erfolgt ohne MWSt-Belastung, d.h. in der Rechnung wird keine MWSt ausgewiesen;
- beim Erwerb des Gebrauchtgegenstandes darf nicht das Meldeverfahren nach Art. 38 MWStG zur Anwendung gekommen sein;
- der Gegenstand darf von der steuerpflichtigen Person nicht aus dem Ausland eingeführt worden sein;
- der Gegenstand darf von der steuerpflichtigen Person nicht von einer Person im Inland bezogen worden sein, die diesen steuerbefreit eingeführt hat (u.a. Einfuhr von Kunstgegenständen durch deren Urheber, Umzugsgut, Fahrzeuge von diplomatischen Missionen u. dg.);
- die steuerpflichtige Person rechnet nach der effektiven Methode gemäss Art. 36 MWStG ab;
- die steuerpflichtige Person muss anhand geeigneter Beweismittel (z.B. Rechnung des Leistungserbringers, Gutschrift des Leistungsempfängers, Vertrag, Quittung) nachweisen können, dass der Anspruch auf den fiktiven Vorsteuerabzug besteht (z.B. Art, Gegenstand, Umfang und Zeitpunkt der Lieferung, Name und Adresse des Leistungserbringers sowie -empfängers (der blosse Hinweis «Passant» ist ungenügend)).

Nicht erwähnt ist der Erwerb eines gebrauchten Gegenstandes von institutionellen Begünstigten und begünstigten Personen nach Art. 143 MWStV, die den gebrauchten Gegenstand im Inland gekauft haben. Die Verwaltungspraxis ist noch unklar.

Massgebend für die Berechnung des fiktiven Vorsteuerabzugs beim steuerpflichtigen Unternehmen ist der im Zeitpunkt des Bezuges des gebrauchten Gegenstandes (mit der Absicht zum Verkauf, zur Vermietung oder zum Verleasen) gültige Steuersatz. Der Erwerbspreis versteht sich dabei als Wert inklusive MWSt (zur Zeit 102,5% bzw. 108,0%). Dies gilt selbst dann, wenn der Gebrauchtgegenstand gar nie oder nur zu einem niedrigeren Satz mit MWSt belastet war (MI 09 «Vorsteuerabzug und Vorsteuerkorrekturen», Ziff. 7.3.4).

Korrektur des vorgenommenen fiktiven Vorsteuerabzugs beim Erwerb eines gebrauchten Gegenstandes

Eine bloss vorübergehende Verwendung für sonstige Zwecke (z.B. als Betriebsmittel oder für private Zwecke) des Gebrauchtgegenstands zwischen dessen Erwerb und der Weiterlieferung an einen Abnehmer im Inland schliesst den fiktiven Vorsteuerabzug nicht aus (Art. 63 Abs. 2 MWStV). Eine Korrektur des Vorsteuerabzugs mittels Eigenverbrauch nach Art. 31 Abs. 4 MWStG bleibt vorbehalten. Geregelt ist in Art. 31 Abs. 4 MWStG, dass wenn der Gegenstand *vorübergehend* ausserhalb der unternehmerischen Tätigkeit oder für eine nicht zum Vorsteuerabzug berechtigende unternehmerische Tätigkeit verwendet wird, der Vorsteuerabzug im Umfang der Steuer, die auf einer einer unabhängigen Drittperson dafür in Rechnung gestellten Miete anfallen würde, zu korrigieren ist. Die Standzeit eines Gebrauchtwagens inkl. Probefahrten sowie die entgeltliche oder unentgeltliche Zurverfügungstellung von Ersatzfahrzeugen stellt keine vorübergehende andere Verwendung dar (MI 01 «MWSt in Kürze und Übergangsinfo», Teil II Ziff. 2.5.2.5). In den ersten 6 Monaten ab Kauf des Gegenstandes wird die durchgehende Absicht des Bezugs zur Lieferung an einen inländischen Abnehmer vermutet. Anders gesagt, es besteht die Vermutung, dass der Gegenstand unabhängig der konkreten Nutzung in dieser Zeit nicht dem Wiederverkauf oder der Vermietung / dem Verleasen entzogen wird (MBI

05 «Motorfahrzeuggewerbe» Ziff. 3 und Ziff. 3.5; MI 09 «Vorsteuerabzug und Vorsteuerkorrekturen», Ziff. 7.3.5).

Rückgängigmachung des vorgenommenen fiktiven Vorsteuerabzugs beim Erwerb eines gebrauchten Gegenstandes

Liefert die steuerpflichtige Person den Gegenstand an einen Abnehmer im Ausland, muss sie den fiktiven Vorsteuerabzug in der Abrechnungsperiode rückgängig machen, in der die Lieferung erfolgt (Art. 63 Abs. 4 MWStV). Der fiktive Vorsteuerabzug ist ebenfalls rückgängig zu machen, wenn der Gebrauchtgegenstand entgegen der ursprünglichen Absicht der Lieferung (Verkauf oder Vermietung/Leasing) an einen inländischen Abnehmer *definitiv* für anderweitige Zwecke in Gebrauch genommen wird (MBI 05 «Motorfahrzeuggewerbe», Ziff. 3.6; MI 09 «Vorsteuerabzug und Vorsteuerkorrekturen», Ziff. 7.3.6). Der fiktive Vorsteuerabzug ist von der steuerpflichtigen Person in jener Abrechnungsperiode rückgängig zu machen, in der der Gegenstand dem Verkauf oder der Vermietung / dem Verleasen entzogen wird.

Der geltend gemachte fiktive Vorsteuerabzug ist in gleicher Höhe rückgängig zu machen. Dies erfolgt auf dem Abrechnungsformular unter der Ziff. 400 «Vorsteuer auf Material und Dienstleistungsaufwand» (MI 09 «Vorsteuerabzug und Vorsteuerkorrekturen», Ziff. 7.3.7).

Keine Rückgängigmachung des fiktiven Vorsteuerabzugs ist vorzunehmen bei vorübergehender Verwendung ausserhalb der unternehmerischen Tätigkeit oder für eine nicht zum Vorsteuerabzug berechtigende unternehmerische Tätigkeit (von der Steuer ausgenommen). Es ist eine Korrektur des Vorsteuerabzugs (Eigenverbrauchssteuer) vorzunehmen.

Keine Regelung besteht, wenn vor der Exportlieferung oder vor dem endgültigen Wiederverkaufsentzug ein Occasionsfahrzeug als Ersatzfahrzeug verwendet wurde. Eine Nutzungsänderung kann nur vorliegen, wenn das Occasionsfahrzeug der zum Vorsteuerabzug berechtigenden unternehmerischen Tätigkeit entzogen wird.

Abzurechnende Umsatzsteuer auf dem Verkaufspreis

Beim Verkauf oder bei der Vermietung / Leasing des gebrauchten individualisierbaren beweglichen Gegenstandes an einen Empfänger im Inland muss der steuerpflichtige Leistungserbringer das gesamte Entgelt versteuern. Er darf auf dem Verkaufsbeleg (z.B. Vertrag, Rechnung, Quittung, Gutschrift) die MWSt offen ausweisen (MBI 05 «Motorfahrzeuggewerbe», Ziff. 3.1).

Buchführung / Aufstellungen / Belege

Die steuerpflichtige Person muss über die Gebrauchtgegenstände eine Bezugs- und Lieferungskontrolle führen (Art. 64 MWStV). Bei Gebrauchtgegenständen, die zu einem Gesamtpreis erworben werden, sind pro Gesamtheit separate Aufzeichnungen zu führen.

Die Ausgestaltung dieser Kontrolle bleibt der steuerpflichtigen Person vorbehalten. Sie muss jedoch Gewähr dafür bieten, dass die einzelnen Geschäftsvorfälle leicht und zuverlässig nachvollziehbar sind (Prüfspur).

Vorzugsweise wird dieser Aufzeichnungspflicht durch separate Einkaufs- und Verkaufskontrollen (z.B. Wagenhandelskontrolle) entsprochen (MBI 05 «Motorfahrzeuggewerbe», Ziff. 3.7):

Ankauf				Verkauf		
Datum	Lieferant	Gegenstand	Einstands-preis Fr.	Datum	Kunde	Verkaufs-erlös Fr.
17.01.2012	Urs Heiniger Zürich	VW Polo Chassis-Nr. 332721 1. Inv. 7.2004	7 000	02.02.2012	Hans Jakober Sarnen	8 200
28.01.2012	Ernst Michel Hofstetten	Peugeot 206 Chassis-Nr. 456354 1. Inv. 10.2003	2 000	28.02.2012	Markus Zemp Buchs	3 500
usw.						

Es empfiehlt sich, die Lieferanten und Kunden im Verzeichnis mit Name, Vorname und Ort aufzuführen, damit jederzeit auf die entsprechenden Belege zugegriffen werden kann. Da die Individualisierbarkeit der Gegenstände Voraussetzung für den fiktiven Vorsteuerabzug ist, müssen die Gebrauchtgegenstände sowohl auf den Rechnungen (Einkaufs- und Verkaufsrechnung) als auch in der Einkaufs- und Verkaufskontrolle detailliert gekennzeichnet und somit einwandfrei identifizierbar sein (MBI 05 «Motorfahrzeuggewerbe», Ziff. 3.7; MI 09 «Vorsteuerabzug und Vorsteuerkorrekturen», Ziff. 7.3.8).

Nebst separaten Einkaufs- und Verkaufskontrollen können auch andere Aufzeichnungsformen zu einem ordnungsgemässen Nachweis der einzelnen Verkaufsgeschäfte führen. Denkbar sind separate Buchhaltungskonti für Ein- und Verkauf, die mittels identischen Referenzen den Bezug zwischen Ein- und Verkauf sicherstellen. Weitere Varianten wie die Abwicklung über eine Lagerbuchhaltung sind ebenfalls denkbar (MI 09 «Vorsteuerabzug und Vorsteuerkorrekturen», Ziff. 7.3.8).

Auf den Ein- und Ausgangsrechnungen ist der Hinweis «Passant» ungenügend (MBI 05 «Motorfahrzeuggewerbe», Ziff. 3.4).

5 Vorsteuerabzug, Vorsteuerkorrekturen

Unterscheidungstabelle effektiver / fiktiver Vorsteuerabzug

Fiktiver Vorsteuerabzug

Einkauf von gebrauchten individualisierbaren beweglichen Gegenständen (Art. 28 Abs. 3 MWStG)

- mit MWSt-Hinweis
- ohne MWSt-Hinweis

mit MWSt-Hinweis:
- effektiver Vorsteuerabzug (Ziff. 400) wenn

ohne MWSt-Hinweis:
- fiktiver Vorsteuerabzug (Ziff. 400) wenn
- Rückgängigmachung des fiktiven Vorsteuerabzugs (Ziff. 400)

auch bei vorübergehender Verwendung [1,2]

- Verkauf, Vermieten, Verleasen im Inland (steuerbar) oder ins Ausland (steuerbefreit)[3]
- Verkauf, Vermieten, Verleasen im Inland (steuerbar)[4] — sofern → Verkauf, Vermieten, Verleasen ins Ausland (steuerbefreit)[3]
- definitiv für anderweitige Zwecke[5]

sofern

---

[1] gemäss Art. 63 Abs. 2 MWStV

[2] eine bloss *vorübergehende* Verwendung für sonstige Zwecke (z.B. als Betriebsmittel oder für private Zwecke) des Gebrauchtgegenstands zwischen dessen Erwerb und der Weiterlieferung an einen Abnehmer im Inland schliesst den fiktiven Vorsteuerabzug nicht aus (Art. 63 Abs. 2 MWStV). Art. 31 Abs. 4 MWStG (Eigenverbrauch) bleibt vorbehalten. Geregelt ist in Art. 31 Abs. 4 MWStG, dass wenn der Gegenstand vorübergehend ausserhalb der unternehmerischen Tätigkeit oder für eine nicht zum Vorsteuerabzug berechtigende unternehmerische Tätigkeit verwendet wird, der Vorsteuerabzug im Umfang der Steuer, die auf einer einer unabhängigen Drittperson dafür in Rechnung gestellten Miete anfallen würde, zu korrigieren ist. Die Standzeit eines Gebrauchtwagens inkl. Probefahrten sowie die entgeltliche oder unentgeltliche Zurverfügungstellung von Ersatzfahrzeugen stellt keine vorübergehende andere Verwendung dar (MI 01 «MWSt in Kürze und Übergangsinfo», Teil II Ziff. 2.5.2.5).

[3] Ausfuhrnachweis vorhanden (Abnehmer im Ausland)

[4] die steuerpflichtige Person hat das Entgelt aus der Lieferung zu versteuern und die MWSt kann auf der Rechnung offen ausgewiesen werden (MI 01 «MWSt in Kürze und Übergangsinfo», Teil II Ziff. 2.5.2.5)

[5] bei *definitiver* Entnahme für einen nicht steuerbaren Bereich (für den privaten Bedarf (bei Einzelfirmen)), ausschliesslich als Servicefahrzeug (Pannendienst) usw.

Diverses

Nach der Saldosteuersatzmethode abrechnende steuerpflichtige Personen, die Gebrauchtgegenstände nach Art. 62 MWStV für den Wiederverkauf an einen Abnehmer im Inland beziehen, können das von der ESTV zur Verfügung gestellte Verfahren zur Abgeltung der fiktiven Vorsteuer anwenden (Formular Nr. 1055). Nicht anwendbar ist das Verfahren für gebrauchte Fahrzeuge bis zu einem Gesamtgewicht von 3,5 t (Art. 90 Abs. 2 MWStV). Bei Anwendung der Saldosteuersatzmethode ist beim Handel mit Occasionsfahrzeugen bis 3,5 t der Saldosteuersatz von 0,6% anzuwenden.

Der Motorfahrzeughändler hat die Möglichkeit, auf den Occasionsfahrzeugen per 1.1.2010 nachträglich den fiktiven Vorsteuerabzug geltend zu machen, sofern die Voraussetzungen für den fiktiven Vorsteuerabzug bestehen. Die Bestimmungen über die Einlageentsteuerung nach Art. 32 MWStG gelten auch für Leistungen, für die vor dem Inkrafttreten des neuen Rechts kein Anspruch auf Vorsteuerabzug gegeben war (Art. 113 Abs. 2 MWStG). Es ist eine Aufstellung zu erstellen. Die Aufstellung enthält Bezugsdatum, Lieferer, Umschreibung des individualisierbaren Gegenstandes und Stammnummer, Ein- oder Ankaufspreis. Im Sinne einer Ausnahme ist die Aufstellung entgegen Ziff. 410 des Abrechnungsformulars diesem nicht beizulegen. Die Aufstellung ist mit den übrigen Abrechnungsdetails aufzubewahren und nur auf Verlangen einzureichen (MI 01 «MWSt in Kürze und Übergangsinfo», Teil III Ziff. 7).

5.1.3 Vorsteuerabzug bei steuerpflichtigen Muttergesellschaften / Holdinggesellschaften

Vorsteuerabzug bei steuerpflichtigen operativen Muttergesellschaften

Gemäss Art. 29 Abs. 2 MWStG besteht ein Anspruch auf Vorsteuerabzug im Rahmen der zum Vorsteuerabzug berechtigenden unternehmerischen Tätigkeit für das Erwerben, Halten und Veräussern von Beteiligungen. Beteiligungen sind Anteile am Kapital anderer Unternehmen, die mit der Absicht dauernder Anlage gehalten werden und einen massgeblichen Einfluss vermitteln. Anteile von mindestens 10% am Kapital gelten als Beteiligung (Art. 29 Abs. 3 MWStG). Dividendeneinnahmen aus vorgenannten Beteiligungen (Mittelflüsse nach Art. 18 Abs. 2 Bst. f MWStG) sind im Abrechnungsformular unter Ziff. 910 zu deklarieren.

5 Vorsteuerabzug, Vorsteuerkorrekturen

BEISPIEL:

steuerpflichtige operative Muttergesellschaft		
steuerbare und steuerbefreite Leistungen (90%) Fr. 9 000 000.–	von der Steuer ausgenommene Leistungen im Inland (nicht optiert) (10%) Fr. 1 000 000.–	Dividendeneinnahmen (Mittelflüsse nach Art. 18 Abs. 2 Bst. f MWStG) Fr. 200 000.–
Vorsteuerabzug 90% Fr. 7 200.–	kein Vorsteuerabzug	Beratungsleistungen für Verkaufsabsichten Fr. 108 000.– Vorsteuern Fr. 8 000.–

▼

steuerpflichtige Tochtergesellschaft
ausschliesslich steuerbare und steuerbefreite Leistungen

Bei der Vorsteuerermittlung muss eine sachgerechte Methode angewendet werden (Art. 68 Abs. 1 MWStV). Im vorliegenden Beispiel wurde die Pauschalvariante «Umsatzschlüssel» gewählt. Der Vorsteuerabzug auf den Beratungsleistungen für die Verkaufsabsichten der Tochtergesellschaft beträgt aufgrund der Umsatzverhältnisse Fr. 7 200.– resp. die Vorsteuern von Fr. 8 000.– sind um 10% zu korrigieren. Wenn es sich bei den von der Steuer ausgenommenen Leistungen um Zinserträge handeln würde, könnte u.U. anstelle der Pauschalvariante «Umsatzschlüssel» die pauschale Vorsteuerkorrektur angewendet werden (MI 09 «Vorsteuerabzug und Vorsteuerkorrekturen», Ziff. 4.3.2).

Vorsteuerabzug bei steuerpflichtigen Holdinggesellschaften (Holdingprivileg)

Gemäss Art. 29 Abs. 4 MWStG *kann* bei Holdinggesellschaften – anstelle der obigen Berechnung – auch auf die zum Vorsteuerabzug berechtigende unternehmerische Tätigkeit der von ihnen gehaltenen Unternehmen abgestellt werden (MI 09 «Vorsteuerabzug und Vorsteuerkorrekturen», Ziff. 9.3.2).

BEISPIEL:

steuerpflichtige Holdinggesellschaft (Holdingprivileg)		
steuerbare und steuerbefreite Leistungen (50%) Fr. 100 000.–	von der Steuer ausgenommene Leistungen im Inland (nicht optiert) (50%) Fr. 100 000.–	Dividendeneinnahmen (Mittelflüsse nach Art. 18 Abs. 2 Bst. f MWStG) Fr. 200 000.–
		Beratungsleistungen für Verkaufsabsichten Fr. 108 000.– Vorsteuerabzug Fr. 8 000.–

▼

steuerpflichtige Tochtergesellschaft
ausschliesslich steuerbare und steuerbefreite Leistungen

Bei der Vorsteuerermittlung muss eine sachgerechte Methode angewendet werden (Art. 68 Abs. 1 MWStV). Im vorliegenden Beispiel wurde auf die Tätigkeit der Tochtergesellschaft abgestellt (Art. 29 Abs. 4 MWStG). Weil die Tochtergesellschaft ausschliesslich zum Vorsteuerabzug berechtigende Leistungen erzielt, kann bei der steuerpflichtigen Holdinggesellschaft der Vorsteuerabzug auf den Beratungsleistungen für die Verkaufsabsichten der Tochtergesellschaft vollumfänglich geltend gemacht werden, d.h. Fr. 8 000.–.

Bei den übrigen Vorsteuern auf Aufwendungen und Investitionen bei der steuerpflichtigen Holdinggesellschaft ist eine sachgerechte Vorsteuerkorrektur vorzunehmen (MI 09 «Vorsteuerabzug und Vorsteuerkorrekturen», Ziff. 9.3.2).

Als Holdinggesellschaft im Sinne von Art. 29 Abs. 4 MWStG gelten Kapitalgesellschaften und Genossenschaften

➢ deren statutarischer Zweck zur Hauptsache in der dauernden Verwaltung von Beteiligungen besteht und

➢ die in der Schweiz keine Geschäftstätigkeit ausüben und

➢ deren Beteiligungen oder die Erträge aus den Beteiligungen längerfristig mindestens zwei Drittel der gesamten Aktiven und Erträge ausmachen.

Kapitalgesellschaften oder Genossenschaften, denen das Holdingprivileg von den zuständigen kantonalen Steuerverwaltungen zuerkannt wurde, werden auch für die Belange der MWSt ohne weitere Überprüfung als Holdinggesellschaften anerkannt (MI 09 «Vorsteuerabzug und Vorsteuerkorrekturen», Ziff. 9.3.2.1).

Mittelflüsse nach Art. 18 MWStG sind keine entgeltlichen Leistungen und stellen somit nach Art. 10 Abs. 1 MWStG und Art. 18 Abs. 2 MWStG keine unternehmerische Tätigkeit dar. Trotzdem können nicht steuerpflichtige Unternehmen (z.B. Holdinggesellschaften), die Beteiligungen erwerben, halten und veräussern (im Sinne von Art. 29 Abs. 2 und 3 MWStG), einen Verzicht auf die Befreiung von der Steuerpflicht vornehmen (Art. 9 MWStV).

5.1.4 Zusammenfassung

Vorsteuerabzug

wird für Investitionen und Aufwendungen
von steuerpflichtigen Personen
die von Lieferanten in Rechnung gestellte Inlandsteuer bezahlt?
Bezugsteuer auf Leistungen von Unternehmen
mit Sitz im Ausland deklariert (Art. 45–49 MWStG)?
Einfuhrsteuer entrichtet sowie für
die Einfuhr von Gegenständen Steuern deklariert (Art. 52 und 63 MWStG)?

— ja → / nein →

werden für unternehmerische steuerbare Tätigkeit gebrauchte individualisierbare bewegliche Gegenstände für die Lieferung an Abnehmer im Inland ohne MWSt-Belastung bezogen und bezahlt?

nein / ja →

fiktiver Vorsteuerabzug nach Art. 28 Abs. 3 MWStG
z.B. 8,0% von (108,0%) (bei Erwerb ab 2011)

werden für unternehmerische steuerbare Tätigkeit bei Landwirten und Forstwirten, Gärtnern, Viehhändlern und Milchsammelstellen Erzeugnisse der Landwirtschaft, der Forstwirtschaft, der Gärtnerei, Vieh oder Milch ohne MWSt-Belastung bezogen und bezahlt?

ja ↓

fiktiver Vorsteuerabzug 2,5% des ihr in Rechnung gestellten Betrags (100%) (Art. 28 Abs. 2 MWStG)

werden die Investitionen und Aufwendungen für eine unternehmerische steuerbare /-befreite Tätigkeit verwendet — nein → werden die Investitionen und Aufwendungen nicht für unternehmerische Tätigkeit verwendet

ja ↓ / nein ↓ / ja ↓

von der Steuer ausgenommene Tätigkeit nach Art. 21 MWStG, sofern nicht optiert wird

Ausübung hoheitlicher Gewalt, private Ausgaben, Mittelflüsse nach Art. 18 Abs. 2 Bst. a–c, j und l MWStG

ja →

Vorsteuerabzug nach Art. 28 Abs. 1 MWStG

kein Vorsteuerabzug

Beispiel: Vorsteuerabzug

Ausgangslage:

Nachfolgende Aufwendungen von steuerpflichtigen Unternehmen (effektive Abrechnungsmethode) im Jahr 2012 sind zu beurteilen:

1. Der Detailhändler DM AG in Bern (steuerpflichtig) bezieht vom Landwirt B (Einzelfirma, nicht steuerpflichtig, nicht optiert auf den Umsätzen von im eigenen Betrieb gewonnenen Erzeugnissen der Landwirtschaft) eigenes Gemüse für Fr. 25 000.–.

2. Beim Personalhaus der Maschinenfabrik Z AG in Luzern (steuerpflichtig) streichen einige Mitarbeiter die Aussenfassade neu. Die benötigte Farbe wird beim Grosscenter AG, Luzern (steuerpflichtig) für Fr. 12 000.– zuzüglich 8,0% MWSt eingekauft.

3. Für das Firmenessen bezahlt die Müller Bau AG in Zürich (steuerpflichtig, steuerbare Leistungen) dem Restaurant Rössli, Zürich (steuerpflichtig), den Betrag von Fr. 12 900.– zuzüglich 8,0% MWSt.

4. Die Grafik Gerber AG in Basel (steuerpflichtig) erwirbt vom Aktionär S. Gerber das im Jahr 2007 gekaufte Personenfahrzeug für Fr. 30 000.–. Das Personenfahrzeug wird vorwiegend für unternehmerische steuerbare Leistungen verwendet (Betriebsmittel).

5. Die Kunststoffe Chur AG, Herstellung von Kunststoffen, Chur (steuerpflichtig, nur steuerbare Leistungen) bezahlt der Beratung B AG, Zug (steuerpflichtig) für die Beratung und Unterstützung des Erwerbs der 100%igen Tochtergesellschaft Handel AG, Handel mit Kunststoffen, Zürich, den Betrag von Fr. 43 200.– inkl. 8,0% MWSt.

6. Die Auto Muster AG erwirbt am 8.3. ein gebrauchtes Fahrzeug von der Privatperson S für Fr. 30 000.–. Das gebrauchte Fahrzeug wird am 28.4. für Fr. 34 000.– zuzüglich 8,0% MWSt an die steuerpflichtige Leasinggesellschaft AG in Zürich verkauft.

7. Die Auto Muster AG erwirbt am 1.2. ein gebrauchtes Fahrzeug von der Privatperson X für Fr. 10 000.–. Das gebrauchte Fahrzeug wird am 15.6. für Fr. 12 000.– an die Privatperson Z in Samnaun verkauft (Ausfuhrdokumente sind vorhanden).

Frage:

Kann auf den vorgenannten Aufwendungen der Vorsteuerabzug vorgenommen werden? Wenn ja, wie viel? Begründen Sie die Antworten.

5 Vorsteuerabzug, Vorsteuerkorrekturen

Lösungsansätze:

Auf den vorgenannten Aufwendungen kann folgender Vorsteuerabzug vorgenommen werden:

1. Ja, der Detailhändler DM AG (steuerpflichtig) kann auf den bezogenen Urprodukten 2,5% des ihm in Rechnung gestellten Betrages als Vorsteuern abziehen (Art. 28 Abs. 2 MWStG). Fiktiver Vorsteuerabzug 2,5% von (100%) Fr. 25 000.– = Fr. 625.–.

2. Nein, auf dem Einkauf der Farbe kann kein Vorsteuerabzug vorgenommen werden, weil die Farbe für eigene baugewerbliche Leistungen an der Liegenschaft, die ohne Option vermietet wird, verwendet wird (Art. 29 Abs. 1 MWStG). Auf der verwendeten Infrastruktur ist eine Vorsteuerabzugskorrektur (Eigenverbrauch) vorzunehmen (Art. 31 Abs. 2 MWStG, Art. 69 Abs. 3 MWStV).

3. Ja, das Firmenessen berechtigt zum Vorsteuerabzug. Vorsteuerabzug 8,0% von (100%) Fr. 12 900.– = Fr. 1 032.– (Art. 47 Abs. 3 MWStV; MI 09 «Vorsteuerabzug und Vorsteuerkorrekturen», Ziff. 1.4.4).

4. Nein, ein fiktiver Vorsteuerabzug ist nicht möglich, weil das Personenfahrzeug nicht für die Lieferung an einen Abnehmer im Inland sondern ausschliesslich für eigene unternehmerische steuerbare Zwecke (Betriebsmittel) verwendet wird (Art. 28 Abs. 3 MWStG).

5. Ja, gemäss Art. 29 Abs. 2 MWStG kann auf der Beratung von Fr. 43 200.– der Vorsteuerabzug vorgenommen werden, weil die Kunststoffe Chur AG ausschliesslich steuerbare Leistungen erzielt. Vorsteuerabzug 8,0% von (108,0%) Fr. 43 200.– = Fr. 3 200.–.

6. Ja, die Auto Muster AG kann beim Erwerb des gebrauchten Fahrzeuges den fiktiven Vorsteuerabzug 8,0% von (108,0%) Fr. 30 000.– = Fr. 2 222.20 (unter der Ziff. 400 des Abrechnungsformulars) geltend machen. Auf dem Einkaufsbeleg darf kein MWSt-Hinweis aufgeführt sein (Art. 28 Abs. 3 MWStG).

   Beim Verkauf des gebrauchten Fahrzeuges ist die Umsatzsteuer 8,0% von (100,0%) Fr. 34 000.– = Fr. 2 720.– geschuldet. Auf dem Verkaufsbeleg darf die MWSt ausgewiesen werden. Die Leasinggesellschaft AG kann auf dem Erwerb des gebrauchten Fahrzeuges den effektiven Vorsteuerabzug geltend machen, wenn das Fahrzeug für unternehmerische steuerbare Tätigkeiten verwendet wird.

7. Ja, die Auto Muster AG kann beim Erwerb des gebrauchten Fahrzeuges den fiktiven Vorsteuerabzug 8,0% von (108,0%) Fr. 10 000.– = Fr. 740.75 (unter der Ziff. 400 des Abrechnungsformulars) geltend machen. Auf dem Einkaufsbeleg darf kein MWSt-Hinweis aufgeführt sein.

   Beim Verkauf des gebrauchten Fahrzeuges handelt es sich um eine steuerbefreite Exportlieferung Fr. 12 000.– (Ziff. 200 und Abzug unter Ziff. 220 des Abrechnungsformulars). Der vorgenommene fiktive Vorsteuerabzug von Fr. 740.75 ist zum Zeitpunkt des Verkaufs unter Ziff. 400 des Abrechnungsformulars rückgängig zu machen (MI 09 «Vorsteuerabzug und Vorsteuerkorrekturen», Ziff. 7.3.6).

5.1.5 Nachträglicher Vorsteuerabzug (Einlageentsteuerung) infolge Nutzungsänderungen
Art. 32

Treten die Voraussetzungen des Vorsteuerabzugs nachträglich ein (Einlageentsteuerung), kann der Vorsteuerabzug in der Abrechnungsperiode vorgenommen werden, in der die Voraussetzungen hierfür eingetreten sind. Die früher nicht in Abzug gebrachte Vorsteuer, einschliesslich ihrer als Eigenverbrauch korrigierten Anteile, kann abgezogen werden (Art. 32 Abs. 1 MWStG).

Wurde der Gegenstand oder die Dienstleistung in der Zeit zwischen dem Empfang der Leistung oder der Einfuhr und dem Eintritt der Voraussetzungen für den Vorsteuerabzug in Gebrauch genommen, so beschränkt sich die abziehbare Vorsteuer auf den Zeitwert des Gegenstandes oder der Dienstleistung. Zur Ermittlung des Zeitwertes wird der Vorsteuerabzug linear für jedes abgelaufene Jahr bei beweglichen Gegenständen und bei Dienstleistungen um $1/5$, bei unbeweglichen Gegenständen um $1/20$ reduziert. Die buchmässige Behandlung ist nicht von Bedeutung (Art. 32 Abs. 2 MWStG). Weitere Hinweise sind in Art. 72–74 MWStV sowie in Kapitel 5.4.4 aufgeführt.

Wird ein Gegenstand nur vorübergehend für eine zum Vorsteuerabzug berechtigende unternehmerische Tätigkeit verwendet, kann der Vorsteuerabzug im Umfang der MWSt, die auf einer einer unabhängigen Drittperson dafür in Rechnung gestellten Miete anfallen würde, geltend gemacht werden (Art. 32 Abs. 3 MWStG).

Beispiel: Einlageentsteuerung

Ausgangslage:

Die Liegenschaften AG in Zürich (steuerpflichtig, effektive Abrechnungsmethode) vermietet seit 1.5.1998 die damals neu erstellte Stockwerkeinheit im 2. OG (Erstellungskosten Fr. 639 000.– inkl. 6,5% MWSt) an die Anwaltspraxis Dr. iur. Heinrich Huber in Zürich (steuerpflichtig, Abrechnung mit Saldosteuersätzen) für Fr. 30 000.– pro Jahr (ohne Option). Weil der Mieter ab 1.1.2012 nach effektiver Abrechnungsmethode abrechnet, wird ab 1.1.2012 auf der Vermietung der Räumlichkeiten nach Art. 22 MWStG optiert. Auf den monatlichen Mietrechnungen wird ab 1.1.2012 die MWSt offen ausgewiesen.

Frage:

Was für Auswirkungen hat die Option auf der Vermietung der Räumlichkeiten?

Lösungsansätze:

Ab 1.1.2012 kann auf den Aufwendungen der vermieteten Räumlichkeiten der Vorsteuerabzug geltend gemacht werden.

Zudem kann im Abrechnungsformular des 1. Quartal 2012 die Einlageentsteuerung auf den Investitionen und wertvermehrenden Aufwendungen (inkl. Grossrenovationen) 1.5.1998 bis 31.12.2011 geltend gemacht werden. Gemäss der vorgenannten Ausgangslage kann bei der Ziff. 410 des Abrechnungsformulars eine Einlageent-

5 Vorsteuerabzug, Vorsteuerkorrekturen

steuerung von Fr. 11 700.– berücksichtigt werden. Die Einlageentsteuerung kann innerhalb der Verjährungsfrist von 5 Jahren zurückgefordert werden.

Einlageentsteuerung per	1.1.2012	Deklaration (Ziff. 410)	Fr. 11 700.–
Objekt:	Büroräumlichkeiten ...		
Nutzungsänderung per	1.1.2012		
Grund:	bisher:	Vermietung ohne Option	
	neu:	Vermietung mit Option Anwaltspraxis Dr. iur. Heinrich Huber, Zürich MWSt-Nr. CHE-100.100.200 MWST	

Jahr	Investitionen (inkl. MWSt) Fr.	MWSt-Satz %	MWSt Fr.	Abschreibung in %	Fr.	Vorsteuern Fr.
1998	639 000.–	6,5%	39 000.–	70	27 300.–	11 700.–
Total	639 000.–		39 000.–		27 300.–	11 700.–
GVA-Werte	Jahr:	Fr.	Jahr:	Fr.	Jahr:	Fr.

Die vorgenannte Aufstellung ist dem Abrechnungsformular beizulegen.

Inbezug auf allfällige Nutzungsänderungen sind sämtliche Liegenschaftsbelege gemäss Art. 70 Abs. 3 MWStG während 20 Jahren (zuzüglich Verjährungsfrist) (26 Jahre) (MBI 17 «Liegenschaftsverwaltung / Vermietung und Verkauf von Immobilien», Ziff. 3.2) aufzubewahren. Übrige Belege sind während 10 Jahren aufzubewahren.

Wird ein Gegenstand nur vorübergehend für eine zum Vorsteuerabzug berechtigende unternehmerische Tätigkeit verwendet, kann der Vorsteuerabzug im Umfang der MWSt, die auf einer einer unabhängigen Drittperson dafür in Rechnung gestellten Miete anfallen würde, geltend gemacht werden (Art. 32 Abs. 3 MWStG).

5.1.6 Nachträgliche Vorsteuerabzugskorrektur (Eigenverbrauch) infolge Nutzungsänderungen
Art. 31

Fallen die Voraussetzungen des Vorsteuerabzugs nachträglich weg, ist der Vorsteuerabzug in demjenigen Zeitpunkt zu korrigieren, in welchem die Voraussetzungen hierfür weggefallen sind. Die früher in Abzug gebrachte Vorsteuer einschliesslich ihrer als Einlageentsteuerung korrigierten Anteile muss zurückerstattet werden (Eigenverbrauchssteuer, Art. 31 MWStG). Bei in Gebrauch genommenen Gegenständen oder Dienstleistungen ist die Eigenverbrauchssteuer auf dem Zeitwert gemäss Art. 31 Abs. 3 MWStG zu berechnen.

Wurde der Gegenstand oder die Dienstleistung in der Zeit zwischen dem Empfang der Leistung und dem Wegfall der Voraussetzungen für den Vorsteuerabzug in Gebrauch genommen, ist der Vorsteuerabzug im Umfang des Zeitwerts des Gegenstandes oder der Dienstleistung zu korrigieren. Zur Ermittlung des Zeitwertes wird der Vorsteuerabzug linear für jedes abgelaufene Jahr bei beweglichen Gegenständen und bei Dienstleistungen um $1/_5$, bei unbeweglichen Gegenständen um $1/_{20}$ reduziert. Die buchmässige Behandlung ist nicht von Bedeutung (Art. 31 Abs. 3 MWStG). Weitere Hinweise sind in Art. 70 und Art. 71 MWStV sowie in Kapitel 5.4.4 aufgeführt.

Bei selbst hergestellten Gegenständen ist eine Vorsteuerabzugskorrektur für die Ingebrauchnahme der Infrastruktur mit einem Pauschalzuschlag von 33% auf den Vorsteuern auf Material und allfälligen Drittarbeiten bei Halbfabrikaten vorzunehmen. Die Vorsteuerabzugskorrektur für die Ingebrauchnahme der (Verwaltungs-) Infrastruktur bei Ingenieur- und Architekturleistungen kann mit 8,0% MWSt auf den geschätzten vorsteuerbelasteten Aufwendungen (15% der selbst erbrachten Dienstleistungen zu Drittpreisen) ermittelt werden. Vorbehalten bleibt der effektive Nachweis der Vorsteuern, die auf die Ingebrauchnahme der Infrastruktur entfallen (Art. 69 Abs 3 MWStV) (MBI 17 «Liegenschaftsverwaltung / Vermietung und Verkauf von Immobilien», Ziff. 4.1).

Die nachträgliche Vorsteuerabzugskorrektur (Eigenverbrauch) infolge Nutzungsänderungen ist auf den vorgenommenen Vorsteuerabzügen (unter Berücksichtigung von Abschreibungen) vorzunehmen (Ziff. 415 des Abrechnungsformulars) und auf den Vorsteuern (Aktiven) zu verbuchen. Bei der vorübergehenden anderweitigen Verwendung gemäss Art. 31 Abs. 4 MWStG (z.B. Privatanteil Geschäftsfahrzeug usw.) ist der aktuelle Steuersatz auf einer Miete für Dritte anzuwenden.

Beispiel: Eigenverbrauch infolge Nutzungsänderung

Ausgangslage:

Bei der Einzelfirma Fritz Muster, Schreinerei und Möbelhandel, Luzern (steuerpflichtig, effektive Abrechnungsmethode), ist folgender Geschäftsfall im Jahr 2012 zu beurteilen:

> Die Ausstellungshalle (bisher für unternehmerische steuerbare Leistungen verwendet) wird ab 1.7.2012 an den nicht steuerpflichtigen Künstler Antonio Morali (ohne Option) vermietet. Erstellung im Jahr 1997 für Fr. 1 065 000.– (inkl. 6,5% MWSt). Der Vorsteuerabzug wurde vorgenommen.

5 Vorsteuerabzug, Vorsteuerkorrekturen

Frage:

Wie ist der vorgenannte Geschäftsfall mit der ESTV abzurechnen? Allfällige Berechnungen sind vorzunehmen.

Lösungsansätze:

Eigenverbrauch infolge Nutzungsänderung (1.7.2012)
1997: Vorsteuern auf Erstellungskosten Fr. 1 000 000.– zu 6,5% = Fr. 65 000.–
Abschreibung 15 Jahre à 5% = 75% Fr. 48 750.–
Vorsteuerabzugskorrektur (Eigenverbrauchssteuer) Fr. 16 250.–

Eigenverbrauch per	1.7.2012	Deklaration (Ziff. 415)	Fr. 16 250.–
Objekt:	Ausstellungshalle		
Nutzungsänderung per:	1.7.2012		
Grund:	bisher:	für unternehmerische steuerbare Leistungen	
	neu:	Vermietung ohne Option Künstler Antonio Morali	

Jahr	Investitionen (exkl. MWSt) Fr.	MWSt-Satz %	MWSt Fr.	Abschreibung in %	Abschreibung Fr.	Eigenverbrauchssteuer Fr.
1997	1 000 000.–	6,5%	65 000.–	75	48 750.–	16 250.–
Total	1 000 000.–		65 000.–		48 750.–	16 250.–
GVA-Werte	Jahr: Fr.		Jahr: Fr.		Jahr: Fr.	

Die vorgenannte Berechnung ist zu erstellen und aufzubewahren. Dem Abrechnungsformular muss sie nicht beigelegt werden.

Inbezug auf allfällige Nutzungsänderungen sind sämtliche Liegenschaftsbelege gemäss Art. 70 Abs. 3 MWStG während 20 Jahren (zuzüglich Verjährungsfrist) (26 Jahre) aufzubewahren. Übrige Belege sind während 10 Jahren aufzubewahren.

Bei selbst hergestellten Gegenständen ist eine Vorsteuerabzugskorrektur für die Ingebrauchnahme der Infrastruktur mit einem Pauschalzuschlag von 33% auf den Vorsteuern auf Material und allfälligen Drittarbeiten bei Halbfabrikaten vorzunehmen. Vorbehalten bleibt der effektive Nachweis der Vorsteuern, die auf die Ingebrauchnahme der Infrastruktur entfallen (Art. 69 Abs 3 MWStV)

Die nachträgliche Vorsteuerabzugskorrektur (Eigenverbrauch) infolge Nutzungsänderungen ist auf den vorgenommenen Vorsteuerabzügen (unter Berücksichtigung von Abschreibungen) vorzunehmen (Ziff. 415 des Abrechnungsformulars) und auf den Vorsteuern (Aktiven) zu verbuchen.

5.2 AUSSCHLUSS DES ANSPRUCHS AUF VORSTEUERABZUG

Kein Anspruch auf Vorsteuerabzug besteht bei Leistungen und bei der Einfuhr von Gegenständen, die für die Erbringung von Leistungen, die von der Steuer ausgenommen sind und für deren Versteuerung nicht optiert wurde, verwendet werden (Art. 29 Abs. 1 MWStG). Zudem besteht kein Anspruch auf Vorsteuerabzug für Investitionen und Aufwendungen, die nicht für einen unternehmerischen Grund verwendet werden.

Gemäss Art. 59 Abs. 2 MWStV muss der Leistungsempfänger nicht prüfen, ob die MWSt vom Leistungserbringer zu Recht eingefordert wurde. Weiss der steuerpflichtige Leistungsempfänger jedoch, dass die Person, die die MWSt überwälzt hat, nicht als steuerpflichtige Person eingetragen ist, kann er keinen Vorsteuerabzug geltend machen (Art. 59 Abs. 2 MWStV). Die Steuerpflicht kann im UID-Register überprüft werden. Es empfiehlt sich, bei fehlendem MWSt-Hinweis auf Eingangsrechnungen eine Überprüfung im UID-Register vorzunehmen (www.uid.admin.ch). Beim Suchbegriff kann die UID-Nummer oder die Unternehmung eingegeben werden. Als Suchresultat erscheinen: UID-Nummer (CHE-111.111.111), Name der Unternehmung, UID-Status (z.B. Aktiv), Ort, Postleitzahl, UID-Ergänzung (z.B. HR / MWST). Die MWSt-Gruppe erhält zusätzlich zu den UID-Nummern der Gruppengesellschaften eine MWSt-Nummer (UID-Nummer) für die MWSt-Gruppe.

5.3 VORSTEUERABZUGSKÜRZUNG / -KORREKTUR

5.3.1 Vorsteuerabzugskürzung / -korrektur bei Erhalt von Mittelflüssen nach Art. 18 Abs. 2 MWStG   Art. 33

Mittelflüsse nach Art. 18 Abs. 2 MWStG, die nicht als Entgelt gelten, führen gemäss Art. 33 Abs. 1 MWStG grundsätzlich zu keiner *Kürzung des Vorsteuerabzugs*. Die steuerpflichtige Person hat jedoch gemäss Art. 33 Abs. 2 MWStG ihren Vorsteuerabzug verhältnismässig zu kürzen, wenn sie Gelder nach Art. 18 Abs. 2 Bst. a–c erhält:

a. Subventionen und andere öffentlich-rechtliche Beiträge, auch wenn sie gestützt auf einen Leistungsauftrag oder eine Programmvereinbarung gemäss Art. 46 Abs. 2 der BV ausgerichtet werden;

b. Gelder, die Kur- und Verkehrsvereine ausschliesslich aus öffentlich-rechtlichen Tourismusabgaben erhalten und die sie im Auftrag von Gemeinwesen zugunsten der Allgemeinheit einsetzen;

c. Beiträge aus kantonalen Wasser-, Abwasser- oder Abfallfonds an Entsorgungsanstalten oder Wasserwerken.

Die Rückerstattung des Abgabeertrages (CO_2-Rückverteilung gemäss Art. 10 Abs. 2 CO_2-Gesetz) an ein steuerpflichtiges Unternehmen hat keine mehrwertsteuerlichen Folgen (MPI 02 «Mehrwertsteuerliche Behandlung von CO_2-Emissionsrechten», 2. überarbeitete Ausgabe vom 24.9.2010, Ziff. 2.3).

Folgende Mittelflüsse nach Art. 18 Abs. 2 MWStG können jedoch zu einer *Vorsteuerabzugskorrektur* führen:

j. Entschädigungen für unselbstständig ausgeübte Tätigkeiten wie Verwaltungsrats- und Stiftungsratshonorare, Behördenentschädigungen oder Sold;

5 Vorsteuerabzug, Vorsteuerkorrekturen

l. Gebühren, Beiträge oder sonstige Zahlungen, die für hoheitliche Tätigkeiten empfangen werden.

Der Erhalt von nachfolgenden Mittelflüssen nach Art. 18 Abs. 2 MWStG führt zu *keiner Korrektur des Vorsteuerabzugs* bei (direkten) Aufwendungen für die Erzielung nachfolgender Mittelflüsse, sofern die Einnahmen im Rahmen der unternehmerischen, zum Vorsteuerabzug berechtigenden Tätigkeit verwendet werden (d.h. der Erhalt solcher Mittelflüsse beeinflusst den Vorsteuerabzug nicht):

d. Spenden;

e. Einlagen in Unternehmen, insbesondere zinslose Darlehen, Sanierungsleistungen und Forderungsverzichte;

f. Dividenden und andere Gewinnanteile;

g. vertraglich oder gesetzlich geregelte Kostenausgleichszahlungen, die durch eine Organisationseinheit, namentlich durch einen Fonds, an Akteure innerhalb einer Branche geleistet werden;

h. Pfandgelder, namentlich auf Umschliessungen und Gebinden;

i. Zahlungen für Schadenersatz, Genugtuung und dgl.;

k. Erstattungen, Beiträge und Beihilfen bei Lieferungen ins Ausland, die nach Art. 23 Abs. 2 Ziff. 1 MWStG von der Steuer befreit sind.

Beispiel: Vorsteuerabzugskürzung

Ausgangslage:

Die Bündner Bergbahn AG, Chur (steuerpflichtig, effektive Abrechnungsmethode) lässt die Bahnanlagen für Fr. 1 000 000.– zuzüglich 8,0% MWSt sanieren. Der Kanton GR leistet einen Subventionsbeitrag für die Sanierung der Bahnanlagen von Fr. 200 000.–.

Frage:

Kann auf der vorgenannten Investition der Vorsteuerabzug vorgenommen werden? Wenn ja, wie viel?

Lösungsansätze:

Beim Subventionsbeitrag von Fr. 200 000.– handelt es sich um Mittelflüsse nach Art. 18 Abs. 2 Bst. a MWStG, die unter der Ziff. 900 des Abrechnungsformulars zu deklarieren sind. Die Bündner Bergbahn AG hat gemäss Art. 33 Abs. 2 MWStG ihren Vorsteuerabzug verhältnismässig zu kürzen. Vorsteuerabzug 8,0% von (108,0%) Fr. 880 000.– (Fr. 1 000 000.– + 8,0% MWSt Fr. 80 000.– ./. Subvention Fr. 200 000.–) = Fr. 65 185.20. Sie hat aber auch die Möglichkeit den Vorsteuerabzug unter der Ziff. 405 des Abrechnungsformulars vollumfänglich geltend zu machen (8.0% von (100%) Fr. 1 000 000.– = Fr. 80 000.–) und unter Ziff. 420 des Abrechnungsformulars eine Vorsteuerabzugskürzung von 8,0% von (108,0%) Fr. 200 000.– = Fr. 14 814.80 vorzunehmen (MI 05 «Subventionen und Spenden», Ziff. 1.3).

5.3.2 Vorsteuerabzugskorrektur bei gemischter Verwendung Art. 30

Verwendet die steuerpflichtige Person Gegenstände, Teile davon oder Dienstleistungen auch ausserhalb ihrer unternehmerischen Tätigkeit oder innerhalb ihrer unternehmerischen Tätigkeit sowohl für Leistungen, die zum Vorsteuerabzug berechtigen, als auch für Leistungen, die vom Vorsteuerabzug ausgeschlossen sind, so hat sie den Vorsteuerabzug nach dem Verhältnis der Verwendung zu korrigieren (Art. 30 Abs. 1 MWStG).

Wird eine solche Vorleistung zu einem überwiegenden Teil im Rahmen der unternehmerischen Tätigkeit für Leistungen, die zum Vorsteuerabzug berechtigen, verwendet, so kann die Vorsteuer ungekürzt abgezogen und am Ende der Steuerperiode korrigiert werden (Art. 30 Abs. 2 MWStG, Art. 31 MWStG).

Die Korrektur des Vorsteuerabzugs kann gemäss Art. 65 MWStV berechnet werden
- nach dem effektiven Verwendungszweck
- anhand von Pauschalmethoden mit von der ESTV festgelegten Pauschalen (MI 09 «Vorsteuerabzug und Vorsteuerkorrekturen», Ziff. 4.3), u.a.
    - Branchenpauschalen (z.B. Vorsteuerpauschale für Banken usw.);
    - Vorsteuerkorrekturpauschale für die gemischt verwendete Verwaltungsinfrastruktur für von der Steuer ausgenommene Finanzeinnahmen 0,02% der Zinseinnahmen und Einnahmen aus dem Handel mit Wertpapieren (von mehr als Fr. 10 000.– pro Jahr und mehr als 5% des Gesamtumsatzes);
    - Vorsteuerkorrekturpauschale für die gemischt verwendete Verwaltungsinfrastruktur bei der Verwaltung von eigenen, nicht optierten Liegenschaften 0,07% der nicht optierten Brutto-Mieteinnahmen (inkl. Nebenkosten) (von mehr als Fr. 10 000.– pro Jahr);
    - Vorsteuerkorrekturpauschale für die Betriebsinfrastruktur für eine von der Steuer ausgenommene Referententätigkeit 1,0% vom Bruttoreferentenhonorar inkl. Nebenkosten (z.B. Spesen) (von mehr als Fr. 5 000.– pro Jahr);
    - Vorsteuerkorrekturpauschale für die Betriebsinfrastruktur, die durch einen Inhaber einer Einzelunternehmung oder durch einen Gesellschafter einer Personengesellschaft für eine unselbstständig ausgeübte Tätigkeit (z.B. Verwaltungsrats- und Stiftungsratstätigkeit, Behördentätigkeit, Militärdienst usw.) genutzt wird 1,0% der Bruttohonorare inkl. Nebenkosten (z.B. Spesen) (von mehr als Fr. 5 000.– pro Jahr).
- gestützt auf eigene Berechnungen (Art. 65 Bst. c MWStV). Wenn die steuerpflichtige Person die Korrektur des Vorsteuerabzugs auf eigene Berechnungen stützt, muss sie die Sachverhalte, die ihren Berechnungen zugrunde liegen, umfassend belegen sowie eine Plausibilitätsprüfung durchführen (Art. 67 MWStV).
    - Pauschalvariante «Umsatzschlüssel»;
    - Pauschalvariante «Teilzuordnung der Vorsteuer»;
    - Pauschalvariante «Einheit der Leistung».

Bedingung für die vorgenannten Varianten ist ein sachgerechtes Resultat (Art. 68 MWStV) (MI 09 «Vorsteuerabzug und Vorsteuerkorrekturen», Ziff. 4.5, Anhang I Ziff. 2 - 4).

5 Vorsteuerabzug, Vorsteuerkorrekturen

Aus Vereinfachungsgründen kann bei der

➢ Vermietung von Hauswartwohnungen und

➢ Vermietung von Sportanlagen (sofern nicht optiert werden kann)

die Korrektur des Vorsteuerabzugs durch die «stille Versteuerung» der Einnahmen (zum Normalsatz z.Zt. 8% von 108,0%) vorgenommen werden. Ein Ausweis der MWSt in der Rechnung ist nicht zulässig. Für die Anwendung dieser Vereinfachung bedarf es keiner Bewilligung der ESTV. Die Anwendungsdauer beträgt mindestens eine Steuerperiode. Bei Beginn und am Ende der Anwendung der Vereinfachung kann es zu einer Nutzungsänderung kommen (MI 09 «Vorsteuerabzug und Vorsteuerkorrekturen», Ziff. 4.4). Die Steuer aufgrund der stillen Versteuerung der ausgenommenen Leistungen ist nicht als Umsatzsteuer, sondern als Vorsteuerkorrektur unter Ziff. 415 des Abrechnungsformulars zu deklarieren (MBI 17 «Liegenschaftsverwaltung / Vermietung und Verkauf von Immobilien», Ziff. 12; MBI 24 «Sport», Ziff. 9).

Die steuerpflichtige Person kann zur Berechnung der Korrektur des Vorsteuerabzugs eine oder mehrere Methoden anwenden, sofern dies zu einem sachgerechten Ergebnis führt. Als sachgerecht gilt jede Anwendung einer oder mehrerer Methoden, die den Grundsatz der Erhebungswirtschaftlichkeit berücksichtigt, betriebswirtschaftlich nachvollziehbar ist und die Vorsteuern nach Massgabe der Verwendung für eine bestimmte Tätigkeit zuteilt (Art. 68 MWStV). Es ist die 3-Topf-Methode anzuwenden.

Topf A	Topf B	Topf C
die der unternehmerischen, zum Vorsteuerabzug berechtigenden Tätigkeiten direkt zuordenbaren Vorsteuern	die der nichtunternehmerischen Tätigkeiten und der unternehmerischen, nicht zum Vorsteuerabzug berechtigenden Tätigkeiten direkt zuordenbaren Vorsteuern	die sowohl zur Erzielung von Leistungen im Topf A als auch von Leistungen im Topf B anfallenden Vorsteuern führen zu einer Vorsteuerkorrektur
voller Vorsteuerabzug	kein Vorsteuerabzug	teilweiser Vorsteuerabzug (gemischte Verwendung)

Die 3-Topf-Methode basiert auf der Zuordnung der Vorsteuern in drei unterschiedliche Töpfe. Die im Topf C zugeteilten Vorsteuern führen zu einer Vorsteuerkorrektur (MI 09 «Vorsteuerabzug und Vorsteuerkorrekturen», Ziff. 4.5.1).

Die gewählte Korrekturmethode muss während mindestens einer Steuerperiode beibehalten werden (MI 09 «Vorsteuerabzug und Vorsteuerkorrekturen», Ziff. 4.1).

Beispiel: Vorsteuerabzugskorrekturen

Ausgangslage:

Die Software Lux AG in Zürich (steuerpflichtig, effektive Abrechnungsweise) handelt mit EDV-Software im Inland und bietet Schulungen im Inland an. Im Geschäftsjahr 2012 wurden folgende Zahlen ausgewiesen (Beträge exkl. MWSt):

Umsätze:	Fr.	Zusatzinformationen:
Verkauf Software	400 000.–	
Schulungen	120 000.–	keine Option nach Art. 22 MWStG
Zinserträge	20 000.–	
Total Erträge	540 000.–	

Aufwendungen:	Fr.	Zusatzinformationen:
Einkauf Software	200 000.–	Der Softwareeinkauf ist für den Handel bestimmt.
Einkauf Schulbücher	20 000.–	Die Schulbücher werden ausschliesslich für die Schulung benötigt.
Gehälter inkl. Sozialleistungen	240 000.–	In den Aufwendungen ist die Zumietung des Kursleiters von einer steuerpflichtigen Gesellschaft von Fr. 80 000.– zuzüglich MWSt enthalten.
Übriger Aufwand	70 000.–	Fr. 10 000.– sind ohne MWSt. Annahme: Aufteilung der übrigen Aufwendungen je zur Hälfte auf den Softwarehandel und die Schulung.
Total Aufwand	530 000.–	

Aufgabe:

Ermitteln Sie für die Software Lux AG für das Geschäftsjahr 2012 die Umsatzsteuern sowie die Vorsteuern:

> nach dem effektiven Verwendungszweck und

> gestützt auf eigene Berechnungen

> > Pauschalvariante «Teilzuordnung der Vorsteuer» und

> > Pauschalvariante «Umsatzschlüssel» und

> > Pauschalvariante «Einheit der Leistung».

5 Vorsteuerabzug, Vorsteuerkorrekturen

Lösungsansätze:

Die Software Lux AG hat bei der Korrektur nach dem effektiven Verwendungszweck und bei der Korrektur mittels eigener Berechnungen für das Geschäftsjahr 2012 folgende Umsatzsteuer mit der ESTV abzurechnen (MI 09 «Vorsteuerabzug und Vorsteuerkorrekturen», Ziff. 3 und 4):

Umsatzsteuer 8,0% von (100%) Fr. 400 000.– = Fr. 32 000.–

Die von der MWSt ausgenommenen Schulungsleistungen und die Zinserträge sind im Abrechnungsformular unter Ziff. 200 und Ziff. 230 zu deklarieren.

Sofern die Zinseinnahmen und die Einnahmen aus dem Handel mit Wertpapieren mehr als Fr. 10 000.– pro Jahr und mehr als 5% des Gesamtumsatzes betragen, kann die Vorsteuerkorrektur für die gemischt verwendete Verwaltungsinfrastruktur mit 0,02% der Zinseinnahmen und der Einnahmen aus dem Handel mit Wertpapieren ermittelt werden. Unterhalb dieser Minimalwerte ist keine Korrektur vorzunehmen (MI 09 «Vorsteuerabzug und Vorsteuerkorrekturen», Ziff. 4.3.2). Die Zinserträge von Fr. 20 000.– betragen 3,7% vom Gesamtumsatz Fr. 540 000.–. Eine pauschale Vorsteuerkorrektur für die gemischt verwendete Verwaltungsinfrastruktur ist somit nicht vorzunehmen.

Bei Aufwendungen, die direkt dem nicht der MWSt unterliegenden Umsatz zuordenbar sind, besteht kein Anspruch auf Vorsteuerabzug (z.B. Depotgebühren bei Banken, Liegenschafsaufwand usw.) (MI 09 «Vorsteuerabzug und Vorsteuerkorrekturen», Ziff. 4.3.2).

Bei der Wahl der Korrekturmethode ist zu beachten, dass die gewählte Methode

➤ zu einem sachgerechten Ergebnis führt und
➤ während mindestens einer Steuerperiode beizubehalten ist.

Die steuerpflichtige Person kann zur Berechnung der Vorsteuerkorrektur eine oder mehrere Methoden frei wählen, sofern dies zu einem sachgerechten Ergebnis führt (Art. 68 Abs. 1 MWStV; MI 09 «Vorsteuerabzug und Vorsteuerkorrekturen», Ziff. 4.1).

Als sachgerecht gilt jede Anwendung einer oder mehrerer Methoden, die (MI 09 «Vorsteuerabzug und Vorsteuerkorrekturen», Ziff. 4.1)

➤ den Grundsatz der Erhebungswirtschaftlichkeit berücksichtigt,
➤ betriebswirtschaftlich nachvollziehbar ist und
➤ die Vorsteuern nach Massgabe der Verwendung für eine bestimmte Tätigkeit zuteilt (Art. 68 Abs. 2 MWStV).

Vorsteuerkorrektur nach dem effektiven Verwendungszweck
(MI 09 «Vorsteuerabzug und Vorsteuerkorrekturen», Ziff. 4.2; Anhang I.1)

Umsatzsteuer 8,0% von (100%) Fr. 400 000.– =   Fr. 32 000.00

	Betrag Fr. exkl. MWSt	%	Topf A Fr.	Topf B Fr.	Topf C Fr.	Vorsteuerabzug Fr.
Einkauf Software	200 000.–		16 000.–			16 000.00
Einkauf Bücher	20 000.–			500.–		0.00
Zumietung Personal	80 000.–				6 400.–	0.00
Übriger Aufwand	60 000.–	50%			4 800.– – 2 400.–	2 400.00
Vorsteuern						18 400.00

abzurechnende MWSt   13 600.00

Pauschalvariante «Teilzuordnung der Vorsteuer»
(MI 09 «Vorsteuerabzug und Vorsteuerkorrekturen», Ziff. 4.5; Anhang I.2)

Umsatzsteuer 8,0% von (100%) Fr. 400 000.– =   Fr. 32 000.00

	Betrag Fr. exkl. MWSt	%	Topf A Fr.	Topf B Fr.	Topf C Fr.	Vorsteuerabzug Fr.
Einkauf Software	200 000.–		16 000.–			16 000.00
Einkauf Bücher	20 000.–			500.–		0.00
Zumietung Personal	80 000.–				6 400.–	0.00
Übriger Aufwand	60 000.–	76,92%			4 800.00 *-3 692.15	3 692.15
Vorsteuern						19 692.15

* steuerbarer Umsatz Fr. 400 000.– in % des Gesamtumsatzes Fr. 520 000.– = 76,92%

abzurechnende MWSt   12 307.85

5 Vorsteuerabzug, Vorsteuerkorrekturen

Pauschalvariante «Umsatzschlüssel»
(MI 09 «Vorsteuerabzug und Vorsteuerkorrekturen», Ziff. 4.5; Anhang I.4)

Umsatzsteuer 8,0% von (100%) Fr. 400 000.– =   Fr. 32 000.00

	Betrag Fr. exkl. MWSt	%	Topf A Fr.	Topf B Fr.	Topf C Fr.	Vorsteuer- abzug Fr.
Einkauf Software	200 000.–	76,92%			16 000.00 *-3 692.80	12 307.20
Einkauf Bücher	20 000.–	76,92%			500.00 *-115.40	384.60
Zumietung Personal	80 000.–	76,92%			6 400.00 *-1 477.10	4 922.90
Übriger Aufwand	60 000.–	76,92%			4 800.00 *-1 107.85	3 692.15
Vorsteuern						21 306.85

* steuerbarer Umsatz Fr. 400 000.– in % des Gesamtumsatzes Fr. 520 000.– = 76,92%

abzurechnende MWSt   10 693.15

Pauschalvariante «Einheit der Leistung»
(MI 09 «Vorsteuerabzug und Vorsteuerkorrekturen», Ziff. 4.5; Anhang I.3)

Umsatzsteuer 8,0% von (100%) Fr. 400 000.– =   Fr. 32 000.00

	Betrag Fr. exkl. MWSt	%	Topf A Fr.	Topf B Fr.	Topf C Fr.	Vorsteuer- abzug Fr.
Einkauf Software	200 000.–		16 000.–			16 000.00
Einkauf Bücher	20 000.–			500.–		0.00
Zumietung Personal	80 000.–			6 400.–		0.00
Übriger Aufwand	60 000.–	90,9% *			4 800.00 *-4 363.20	4 363.20
Vorsteuern						20 363.20

abzurechnende MWSt   11 636.80

5 Vorsteuerabzug, Vorsteuerkorrekturen

* Umsatzverhältnis[1]   Verkauf Software (steuerbar)   Fr. 400 000.–
                         Einkauf Software   Fr. 200 000.–
                                                         Fr. 200 000.–   90,9%

                         Schulung (ausgenommen)   Fr. 120 000.–
                         Einkauf Bücher / Personal   Fr. 100 000.–
                                                         Fr. 20 000.–   9,1%

[1] um die direkt zugeordneten Aufwendungen gekürzten Gesamtumsatz

Zusammenfassung

Zusammenfassung der verschiedenen Vorsteuerkorrekturvarianten:

Variante:	Umsatzsteuer Fr.	Vorsteuern Fr.	abzurechnende MWSt Fr.
Vorsteuerkorrektur nach dem effektiven Verwendungszweck	32 000.–	- 18 400.00	13 600.00
Pauschalvariante «Teilzuordnung der Vorsteuer»	32 000.–	- 19 692.15	12 307.85
Pauschalvariante «Umsatzschlüssel»	32 000.–	- 21 306.85	10 693.15
Pauschalvariante «Einheit der Leistung»	32 000.–	- 20 363.20	11 636.80

Weil es sich bei der MWSt um eine Selbstveranlagungssteuer handelt, ist die steuerpflichtige Person selbst für die Vornahme einer korrekten, sachgerechten Vorsteuerabzugskorrektur verantwortlich.

Weil die Software Lux AG den Kursleiter inkl. MWSt zumietet, ist die Pauschalvariante «Umsatzschlüssel» nicht sachgerecht und kann nicht angewendet werden.

Ein Methodenwechsel zur Berechnung der Vorsteuerkorrektur ist grundsätzlich jederzeit möglich. Die Anwendungsdauer der gewählten Korrekturvariante beträgt mindestens eine Steuerperiode. Bei Beginn und am Ende der Anwendung der gewählten Korrekturvariante kann es zu einer Nutzungsänderung kommen (MI 09 «Vorsteuerabzug und Vorsteuerkorrekturen», Ziff. 4.4).

5 Vorsteuerabzug, Vorsteuerkorrekturen

Überblick

Die nachfolgende Aufstellung gibt einen Überblick über den Vorsteuerabzug und die Vorsteuerkorrekturen und -kürzungen:

Einnahmen von unternehmerischen Tätigkeiten		Einnahmen von nicht unternehmerischen Tätigkeiten	
steuerbare und steuerbefreite Leistungen[1] Leistungen im Ausland	von der Steuer ausgenommene Leistungen im Inland (nicht optiert)	Mittelflüsse nach Art. 18 Abs. 2 Bst. j, l MWStG (unselbst. Tätigkeit (Privat), hoheitliche Tätigkeit)	Mittelflüsse nach Art. 18 Abs. 2 Bst. a – c MWStG (z.B. Subventionen, öffentliche Beiträge)

von der Steuer ausgenommene Leistungen im Ausland (ohne Ziff. 18, 19 und 23 des Art. 21 Abs. 2 MWStG) (Art. 60 MWStV)	Mittelflüsse nach Art. 18 Abs. 2 Bst. d – i, k MWStG eine Korrektur der Vorsteuern ist nur vorzunehmen, wenn die Einnahmen nicht im Rahmen der unternehmerischen, zum Vorsteuerabzug berechtigenden Tätigkeit verwendet werden
Erwerben, Halten und Veräussern von Beteiligungen (mind. 10% am Kapital) Art. 29 Abs. 2 MWStG	

Gegenstände, Teile davon oder Dienstleistungen			
Vorsteuerabzug effektiv / fiktiv	kein Vorsteuerabzug	Korrektur der Vorsteuern[2]	Kürzung der Vorsteuern[2]
Art. 28 MWStG Art. 32 MWStG	Art. 29 MWStG	Art. 30 MWStG Art. 31 MWStG	Art. 33 MWStG Art. 75 MWStV

Art. 30 MWStG

Vorsteuer auf Aufwendungen, die direkt zugeordnet werden kann	
Topf A	Topf B

Vorsteuer auf Aufwendungen, die gemischt verwendet wird
Topf C

▼

Rückgängigmachung fiktiver Vorsteuerabzug	bei gebrauchten Gegenständen (MI 09 «Vorsteuerabzug und Vorsteuerkorrekturen», Ziff. 7.3.6).

---

[1] inkl. optierte von der Steuer ausgenommene Leistungen im Inland
[2] sofern ein Vorsteuerabzug vorgenommen wurde

Deklaration im Abrechnungsformular

Der Vorsteuerabzug, die Vorsteuerabzugskorrekturen und -kürzungen sind im Abrechnungsformular wie folgt zu deklarieren:

effektiver und fiktiver Vorsteuerabzug

Vorsteuer auf Material- und Dienstleistungsaufwand	400		
Vorsteuer auf Investitionen und übr. Betriebsaufwand	405	+	
Einlageentsteuerung (bitte detaillierte Aufstellung beilegen)	410	+	
Vorsteuerkorrekturen: gemischte Verwendung, Eigenverbrauch	415	-	
Vorsteuerkürzungen: Nicht-Entgelt wie Subventionen, Tourismusabgaben usw.	420	-	=	479

es ist die Eigenverbrauchssteuer zu deklarieren
(grundsätzlich zum ursprünglichen MWSt-Satz gemäss Rechnung,
bei Mietwerten jedoch zum MWSt-Satz im Zeitpunkt der Deklaration)

die Nicht-Entgelte (Mittelflüsse)
gemäss Art. 18 Abs. 2 Bst. a - c MWStG
(z.B. Subventionen, öffentliche Beiträge usw.)
sind in Ziff. 900 des Abrechnungsformulars
zu deklarieren

Der Vorsteuerabzug ist eine steuerentlastende Tatsache. Der Nachweis obliegt bei der steuerpflichtigen Person. Entsprechende Aufstellungen sind nur bei der Einlageentsteuerung mit dem Abrechnungsformular der ESTV einzureichen.

5.4. SPEZIEALFÄLLE VORSTEUERKORREKTUREN (EIGENVERBRAUCH / EINLAGEENTSTEUERUNG)

5.4.1 Entnahme von Gegenständen / Eigenverbrauch   Art. 31

Eigenverbrauch liegt nach Art. 31 Abs. 2 MWStG vor, wenn die steuerpflichtige Person aus ihrem Unternehmen Gegenstände oder Dienstleistungen dauernd oder vorübergehend entnimmt, sofern sie beim Bezug oder der Einlage des Ganzen oder seiner Bestandteile einen Vorsteuerabzug vorgenommen hat oder die Gegenstände oder Dienstleistungen im Rahmen des Meldeverfahrens nach Art. 38 MWStG bezogen hat, und die:

➢ sie ausserhalb ihrer unternehmerischen Tätigkeit verwendet, insbesondere für private Zwecke (z.B. Einzelfirmeninhaber privat);

➢ sie für von der Steuer ausgenommene Leistungen nach Art. 21 MWStG im Inland verwendet und für deren Versteuerung nicht optiert wurde (inkl. Leistungen im Ausland nach Art. 21 Abs. 2 Ziff. 18, 19 und 23 MWStG) (Art. 60 MWStV);

➢ sie unentgeltlich abgibt, ohne dass ein unternehmerischer steuerbarer Grund besteht. Ein unternehmerischer Grund bei unentgeltlicher Abgabe besteht:

  ➢ bei Geschenken bis Fr. 500.– pro Person und Jahr sowie

  ➢ bei Werbegeschenken und Warenmustern zur Erzielung steuerbarer oder von der Steuer befreiter Umsätze sowie

  ➢ bei Geschenken über Fr. 500.– pro Person und Jahr, sofern der unternehmerische Grund nachgewiesen werden kann sowie

  ➢ bei unentgeltlichen Leistungen an das Personal und an eng verbundene Personen (Lohnausweisempfänger), die nicht im Lohnausweis zu deklarieren sind (Art. 47 Abs. 3 und 5 MWStV);

➢ sich bei Wegfall der Steuerpflicht noch in ihrer Verfügungsmacht befinden.

Wird ein Gegenstand nur vorübergehend ausserhalb der unternehmerischen Tätigkeit oder für eine nicht zum Vorsteuerabzug berechtigende unternehmerische Tätigkeit verwendet, ist gemäss Art. 31 Abs. 4 MWStG der Vorsteuerabzug im Umfang der aktuellen Steuer, die auf einer einer unabhängigen Drittperson dafür in Rechnung gestellten Miete anfallen würde, zu korrigieren. Weitere Einzelheiten können dem Kapitel 4.1 entnommen werden.

Bei selbst hergestellten Gegenständen ist eine Vorsteuerabzugskorrektur für die Ingebrauchnahme der Infrastruktur mit einem Pauschalzuschlag von 33% auf den Vorsteuern auf Material und allfälligen Drittarbeiten bei Halbfabrikaten vorzunehmen. Die Vorsteuerabzugskorrektur für die Ingebrauchnahme der (Verwaltungs-) Infrastruktur bei Ingenieur- und Architekturleistungen kann mit 8,0% MWSt auf den geschätzten vorsteuerbelasteten Aufwendungen (15% der selbst erbrachten Dienstleistungen zu Drittpreisen) ermittelt werden. Vorbehalten bleibt der effektive Nachweis der Vorsteuern, die auf die Ingebrauchnahme der Infrastruktur entfallen (Art. 69 Abs 3 MWStV) (MBI 17 «Liegenschaftsverwaltung / Vermietung und Verkauf von Immobilien», Ziff. 4.1).

Verwendet eine nach der Saldosteuersatzmethode abrechnende steuerpflichtige Person ein im Meldeverfahren nach Art. 38 MWStG übernommenes Gesamt- oder Teilvermögen nicht oder zu einem geringeren Anteil als der Veräusserer für eine zum Vorsteuerabzug berechtigende Tätigkeit und rechnet der Veräusserer nach der effektiven Abrechnungsmethode ab, ist auf dem Teil des übernommenen Vermögens, das neu für eine nicht zum Vorsteuerabzug berechtigende Tätigkeit verwendet wird, der Eigenverbrauch im Sinn von Art. 31 MWStG unter Berücksichtigung von Art. 38 Abs. 4 MWStG abzurechnen (Art. 83 Abs. 1 MWStV).

Beispiel: Eigenverbrauch

Ausgangslage:

Bei der Einzelfirma Fritz Muster, Schreinerei und Möbelhandel, Luzern (steuerpflichtig, effektive Abrechnungsmethode), sind folgende Geschäftsfälle im Jahr 2012 zu beurteilen:

1. Der Einzelfirmeninhaber Fritz Muster entnimmt einen Esstisch (Handelsprodukt), Verkaufspreis (Drittpreis) Fr. 1 200.–, Einstandspreis (Jahr 2010) Fr. 800.–;

2. Die im Betrieb nicht mitarbeitende Ehefrau entnimmt ein von der Einzelfirma selbst hergestelltes Möbel, Verkaufspreis (Drittpreis) Fr. 2 500.–, Einstandspreis (Jahr 2011) Material Fr. 1 000.–, Lohnanteil Fr. 800.–, allgemeine Kosten Fr. 400.–;

3. Der Mitarbeiter L erhält zum 30. Arbeitsjubiläum ein Kästchen (Handelsprodukt) geschenkt, Verkaufspreis (Drittpreis) Fr. 480.–, Einstandspreis (Jahr 2009) Fr. 300.–;

4. Die Einzelfirma Fritz Muster entnimmt dem Warenlager einen Küchenschrank für die Küche der vermieteten Wohnung an den Mieter X (ohne Option). Einstandspreis (Jahr 2012) Fr. 1 200.–, Verkaufspreis Fr. 1 600.–;

5. Der Mitarbeiter K erhält zum 50. Geburtstag eine Uhr gratis; Einstandspreis Fr. 660.– (beim Einkauf der Uhr wurde kein Vorsteuerabzug vorgenommen).

Beim Einkauf der Gegenstände Pos. 1–4 wurde der Vorsteuerabzug vorgenommen. Sämtliche Beträge sind exkl. MWSt.

Frage:

Wie sind die vorgenannten Geschäftsfälle mit der ESTV abzurechnen? Allfällige Berechnungen sind vorzunehmen.

Lösungsansätze:

Die Geschäftsfälle bei der Einzelfirma Fritz Muster sind wie folgt mit der ESTV abzurechnen:

1. Vorsteuerabzugskorrektur (Eigenverbrauchssteuer) (Art. 31 MWStG)
7,6% von (100%) Fr. 800.– = Fr. 60.80.

2. Vorsteuerabzugskorrektur (Eigenverbrauchssteuer) (Art. 31 MWStG, Art. 69 Abs. 3 MWStV)
8,0% von (100%) Fr. 1 000.– = Fr. 80.– zuzüglich 33% Fr. 26.40 = Fr. 106.40.

3. Keine Vorsteuerabzugskorrektur (Eigenverbrauchssteuer), weil bei unentgeltlicher Abgabe eines Geschenkes bis Fr. 500.– pro Person und Jahr ein unternehmerischer Grund vorliegt (Art. 31 Abs. 2 Bst. c MWStG, Einstandspreis Fr. 300.–). Es liegt auch keine entgeltliche Leistung vor (Art. 47 Abs. 3 MWStV).
4. Vorsteuerabzugskorrektur (Eigenverbrauchssteuer) (Art. 31 MWStG) 8,0% von (100%) Fr. 1 200.– = Fr. 96.–. Auf einer allfälligen verwendeten Infrastruktur bei Eigenleistungen (z.B. Montage des Küchenschrankes usw.) ist eine Vorsteuerabzugskorrektur (Eigenverbrauch) vorzunehmen (Art. 31 Abs. 2 MWStG, Art. 69 Abs. 3 MWStV).
5. Es liegt eine entgeltliche Leistung vor, weil die Leistung des Arbeitgebers im Lohnausweis zu deklarieren ist (Art. 47 Abs. 2 MWStV, Geburtstagsgeschenk über Fr. 500.–). Weil kein Vorsteuerabzug vorgenommen wurde, kann auf die Besteuerung der Lieferung der Uhr verzichtet werden. Dem Bund ist durch dieses Vorgehen kein Steuerausfall entstanden.

Die Vorsteuerabzugskorrektur (Eigenverbrauchssteuer) ist unter Ziff. 415 des Abrechnungsformulars zu deklarieren.

5.4.2 Privatanteil Fahrzeug / Eigenverbrauch

Wenn der Einzelfirmeninhaber und deren nicht mitarbeitende Familienangehörige bei einer effektiv abrechnenden steuerpflichtigen Einzelfirma ein Geschäftsfahrzeug privat nutzt, ist eine Vorsteuerabzugskorrektur (Eigenverbrauch) vorzunehmen.

IdR wird der entsprechende Wert pauschal ermittelt. Bei der pauschalen Ermittlung beträgt der Privatanteil (bei entgeltlichen Leistungen und beim Eigenverbrauch) mindestens 0,8% pro Monat (d.h. 9,6% pro Jahr) vom Kaufpreis exkl. MWSt des Fahrzeuges, mindestens jedoch Fr. 150.–, wenn das Fahrzeug überwiegend (mehr als 50%) für unternehmerische steuerbare Tätigkeiten verwendet wird. Der errechnete Betrag versteht sich inkl. MWSt (MI 08 «Privatanteile», Ziff. 2.4.3.2 und Ziff. 3.1.5). Bei Übernahme eines Leasingfahrzeuges durch den Leasingnehmer ist der Privatanteil auf dem Leasingausgangswert zu berechnen (MI 01 «MWSt in Kürze und Übergangsinfo», Teil II Ziff. 2.3.3). Die pauschale Ermittlung ist nur für Personenfahrzeuge anwendbar (leichte Motorfahrzeuge mit einem zulässigen Gesamtgewicht bis 3 500 kg zur Beförderung von max. 9 Personen einschliesslich Fahrer).

Die private Nutzung des Fahrzeuges kann auch effektiv ermittelt werden (Führen eines Fahrtenkontrollheftes / Referenzansatz Fr. –.70 pro Kilometer). Tiefere Ansätze sind durch den Leistungserbringer kalkulatorisch nachzuweisen (MI 08 «Privatanteile», Ziff. 2.4.3.2).

Die Vorsteuerabzugskorrektur (Eigenverbrauchssteuer) ist unter Ziff. 415 des Abrechnungsformulars zu deklarieren.

Rechnet die steuerpflichtige Einzelfirma mit Saldosteuersätzen ab, ist der Eigenverbrauch mit der Anwendung der Saldosteuersatzmethode abgegolten (Art. 92 MWStV).

Weitere Einzelheiten können dem Kapitel 4.1 entnommen werden.

5.4.3 Eigenleistungen bei der Erstellung von Bauwerken zwecks Verkauf / Vermietung ohne Option oder zwecks Nutzung für nicht zum Vorsteuerabzug berechtigte Tätigkeiten / Eigenverbrauch

Wenn ein steuerpflichtiges Unternehmen (effektive Abrechnungsmethode) ein Bauwerk erstellt und

- ➢ der Verkauf des Bauwerkes oder Teile davon von der Steuer ausgenommen nach Art. 21 Abs. 2 Ziff. 20 MWStG ist[3], d.h.
  - ➢ der Käufer erwirbt ein fertig geplantes und projektiertes Objekt,
  - ➢ es wird ein (vom Bauunternehmer[4] zuvor festgesetzter) Pauschalpreis für Boden und Gebäude bezahlt,
  - ➢ der Käufer kann auf den Bau, die Ausgestaltung des Gebäudes (inkl. Umgebungsarbeiten) und die Leistungserbringer (Handwerker) nur beschränkten* Einfluss nehmen,
  - ➢ es liegt nur ein Vertrag vor (Kaufvertrag zwischen Bauunternehmer[4] und Käufer über Boden und Gebäude),
  - ➢ Nutzen und Gefahr gehen erst nach Fertigstellung auf den Käufer über,
  - ➢ die Bezahlung erfolgt erst nach bezugsbereiter Fertigstellung (eine Anzahlung bis zu einer Höhe von 30% des Kaufpreises ist nicht schädlich);
- ➢ die Vermietung des Bauwerkes oder Teile davon von der Steuer nach Art. 21 Abs. 2 Ziff. 21 MWStG ausgenommen ist;
- ➢ die Nutzung des Bauwerkes oder Teile davon für unternehmerische von der Steuer ausgenommene Leistungen nach Art. 21 Abs. 2 MWStG ist;
- ➢ die Nutzung des Bauwerkes oder Teile davon für hoheitliche Tätigkeiten ist;
- ➢ das Bauwerk oder Teile davon bei einer Einzelfirma für private Zwecke genutzt wird.

ist eine Vorsteuerabzugskorrektur für die Ingebrauchnahme der Infrastruktur mit einem Pauschalzuschlag von 33% auf den Vorsteuern auf Material und allfälligen Drittarbeiten bei Halbfabrikaten vorzunehmen. Die Vorsteuerabzugskorrektur für die Ingebrauchnahme der (Verwaltungs-) Infrastruktur bei Ingenieur- und Architekturleistungen kann mit 8,0% MWSt auf den geschätzten vorsteuerbelasteten Aufwendungen (15% der selbst erbrachten Dienstleistungen zu Drittpreisen) ermittelt werden. Vorbehalten bleibt der effektive Nachweis der Vorsteuern, die auf die Ingebrauchnahme der Infrastruktur entfallen (Art. 69 Abs 3 MWStV) (MBI 17 «Liegenschaftsverwaltung / Vermietung und Verkauf von Immobilien», Ziff. 4.1).

Weitere Hinweise können dem Kapitel 2.3.4 sowie der MPI 01 «Präzisierungen zur MWSt Übergangsinfo 01», Ziff. 1 und MBI 04 «Baugewerbe», Ziff. 8 entnommen werden.

*Änderungen am projektierten Gebäude aufgrund von individuellen Käuferwünschen (z.B. anderer Bodenbelag, zusätzliche Küchengeräte, zusätzliche Steckdosen) ändern an der Qualifikation des Vertrages als Kaufvertrag noch nichts, sofern die durch diese Änderungswünsche bedingten Mehrkosten 5% des angebotenen

---

[3] aktuelle Verwaltungspraxis (ab 1.7.2010) (Besteuerungsvariante III) / die inskünftige Verwaltungspraxis (voraussichtlich Herbst 2012) ist zu beachten
[4] Generalunternehmer, Investor

5 Vorsteuerabzug, Vorsteuerkorrekturen

Pauschalpreises (für Boden und Gebäude) nicht übersteigen. Findet nicht ein Verkauf des Bodens statt, sondern wird der Boden vom Bauunternehmer im Baurecht überlassen, so erhöht sich der Prozentsatz auf 7% des angebotenen Pauschalpreises für das Gebäude. Die Prozent-Grenzen verstehen sich pro Objekt. Zur Berechnung der Grenze ist die Summe aller Mehr- und Minderkosten ein und desselben Objektes massgebend. Überschreiten die Mehrkosten 5% bzw. 7% des Pauschalpreises, handelt es sich um steuerbare «werkvertragliche Leistungen» (ohne Wert des Bodens) (MPI 01 «Präzisierungen zur MWSt Übergangsinfo 01», Ziff. 1.1.3; MBI 04 «Baugewerbe», Ziff. 8.1.1.2).

Beispiel: Eigenleistungen bei der Erstellung von Bauwerken zwecks Verkauf ohne Option (aktuelle Verwaltungspraxis (ab 1.7.2010) (Besteuerungsvariante III)

Ausgangslage:

Die Bau AG in Locarno (steuerpflichtig, effektive Abrechnungsmethode) erstellt im Jahr 2012 drei 3 1/2 Z-Eigentumswohnungen (gleicher Ausbaustandard). Bei Baubeginn sind bereits sämtliche öffentlich beurkundeten Kaufverträge für den Kauf der Wohnungen A, B und C vorhanden. Folgende Daten (exkl. MWSt) sind bekannt:

	Fr.
Verkaufspreis je Wohnung	800 000.–
(inkl. Grundstücksanteil von Fr. 140 000.–	
Preis für Sonderwunsch Käufer B	32 000.–
Gesamte Baukosten	2 340 000.–
davon: Eigenleistungen zu Drittpreisen	600 000.–
Zinsen, Versicherungen, Gebühren	64 000.--
Bauland	400 000.--
Baukosten Sonderwunsch Käufer B	30 000.–

Baubeginn ist am 1.3.2012. Die Wohnungen können am 1.11.2012 übernommen werden. Die drei Käufer bezahlen die Wohnungen am 1.11.2012 (Bezugsbereitschaft) unter Anzahlung von 25%. Der Vorsteuerabzug von Fr. 122 720.– (inkl. Vorsteuern auf Material für die Eigenleistungen Fr. 18 240.–) ist ebenfalls noch zu berücksichtigen.

Frage:

Wie ist die Erstellung der Liegenschaft mit der ESTV abzurechnen?

Lösungsansätze:

Die Bau AG hat die Erstellung der Liegenschaft im Jahr 2012 wie folgt mit der ESTV abzurechnen (MPI 01 «Präzisierungen zur MWST Übergangsinfo 01», Ziff. 1 und MBI 04 «Baugewerbe», Ziff. 8):

Von der Steuer ausgenommener Liegenschaftsverkauf nach Art. 21 Abs. 2 Ziff. 20 MWStG (ohne Wert des Bodens (Art. 24 Abs. 6 Bst. c MWStG))

Verkauf Bauwerk	3 x Fr. 660 000.– = Fr. 1 980 000.–
Sonderwunsch Käufer B	Fr. 32 000.–
Abrechnungsformular, Ziff. 200 und Ziff. 230	Fr. 2 012 000.–

Verkauf Boden (Ziff. 200 und Ziff. 280)   3 x Fr. 140 000.– = Fr. 420 000.–

weil die Kriterien gemäss MPI 01 «Präzisierungen zur MWSt Übergangsinfo 01», Ziff. 1.1.1, und MBI 04 «Baugewerbe», Ziff. 8.1.1.1 kumulativ erfüllt sind

Auf den Fremdleistungen kann kein Vorsteuerabzug vorgenommen werden.

Vorsteuerabzugskorrektur (Abrechnungsformular, Ziff. 415):
Vorsteuern auf Material (sofern der Vorsteuerabzug
bereits vorgenommen wurde)   Fr.   18 240.00
zuzüglich Pauschalzuschlag 33% von Fr. 18 240.–[1]   Fr.   6 019.20
Total Vorsteuerabzugskorrektur   Fr.   24 259.20

[1] bei selbst hergestellten Gegenständen ist für die Ingebrauchnahme der Infrastruktur ein Pauschalzuschlag von 33% auf den Vorsteuern auf Material und allfälligen Drittarbeiten bei Halbfabrikaten vorzunehmen (Art. 69 Abs. 3 MWStV). Selbstverständlich kann auch eine effektive Ermittlung der Vorsteuerabzugskorrektur (Eigenverbrauchssteuer) vorgenommen werden, sofern sie sachgerecht ist.

Weil die aktuelle Verwaltungspraxis (Besteuerungsvariante III) bei Erstellung von Bauwerken zwecks Verkauf ohne Option bei den KMU's einige steuerliche Nachteile bringt, ist eine Praxisänderung notwendig. Weitere Hinweise können dem Kapitel 2.3.4 entnommen werden.

5 Vorsteuerabzug, Vorsteuerkorrekturen

5.4.4 Nutzungsänderungen (Eigenverbrauch / Einlageentsteuerung)

Werden unbewegliche Gegenstände, bewegliche Gegenstände sowie Dienstleistungen für andere unternehmerische Tätigkeiten verwendet, kann eine Nutzungsänderung vorliegen.

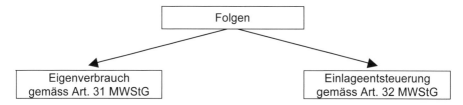

Bei einer Nutzungsänderung können folgende Ermittlungsarten angewendet werden:

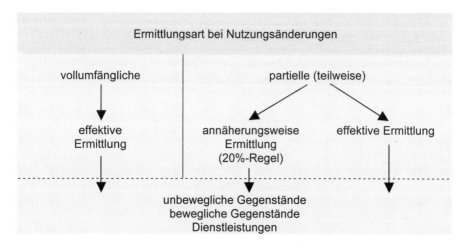

Bei der annäherungsweisen Ermittlung ist eine Steuerkorrektur vorzunehmen, wenn sich der Verwendungszweck der Gegenstände und Dienstleistungen für steuerbare und nicht steuerbare Leistungen gegenüber dem Vorjahr um mehr als 20 Prozentpunkte ändert.

In nachfolgender Aufstellung sind die wichtigsten Hinweise bei Nutzungsänderungen aufgeführt.

| Anwendung der vollumfänglichen Nutzungsänderung: | ➤ Unternehmen werden neu steuerpflichtig oder aus der Steuerpflicht entlassen;
➤ Gegenstände oder Dienstleistungen verlassen das Unternehmen oder werden nach der Nutzungsänderung ausschliesslich für steuerbare oder ausschliesslich für nicht steuerbare Zwecke verwendet;
➤ Beim Erwerb, bei Vermietung, Verpachtung oder Verkauf einer Liegenschaft oder eines Liegenschaftsteils. |

Anwendung der partiellen Nutzungsänderung:	➢ Bei Gegenständen oder Dienstleistungen, welche gemischt verwendet werden, ändert das Nutzungsverhältnis; ➢ Bei Gegenständen oder Dienstleistungen, welche ausschliesslich für steuerbare oder für nicht steuerbare Leistungen verwendet wurden, erfolgt neu eine gemischte Verwendung.
Effektive Ermittlung:	Die Nutzungsänderung ist steuerlich in jedem Fall zu erfassen.
Annäherungsweise Ermittlung:	Die Anwendung der annäherungsweisen Ermittlung wirkt sich steuerlich dann aus, wenn sich der Verwendungszweck der Gegenstände und Dienstleistungen für steuerbare und nicht steuerbare Leistungen gegenüber dem Vorjahr um mehr als 20 Prozentpunkte ändert.
Grundvoraussetzung bei der Einlageentsteuerung (Art. 32 MWStG):	Investition / Aufwand mit MWSt-Ausweis, MWSt-konformer Beleg (Art. 26 und Art. 28 MWStG), Verwendung für inskünftige unternehmerische, zum Vorsteuerabzug berechtigende Leistungen, Wertverzehr berücksichtigen (sofern in Gebrauch genommen). ➢ zum ursprünglichen MWSt-Satz
Grundvoraussetzung beim Eigenverbrauch (Art. 31 MWStG):	Steuerpflichtiger muss den Vorsteuerabzug vorgenommen haben (Nachholung Vorsteuerabzug und Einlageentsteuerung innerhalb der Verjährungsfrist von 5 Jahren ist möglich), Verwendung für inskünftige nicht zum Vorsteuerabzug berechtigte Zwecke. ➢ zum ursprünglichen MWSt-Satz
Bemessungsgrundlage Liegenschaften (MI 10 «Nutzungsänderungen», Ziff. 3.1):	Neuerstellung und Erwerb von Liegenschaften, wertvermehrende Aufwendungen zusammen mit Energiespar-, Umweltschutz- sowie denkmalpflegerischen Massnahmen (Anlagekosten, die zu einer baulichen Verbesserung führen und den Anlagewert erhöhen), Grossrenovationen (> 5% des Gebäudeversicherungswertes). Steuerlich relevant sind idR die nach den allgemeinen Grundsätzen der Buchführung aktivierbaren Anlagekosten für das Gebäude, nicht aber der Wert des Bodens. Es ist dabei nicht von Bedeutung, ob auch tatsächlich eine Aktivierung erfolgt oder die Aufwendungen (ganz oder teilweise) der Erfolgsrechnung belastet werden. Keine Vorsteuerkorrektur (Einlageentsteuerung bzw. Eigenverbrauchsbesteuerung) auf werterhaltenden

5 Vorsteuerabzug, Vorsteuerkorrekturen

	Aufwendungen, Betriebskosten (Betriebsstoffe, Hauswartstätigkeit, Verwaltungskosten), andere Aufwendungen ohne Anlagekostencharakter, Wert des Bodens. *Bemessungsgrundlage:* (für Eigenverbrauch) Vorgenommener Vorsteuerabzug ➢ auf dem Einkaufspreis (ohne Bodenwert) oder ➢ auf den Fremdleistungen und Materialien für Eigenleistungen (zuzüglich 33% auf den Vorsteuern des Materials und allfälliger Drittarbeiten bei Halbfabrikaten (Mietwert für die Infrastruktur bei Eigenleistungen, Art. 69 Abs. 3 MWStV) (bei selbst erstellter Liegenschaft) abzüglich: Abschreibung linear 5% für jedes abgelaufene Kalenderjahr (Jahr der Ingebrauchnahme: volle Abschreibung, Jahr der Entnahme / Nutzungsänderung: keine Abschreibung) sofern ein Wertverzehr (in Gebrauchnahme) vorliegt. *Bemessungsgrundlage:* (für Einlageentsteuerung) Überwälzte Vorsteuern ➢ auf dem Einkaufspreis (ohne Bodenwert) oder ➢ auf den Fremdleistungen und Materialien für Eigenleistungen (bei selbst erstellter Liegenschaft) allfällige abgerechnete Eigenverbrauchssteuer abzüglich: Abschreibung linear 5% für jedes abgelaufene Kalenderjahr (Jahr der Ingebrauchnahme: volle Abschreibung, Jahr der Entnahme / Nutzungsänderung: keine Abschreibung) sofern ein Wertverzehr (in Gebrauchnahme) vorliegt.
Bemessungsgrundlage bewegliche Gegenstände (MI 10 «Nutzungsänderungen», Ziff. 3.2):	Waren- und Materialvorräte (ungebraucht), aktivierbare Produktions- und Betriebsmittel (inkl. wertvermehrende Aufwendungen). Steuerlich relevant sind idR die nach den allgemeinen Grundsätzen der Buchführung aktivierbaren Gegenstände. Es ist dabei nicht von Bedeutung, ob auch tatsächlich eine Aktivierung erfolgt oder die Aufwendungen (ganz oder teilweise) der Erfolgsrechnung belastet werden. Keine Vorsteuerkorrektur (Einlageentsteuerung bzw. Eigenverbrauchsbesteuerung) auf Service-, Unterhalts- und Reparaturarbeiten, Instandstellungskosten sowie auf in Gebrauch genommenen Verbrauchsmaterialien und Werkzeugen.

Bemessungsgrundlage:
eingekaufte Gegenstände
(für Eigenverbrauch)
Vorgenommener Vorsteuerabzug
➢ auf dem Einkaufspreis der zugekauften Gegenstände
abzüglich: Abschreibung linear 20% für jedes abgelaufene Kalenderjahr (Jahr der Ingebrauchnahme: volle Abschreibung, Jahr der Entnahme / Nutzungsänderung: keine Abschreibung)
sofern ein Wertverzehr (in Gebrauchnahme) vorliegt.

Bemessungsgrundlage:
eingekaufte Gegenstände
(für Einlageentsteuerung)
Überwälzte Vorsteuern
➢ auf dem Einkaufspreis der zugekauften Gegenstände
abzüglich: Abschreibung linear 20% für jedes abgelaufene Kalenderjahr (Jahr der Ingebrauchnahme: volle Abschreibung, Jahr der Entnahme / Nutzungsänderung: keine Abschreibung)
sofern ein Wertverzehr (in Gebrauchnahme) vorliegt.

Bemessungsgrundlage:
selbst hergestellte Gegenstände
(für Eigenverbrauch)
Vorgenommener Vorsteuerabzug
➢ auf dem Einkaufspreis der Bestandteile (zuzüglich 33% auf den Vorsteuern des Materials und allfälliger Drittarbeiten bei Halbfabrikaten (Mietwert für die Infrastruktur bei Eigenleistungen, Art. 69 Abs. 3 MWStV) (bei selbst erstellten Gegenständen)
abzüglich: Abschreibung linear 20% für jedes abgelaufene Kalenderjahr (Jahr der Ingebrauchnahme: volle Abschreibung, Jahr der Entnahme / Nutzungsänderung: keine Abschreibung)
sofern ein Wertverzehr (in Gebrauchnahme) vorliegt.

Bemessungsgrundlage:
selbst hergestellte Gegenstände
(für Einlageentsteuerung)
Überwälzte Vorsteuern
➢ auf dem Einkaufspreis der Bestandteile (bei selbst erstellten Gegenständen)
allfällige abgerechnete Eigenverbrauchssteuer
abzüglich: Abschreibung linear 20% für jedes abgelaufene Kalenderjahr (Jahr der Ingebrauchnahme: volle Abschreibung, Jahr der Entnahme / Nutzungsänderung: keine Abschreibung)
sofern ein Wertverzehr (in Gebrauchnahme) vorliegt.

5 Vorsteuerabzug, Vorsteuerkorrekturen

Bemessungsgrundlage Dienstleistungen (MI 10 «Nutzungsänderungen», Ziff. 3.3):	Steuerlich relevant sind idR die nach den allgemeinen Grundsätzen der Buchführung aktivierbaren Dienstleistungen. Keine Vorsteuerkorrektur (Einlageentsteuerung bzw. Eigenverbrauchsbesteuerung) erfolgt bei Dienstleistungen, die bereits beim Bezug als verbraucht gelten oder nicht mehr nutzbar sind. *Bemessungsgrundlage:* *Wert des noch nicht genutzten Teils* (für Eigenverbrauch) Vorgenommener Vorsteuerabzug ➢ auf dem Bezugspreis der Dienstleistungen abzüglich: Abschreibung linear 20% für jedes abgelaufene Kalenderjahr (Jahr der Ingebrauchnahme: volle Abschreibung, Jahr der Entnahme / Nutzungsänderung: keine Abschreibung). *Bemessungsgrundlage:* *Wert des noch nicht genutzten Teils* (für Einlageentsteuerung) Überwälzte Vorsteuern ➢ auf dem Bezugspreis der Dienstleistungen abzüglich: Abschreibung linear 20% für jedes abgelaufene Kalenderjahr (Jahr der Ingebrauchnahme: volle Abschreibung, Jahr der Entnahme / Nutzungsänderung: keine Abschreibung).

Muster Berechnungsblatt «Eigenverbrauchssteuer»

Eigenverbrauch per				Deklaration (Ziff. 415)			Fr.	
Objekt:								
Nutzungsänderung per								
Grund:			bisher:					
			neu:					

Jahr	Investitionen (exkl. MWSt) Fr.	MWSt-Satz %	MWSt Fr.	Abschreibung in %	Fr.	Eigenverbrauchssteuer Fr.
Total						
GVA-Werte	Jahr:	Fr.	Jahr:	Fr.	Jahr:	Fr.

Muster Berechnungsblatt «Einlageentsteuerung»

Einlageentsteuerung per				Deklaration (Ziff. 410)			Fr.	
Objekt:								
Nutzungsänderung per								
Grund:			bisher:					
			neu:					

Jahr	Investitionen (inkl. MWSt) Fr.	MWSt-Satz %	MWSt Fr.	Abschreibung in %	Fr.	Vorsteuern Fr.
Total						
GVA-Werte	Jahr:	Fr.	Jahr:	Fr.	Jahr:	Fr.

5 Vorsteuerabzug, Vorsteuerkorrekturen

Aus nachfolgenden Restwerttabellen können die Abschreibungssätze entnommen werden:

RESTWERTTABELLE für Anschaffungs- oder Erstellungskosten, wertvermehrende Aufwendungen, Grossrenovationen mit Vorsteuerabzug

Lineare Abschreibungssätze:

unbewegliche Gegenstände	5%
bewegliche Gegenstände	20%

Abschreibung 5%

%		Umnutzung								
		2016	2015	2014	2013	2012	2011	2010	2009	2008	2007
Kauf / Erstellung / Investition	2016	100									
	2015	95	100								
	2014	90	95	100							
	2013	85	90	95	100						
	2012	80	85	90	95	100					
	2011	75	80	85	90	95	100				
	2010	70	75	80	85	90	95	100			
	2009	65	70	75	80	85	90	95	100		
	2008	60	65	70	75	80	85	90	95	100	
	2007	55	60	65	70	75	80	85	90	95	100
	2006	50	55	60	65	70	75	80	85	90	95
	2005	45	50	55	60	65	70	75	80	85	90
	2004	40	45	50	55	60	65	70	75	80	85
	2003	35	40	45	50	55	60	65	70	75	80
	2002	30	35	40	45	50	55	60	65	70	75
	2001	25	30	35	40	45	50	55	60	65	70
	2000	20	25	30	35	40	45	50	55	60	65
	1999	15	20	25	30	35	40	45	50	55	60
	1998	10	15	20	25	30	35	40	45	50	55
	1997	05	10	15	20	25	30	35	40	45	50
	1996	0	05	10	15	20	25	30	35	40	45
	1995	0	0	05	10	15	20	25	30	35	40
	1994 und älter	0	0	0	0	0	0	0	0	0	0

Zeitwert in % bei Anschaffungs- oder Erstellungskosten, wertvermehrende Aufwendungen, Grossrenovationen mit Vorsteuerabzug

RESTWERTTABELLE für aktivierbare Anschaffungs- oder Erstellungskosten, wertvermehrende Aufwendungen mit Vorsteuerabzug

Lineare Abschreibungssätze:
unbewegliche Gegenstände 5%
bewegliche Gegenstände 20%

Abschreibung 20%

%		2016	2015	2014	2013	2012	2011	2010	2009	2008	2007
Kauf / Erstellung / Investition	2016	100									
	2015	80	100								
	2014	60	80	100							
	2013	40	60	80	100						
	2012	20	40	60	80	100					
	2011	0	20	40	60	80	100				
	2010	0	0	20	40	60	80	100			
	2009	0	0	0	20	40	60	80	100		
	2008	0	0	0	0	20	40	60	80	100	
	2007	0	0	0	0	0	20	40	60	80	100
	2006	0	0	0	0	0	0	20	40	60	80
	2005	0	0	0	0	0	0	0	20	40	60
	2004	0	0	0	0	0	0	0	0	20	40
	2003	0	0	0	0	0	0	0	0	0	20
	2002 und älter	0	0	0	0	0	0	0	0	0	0

Umnutzung (Spaltenüberschrift über 2016–2007)

Zeitwert in % bei aktivierbaren Anschaffungs- oder Erstellungskosten, wertvermehrenden Aufwendungen mit Vorsteuerabzug

Im Jahr der Ingebrauchnahme: volle Abschreibung
Im Jahr der Entnahme / Nutzungsänderung: keine Abschreibung

(Ausnahme: bei Entnahme / Nutzungsänderung am 31.12. ist die Abschreibung vorzunehmen)

5 Vorsteuerabzug, Vorsteuerkorrekturen 167

Die nachfolgenden Grafiken zeigen auf, wann beim Erwerb, bei der Bewirtschaftung und beim Verkauf einer Liegenschaft eine Nutzungsänderung ausgelöst wird:

Nutzungsänderungen beim Erwerb einer Liegenschaft

ANKAUF			
ohne Option			
Meldeverfahren			
mit Option			
	1)		2 3
NUTZUNGSÄNDERUNG	EV	kein VOStA	evtl. EESt	evtl. EESt
VERWENDUNG (neu)	ausgenommene Leistungen oder Vermietung ohne Option		steuerbare und steuerbefreite Leistungen oder Vermietung mit Option

Nutzungsänderungen bei der Bewirtschaftung einer Liegenschaft

VERWENDUNG			NUTZUNGSÄNDERUNGEN
Betriebliche Nutzung[4]	Vermietung (mit Option)	Vermietung (ohne Option)	
bisher	neu		---
bisher		neu	Eigenverbrauch
	bisher	neu	Eigenverbrauch
	neu	bisher	Einlageentsteuerung
neu		bisher	Einlageentsteuerung
neu	bisher		---

Nutzungsänderungen beim Verkauf einer Liegenschaft		
VERWENDUNG (bisher)	ausgenommene Leistungen oder Vermietung ohne Option	steuerbare und steuerbefreite Leistungen oder Vermietung mit Option
NUTZUNGSÄNDERUNG	EESt	EV
VERKAUF		
Meldeverfahren		
mit Option		
ohne Option		

Legende: EESt Einlageentsteuerung
EV Eigenverbrauch
VOStA Vorsteuerabzug

[1] wenn die Belege des Verkäufers nicht vorliegen oder wenn sich die Nutzung für nicht steuerbare Leistungen erhöht
[2] wenn ein Unternehmen gemäss Art. 16 Abs. 2 MWStG übernommen wird
[3] wenn sich die Nutzung für steuerbare Leistungen gegenüber dem früheren Eigentümer erhöht und die Belege des früheren Eigentümers vorliegen
[4] für steuerbare und steuerbefreite Leistungen

Die Option auf dem Verkauf einer Liegenschaft ist möglich, wenn der Verkäufer steuerpflichtig ist, effektiv abrechnet und die Räumlichkeiten beim Käufer nicht ausschliesslich für private Zwecke genutzt werden (Art. 22 MWStG).

Das Meldeverfahren beim Verkauf einer Liegenschaft kann angewendet werden, wenn der Verkäufer und der Käufer steuerpflichtig sind (der Käufer kann auch erst durch die Übernahme der Liegenschaft steuerpflichtig werden) (Art. 102 MWStV).

5 Vorsteuerabzug, Vorsteuerkorrekturen

5.5. FRAGEN

33 Die Bank Rheintal (steuerpflichtig) kauft für ihren Kreditsachbearbeiter am 18. Februar 2012 einen Computer PC 2000 für Fr. 8 900.– (exkl. MWSt). Wie viel Vorsteuer kann in Abzug gebracht werden?

34 Der Gemüsehändler A (steuerpflichtig) bezieht vom Landwirt B (nicht steuerpflichtige Person) Gemüse für Fr. 25 000.–. Kann der Gemüsehändler A einen Vorsteuerabzug geltend machen? Wenn ja, wie viel?

35 Beim Personalhaus der Maschinenfabrik Z (steuerpflichtig) streichen einige Mitarbeiter die Aussenfassade neu. Benötigt werden Farben für Fr. 12 000.–. Kann der Vorsteuerabzug von Fr. 960.– vorgenommen werden?

36 Die Auto Muster AG (steuerpflichtig) erwirbt vom Aktionär Anton Muster einen gebrauchten Fotokopierer für Fr. 1 000.–. Der Fotokopierer wird für unternehmerische steuerbare Leistungen (Betriebsmittel) verwendet. Kann der fiktive Vorsteuerabzug geltend gemacht werden?

37 Wie viel Vorsteuer kann das Dachdeckergeschäft D (steuerpflichtig) bei folgenden Aufwendungen geltend machen?

		Fr.
Lieferant A	Ziegel	40 000.–
Gemeindekassieramt	Strom	2 000.–
Restaurant B	Essen mit Kunden	400.–
Swisscom	Telefongebühren	400.–
Baugeschäft C	Kranmiete	600.–
Versicherung D	Sachversicherung	800.–
Total (exkl. MWSt)		44 200.–

38 Die steuerpflichtige DS «Sport» saniert das Schwimmbad für Fr. 1 000 000.– (exkl. MWSt). Die Investition wird durch Erhöhung des Steuerfusses finanziert. Kann die DS «Sport» den Vorsteuerabzug vornehmen?

39 Die Immobilien AG (steuerpflichtig) vermietet bisher Büroräumlichkeiten an eine steuerpflichtige Person ohne Option. Auf den 1.1.2013 findet ein Mieterwechsel statt. Sie als Steuerberater werden angefragt, ob bei einer allfälligen Option auf der neuen Vermietung die bezahlten Vorsteuern ab 1.1.1995 geltend gemacht werden könnten. Was sagen Sie? Welche Voraussetzungen müssten erfüllt sein?

(Lösungen im Anhang, Seite 264–265)

6. VERANLAGUNG UND VERJÄHRUNG DER STEUERFORDERUNG

6.1 GESCHÄFTSPERIODE /-ABSCHLUSS

In jedem Kalenderjahr, ausgenommen im Gründungsjahr, muss ein Geschäftsabschluss erstellt werden. Eine Änderung des Abschlussdatums ist der ESTV vorgängig mitzuteilen (Art. 76 MWStV).

6.2 STEUERPERIODE Art. 34

Die MWSt wird pro Steuerperiode erhoben. Als Steuerperiode gilt das Kalenderjahr.

Die ESTV gestattet der steuerpflichtigen Person auf Antrag, das Geschäftsjahr als Steuerperiode heranzuziehen (Art. 34 Abs. 3 MWStG). Diese Möglichkeit kann erst zu einem späteren Zeitpunkt gewählt werden (Art. 116 Abs. 2 MWStG), voraussichtlich ab 1.1.2013.

6.3 ABRECHNUNGSPERIODE Art. 35

Innerhalb der Steuerperiode erfolgt die Abrechnung der MWSt:
- idR vierteljährlich;
- bei der Abrechnung nach Saldosteuersätzen: halbjährlich;
- bei regelmässigem Vorsteuerüberschuss: auf Antrag der steuerpflichtigen Person monatlich.

Auf Antrag gestattet die ESTV in begründeten Fällen andere Abrechnungsperioden und setzt die Bedingungen dafür fest.

6.4 FINALISIERUNGSPERIODE Art. 72

Stellt die steuerpflichtige Person im Rahmen der Erstellung ihres Jahresabschlusses Mängel in ihren Steuerabrechnungen fest, so muss sie diese spätestens in der Abrechnung über jene Abrechnungsperiode korrigieren, in die der 180. Tag seit Ende des betreffenden Geschäftsjahres fällt (Art. 72 Abs. 1 MWStG).

Die Korrektur ist mit separater Berichtigungsabrechnung (MI 15 «Abrechnung und Steuerentrichtung», Ziff. 6) innerhalb von 60 Tagen der ESTV einzureichen. Die Steuerschuld wird definitiv, jedoch nicht rechtskräftig. Sofern keine Berichtigungsabrechnung der ESTV zugestellt wird, geht die ESTV davon aus, dass keine Mängel vorliegen.

6.5 ABRECHNUNGSFORMULARE

Das Abrechnungsformular ist ausgefüllt und unterzeichnet innert 60 Tagen nach Periodenende der ESTV einzureichen. Die geschuldete MWSt ist ebenfalls innert 60 Tagen nach Ablauf der Abrechnungsperiode zu begleichen.

6 Veranlagung und Verjährung der Steuerforderung

Quartalsabrechnung

Abrechnungsperiode:
Einreichedatum und Zahlungsfrist:
Valuta (Verzugszins ab):
    MWST-Nr:
    Ref-Nr:

I. UMSATZ (zitierte Artikel beziehen sich auf das Mehrwertsteuergesetz vom 12.06.2009)

	Ziffer	Umsatz CHF	Umsatz CHF
Total der vereinbarten bzw. vereinnahmten Entgelte (Art. 39), inkl. Entgelte aus Übertragungen im Meldeverfahren sowie aus Leistungen im Ausland	200		
In Ziffer 200 enthaltene Entgelte aus nicht steuerbaren Leistungen (Art. 21), für welche nach Art. 22 optiert wird	205		
Abzüge: Von der Steuer befreite Leistungen (u.a. Exporte, Art. 23), von der Steuer befreite Leistungen an begünstigte Einrichtungen und Personen (Art. 107 Abs. 1 Bst. a)	220		
Leistungen im Ausland	221		
Übertragung im Meldeverfahren (Art. 38, bitte zusätzlich Form. 764 einreichen)	225		
Nicht steuerbare Leistungen (Art. 21), für die nicht nach Art. 22 optiert wird	230		
Entgeltsminderungen	235		
			Total Ziff. 220 bis 280
Diverses	280		289
Steuerbarer Gesamtumsatz (Ziff. 200 abzüglich Ziff. 289)	299		

II. STEUERBERECHNUNG

Satz		Leistungen CHF ab 01.01.2011	Steuer CHF / Rp. ab 01.01.2011			Leistungen CHF bis 31.12.2010	Steuer CHF / Rp. bis 31.12.2010
Normal	301			8,0%	300		7,6%
Reduziert	311			2,5%	310		2,4%
Beherbergung	341			3,8%	340		3,6%
Bezugsteuer	381				380		

	Ziff	Steuer CHF / Rp.	
Total geschuldete Steuer (Ziff. 300 bis 381)			399
Vorsteuer auf Material- und Dienstleistungsaufwand	400		
Vorsteuer auf Investitionen und übrigem Betriebsaufwand	405		
Einlageentsteuerung (Art. 32, bitte detaillierte Aufstellung beilegen)	410		
Vorsteuerkorrekturen: gemischte Verwendung (Art. 30), Eigenverbrauch (Art. 31)	415		
		Total Ziff. 400 bis 420	
Vorsteuerkürzungen: Nicht-Entgelte wie Subventionen, Tourismusabgaben (Art. 33 Abs. 2)	420		479
An die Eidg. Steuerverwaltung zu bezahlender Betrag	500		
Guthaben der steuerpflichtigen Person	510		

III. ANDERE MITTELFLÜSSE (Art. 18 Abs. 2)

Subventionen, durch Kurvereine eingenommene Tourismusabgaben, Entsorgungs- und Wasserwerkbeiträge (Bst. a-c)	900	
Spenden, Dividenden, Schadenersatz usw. (Bst. d-l)	910	

Der/die Unterzeichnende bestätigt die Richtigkeit seiner/ihrer Angaben:
Datum   Buchhaltungsstelle   Telefon   Rechtsverbindliche Unterschrift

Semesterabrechnung

Abrechnungsperiode:
Einreichedatum und Zahlungsfrist:
Valuta (Verzugszins ab):
　　MWST-Nr:
　　Ref-Nr:

I. UMSATZ (zitierte Artikel beziehen sich auf das Mehrwertsteuergesetz vom 12.06.2009)

	Ziffer	Umsatz CHF	Umsatz CHF
Total der vereinbarten bzw. vereinnahmten Entgelte (Art. 39), inkl. Entgelte aus Übertragungen im Meldeverfahren sowie aus Leistungen im Ausland	200		
Abzüge: Von der Steuer befreite Leistungen (u.a. Exporte, Art. 23), von der Steuer befreite Leistungen an begünstigte Einrichtungen und Personen (Art. 107 Abs. 1 Bst. a)	220		
Leistungen im Ausland	221 +		
Übertragung im Meldeverfahren (Art. 38, bitte zusätzlich Form. 764 einreichen)	225 +		
Nicht steuerbare Leistungen (Art. 21), für die nicht nach Art. 22 optiert wird	230 +		
Entgeltsminderungen	235 +		Total Ziff. 220 bis 280
Diverses	280 +	=	289
Steuerbarer Gesamtumsatz (Ziff. 200 abzüglich Ziff. 289)	299	=	

II. STEUERBERECHNUNG

	Leistungen CHF ab 01.01.2011	Steuer CHF / Rp. ab 01.01.2011		Leistungen CHF bis 31.12.2010		Steuer CHF / Rp. bis 31.12.2010
1. Satz	321	+	320		+	
2. Satz	331	+	330		+	
Bezugsteuer	381	+	380		+	

Total geschuldete Steuer (Ziff. 320 bis 381)		=	399
		Steuer CHF / Rp.	
Steueranrechnung gemäss Formular Nr. 1050	470		
Steueranrechnung gemäss Formular Nr. 1055	471 +		
	+		
	-		Total Ziff. 470 bis 471
	-	= -	479
An die Eidg. Steuerverwaltung zu bezahlender Betrag	500	=	
Guthaben der steuerpflichtigen Person	510 =		

III. ANDERE MITTELFLÜSSE (Art. 18 Abs. 2)

Subventionen, durch Kurvereine eingenommene Tourismusabgaben, Entsorgungs- und Wasserwerkbeiträge (Bst. a-c)	900	
Spenden, Dividenden, Schadenersatz usw. (Bst. d-l)	910	

Der/die Unterzeichnende bestätigt die Richtigkeit seiner/ihrer Angaben:
Datum　　　　　　Buchhaltungsstelle　　　　　　　　　　Telefon　　　　　　Rechtsverbindliche Unterschrift

6 Veranlagung und Verjährung der Steuerforderung   173

Die nachfolgende Aufstellung zeigt die verschiedenen Perioden auf:

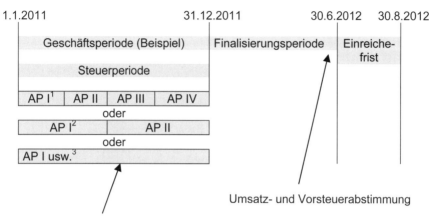

Abrechnungsperioden (AP):
[1] idR 4 Perioden (je Quartal),
[2] bei Anwendung der Saldosteuersatzmethode 2 Perioden (je Semester)
[3] bei regelmässigem Vorsteuerüberschuss 12 Perioden (monatlich)

Die steuerpflichtige Person hat der ESTV innert 60 Tagen nach Ablauf der Abrechnungsperiode unaufgefordert das Abrechnungsformular einzureichen und die Steuer zu bezahlen. Bei verspäteter Zahlung der Steuerforderung ist ein Verzugszins von z.Zt. 4,0% pro Jahr geschuldet (Art. 71 und Art. 86 MWStG). Weitere Hinweise können dem Kapitel 8.4 und dem Kapitel 8.11 entnommen werden.

6.6 ABRECHNUNGSMETHODEN

6.6.1 effektive Abrechnungsmethode   Art. 36

Grundsätzlich ist die MWSt nach der effektiven Abrechnungsmethode abzurechnen. Die Umsatz- und die Vorsteuern werden effektiv aufgrund der Rechnungen oder der Zahlungen deklariert.

6.6.2 Abrechnung nach Saldosteuersätzen   Art. 37

Auf Antrag kann die steuerpflichtige Person nach Saldosteuersätzen abrechnen.

In nachfolgender Checkliste sind die wichtigsten Angaben zur Anwendung der Saldosteuersätze aufgeführt:

CHECKLISTE FÜR DIE ANWENDUNG DER SALDOSTEUERSATZMETHODE	
Voraussetzung für die Anwendung der Saldosteuersatzmethode:	Steuerbare Leistungen (inkl. Exportlieferungen) jährlich max. Fr. 5 020 000.– sowie Steuerzahllast jährlich max. Fr. 109 000. –. Die Saldosteuersatzmethode kann von steuerpflichtigen Personen nicht angewendet werden, die (Art. 77 MWStV) ➢ nach der Pauschalsteuersatzmethode nach Art. 37 Abs. 5 MWStG abrechnen; ➢ das Verlagerungsverfahren nach Art. 63 MWStG anwenden; ➢ die Gruppenbesteuerung nach Art. 13 MWStG anwenden; ➢ ihren Sitz oder eine Betriebsstätte in den Talschaften Samnaun oder Sampuoir haben; ➢ mehr als 50% ihres Umsatzes aus Leistungen an eine andere steuerpflichtige, nach der effektiven Methode abrechnende Person erzielen und diese gleichzeitig beherrschen oder von dieser beherrscht werden. Steuerpflichtige Personen, die nach der Saldosteuersatzmethode abrechnen, können Leistungen nach Art. 21 Abs. 2 MWStG nicht optieren. Ausnahme: ➢ Ziff. 26 Verkauf von eigenen Urprodukten von Urproduzenten ➢ Ziff. 28 Leistungen innerhalb des gleichen Gemeinwesens
Anwendungsfrist:	Antrag an die ESTV gemäss Art. 37 Abs. 4 MWStG: ➢ Saldosteuersatzmethode muss während mindestens einer Steuerperiode angewendet werden; ➢ effektive Abrechnungsmethode muss mindestens während drei Jahren angewendet werden. Bei Ende der Steuerpflicht sind die bis zur Löschung aus dem MWSt-Register erzielten Umsätze, die angefangenen Arbeiten und bei Abrechnung nach vereinnahmten Entgelten auch die Debitorenposten mit den bewilligten Saldosteuersätzen abzurechnen (Art. 82 Abs. 1 MWStV). Zudem ist die Sonderregelung bei unbeweglichen Gegenständen gemäss Art. 82 Abs. 2 und 3 MWStV zu beachten.
Meldefrist:	60 Tage (Art. 78 MWStV)

6 Veranlagung und Verjährung der Steuerforderung

Anzahl Saldosteuersätze:	Die ESTV bewilligt maximal zwei Saldosteuersätze die nebeneinander angewendet werden dürfen. Es müssen separate Umsatzkonti geführt werden. Ein zweiter Saldosteuersatz kann (wenn 2. Satz tiefer ist) resp. muss (wenn 2. Satz höher ist) angewendet werden, wenn die zusätzliche Umsatzkategorie (regelmässig) mehr als 10% des Gesamtumsatzes beträgt (Art. 86 MWStV). Bei Mischbranchen (z.B. Sportgeschäft / Handel, Reparaturen, Vermietungen) muss ein 2. Satz angewendet werden, wenn die Nebenbereiche (je Saldosteuersatz) mehr als 50% des Gesamtumsatzes betragen (Art. 89 MWStV).
Abrechnung:	In den halbjährlichen Abrechnungen sind immer die Umsätze (inkl. MWSt) zu deklarieren.
Verfahren zur annäherungsweisen Abgeltung der angefallenen Vorsteuern bei Behandlung der Exportumsätze:	Die Exportumsätze sind auch mit dem Saldosteuersatz abzurechnen. Sofern der Ausfuhrnachweis vorhanden ist, kann die Rückforderung von 8,0% MWSt mit separatem Formular Nr. 1050 unter Ziff. 470 im Abrechnungsformular geltend gemacht werden (Art. 90 MWStV). Keine Vorsteueranrechnung besteht auf Leistungen im Ausland, z.B. Architekturleistungen am Bauwerk im Ausland, Vermögensberatung für Kunden mit Wohnsitz im Ausland, Lieferung von Gegenständen im Ausland (Ausland/Ausland-Lieferung).
Verfahren zur Abgeltung der fiktiven Vorsteuer:	Beim Wiederverkauf von Gebrauchtgegenständen nach Art. 62 MWStV kann das Verfahren zur Abgeltung der fiktiven Vorsteuer angewendet werden (Formular Nr. 1055) und im Abrechnungsformular unter Ziff. 471 deklariert werden (Art. 90 Abs. 2 MWStV). Das Verfahren kann nicht angewendet werden für gebrauchte Automobile bis zu einem Gesamtgewicht von 3 500 kg. Auf diesem Umsatz ist der Saldosteuersatz von 0,6% anzuwenden.
Eigenverbrauch:	Der Eigenverbrauch ist mit der Anwendung der Saldosteuersatzmethode berücksichtigt (Art. 92 MWStV). Ausnahme: Wenn ein im Meldeverfahren übernommenes Vermögen eines Veräusserers (effektive Abrechnungsmethode) vom Übernehmenden (Saldosteuersatzmethode) neu für eine nicht zum Vorsteuerabzug berechtigende Tätigkeit verwendet wird, ist der Eigenverbrauch abzurechnen (Art. 83 Abs. 1 Bst. b MWStV).

Leistungen an das Personal:	Entgeltlich abgegebene Gegenstände und entgeltlich erbrachte Dienstleistungen an das Personal sind mit dem bewilligten Saldosteuersatz abzurechnen (Art. 94 Abs. 2 MWStV). Leistungen, die im Lohnausweis zuhanden der direkten Steuern aufgeführt werden müssen, gelten immer als entgeltlich erbracht.
Leistungen an eng verbundene Personen:	Eingekaufte Gegenstände und Dienstleistungen, die unentgeltlich abgegeben resp. erbracht werden, sind in den Saldosteuersätzen berücksichtigt und daher nicht abzurechnen (Art. 94 Abs. 1 MWStV)[1]. Selbst hergestellte Gegenstände und Dienstleistungen, die unentgeltlich abgegeben oder erbracht werden, sind zum Wert, der unter unabhängigen Dritten vereinbart würde, mit dem bewilligten Saldosteuersatz abzurechnen[1]. Gegenstände und Dienstleistungen, die entgeltlich abgegeben oder erbracht werden, sind zum bezahlten Entgelt, mindestens aber zum Wert, der unter unabhängigen Dritten vereinbart würde, mit dem bewilligten Saldosteuersatz abzurechnen[1]. [1] Das vorgenannte Vorgehen kommt zur Anwendung, wenn kein Rechtsanspruch aus Arbeitsvertrag besteht. Wenn ein Rechtsanspruch besteht, kommt die Besteuerung gemäss den Leistungen an das Personal zur Anwendung. Leistungen, die im Lohnausweis zuhanden der direkten Steuern aufgeführt werden müssen, gelten immer als entgeltlich erbracht.
Verkauf von Betriebsmitteln:	Verkäufe von Betriebsmitteln sind zum Saldosteuersatz abzurechnen, sofern sie nicht ausschliesslich zur Erzielung von Leistungen, die von der Steuer ausgenommen sind, eingesetzt wurden (Art. 95 MWStV).
Wegfall der Anwendung der Saldosteuersatzmethode:	Wer in zwei aufeinander folgenden Steuerperioden die jährliche Umsatzgrenze von Fr. 5 020 000.– resp. die Steuerzahllast von Fr. 109 000.– überschreitet, muss auf den Beginn der folgenden Steuerperiode zur effektiven Abrechnungsmethode wechseln. Wer mehr als 50% überschreitet, muss auf den Beginn der folgenden Steuerperiode zur effektiven Abrechnungsmethode wechseln (Art. 81 MWStV).
Steuerkorrektur:	Beim Wechsel von der Saldosteuersatzmethode zur effektiven Abrechnungsmethode und umgekehrt erfolgen keine Korrekturen auf dem Warenlager, den Betriebsmitteln und den Anlagegütern (Art. 79 Abs. 3, Art. 81 Abs. 5 MWStV).

6 Veranlagung und Verjährung der Steuerforderung

> Bei Beendigung der Steuerpflicht oder bei Entnahme aus dem unternehmerischen steuerbaren Bereich ist jedoch auf dem Zeitwert der unbeweglichen Gegenstände im Zeitpunkt der Löschung aus dem MWSt-Register resp. der Entnahme die MWSt zum Normalsatz abzurechnen, wenn (Art. 82 Abs. 2 MWStV, Art. 93 MWStV)
>
> ➢ der Gegenstand von der steuerpflichtigen Person erworben, erbaut oder umgebaut wurde, als sie nach der effektiven Methode abrechnete, und sie den Vorsteuerabzug vorgenommen hat;
>
> ➢ der Gegenstand von der steuerpflichtigen Person während der Zeit, in der sie mit Saldosteuersätzen abrechnete, im Rahmen des Meldeverfahrens von einer effektiv abrechnenden steuerpflichtigen Person erworben wurde.
>
> Zur Ermittlung des Zeitwertes der unbeweglichen Gegenstände wird für jedes abgelaufene Jahr linear $1/20$ abgeschrieben.

Gemäss Verordnung über die Höhe der Saldosteuersätze nach Branchen und Tätigkeiten sind 10 Saldosteuersätze zwischen 0,1% und 6,7% vorgesehen:

0,1%	0,6%	1,3%	2,1%	2,9%	3,7%	4,4%	5,2%	6,1%	6,7%

Bei der Saldosteuersatzmethode sind folgende Vor- und Nachteile zu beachten:

Vorteile:	Nachteile:
halbjährliche Abrechnung	bei kurzfristigen Investitionen (innerhalb einer Steuerperiode) besteht kein effektiver Vorsteuerabzug
pauschale Vorsteuerermittlung (kein Belegnachweis notwendig)	
kein Eigenverbrauch abzurechnen (z.B. bei Löschung im MWSt-Register) Achtung: Sonderregelung bei Liegenschaften	
Wechsel zur effektiven Methode nach einer Steuerperiode möglich	

Die nachfolgende Entscheidungsgrundlage unterstützt den Entscheid, welche Abrechnungsart (Saldosteuersatzmethode / effektive Abrechnungsmethode) angewendet werden soll.

Abrechnungsart: Saldosteuersatz oder effektive Abrechnung Entscheidungsgrundlage	
Saldosteuersatzmethode bei	**Effektive Abrechnungsmethode bei**
chaotischer Buchführung	laufender und detaillierter Buchführung
geringen Investitionen	grösseren Investitionen
unvollständigen oder mangelhaften Eingangsbelegen	vollständigen und korrekten Eingangsbelegen
Leistungen, die zum Vorsteuerabzug berechtigen, und Leistungen, die nicht zum Vorsteuerabzug berechtigen (gemischte Nutzung) (Eliminierung von Risiken bei Vorsteuerabzugskorrekturen und -kürzungen)	Leistungen, die zum Vorsteuerabzug berechtigen (keine gemischte Nutzung)
Umsätzen bis max. Fr. 5 020 000.– und maximale Steuerzahllast von Fr. 109 000.–	Umsätzen über Fr. 5 020 000.– oder Steuerzahllast über Fr. 109 000.–
Gründung einer Unternehmung mit geringen Investitionen und Aufwendungen (z.B. Anwalt, Architekt usw.)	Gründung einer Unternehmung mit grösseren Anfangsinvestitionen
beabsichtigter Löschung der Unternehmung im MWSt-Register (in den nächsten Jahren)	
keinen oder geringen Unterakkordantenleistungen	vielen Unterakkordantenleistungen
höheren Margen als der Branchendurchschnitt	tieferen Margen als der Branchendurchschnitt

Unterstellungserklärung Saldosteuersätze (Formular Nr. 1198)

Wenn die steuerpflichtige Person die Saldosteuersatzmethode anwenden möchte, hat sie bei der ESTV eine Unterstellungserklärung einzureichen.

6 Veranlagung und Verjährung der Steuerforderung

Hauptabteilung Mehrwertsteuer

Eidgenössische Steuerverwaltung ESTV
Administration fédérale des contributions AFC
Amministrazione federale delle contribuzioni AFC
Administraziun federala da taglia AFT

Ihre Anschrift bitte in Blockschrift ausfüllen

MWST-Nr. _____
Ref.-Nr. _____

Saldosteuersätze

Unterstellungserklärung

Die unterzeichnende steuerpflichtige Person ist tätig als:
(Nennung der Tätigkeit, wobei die einleitenden Ausführungen der Anhänge I und II der MWST-Info 12 zu beachten sind; bei verschiedenen Tätigkeiten bitte alle aufzählen)

_____ Der anzuwendende Saldosteuersatz beträgt somit
_____ _____ %
_____ (_____ %; bei einem möglichen zweiten Saldosteuersatz)

Sie verpflichtet sich, die in den Artikeln 35 Absatz 1 Buchstabe b und 37 Absätze 1 - 4 MWSTG, in den Artikeln 77 - 96 MWSTV sowie in der MWST-Info 12 Saldosteuersätze aufgestellten Bedingungen zu befolgen. Sie nimmt insbesondere Kenntnis davon, dass nicht für die Versteuerung der Leistungen nach Artikel 21 Absatz 2 Ziffern 1 - 25, 27 und 29 MWSTG optiert werden kann. Sie erklärt, im ersten Jahr der Steuerpflicht bzw. im Jahr vor dem Wechsel von der effektiven Methode zur Saldosteuersatzmethode die nachstehend aufgeführten Jahresumsätze nicht zu überschreiten (Zutreffendes bitte ankreuzen):

☐ bei anzuwendendem Saldosteuersatz von 0,1 %, 0,6 %,1,3 %, 2,1 % bis max. CHF 5,02 Mio.
☐ bei anzuwendendem Saldosteuersatz von 2,9 % bis max. CHF 3,76 Mio.
☐ bei anzuwendendem Saldosteuersatz von 3,7 % bis max. CHF 2,95 Mio.
☐ bei anzuwendendem Saldosteuersatz von 4,4 % bis max. CHF 2,48 Mio.
☐ bei anzuwendendem Saldosteuersatz von 5,2 % bis max. CHF 2,10 Mio.
☐ bei anzuwendendem Saldosteuersatz von 6,1 % bis max. CHF 1,79 Mio.
☐ bei anzuwendendem Saldosteuersatz von 6,7 % bis max. CHF 1,63 Mio.
☐ bei Anwendung von 2 Saldosteuersätzen beträgt der Gesamtumsatz nicht mehr als CHF 5,02 Mio. und die Steuerschuld nicht mehr als CHF 109'000, nämlich:

Umsatz CHF _____ zum Saldosteuersatz _____ % = Steuer CHF 0.00
Umsatz CHF _____ zum Saldosteuersatz _____ % = Steuer CHF 0.00
Total Umsatz CHF 0.00   Total Steuer CHF 0.00

Die unterzeichnende steuerpflichtige Person unterstellt sich dieser Regelung mit Wirkung ab: _____

Datum: _____ Stempel und rechtsverbindliche Unterschrift:

Einreichungsfristen:
- Für neu steuerpflichtige Personen: spätestens **60 Tage** nach Zustellung der MWST-Nummer
- Bei Wechsel von der effektiven Methode: spätestens **60 Tage** nach Beginn der Steuerperiode

Bewilligung

Die Anwendung des/der oben aufgeführten Saldosteuersatzes/-sätze wird bewilligt.

Bern, den _____ Hauptabteilung Mehrwertsteuer

6.6.3 Abrechnung nach Pauschalsteuersätzen Art. 37

Gemeinwesen und verwandte Einrichtungen, namentlich private Spitäler und Schulen oder konzessionierte Transportunternehmungen, sowie Vereine und Stiftungen können nach der Pauschalsteuersatzmethode abrechnen (Art. 37 Abs. 5 MWStG).

In nachfolgender Checkliste sind die wichtigsten Angaben zur Anwendung der Pauschalsteuersätze aufgeführt:

CHECKLISTE FÜR DIE ANWENDUNG DER PAUSCHALSTEUERSATZMETHODE	
Voraussetzung für die Anwendung der Pauschalsteuersatzmethode:	Es bestehen keine betragsmässigen Grenzen für die Anwendung der Pauschalsteuersatzmethode (Art. 97 Abs. 2 MWStV). Steuerpflichtige Personen, die nach der Pauschalsteuersatzmethode abrechnen, können Leistungen nach Art. 21 nicht optieren. Ausnahme: ➢ Ziff. 26 Verkauf von eigenen Urprodukten von Urproduzenten ➢ Ziff. 28 Leistungen innerhalb des gleichen Gemeinwesens
Anwendungsfrist:	Antrag an die ESTV gemäss Art. 98 Abs. 1 MWStV: ➢ Pauschalsteuersatzmethode muss während mindestens drei Steuerperioden angewendet werden; ➢ effektive Abrechnungsmethode muss mindestens während zehn Jahren angewendet werden.
Meldefrist:	60 Tage (Art. 98 MWStV)
Anzahl Pauschalsteuersätze:	Es muss jede Tätigkeit zum massgebenden Pauschalsteuersatz abgerechnet werden. Die Anzahl der anwendbaren Pauschalsteuersätze ist nicht beschränkt (Art. 99 MWStV).
Abrechnung:	In den Abrechnungen sind immer die Umsätze (inkl. MWSt) zu deklarieren.
Weitere Hinweise:	Sofern keine Regelung zur Pauschalsteuersatzmethode besteht, gelten die Art. 77–96 MWStV zur Saldosteuersatzmethode ergänzend (Art. 100 MWStV).

Verwandte Einrichtungen nach Art. 37 Abs. 5 MWStG sind namentlich Gemeindezweckverbände und andere Zusammenschlüsse von Gemeinwesen, Kirchgemeinden, private Schulen und Internate, private Spitäler, Zentren für ärztliche Heilbehandlungen, Rehabilitationszentren, Kurhäuser, private Spitexorganisationen, Altersheime, Pflegeheime, Seniorenresidenzen, sozial tätige Unternehmen wie Behindertenwerkstätten, Wohnheime und Sonderschulen, von Gemeinwesen subventionierte Betreiber von Sportanlagen und Kulturzentren, kantonale Gebäudeversicherungen, Wassergenossenschaften, Transportunternehmen des öffentlichen Verkehrs, von Gemeinwesen subventionierte privatrechtliche Waldkorporationen, Veranstalter von nicht wiederkehrenden Anlässen in den Bereichen Kultur und Sport, Vereine nach den Art. 60–79 ZGB und Stiftungen nach den Art. 80–89 ZGB (Art. 97 MWStV).

6.7 MELDEVERFAHREN
Art. 38

Beim Meldeverfahren werden steuerbare Leistungen anstelle der Überwälzung und Entrichtung der MWSt auf dem Verkaufspreis mittels Formular Nr. 764 und der Deklaration der ESTV gemeldet. Es können aber auch von der Steuer ausgenommene Leistungen mit Meldeverfahren übertragen werden (MI 11 «Meldeverfahren», Ziff. 1.1).

Das Meldeverfahren *muss* angewendet werden

wenn die auf dem Veräusserungspreis zum gesetzlichen Satz berechnete MWSt Fr. 10 000.– übersteigt oder wenn die Veräusserung an eine eng verbundene Person erfolgt, sofern folgende Fälle vorliegen (Art. 38 MWStG):

➢ bei Umstrukturierungen nach Art. 19 und 61 DBG;

➢ bei anderen Übertragungen eines Gesamt- oder eines Teilvermögens auf eine andere steuerpflichtige Person im Rahmen einer Gründung, einer Liquidation, einer Umstrukturierung oder eines anderen im Fusionsgesetz vom 3.10.2003 vorgesehenen Rechtsgeschäfts.

Beide Parteien müssen steuerpflichtig sein oder werden (Art. 104 MWStV).

Das Meldeverfahren *kann* angewendet werden

➢ bei der Übertragung einer Liegenschaft oder von Liegenschaftsteilen (ohne Wert des Bodens) (auch bei der Übertragung eines Gesamt- oder Teilvermögens, weil es sich bei der Übertragung einer Liegenschaft grundsätzlich um eine von der Steuer ausgenommene Leistung handelt).

Wird das Meldeverfahren auch auf von der Steuer ausgenommene Leistungen angewendet, wird für deren Veräusserung nicht optiert. Die Option für die Versteuerung der von der Steuer ausgenommenen Leistungen ist im Meldeverfahren ausgeschlossen (MI 11 «Meldeverfahren», Ziff. 1.1).

➢ auf Gesuch der übertragenden Person, sofern gewichtige Interessen vorliegen.

Beide Parteien müssen steuerpflichtig sein oder werden (Art. 104 MWStV).

In nachfolgender Checkliste sind die wichtigsten Angaben zur Anwendung des Meldeverfahrens aufgeführt:

CHECKLISTE FÜR DIE ANWENDUNG DES MELDEVERFAHRENS	
Abrechnung bei Umwandlung im Quartal der Vermögensübertragung (z.B. Vermögensübertragung 1.5.2012):	Das 2. Quartal 2012 kann bereits vom Erwerber abgerechnet werden. Die Abrechnung 2. Quartal 2012 des Veräusserers ist unter Hinweis auf die Abrechnung des Erwerbers mit «0» einzureichen.
Definition eines Gesamt- oder Teilvermögens:	*Gesamtvermögen:* sämtliche Aktiven des Veräusserers (MI 11 «Meldeverfahren», Ziff. 1.3.4). *Teilvermögen:* jede kleinste für sich lebensfähige Einheit eines Unternehmens (Art. 101 MWStV, Kreisschreiben Nr. 5 der ESTV vom 1.6.2004 (Definition der direkten Bundessteuer)). Indizien für das Vorliegen eines Teilvermögens sind (MI 11 «Meldeverfahren», Ziff. 1.3.4): ➢ Einheit eines Unternehmens erbringt Leistungen auf dem Markt oder an eng verbundene Unternehmen; ➢ die Einheit eines Unternehmens verfügt über Personal; ➢ der Personalaufwand steht in einem sachgerechten Verhältnis zum Ertrag. Kein Teilvermögen in diesem Sinne ist beispielsweise der Verkauf des Warenlagers (freiwillige Anwendung u.U. möglich).
Definition Umstrukturierungstatbestand:	Ein Umstrukturierungstatbestand im Sinne von Art. 38 Abs. 1 Bst. a MWStG liegt vor, wenn die Veräusserung nach den Bestimmungen der Art. 19 und 61 DBG abgewickelt wird (MI 11 «Meldeverfahren», Ziff. 1.3):
Gruppenbesteuerung:	Bei der Übertragung innerhalb einer MWSt-Gruppe erübrigt sich die Anwendung des Meldeverfahrens. Je nach Verwendung der übernommenen Vermögenswerte kann eine Nutzungsänderung (Eigenverbrauch / Einlageentsteuerung) eintreten.
Liegenschaften:	Die Übertragung von Liegenschaften (auch Teilen davon) kann mit dem Meldeverfahren durchgeführt werden (Art. 104 Bst. a MWStV, MI 11 «Meldeverfahren», Ziff. 2.2).
Meldung:	Das Formular Nr. 764 zur Meldung nach Art. 38 MWStG ist von beiden Parteien unterzeichnet mit dem Abrechnungsformular des Quartals der Vermögensübertragung der ESTV einzureichen. Wird das Meldeverfahren nicht angewendet und ist die Steuerforderung gesichert, kann das Meldeverfahren nicht mehr angeordnet werden (Art. 38 Abs. 3 und 5 MWStG).

6 Veranlagung und Verjährung der Steuerforderung

Nachweis der vormaligen Nutzung (Belegübergabe):	Kann der Erwerber die vormalige Nutzung durch den Veräusserer schlüssig belegen, so gilt diese als Bemessungsgrundlage für die Berechnung des Umfangs der eigenen Nutzungsänderung. Dabei sind beispielsweise folgende Dokumente von Bedeutung: Vorsteuerbeleg, Aufzeichnungen über den Schlüssel der Vorsteuerkorrektur, Vorsteuerjournale, steuerliche Veranlagungen (direkte Bundessteuer), MWSt-Abrechnungen, Anlagebuchhaltung, Anlageinventar, Konten der Finanz- und Betriebsbuchhaltung und dgl., Gebäudeplan mit Mieterspiegel (MI 11 «Meldeverfahren», Ziff. 5 und Ziff. 5.1.1).
	Kann der Erwerber die vormalige Nutzung nicht belegen, wird vermutet, dass der Veräusserer die übertragenen Vermögenswerte vollumfänglich für zum Vorsteuerabzug berechtigende Leistungen verwendet hat (Art. 105 MWStV, MI 11 «Meldeverfahren», Ziff. 5.1.2).
Rechnung / Vertrag:	Wenn das Meldeverfahren angewendet wird, muss dies auf der Rechnung / dem Vertrag vermerkt werden (Art. 103 MWStV).
Rechte und Pflichten (z.B. Haftung):	Wer ein Unternehmen übernimmt, tritt in die steuerlichen Rechte und Pflichten des Rechtsvorgängers ein (Art. 15 Abs. 1 Bst. d MWStG, Art. 16 Abs. 2 MWStG).
Saldosteuersatzmethode beim Erwerber:	Bei Beendigung der Steuerpflicht oder bei Entnahme aus dem unternehmerischen steuerbaren Bereich ist beim Erwerber, der mit Saldosteuersätzen abrechnet, auf dem Zeitwert der unbeweglichen Gegenstände im Zeitpunkt der Löschung aus dem MWSt-Register resp. der Entnahme die MWSt zum aktuellen Normalsatz abzurechnen, wenn der Gegenstand von der steuerpflichtigen Person während der Zeit, in der sie mit Saldosteuersätzen abrechnete, im Rahmen des Meldeverfahrens von einer effektiv abrechnenden steuerpflichtigen Person erworben wurde. Zur Ermittlung des Zeitwertes der unbeweglichen Gegenstände wird für jedes abgelaufene Jahr linear 1/20 abgeschrieben (Art. 82 Abs. 2 MWStV; Art. 93 MWStV; MI 12 «Saldosteuersätze», Ziff. 9).
Steuersubjekt:	Der Veräusserer und der Erwerber müssen bei der Übertragung mit Meldeverfahren steuerpflichtig sein. Der Erwerber kann auch erst im Zusammenhang mit der Übertragung des Gesamt- oder Teilvermögens steuerpflichtig werden (102 MWStV).
Veräusserungspreis:	Der Veräusserungspreis umfasst grundsätzlich sämtliche bilanzierten und nicht bilanzierten Aktiven zum Verkehrswert (i.d.R. Verkaufspreis an Dritte) (MI 11 «Meldeverfahren», Ziff. 1.1).
	Erfolgt eine Veräusserung an eng verbundene Personen zu

	Buchwerten, akzeptiert die ESTV im Sinne einer Vereinfachung die Deklaration der Buchwerte gemäss den direktsteuerlichen Grundsätzen (Art. 19 und 61 DBG) (MI 11 «Meldeverfahren», Ziff. 4.1). Bei einer späteren Nutzungsänderung (Eigenverbrauch) bei Liegenschaften kann bei fehlendem Nachweis der Gebäudeversicherungswert herangezogen werden (MBI 17 «Liegenschaftsverwaltung / Vermietung und Verkauf von Immobilien», Ziff. 5.3).
Verwendungsgrad:	Durch die Anwendung des Meldeverfahrens übernimmt der Erwerber für die übertragenen Vermögenswerte die Bemessungsgrundlage und den zum Vorsteuerabzug berechtigenden Verwendungsgrad des Veräusserers (Art. 38 Abs. 4 MWStG). Es wird vermutet, dass der Veräusserer die übertragenen Vermögenswerte vollumfänglich für zum Vorsteuerabzug berechtigende Tätigkeiten verwendet hat. Ein anderer Verwendungsgrad ist vom Erwerber nachzuweisen (Art. 105 MWStV).
Voraussetzung:	Übersteigt die auf dem Veräusserungspreis zum gesetzlichen Satz berechnete Steuer Fr. 10 000.– oder erfolgt die Veräusserung an eine eng verbundene Person, so hat die steuerpflichtige Person das Meldeverfahren anzuwenden, bei Umstrukturierungen nach Art. 19 und 61 DBG und bei anderen Übertragungen eines Gesamt- oder eines Teilvermögens auf eine andere steuerpflichtige Person im Rahmen einer Gründung, einer Liquidation, einer Umstrukturierung oder eines anderen im Fusionsgesetz vom 3.10.2003 vorgesehen Rechtsgeschäfts (Art. 38 Abs. 1 MWStG). Nimmt eine Gesellschaft eine im FusG vorgesehene Umwandlung ihrer Rechtsform vor, so führt diese nicht zu einem Wechsel des Steuersubjekts und somit kommt auch das Meldeverfahren nicht zur Anwendung (MI 11 «Meldeverfahren», Ziff. 1.3.3). Unter der Voraussetzung, dass beide Parteien steuerpflichtig sind oder werden, kann das Meldeverfahren gemäss Art. 104 MWStV angewendet werden ➢ bei der Übertragung einer Liegenschaft oder eines Liegenschaftsteiles ➢ auf Gesuch der übertragenden Person, sofern gewichtige Interessen vorliegen (MI 11 «Meldeverfahren», Ziff. 2.3).

6 Veranlagung und Verjährung der Steuerforderung

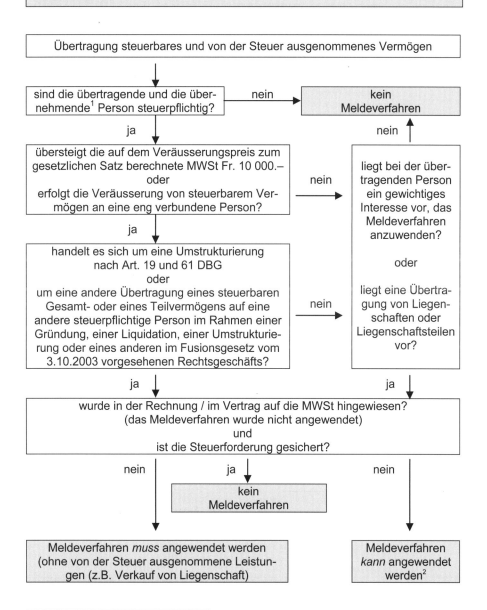

[1] die übernehmende Person kann auch erst durch die Übernahme des Vermögens steuerpflichtig werden
[2] auch auf von der Steuer ausgenommenen Leistungen (z.B. Verkauf von Liegenschaften oder Liegenschaftsteilen, Veräusserung von gebrauchten beweglichen Gegenständen, die ausschliesslich zur Erbringung von nach Art. 21 Abs. 2 MWStG ausgenommenen Leistungen verwendet wurden usw. Die Option für die Versteuerung der von der Steuer ausgenommenen Leistungen ist im Meldeverfahren ausgeschlossen (MI 11 «Meldeverfahren», Ziff. 1.1).

Hauptabteilung Mehrwertsteuer

Eidgenössische Steuerverwaltung ESTV
Administration fédérale des contributions AFC
Amministrazione federale delle contribuzioni AFC
Administraziun federala da taglia AFT

Formular Nr. 764 zur Meldung nach Artikel 38 MWSTG

1 Allgemeine Angaben zu den am Meldeverfahren Beteiligten

	Veräusserer	Erwerber
MWST-Nr.	CHE-	CHE-
Ref.-Nr.		
Wenn keine MWST-Nr. vorhanden: Ist die Anmeldung erfolgt?		☐ Ja ☐ Nein [1)]
Name / Firma		
Adresse / Sitz		
Rechtsform		
Grund der Vermögens-übertragung [2)]	☐ Geschäftsaufgabe ☐ Umstrukturierung ☐ Transaktion nach dem Fusionsgesetz und/oder nach ☐ Art. 19 oder 61 des Bundesgesetzes über die direkte Bundessteuer	
Abrechnungsart	☐ vereinnahmt ☐ vereinbart	☐ vereinnahmt ☐ vereinbart
Abrechnungsmethode	☐ Saldo- oder Pauschalsteuersatz ☐ Effektiv	☐ Saldo- oder Pauschalsteuersatz [3)] ☐ Effektiv
Wurde bisher für von der Steuer ausgenommene Leistungen optiert?	☐ Ja ☐ Nein	Wird für von der Steuer ausgenommene Leistungen optiert? ☐ Ja [4)] ☐ Nein
Weiterhin unternehmerisch tätig? **Wenn ja** [5)]; weiterhin der MWST unterstellt? **Wenn nein**; Löschung per?	☐ Ja ☐ Nein .... ☐ Ja ☐ Nein	
Name und Tel. der Kontaktperson		

[1)] Falls die Anmeldung noch nicht getätigt wurde, ist diese separat über unsere Homepage www.estv.admin.ch vorzunehmen (Anmeldung als steuerpflichtige Person).

[2)] Erläuterungen dazu entnehmen Sie bitte der MWST-Info Meldeverfahren.

[3)] Wer sich durch die Vermögensübernahme neu im MWST-Register eintragen lässt, hat innerhalb von 60 Tagen nach Zustellung der MWST-Nr. zu entscheiden, ob er nach der effektiven Methode oder nach der Saldosteuersatz- beziehungsweise der Pauschalsteuersatzmethode abrechnen will.

[4)] Die nach der effektiven Methode abrechnende steuerpflichtige Person kann durch offenen Ausweis der Steuer die von der Steuer ausgenommenen Leistungen freiwillig (Option gem. Art. 22 MWSTG) versteuern.

[5)] Wer ein Unternehmen betreibt und von der Steuerpflicht befreit ist (Nichterreichen der Umsatzlimiten), hat das Recht, auf diese Befreiung gegenüber der ESTV ausdrücklich zu verzichten. Weitere Erläuterungen entnehmen Sie bitte der MWST-Info Steuerpflicht.

2 Datum

der Übertragung:	des Vertragsabschlusses:	der Veröffentlichung im Handelsregister:

6 Veranlagung und Verjährung der Steuerforderung

3 Fragen im Zusammenhang mit Grundstücken (Liegenschaften)
Wurden Grundstücke oder Grundstückteile im Meldeverfahren übertragen?   ☐ Ja
Falls die Frage mit **Ja** beantwortet wird, wollen Sie bitte zusätzlich die nachfolgende
Seite 3 ausfüllen und einreichen (je Grundstück oder Grundstückteil ein separates Blatt   ☐ Nein
ausfüllen).

**4 Angaben zum zu veräussernden Vermögen
(ohne Wert der Grundstücke oder Grundstückteile davon)**

Verkehrswert der zu veräussernden Vermögenswerte   CHF ....
(unter Ziff. 200 und 225 der MWST-Abrechnung zu deklarieren)

- davon zur Erbringung steuerbarer (inkl. optierter) Leistungen verwendet   CHF ....
(☞ Veräusserungspreis; MWST-Info Meldeverfahren)

Bitte folgende Unterlagen einreichen:
(aufgeteilt in steuerbare und nicht steuerbare Vermögenswerte)
- Aufstellung der übertragenen Gegenstände und Dienstleistungen
- Vermögensübertragungsvertrag bei Veräusserung von Teilvermögen
- Bilanz bei Übernahme von Aktiven und Passiven (Übertragungsbilanz)
- Kaufvertrag, Rechnung usw.

**4.1 Fragen zur Nutzung des Gesamt- oder Teilvermögens beim Veräusserer
beziehungsweise beim Erwerber (Nutzungsänderung)**

An den Veräusserer:
Werden Gegenstände und/oder Dienstleistungen (welche für die Erbringung von
steuerbaren Leistungen verwendet wurden) zurückbehalten, die ganz oder teilweise   ☐ Ja
nicht mehr für eine steuerbare Leistung verwendet werden?
Wird diese Frage mit Ja beantwortet, bitte eine separate Auflistung der entsprechenden   ☐ Nein
*Gegenstände und/oder Dienstleistungen mit den dazugehörigen Werten beilegen. Bitte
beachten Sie, dass es zu einer Vorsteuerkorrektur im Sinne von Eigenverbrauch
(Nutzungsänderung) führen kann.*

An den Erwerber:
Werden Gegenstände und/oder Dienstleistungen ganz und/oder teilweise **nicht mehr**
für eine steuerbare Leistung verwendet (z.B. für den privaten Zweck oder für eine von   ☐ Ja
der Steuer ausgenommene Tätigkeit nach Art. 21 MWSTG)?
Wird diese Frage mit Ja beantwortet, bitte eine separate Auflistung der entsprechenden   ☐ Nein
*Gegenstände und/oder Dienstleistungen mit den dazugehörigen Werten beilegen. Bitte
beachten Sie, dass es zu einer Vorsteuerkorrektur im Sinne von Eigenverbrauch
(Nutzungsänderung) führen kann.*

Die Unterzeichnenden nehmen zur Kenntnis, dass
- auf den Übertragungsbelegen (z.B. Rechnungen oder Verträge) zu vermerken ist, dass das Meldeverfahren
  zur Anwendung kommt;
- die Vermögensübertragung als Lieferung und/oder Dienstleistung zu versteuern ist, wenn das Meldeverfahren
  nicht zur Anwendung kommt;
- eine Änderung des Verwendungszweckes beim Erwerber zu einer Vorsteuerkorrektur (Eigenverbrauch oder
  Einlageentsteuerung) führen kann;
- unvollständig ausgefüllte Formulare nicht bearbeitet werden können.

Ort und Datum: Stempel und rechtsverbindliche Unterschriften aller Beteiligten:
                                 Veräusserer   Erwerber

....

....

ESTV / MWST 2 / 3
Schwarztorstrasse 50, CH-3003 Bern
D_MWST Nr. 0764_01 / 04.12
www.estv.admin.ch

Übertragung eines Grundstücks oder eines Grundstückteils

Ist nur auszufüllen, wenn die Frage 3 mit Ja beantwortet wurde

5 Angaben der Beteiligten

	Veräusserer	Erwerber
MWST-Nr.	CHE-	CHE-
Ref.-Nr.		
Name / Firma		

6 Angaben zum übertragenen Grundstück oder Grundstückteil

Strasse, PLZ und Ort des übertragenen Grundstückes

Genaue Bezeichnung (ganze Liegenschaft, Stockwerk und dgl.)

Verkehrswert des übertragenen Grundstückes inkl. Boden CHF
(unter Ziff. 200 der MWST-Abrechnung zu deklarieren)

abzüglich anteiliger Wert (Verkehrswert) des Bodens CHF
(unter Ziff. 280 der MWST-Abrechnung zu deklarieren)

Verkehrswert ohne Boden CHF
(unter Ziff. 225 der MWST-Abrechnung zu deklarieren)

7 Fragen im Zusammenhang mit der Nutzung zum Zeitpunkt der Übertragung

7.1 Nutzung beim **Veräusserer** zum Zeitpunkt der Übertragung?

☐ ausschliesslich für unternehmerische Tätigkeiten mit Anrecht auf Vorsteuerabzug (d.h. für steuerbare Leistungen)

☐ ausschliesslich für nicht unternehmerische Tätigkeiten oder unternehmerische Tätigkeiten ohne Anrecht auf Vorsteuerabzug

☐ bei gemischter Verwendung: Für unternehmerische Tätigkeiten mit Anrecht auf Vorsteuerabzug: ....%

Nicht unternehmerische Tätigkeiten oder unternehmerische Tätigkeiten ohne Anrecht auf Vorsteuerabzug: ....%

7.2 Nutzung beim **Erwerber** nach der Übertragung?

☐ ausschliesslich für unternehmerische Tätigkeiten mit Anrecht auf Vorsteuerabzug (d.h. für steuerbare Leistungen)

☐ ausschliesslich für nicht unternehmerische Tätigkeiten oder unternehmerische Tätigkeiten ohne Anrecht auf Vorsteuerabzug

☐ bei gemischter Verwendung: Für unternehmerische Tätigkeiten mit Anrecht auf Vorsteuerabzug: ....%

Nicht unternehmerische Tätigkeiten oder unternehmerische Tätigkeiten ohne Anrecht auf Vorsteuerabzug: ....%

Betreffend des Nachweises der Nutzung beachten Sie bitte die Erläuterungen in der MWST-Info Meldeverfahren.

Die Unterzeichnenden nehmen zur Kenntnis, dass
eine Änderung des Verwendungszwecks beim Erwerber zu einer Vorsteuerkorrektur (Eigenverbrauch oder Einlageentsteuerung) führen kann.

Ort und Datum: Stempel und rechtsverbindliche Unterschriften aller Beteiligten:

Veräusserer   Erwerber

6.8 ABRECHNUNGSARTEN Art. 39

Grundsätzlich ist die MWSt nach vereinbarten Entgelten abzurechnen. Auf Antrag der steuerpflichtigen Person kann auch nach vereinnahmten Entgelten abgerechnet werden. Die gewählte Abrechnungsart muss während mindestens einer Steuerperiode beibehalten werden.

Beim Wechsel von der Abrechnung nach vereinnahmten Entgelten zur Abrechnung nach vereinbarten Entgelten muss die steuerpflichtige Person in der auf den Wechsel folgenden Abrechnungsperiode (Art. 106 Abs. 1 MWStV):

- die Umsatzsteuern auf den im Zeitpunkt des Wechsels bestehenden Debitorenposten abrechnen und
- die Vorsteuern auf den im Zeitpunkt des Wechsels bestehenden Kreditorenposten im Rahmen der zum Vorsteuerabzug berechtigenden unternehmerischen Tätigkeit abziehen.

Beim Wechsel von der Abrechnung nach vereinbarten Entgelten zur Abrechnung nach vereinnahmten Entgelten muss die steuerpflichtige Person in der auf den Wechsel folgenden Abrechnungsperiode (Art. 106 Abs. 2 MWStV):

- die im Zeitpunkt des Wechsels bestehenden Debitorenposten von den in dieser Abrechnungsperiode vereinnahmten Entgelten abziehen und
- die Vorsteuern auf den im Zeitpunkt des Wechsels bestehenden Kreditorenposten von den in dieser Abrechnungsperiode bezahlten Vorsteuern abziehen.

Die ESTV kann die steuerpflichtige Person verpflichten, nach vereinnahmten Entgelten abzurechnen, wenn:

- diese zu einem erheblichen Teil Entgelte erhält, bevor sie die Leistung ausführt oder darüber Rechnung stellt oder
- der begründete Verdacht besteht, dass die steuerpflichtige Person die Abrechnung nach vereinbarten Entgelten missbraucht, um sich oder einer Drittperson einen unrechtmässigen Vorteil zu verschaffen.

Wenn die steuerpflichtige Person nach vereinnahmten Entgelten abrechnen möchte, hat sie bei der ESTV nachfolgendes Antragsformular Nr. 1100 einzureichen.

190 6 Veranlagung und Verjährung der Steuerforderung

Hauptabteilung Mehrwertsteuer

Eidgenössische Steuerverwaltung ESTV
Administration fédérale des contributions AFC
Amministrazione federale delle contribuzioni AFC
Administraziun federala da taglia AFT

Ihre Anschrift bitte in Blockschrift ausfüllen

MWST-Nr. _____
Ref.-Nr. _____

| **Antrag auf Abrechnung nach vereinnahmten Entgelten** |

(MWSTG = Bundesgesetz über die Mehrwertsteuer vom 12. Juni 2009; gültig ab 1.1.2010)

Ich/wir stelle/n hiermit den Antrag auf Abrechnung nach vereinnahmten Entgelten beginnend ab ....
und erkläre/n mich/uns bereit, die folgenden Bedingungen einzuhalten:

1. In der MWST-Abrechnung werden alle im betreffenden Zeitraum eingegangenen Kunden-Zahlungen (auch Teilzahlungen, Vorauszahlungen und Verrechnungen) unabhängig vom Zeitpunkt der Lieferung deklariert.

2. Die Vorsteuer wird erst in der MWST-Abrechnung jener Periode geltend gemacht, in der die Rechnungen an die Leistungserbringer bezahlt worden sind.

3. Eine Änderung der Abrechnungsart wird bei der ESTV schriftlich beantragt. Die gewählte Abrechnungsart muss während mindestens einer Steuerperiode (= Kalenderjahr; gemäss Art. 34 Abs. 2 MWSTG) beibehalten werden.

Datum: Stempel und rechtsgültige Unterschrift:

(Nur vollständig ausgefüllte und unterzeichnete Anträge werden bearbeitet)

| **Bewilligung** |

Die Abrechnung nach vereinnahmten Entgelten wird bewilligt.

Bern,   Hauptabteilung Mehrwertsteuer

6 Veranlagung und Verjährung der Steuerforderung

6.9 ENTSTEHUNG DER STEUERFORDERUNG

6.9.1 Umsatzsteuern und Vorsteuern   Art. 40

Die Steuerforderung entsteht bei steuerpflichtigen Personen wie folgt:

Abrechnung nach vereinbarten Entgelten

Umsatzsteuerschuld:	➢ mit der Rechnungsstellung;
	➢ mit der Ausgabe der Teilrechnung oder mit der Vereinnahmung der Teilzahlung, wenn die Leistungen zu aufeinanderfolgenden Teilrechnungen oder Teilzahlungen Anlass geben;
	➢ mit der Vereinnahmung des Entgelts bei Vorauszahlungen für nicht von der Steuer befreite Leistungen sowie bei Leistungen ohne Rechnungsstellung.
Anspruch auf Vorsteuerabzug:	im Zeitpunkt des Empfangs der Rechnung

Abrechnung nach vereinnahmten Entgelten

Umsatzsteuerschuld:	mit der Vereinnahmung des Entgelts
Anspruch auf Vorsteuerabzug:	im Zeitpunkt der Bezahlung

6.9.2 Bezugsteuer   Art. 40, Art. 48

Die Steuerforderung entsteht bei steuerpflichtigen Personen wie folgt:

Abrechnung nach vereinbarten Entgelten

Bezugsteuerschuld:	im Zeitpunkt des Empfangs der Rechnung sowie bei Leistungen ohne Rechnungsstellung mit der Zahlung des Entgelts
Anspruch auf Vorsteuerabzug:	im Zeitpunkt der Abrechnung über die Bezugsteuer

Abrechnung nach vereinnahmten Entgelten

Bezugsteuerschuld: mit der Zahlung des Entgelts für die Leistung

Anspruch auf Vorsteuerabzug: im Zeitpunkt der Abrechnung über die Bezugsteuer

Bei nicht steuerpflichtigen Personen entsteht die Bezugsteuerschuld mit der Zahlung des Entgelts für die Leistung.

6.9.3 Einfuhrsteuer   Art. 40, Art. 56

Die Steuerforderung entsteht bei steuerpflichtigen Personen wie folgt:

Einfuhrsteuerschuld: zur gleichen Zeit wie die Zollschuld (Art. 69 ZG)

Anspruch auf Vorsteuerabzug: am Ende der Abrechnungsperiode, in der die MWSt festgesetzt wurde

6.10 VERJÄHRUNGSFRISTEN/RECHTSKRAFT DER STEUERFORDERUNG

6.10.1 Verjährungsfristen   Art. 42, Art. 91

Auf nachfolgender grafischer Darstellung sind die Verjährungsfristen aufgeführt:

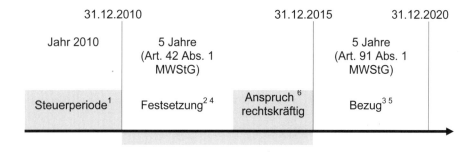

---

[1] Steuerperiode, in der die Steuerforderung entstanden ist

[2] ordentliche Verjährungsfrist 5 Jahre / absolute Verjährungsfrist 10 Jahre nach Ablauf der Steuerperiode, in der die Steuerforderung entstanden ist

[3] ordentliche Verjährungsfrist 5 Jahre / absolute Verjährungsfrist 10 Jahre nach Ablauf des Jahres, in dem der Anspruch rechtskräftig geworden ist

6 Veranlagung und Verjährung der Steuerforderung

[4] Verjährungsunterbrechung (Art. 42 Abs. 2 und 3 MWStG)
Unterbrechung der Festsetzungsverjährung durch
- eine auf Festsetzung oder Korrektur der Steuerforderung gerichtete empfangsbedürftige schriftliche Erklärung
- eine Verfügung (z.B. bei einer Einschätzungsmitteilung usw.)
- einen Einspracheentscheid
- ein Urteil (z.B. vom Bundesverwaltungsgericht, Bundesgericht)
- Ankündigung einer Kontrolle nach Art. 78 Abs. 3 MWStG
- Beginn einer unangekündigten Kontrolle

Wird die Verjährung durch die ESTV oder eine Rechtsmittelinstanz unterbrochen, so beginnt die Verjährungsfrist neu zu laufen. Sie beträgt neu zwei Jahre.

[5] Verjährungsunterbrechung (Art. 91 Abs. 3 MWStG)
Unterbrechung der Bezugsverjährung durch
- jede Einforderungshandlung seitens der ESTV
- jede Stundung seitens der ESTV
- jede Geltendmachung des Anspruchs seitens der steuerpflichtigen Person

[6] Rechtskraft der Steuerforderung (Art. 43 MWStG)
Die Steuerforderung wird grundsätzlich rechtskräftig durch den Eintritt der Festsetzungsverjährung. Sie kann aber bereits zu einem früheren Zeitpunkt rechtskräftig werden:
- durch eine in Rechtskraft erwachsene Verfügung, einen in Rechtskraft erwachsenen Einspracheentscheid oder ein in Rechtskraft erwachsenes Urteil;
- durch die schriftliche Anerkennung oder die vorbehaltlose Bezahlung einer Einschätzungsmitteilung durch die steuerpflichtige Person.

Aus der nachfolgenden Tabelle kann der Verjährungszeitpunkt (der Festsetzungsverjährung) entnommen werden:

Verjährungszeitpunkt (der Festsetzungsverjährung)									
31.12.2012			31.12.2013			31.12.2014			
Abrechnungsperioden									
1/07	2/07	3/07	4/07						
				1/08	2/08	3/08	4/08		
							1/09	2/09	3/09	4/09

Verjährungszeitpunkt (der Festsetzungsverjährung)									
31.12.2015			31.12.2016			31.12.2017			
Abrechnungsperioden									
1/10	2/10	3/10	4/10						
				1/11	2/11	3/11	4/11		
							1/12	2/12	3/12	4/12

6.10.2 Rechtskraft der Steuerforderung   Art. 43

Die Steuerforderung wird rechtskräftig durch:

- eine in Rechtskraft erwachsene Verfügung, einen in Rechtskraft erwachsenen Einspracheentscheid oder ein in Rechtskraft erwachsenes Urteil;
- die schriftliche Anerkennung oder die vorbehaltlose Bezahlung einer Einschätzungsmitteilung durch die steuerpflichtige Person;
- den Eintritt der Festsetzungsverjährung.

Bis zum Eintritt der Rechtskraft können die eingereichten und bezahlten Abrechnungen korrigiert werden.

Beispiel: Rechtskraft der Steuerforderung

Ausgangslage:

Vom 9. bis 12.3.2012 führte die ESTV bei der Holzbau Meier AG, Bern (steuerpflichtig), eine Buchprüfung durch. Aufgrund der erhaltenen Einschätzungsmitteilung (inkl. Verfügung) am 30.3.2012 muss die Holzbau Meier AG MWSt im Betrag von Fr. 23 680.– nachzahlen. Bei der Differenz handelt es sich u.a. um fehlende Ausfuhrnachweise. Rechtsmittel wurden keine eingeleitet.

Am 10.6.2012 tauchen per Zufall die fehlenden Ausfuhrnachweise auf.

Frage:

Kann im Juni 2012 bei der ESTV eine Korrektur der Einschätzungsmitteilung verlangt werden?

Lösungsansätze:

Nein, weil die Verfügung nach 30 Tagen in Rechtskraft erwachsen ist. Allfällige Beweismittel müssen während der Buchprüfung der ESTV beigebracht werden oder spätestens innert 30 Tagen nach Erhalt der Einschätzungsmitteilung (mittels Einsprache).

6 Veranlagung und Verjährung der Steuerforderung 195

6.10.3 Fristen für die Geschäftsperiode 01.01. - 31.12.2012

01.01.2012 - 31.12.2012	**Steuerperiode** (entspricht bei diesem Beispiel auch der Geschäftsperiode)	1. Q. 2. Q. 3. Q. 4. Q.	nachträgliche Korrekturen mit Formular «Korrekturabrechnung»[1] (Verzugszins geschuldet[2])
30.06.2013	**Finalisierungsfrist** (Art. 72 Abs. 1 MWStG)		Frist für Vorbehalte gemäss Art. 96 Abs. 3 MWStG
30.08.2013	**Berichtigungseinreichefrist** «Finalisierung» (MI 15 «Abrechnung und Steuerentrichtung», Ziff. 6) bei Differenzen: Berichtigungsabrechnungsformular[3] bei keinen Differenzen: nichts einreichen		Berichtigung[4] nicht strafbar gemäss Art. 96 Abs. 6 MWStG; frühester Prüfungstermin der ESTV der Steuerperiode 2012
	Revisionsperiode der ESTV		
31.12.2017	**Korrekturfrist** sofern nicht bereits rechtskräftig (Art. 43 Abs. 2, Art. 72 Abs. 2 MWStG) Verjährungsunterbrechung[5] möglich (Art. 42, Art. 91 MWStG) absolute Verjährungsfrist 31.12.2022[5]		Korrekturen von früheren MWSt-Abrechnungen mit Formular «Korrekturabrechnung»[1][4] (Verzugszins geschuldet[2]) Selbstanzeige (straffrei gemäss Art. 96 Abs. 6 und Art. 102 Abs. 4 MWStG)
31.12.2022	**absolute Verjährungsfrist / Belegaufbewahrungsfrist** (Art. 70 MWStG) bei Liegenschaftsbelegen: 31.12.2032 zuzüglich Verjährungsfrist		Strafen wegen der Verletzung von Verfahrenspflichten sind stets möglich

---

[1] sämtliche korrekten Beträge der zu korrigierenden Abrechnungsperiode deklarieren (ersetzt die bereits eingereichte Abrechnung)
[2] Der Verzugs- und Vergütungszins beträgt ab 1.1.2012 4,0% pro Jahr. Die Verzugs- und Vergütungszinsen werden erst ab einem Zinsbetrag von Fr. 100.– eingefordert resp. ausbezahlt (Verordnung über die Verzugs- und die Vergütungszinssätze vom 11.12.2009).
[3] nur die Differenzen zu den bisher eingereichten Abrechnungen deklarieren
[4] es ist davon auszugehen, dass die Verjährungsfrist unterbrochen wird (die Verwaltungspraxis der ESTV ist noch unklar)
[5] Festsetzungsverjährung; die Bezugsverjährung kann auch zu einem späteren Zeitpunkt sein

6.11 BEISPIEL: ERSTELLEN DER ABRECHNUNG Q04/2012

Ausgangslage:

Die Abrechnung der Muster AG, Zürich (steuerpflichtig, effektive Abrechnungsmethode), erfolgt nach vereinnahmten Entgelten. Die Rechnungen entsprechen den Formvorschriften gemäss Art. 26 MWStG. Die allfälligen pauschalen Vorsteuerkorrekturen (z.B. 0,02%, 0,07%, 1% und 33%) sind einmal jährlich (im 4. Quartal) zu deklarieren (Art. 30 Abs. 2 MWStG). Hans Muster ist im Anstellungsverhältnis und eng verbundene Person der Muster AG.

Folgende Angaben sind bekannt (Beträge exkl. MWSt, sofern keine andere Regelung gilt):

vereinnahmte Entgelte 1.10. – 31.12.2012
- Entgelte steuerbar (abzurechnen mit 8,0% MWSt)[1)]   Fr. 696 000.–
- Entgelte Exportlieferungen (Ausfuhrnachweise vorhanden)   Fr. 150 000.–

[1)] inkl. optierte Mieterträge Fr. 36 000.–

berechtigte Vorsteuerabzüge
- Material/Dienstleistungen   Vorsteuer Fr. 18 500.–
- Investitionen/Betriebsaufwand   Vorsteuer Fr. 22 700.–

Zusatzangaben (in obigen Beträgen nicht enthalten, Beträge exkl. allfällige MWSt)

1. Das Restaurant Sonne, Zürich (steuerpflichtig) sendet am 14.12.2012 die Rechnung eines Firmenessens über Fr. 1 450.–. Die Rechnung wird gleichentags bezahlt.

2. Dem Werbebüro X in Bregenz (A) (nicht steuerpflichtig) wurden am 25.11.2012 für Beratungsleistungen im Monat Oktober 2012 Fr. 8 000.– vergütet.

3. Am 15.12.2012 wird Handelsmaterial aus Deutschland eingeführt. Die Lieferantenrechnung beträgt Fr. 25 000.–. Aufgrund der Veranlagungsverfügung MWSt werden am 22.12.2012 MWSt von Fr. 2 080.– der EZV bezahlt.

4. Der Dachdecker Z, Zürich (steuerpflichtig) stellt für die Dachsanierung vom November 2012 der Liegenschaft A Rechnung über Fr. 30 000.–. Die «gemischt» genutzte Liegenschaft teilt sich wie folgt auf: Betriebsgebäude 400 m^2 / Wohnung vermietet an Aktionär Hans Muster 200 m^2. Die Rechnung wurde am 22.11.2012 bezahlt.

5. Die Wände in der Wohnung wurden im 4. Quartal 2012 von einem Angestellten der Muster AG neu gestrichen. Einem Dritten würden für diese Arbeitsleistung (inkl. Material) Fr. 6 000.– bezahlt. Die Farbe kostete Fr. 400.– und wurde am 15.12.2012 bar bezahlt.

6. Die Muster AG erwirbt am 16.10.2012 ein gebrauchtes individualisierbares bewegliches Produkt für Fr. 20 000.– von einer nicht steuerpflichtigen Person für den Weiterverkauf (bezahlt am 16.11.2012). Der Verkauf erfolgte am 10.12.2012 für Fr. 24 000.– zuzüglich 8,0% MWSt gegen Barzahlung im Inland.

6 Veranlagung und Verjährung der Steuerforderung

7. Am 10.10.2012 bezieht die Muster AG von der Druckerei X AG (steuerpflichtig) 200 Ex. Warenkataloge (30-seitiges Prospekt) für Fr. 1 200.–. Die Rechnung wird im Monat Dezember 2012 bezahlt.

8. Der Hauptaktionär Hans Muster verzichtet auf sein Aktionärsdarlehen (Passiven) von Fr. 300 000.–. Das Darlehen wird über den Ertrag ausgebucht.

9. Am 30.10.2012 wurde Büromaterial (gemäss Beleg) für Fr. 120.– bar eingekauft.

Bürohandels AG	Quittung vom 30.10.2012 für
Hauptstrasse 12, 9000 St. Gallen	
MWSt-Nr. CHE-999.999.999 MWST	Muster AG
	Seestr. 1, 8000 Zürich
Wir lieferten heute:	
Büromaterial	
(50 Ordner, 100 Schreibblöcke)	Total inkl. MWSt Fr. 120.–

10. Auf den 1.10.2012 wurden Büroräumlichkeiten der Liegenschaft B an den Grafiker S mit Option vermietet. Es handelt sich um eine ehemalige Wohnung. An der Wohnung wurden im Jahre 1998 Umbauarbeiten von Fr. 117 150.– (inkl. 6,5% MWSt) durch Dritte (Generalunternehmer Z) ausgeführt. Ein Vorsteuerabzug konnte nicht vorgenommen werden. Der Gebäudeversicherungswert betrug am 1.1.1998 Fr. 800 000.–.

11. Die Muster AG erhält im Monat Oktober 2012 von der Baumeisterschule Sursee für die Lehrtätigkeit von Hans Muster Fr. 7 830.–. Der Betrag wird als unternehmerische Leistung verbucht. Bei der Lehrtätigkeit wurde nicht optiert.

12. Am 13.11.2012 wurde ein Bagger (Occasion) für Fr. 18 000.– verkauft. Der Bagger wurde betrieblich genutzt und im Jahre 2001 ohne MWSt-Hinweis für Fr. 28 000.– gekauft.

13. Im 4. Quartal 2012 ist die private Benützung des Geschäftsfahrzeuges vom Aktionär Hans Muster für das Kalenderjahr 2012 noch zu deklarieren:

    Kaufpreis 5.5.2010 (exkl. MWSt)   Fr. 40 000.–
    Unterhalt, Service Jahr 2012 (exkl. MWSt) Fr. 1 650.–
    Verbuchter Privatanteil Jahr 2012: 0,8% x 12 Fr. 3 840.–
    (dem Aktionärskonto belastet)

14. Die Muster AG fakturiert dem Kunden F in Rom am 13.12.2012 für erbrachte Architekturleistungen im Monat November 2012 am Ferienhaus in Appenzell Fr. 20 000.–. Die Rechnung wird am 20.12.2012 unter Abzug von 3% Skonto bezahlt.

15. Die Muster AG liefert durch den Spediteur M am 2.11.2012 Produkte für Fr. 34 000.– an den Kunden O in Paris. Die Rechnung wird im Monat November 2012 bezahlt. Ausfuhrdokumente sind vorhanden.

16. In der Liegenschaft A werden ab 1.12.2012 Büroräumlichkeiten, die bisher für steuerbare Zwecke genutzt werden, an den Verband Z vermietet (ohne Option). Der Mietzins beträgt Fr. 1 000.– pro Monat. Der bezahlte Mietzins für den Monat

Dezember ist noch zu berücksichtigen. Die Liegenschaftsbewirtschaftung wird selber erbracht. Im Jahre 2000 hatte der Vermieter an den vermieteten Räumlichkeiten wertvermehrende Investitionen für Fr. 50 000.– (zuzüglich 7,5% MWSt) ausführen lassen.

17. Dem nicht steuerpflichtigen Gärtner S (Urproduzent) wird für gelieferte Blumen für eine Ausstellung am 5.12.2012 Fr. 180.– bezahlt.

18. Vom 10. bis 13.12.2012 besuchte Hans Muster in Konstanz (D) eine Schulung für Qualitätsverbesserung. Die Kurskosten von Fr. 12 000.– wurden am 3.12.2012 bezahlt.

19. Für im August 2012 ausgeführte energiesparende Investitionen beim Betriebsgebäude C (Vorsteuerabzug bereits vorgenommen) erhält die Muster AG am 18.12.2012 vom Kanton Zürich einen Subventionsbeitrag von Fr. 10 000.–.

20. Die Muster AG führt am 2.11.2012 für den Kunden I in München (D) Beratungsleistungen im Bereich Neutechnologie für Fr. 3 200.– am Sitz in Zürich aus. Die Rechnung wird am 30.12.2012 bezahlt.

21. Die Muster AG erwirbt gegen Barzahlung am 6.11.2012 für den Mitarbeiter E zum 50. Geburtstag eine Uhr für Fr. 760.–. Das Geburtstagsgeschenk ist im Lohnausweis deklariert.

22. Die Muster AG verkauft dem Kunden L in Vaduz (FL) bar einen Früchtekorb inkl. Weinflasche für Fr. 100.–. Die Weinflasche entspricht 20% des Verkaufspreises.

23. Die Muster AG erwirbt vom Aktionär Hans Muster im Oktober 2012 einen gebrauchten Fotokopierer für Fr. 1 000.–. Der Fotokopierer wird für unternehmerische steuerbare Leistungen (Betriebsmittel) verwendet und dem Aktionär Hans Muster gutgeschrieben.

24. Am 10.12.2012 verkauft die Muster AG die bisher für unternehmerische steuerbare Leistungen verwendete Lagerhalle D für Fr. 800 000.– (inkl. Bodenanteil Fr. 160 000.–) an die steuerpflichtige Berger AG in Zürich. Die Lagerhalle wurde im 2. Semester 2002 für Fr. 660 000.– zuzüglich 7,6% MWSt erstellt. Sofern möglich, wird das Meldeverfahren angewendet.

25. Die Montagearbeiten am Wintergarten bei der Wohnung der Liegenschaft A im Oktober 2012 erfolgten durch die ausländische Montage X AG, Feldkirch (A), für Fr. 5 400.–. Es wird kein Material importiert.

26. Am 1.10.2012 verkauft die Muster AG dem österreichischen Kunden K. Moser 30 Spezialplatten für EUR 12 000.–. Der Kunde K. Moser holt die Platten direkt beim Hersteller A. Schmidt in Bonn ab. Lieferantenrechnung EUR 11 000.–. Die Zahlungen erfolgten im 4. Quartal 2012 (Kurs 1.30).

Frage:

Wie viel Umsatz- und Vorsteuern sind im Abrechnungsformular Q04/2012 mit der ESTV abzurechnen?

6 Veranlagung und Verjährung der Steuerforderung

Lösungsansätze:
Im Abrechnungsformular Q04/2012 sind folgende Umsatz- und Vorsteuern mit der ESTV abzurechnen:

Fall	Leistungen / Einnahmen Ziff.	Fr.	%	USt Fr.	VOSt M Fr.	VOSt I/B Fr.
	200, 301	696 000.00	8,0	55 680.00		
	205	36 000.00				
	200, 220	150 000.00	0,0	0.00		
	400				18 500.00	
	405					22 700.00
1.	405					116.00
2.	381 Bez.steuer	8 000.00	8,0	640.00		
	405					640.00
3.	400				2 080.00	
4.	405					2 400.00
	415 (⅓)					− 800.00
5.	(kein VOStA)					0.00
	415: (33%)					− 10.55
6.	400 (fiktiv)				1 481.50	
	200, 301	24 000.00	8,0	1 920.00		
7.	405					96.00
8.	910 (Mittelflüsse)	300 000.00				
9.	405 (Satz fehlt)					0.00
10.	410 (s. Beilage)					2 145.00
11.	200, 230	7 830.00	0,0	0.00		
	415 (1%)					− 78.30
12.	200, 301	18 000.00	8,0	1 440.00		
13.	200, 301 (Lief.)	3 555.55	8,0	284.45		
14.	200, 301	19 400.00	8,0	1 552.00		
15.	200, 220	34 000.00	0,0	0.00		
16.	200, 230	1 000.00	0,0	0.00		
	415 (0,07%)					− 0.70
	415 (s. Beilage)					− 1 500.00
17.	405 (fiktiv)					4.50
18.	381 (ausgen.)	0.00	0,0	0.00		
19.	900 (Mittelflüsse)	10 000.00				
	420					− 740.75
20.	200, 221	3 200.00	0,0	0.00		
21.	405					60.80
	200, 301	760.00	8,0	60.80		
22.	200, 311 (Kombination)	100.00	2,5	2.50		
23.	405 (fiktiv)					0.00
24.	200, 225	640 000.00	0,0	0.00		
	200, 280 (F764)	160 000.00	0,0	0.00		
25.	381 Bez.steuer	5 400.00	8,0	432.00		
26.	200, 221	15 600.00	0,0	0.00		
	400				0.00	
		2 096 845.55		62 011.75	22 061.50	25 032.00

Bemerkungen:

1. Vorsteuerabzug 8,0% von (100%) Fr. 1 450.– = Fr. 116.–, sofern für unternehmerische steuerbare Leistungen verwendet.

2. Von ausländischen nicht steuerpflichtigen Leistungserbringern erbrachte Dienstleistungen nach Art. 8 Abs. 1 MWStG (Empfängerortsprinzip) unterliegen der Bezugsteuer (Art. 45 Abs. 1 Bst. a MWStG);
Bezugsteuer 8,0% von (100%) Fr. 8 000.– = Fr. 640.–;
Vorsteuerabzug Fr. 640.–, sofern für unternehmerische steuerbare Leistungen verwendet.

3. Vorsteuerabzug gemäss Art. 28 Abs. 1 Bst. c MWStG / Originalbelege notwendig (insbesondere wenn die Muster AG nicht als Importeurin auf den Belegen aufgeführt ist);
Vorsteuern auf Material- und Dienstleistungsaufwand Fr. 2 080.–;
Bei der Einfuhr sind sämtliche Kosten bis zum Bestimmungsort im Inland bei der Bemessung der Einfuhrumsatzsteuer mit zu berücksichtigen (Art. 54 Abs. 3 MWStG).

4. Vorsteuerabzug 8,0% von (100%) Fr. 30 000.– = Fr. 2 400.– (Art. 30 Abs. 2 MWStG);
Vorsteuerkorrektur 1/3 (200 m^2 von 600 m^2) von Fr. 2 400.– = Fr. 800.–;
Es wäre auch eine direkte Vorsteuerkorrektur unter Ziff. 405 möglich;
«Gemischte Verwendung», weil Wohnungsvermietung von der Steuer ausgenommen ist.

5. Kein Vorsteuerabzug auf dem Einkauf der Farbe, weil für unternehmerische von der Steuer ausgenommene Leistungen (Vermietung von Wohnungen) verwendet;
Allfällige verwendete Infrastrukturen berechtigen ebenfalls nicht zum Vorsteuerabzug. Die Vorsteuerkorrektur auf der Infrastruktur kann aufgrund von Art. 69 Abs. 3 MWStV mit 33% auf den Vorsteuern auf Material vorgenommen werden, d.h. 33% von Fr. 32.– (8,0% von (100%) Fr. 400.–) = Fr. 10.55 (Deklaration im 4. Quartal).

6. Fiktiver Vorsteuerabzug 8,0% von (108,0%) Fr. 20 000.– = Fr. 1 481.50;
Auf der Eingangsrechnung darf kein MWSt-Hinweis aufgeführt sein
(Art. 28 Abs. 3 MWStG);
Umsatzsteuer 8,0% von (100%) Fr. 24 000.– = Fr. 1 920.–.

7. Vorsteuerabzug 8,0% von (100%) Fr. 1 200.– = Fr. 96.–
(Art. 25 MWStG, Art. 51 und Art. 52 MWStV)

8. Beim Darlehensverzicht von einer eng verbundenen Person handelt es sich um Mittelflüsse nach Art. 18 Abs. 2 Bst. e MWStG, die unter Ziff. 910 im Abrechnungsformular zu deklarieren sind (Fr. 300 000.–);
Keine Vorsteuerkürzung resp. -korrektur.

9. Grundsätzlich müssen für den Vorsteuerabzug formell korrekte Belege nach Art. 26 MWStG vorhanden sein;
Bei formellen Fehlern hat der Empfänger die freie Beweiswürdigung (Art. 81 Abs. 3 MWStG);

6 Veranlagung und Verjährung der Steuerforderung 201

Vom Leistungserbringer kann bis 31.12.2013 die neue UID-Nummer und/oder die bisherige MWSt-Nummer aufgeführt sein;
Kein Vorsteuerabzug, weil der MWSt-Hinweis auf der Quittung nicht aufgeführt ist;
Eine Rechnung (oder Rechnung ersetzendes Dokument) mit MWSt-Hinweis sowie die Verwendung für unternehmerische steuerbare und steuerbefreite Leistungen ist Voraussetzung für den Vorsteuerabzug
(Art. 28 Abs. 4 MWStG; Art. 59 Abs. 1 MWStV; MI 09 «Vorsteuerabzug und Vorsteuerkorrekturen», Ziff. 1.6.1).

10. Einlageentsteuerung infolge Nutzungsänderung per 1.10.2012 Fr. 2 145.–
gemäss beiliegender Aufstellung (dem Abrechnungsformular beizulegen); zu deklarieren unter Ziff. 410.

11. Lehrtätigkeit: von der Steuer ausgenommene Leistung nach Art. 21 Abs. 2 Ziff. 11 MWStG (unternehmerisch);
Vorsteuerkorrektur pauschal 1% von Fr. 7 830.– = Fr. 78.30 (Deklaration im 4. Quartal) (MI 09 «Vorsteuerabzug und Vorsteuerkorrekturen», Ziff. 4.3).

12. Verkauf von Betriebsmitteln (aus dem steuerbaren Bereich / nicht Art. 21 Abs. 2 Ziff. 24 MWStG);
Umsatzsteuer 8,0% von (100%) Fr. 18 000.– = Fr. 1 440.–.

13. Leistung an eng verbundene Person (Personal, Lohnausweisempfänger) (Art. 24 Abs. 2 MWStG, Art. 47 MWStV);
IdR pro Monat 0,8% des Kaufpreises exkl. MWSt, mindestens jedoch Fr. 150.–, der errechnete Ansatz versteht sich inkl. MWSt (MI 08 «Privatanteile», Ziff. 2.4.3.2);
Grundsätzlich keine Luxusbegrenzung (MI 01 «MWSt in Kürze und Übergangsinfo», Teil II Ziff. 2.3.3);
Umsatzsteuer 8,0% von (100%) Fr. 3 555.55 (Fr. 3 840.– : 108,0% x 100,0%) = Fr. 284.45.

14. Architekturleistungen: Dienstleistung nach Art. 8 Abs. 2 Bst. f MWStG (Ort, an dem das Grundstück gelegen ist = Appenzell);
Umsatzsteuer 8,0% von (100%) Fr. 19 400.– (Fr. 20 000.– abzgl. 3% Skonto Fr. 600.–) = Fr. 1 552.–.

15. Steuerbefreite Exportlieferung, die unter Ziff. 220 in Abzug zu bringen ist; Versandlieferung / Ort der Lieferung im Inland (Art. 7 Abs. 1 Bst. b MWStG).

16. Vorsteuerkorrektur (Eigenverbrauchssteuer) infolge Nutzungsänderung per 1.12.2012 Fr. 1 500.– gemäss beiliegender Aufstellung (zu deklarieren unter Ziff. 415);
Mietzins: unternehmerische von der Steuer ausgenommene Leistung Fr. 1 000.–, die unter Ziff. 230 des Abrechnungsformulars in Abzug zu bringen ist; Vorsteuerkorrektur auf Infrastruktur infolge eigener Liegenschaftsverwaltung 0,07% von 1'000.– = Fr. 0.70 (Deklaration im 4. Quartal) (MI 09 «Vorsteuerabzug und Vorsteuerkorrekturen», Ziff. 4.3.3).

17. Fiktiver Vorsteuerabzug 2,5% von (100%) Fr. 180.– = Fr. 4.50 (Art. 28 Abs. 2 MWStG).

18. Es ist keine Bezugsteuer zu deklarieren, weil es sich um eine unternehmerische von der Steuer ausgenommene Leistung nach Art. 21 Abs. 2 Ziff. 11 MWStG handelt (Art. 45 MWStG, Art. 109 Abs. 1 MWStV).

19. Beim Subventionsbeitrag von Fr. 10 000.– handelt es sich um Mittelflüsse nach Art. 18 Abs. 2 Bst. a MWStG, die unter Ziff. 900 im Abrechnungsformular zu deklarieren sind;
Vorsteuerkürzung 8,0% von (108,0%) Fr. 10 000.– = Fr. 740.75
(freiwillige Versteuerung der Subventionen; MI 05 «Subventionen und Spenden», Ziff. 1.3);
zu deklarieren unter Ziff. 420 des Abrechnungsformulars.

20. Beratungsleistungen: Dienstleistung nach Art. 8 Abs. 1 MWStG (Empfängerortsprinzip = München) / Leistungen im Ausland, die unter Ziff. 221 des Abrechnungsformulars in Abzug zu bringen sind;
ausländisch notwendige Formulierungen in den Kundenrechnungen beachten; Steuerpflicht im Ausland abklären.

21. Vorsteuerabzug 8,0% von (100%) Fr. 760.– = Fr. 60.80;
Entgeltliche Leistung nach Art. 47 MWStV, weil es sich um ein Geburtstagsgeschenk über Fr. 500.– handelt und somit im Lohnausweis aufzuführen ist;
Umsatzsteuer 8,0% von (100%) Fr. 760.– = Fr. 60.80.

22. Umsatzsteuer 2,5% von (100%) Fr. 100.– = Fr. 2.50;
Mehrheit von Leistungen gemäss Art. 19 Abs. 2 MWStG / die Hauptleistung zu 2,5% entspricht mehr als 70% der Gesamtleistung.

23. Kein fiktiver Vorsteuerabzug, weil der gebrauchte Fotokopierer als Betriebsmittel für unternehmerische steuerbare Leistungen und nicht für die Lieferung (Verkauf, Vermietung, Verleasen) im Inland verwendet wird (Art. 28 Abs. 3 MWStG).

24. Beim Verkauf der Lagerhalle D handelt es sich grundsätzlich um eine unternehmerische von der Steuer ausgenommene Leistung nach Art. 21 Abs. 2 Ziff. 20 MWStG;
Gemäss Art. 104 Bst. a MWStV kann beim Verkauf der Lagerhalle D das Meldeverfahren nach Art. 38 MWStG angewendet werden;
Im Verkaufsvertrag muss erwähnt werden, dass das Meldeverfahren angewendet wird (Art. 103 MWStV);
Die Leistung von Fr. 640 000.– (Verkaufspreis Fr. 800 000.– abzüglich Wert des Bodens Fr. 160 000.– (Art. 24 Abs. 6 Bst. c MWStG)) ist unter Ziff. 200 und Ziff. 225 im Abrechnungsformular zu deklarieren. Der Wert des Bodens ist unter Ziff. 200 und Ziff. 280 zu deklarieren (MBI 17«Liegenschaftsverwaltung / Vermietung und Verkauf von Immobilien», Ziff. 5.3). Zudem ist das Formular Nr. 764 auszufüllen, von beiden Parteien zu unterschreiben und dem Abrechnungsformular beizulegen;
Der Veräusserer (effektive Abrechnungsmethode) muss resp. kann im Rahmen der Veräusserung im Meldeverfahren keine Vorsteuerkorrektur (Eigenverbrauch / Einlageentsteuerung) vornehmen (MI 11 «Meldeverfahren», Ziff. 5.2);
Sämtliche Belege (Kopien) im Zusammenhang mit der Lagerhalle D sind auf Wunsch der Käuferin zu übergeben.

25. Bezugsteuer 8,0% von (100%) Fr. 5 400.– = Fr. 432.–;
zu deklarieren unter Ziff. 381 des Abrechnungsformulars;
keine Mindestgrenze bei steuerpflichtigen Empfängern
(Art. 45 Abs. 1 Bst. c MWStG);
Kein Vorsteuerabzug, weil der Wintergarten für unternehmerische von der Steuer ausgenommene Leistung verwendet wird (keine Optionsmöglichkeit nach Art. 22 MWStG).

26. Abholreihengeschäft im Ausland, das unter Ziff. 221 des Abrechnungsformulars in Abzug zu bringen ist;
ausländisch notwendige Formulierungen in den Kundenrechnungen beachten;
Steuerpflicht im Ausland abklären.

Fall 10

Einlageentsteuerung per 1.10.2012			Deklaration (Ziff. 410)			Fr. 2 145.–	
Objekt:			Büroräumlichkeiten der Liegenschaft B				
Nutzungsänderung per: 1.10.2012							
Grund:		bisher:	Vermietung ohne Option				
		neu:	Vermietung mit Option an Grafiker S MWSt-Nr.				

Jahr	Investitionen (inkl. MWSt) Fr.	MWSt-Satz %	MWSt Fr.	Abschreibung in %	Fr.	Vorsteuern Fr.
1998	117 150.–	6,5%	7 150.–	70	5 005.–	2 145.–
Total	117 150.–		7 150.–		5 005.–	2 145.–
GVA-Werte	Jahr: 1998	Fr. 800 000.–	Jahr:	Fr.	Jahr:	Fr.

Fall 16

Eigenverbrauch per	1.12.2012		Deklaration (Ziff. 415)			Fr. 1 500.–	
Objekt:			Büroräumlichkeiten der Liegenschaft A				
Nutzungsänderung per: 1.12.2012							
Grund:		bisher:	für unternehmerische steuerbare Leistungen				
		neu:	Vermietung ohne Option an Verband Z				

Jahr	Investitionen (exkl. MWSt) Fr.	MWSt-Satz %	MWSt Fr.	Abschreibung in %	Fr.	Eigenverbrauchssteuer Fr.
2000	50 000.–	7,5%	3 750.–	60	2 250.–	1 500.–
Total	50 000.–		3 750.–		2 250.–	1 500.–
GVA-Werte	Jahr:	Fr.	Jahr:	Fr.	Jahr:	Fr.

6 Veranlagung und Verjährung der Steuerforderung

Abrechnungsformular Q04/2012

I. UMSATZ	Ziff.	Umsatz Fr.	Umsatz Fr.	
Total vereinnahmte Entgelte	200		1 773 445	
optierte nicht steuerbare Leistungen	205	36 000		
Abzüge:				
Exportlieferungen	220	184 000		
Leistungen im Ausland	221	18 800		
Übertragung im Meldeverfahren	225	640 000		
Nicht steuerbare Leistungen (Art. 21)	230	8 830		
Entgeltsminderungen	235			
Diverses	280	160 000	1 011 630	289
Steuerbarer Gesamtumsatz	299		761 815	

II. STEUERBERECHNUNG		Leistung Fr.	Steuer Fr.	
Leistungen zum Normsatz	301	761 715	60 937.25	8,0%
Leistungen zum reduzierten Satz	311	100	2.50	2,5%
Leistungen zum Beherbergungssatz	341			3,8%
Bezugsteuer	381	13 400	1 072.00	8,0%
Total geschuldete Steuer			62 011.75	399

		Steuer Fr.		
Vorsteuer auf Material/Dienstleistung	400	22 061.50		
Vorsteuer auf Investition/Betriebsaufw.	405	26 017.30		
Einlageentsteuerung (Aufstellung)	410	2 145.00		
Vorsteuerkorrektur/Eigenverbrauch	415	– 2 389.55		
Vorsteuerkürzung (Mittelflüsse)	420	– 740.75	47 093.50	479
An die ESTV zu bezahlender Betrag	500		14 918.25	
Guthaben der steuerpflicht. Person	510			

III. ANDERE MITTELFLÜSSE			
Subventionen usw. (Bst. a–c)	900	10 000	
Schadenersatz usw. (Bst. d–l)	910	300 000	

Der Unterzeichnende bestätigt die Richtigkeit seiner Angaben:

Datum: Buchhaltungsstelle: Telefon: Rechtsverbindliche Unterschrift:

6.12 FRAGEN

40 Das Gipsergeschäft Kleiner GmbH (steuerpflichtig) mit Geschäftsperiode 1. Januar bis 31. Dezember muss noch die Umsatz- und die Vorsteuerabstimmung (Finalisierung) vornehmen.

   Bis wann müssen die Abstimmungen vorgenommen werden?

41 Die Heizungsfirma Z (steuerpflichtig) fakturiert am 5. Februar 2012 dem Kunden X die neu installierte Ölfeuerung für Fr. 20 000.– (exkl. MWSt). Der Kunde begleicht diese Rechnung am 15. April 2012, unter Abzug von Fr. 430.– (inkl. MWSt). Die Heizungsfirma rechnet die MWSt nach vereinbarten Entgelten ab.

   Wann ist wie viel MWSt abzurechnen resp. abzuziehen?

42 Eine steuerpflichtige Person erstellt die Steuerabrechnung Q02/2012 (1. April bis 30. Juni 2012) am 15. Juli 2012 und sendet sie der ESTV zu. Der ausstehende Steuerbetrag wurde am 1. Oktober 2012 beglichen.

   Wurde die Zahlung verspätet geleistet?

43 Eine steuerpflichtige Person stellt am 30. November 2015 fest, dass sie in der Steuerabrechnung Q01/2010 (1. Januar bis 31. März 2010) zu viel Umsatzsteuer abgerechnet hat.

   Kann die steuerpflichtige Person noch eine Korrektur in der Steuerabrechnung Q01/2010 vornehmen?

44 Der Anwalt Alfred Huber in Zug (steuerpflichtig) rechnet seit 1. Januar 2011 mit Saldosteuersätzen ab.

   Kann der Anwalt Alfred Huber auf den 1. Januar 2013 zur effektiven Abrechnungsmethode wechseln?

45 Die EDV-Kurse GmbH, Luzern (steuerpflichtig) verkauft das gesamte Vermögen der Erwachsenenschule Luzern AG (nicht steuerpflichtig) für Fr. 1 000 000.–.

   Kann auf dem Verkauf des Gesamtvermögens das Meldeverfahren angewendet werden?

(Lösungen im Anhang, Seite 265)

7. BEZUGSTEUER UND EINFUHRSTEUER

7.1 BEZUGSTEUER

Die Bezugsteuerpflicht ist unter Kapitel 2.6 behandelt. Für die Steuerbemessung und die Steuersätze gelten die Bestimmungen in Art. 24 und Art. 25 MWStG.

Die Bezugsteuerschuld entsteht (Art. 48 MWStG)
- mit der Zahlung des Entgelts für die Leistung;
- bei steuerpflichtigen Personen nach Art. 45 Abs. 2 Bst. a MWStG, die nach vereinbarten Entgelten abrechnen: im Zeitpunkt des Empfangs der Rechnung sowie bei Leistungen ohne Rechnungsstellung mit der Zahlung des Entgelts.

7.2 EINFUHRSTEUER

Die Steuerpflicht bei Einfuhren ist unter Kapitel 2.7 behandelt.

7.2.1 Steuerobjekt   Art. 52

Der Steuer unterliegt die Einfuhr von Gegenständen einschliesslich der darin enthaltenen Dienstleistungen und Rechte.

Lässt sich bei der Einfuhr von Datenträgern kein Marktwert feststellen, ist hierauf keine Einfuhrsteuer geschuldet und die Bestimmungen über die Bezugsteuer sind anwendbar.

7.2.2 Bemessungsgrundlage   Art. 53 ff.

In Art. 53 MWStG sind die Gegenstände aufgeführt, die bei der Einfuhr von der Steuer befreit sind. Von der Steuer befreit ist u.a. die Einfuhr von:
- Gegenständen in kleinen Mengen, von unbedeutendem Wert oder mit geringfügigem Steuerbetrag; das EFD erlässt die näheren Bestimmungen;
- menschlichen Organen durch medizinisch anerkannte Institutionen und Spitäler sowie von menschlichem Vollblut durch Inhaber einer hierzu erforderlichen Bewilligung;
- Kunstwerken, die von Kunstmalern oder Bildhauern persönlich geschaffen wurden und von ihnen selbst oder in ihrem Auftrag ins Inland verbracht werden, unter Vorbehalt von Art. 54 Abs. 1 Bst. c MWStG;
- Gegenständen, die nach Art. 8 Abs. 2 Bst. b–d, g und i–l ZG zollfrei sind;
- Gegenständen nach Art. 23 Abs. 2 Ziff. 8 MWStG, die im Rahmen einer Lieferung von Luftverkehrsunternehmen nach Art. 23 Abs. 2 Ziff. 8 MWStG eingeführt oder die von solchen Luftverkehrsunternehmen ins Inland verbracht werden, sofern diese die Gegenstände vor der Einfuhr im Rahmen einer Lieferung

bezogen haben und nach der Einfuhr für eigene zum Vorsteuerabzug berechtigende unternehmerische Tätigkeiten (Art. 28 MWStG) verwenden;
- Gegenständen, die nach dem Ausfuhrverfahren (Art. 61 ZG) veranlagt worden sind und unverändert an den Absender im Inland zurückgesandt werden, sofern sie nicht wegen der Ausfuhr von der Steuer befreit worden sind; ist die Steuer beachtlich, so erfolgt die Steuerbefreiung durch Rückerstattung; die Bestimmungen von Art. 59 MWStG gelten sinngemäss;
- Elektrizität und Erdgas in Leitungen;
- Gegenständen, die in völkerrechtlichen Verträgen für steuerfrei erklärt werden;
- Gegenständen, die nach den Art. 9 und 58 ZG zur vorübergehenden Verwendung oder nach den Art. 12 und 59 ZG zur aktiven Veredelung nach dem Verfahren mit Rückerstattungsanspruch ins Inland eingeführt werden, unter Vorbehalt von Art. 54 Abs. 1 Bst. d MWStG;
- Gegenständen, die zur Lohnveredelung im Rahmen eines Werkvertrags von einer im Inland als steuerpflichtig eingetragenen Person vorübergehend ins Inland eingeführt und nach dem Verfahren der aktiven Veredelung mit bedingter Zahlungspflicht (Nichterhebungsverfahren) veranlagt werden (Art. 12 und 59 ZG);
- Gegenständen, die nach den Art. 9 und 58 ZG zur vorübergehenden Verwendung oder nach den Art. 13 und 60 ZG zur passiven Lohnveredelung im Rahmen eines Werkvertrages aus dem Inland ausgeführt und an den Absender im Inland zurückgesandt werden, unter Vorbehalt von Art. 54 Abs. 1 Bst. e MWStG;
- Gegenständen, die zur Lohnveredelung im Rahmen eines Werkvertrags nach dem Ausfuhrverfahren (Art. 61 ZG) ins Ausland verbracht worden sind und an den Absender im Inland zurückgesandt werden, unter Vorbehalt von Art. 54 Abs. 1 Bst. f MWStG.

Gemäss Art. 54 MWStG wird die Steuer berechnet:
- auf dem Entgelt, wenn die Gegenstände in Erfüllung eines Veräusserungs- oder Kommissionsgeschäfts eingeführt werden;
- auf dem Entgelt für werkvertragliche Lieferungen oder Arbeiten im Sinne von Art. 3 Bst. d Ziff. 2 MWStG, die unter Verwendung von in den zollrechtlich freien Verkehr übergeführten Gegenständen besorgt (Art. 48 ZG) und durch eine im Inland nicht als steuerpflichtig eingetragene Person ausgeführt werden;
- auf dem Entgelt für die im Auftrag von Kunstmalern sowie Bildhauern an ihren eigenen Kunstwerken im Ausland besorgten Arbeiten (Art. 3 Bst. d Ziff. 2 MWStG), sofern die Kunstwerke von ihnen selbst oder in ihrem Auftrag ins Inland verbracht wurden;
- auf dem Entgelt für den Gebrauch von Gegenständen, die nach den Art. 9 und 58 ZG zur vorübergehenden Verwendung eingeführt wurden, sofern die Steuer auf diesem Entgelt beachtlich ist; wird für den vorübergehenden Gebrauch kein oder ein ermässigtes Entgelt gefordert, so ist das Entgelt massgebend, das einer unabhängigen Drittperson berechnet würde;
- auf dem Entgelt für die im Ausland besorgten Arbeiten an Gegenständen (Art. 3 Bst. d Ziff. 2 MWStG), die nach den Art. 9 und Art. 58 ZG zur vorübergehenden Verwendung oder die nach den Art. 13 und Art. 60 ZG zur passiven Lohnveredelung im Rahmen eines Werkvertrags ausgeführt wurden und an den Absender im Inland zurückgesandt werden;

7 Bezugsteuer und Einfuhrsteuer

- auf dem Entgelt für die im Ausland besorgten Arbeiten an Gegenständen (Art. 3 Bst. d Ziff. 2 MWStG), sofern diese zur Lohnveredelung im Rahmen eines Werkvertrags nach dem Ausfuhrverfahren (Art. 61 ZG) ins Ausland verbracht worden sind und an den Absender im Inland zurückgesandt werden;
- auf dem Marktwert in den übrigen Fällen: als Marktwert gilt, was der Importeur auf der Stufe, auf der die Einfuhr bewirkt wird, an einen selbständigen Lieferanten im Herkunftsland der Gegenstände zum Zeitpunkt der Entstehung der Einfuhrsteuerschuld nach Art. 56 MWStG unter den Bedingungen des freien Wettbewerbs zahlen müsste, um die gleichen Gegenstände zu erhalten.

Richtet sich die Steuerberechnung nach dem Entgelt, so ist das vom Importeur oder an seiner Stelle von einer Drittperson entrichtete oder zu entrichtende Entgelt nach Art. 24 MWStG massgebend, unter Vorbehalt von Art. 18 Abs. 2 Bst. h MWStG. Bei einer nachträglichen Änderung dieses Entgelts gilt Art. 41 MWStG sinngemäss.

In die Bemessungsgrundlage sind einzubeziehen, soweit nicht bereits darin enthalten:
- die ausserhalb des Inlands sowie aufgrund der Einfuhr geschuldeten Steuern, Zölle und sonstigen Abgaben, mit Ausnahme der zu erhebenden MWSt;
- die Kosten für das Befördern oder Versenden und alle damit zusammenhängenden Leistungen bis zum Bestimmungsort im Inland, an den die Gegenstände zum Zeitpunkt der Entstehung der Einfuhrsteuerschuld nach Art. 56 MWStG zu befördern sind; ist dieser Ort unbekannt, so gilt als Bestimmungsort der Ort, an dem das Umladen nach Entstehung der Einfuhrsteuerschuld im Inland erfolgt.

Für die Ermittlung der Bemessungsgrundlage herangezogene Preis- oder Wertangaben in ausländischer Währung sind nach dem am letzten Börsentag vor der Entstehung der Einfuhrsteuerschuld nach Art. 56 MWStG notierten Devisenkurs (Verkauf) in CHF umzurechnen.

7.2.3 Entstehung der Einfuhrsteuerschuld   Art. 56

Die Einfuhrsteuerschuld entsteht zur gleichen Zeit wie die Zollschuld (Art. 69 ZG).

Der steuerpflichtigen Person, welche die Einfuhrsteuerschuld über das ZAZ begleicht, steht für die Bezahlung eine Frist von 60 Tagen nach Ausstellung der Rechnung zu; ausgenommen sind Einfuhren im Reiseverkehr, die mündlich zur Zollveranlagung angemeldet werden.

Ändert sich die Einfuhrsteuerschuld wegen nachträglicher Anpassung des Entgelts, namentlich aufgrund von Vertragsänderungen oder wegen Preisanpassungen zwischen verbundenen Unternehmen aufgrund anerkannter Richtlinien, so muss die zu niedrig bemessene Steuer innert 30 Tagen nach dieser Anpassung der EZV angezeigt werden. Die Meldung sowie die Anpassung der Steuerveranlagung können unterbleiben, wenn die nach zu entrichtende Steuer als Vorsteuer nach Art. 28 MWStG abgezogen werden könnte.

7.2.4 Unterstellungserklärung beim Einfuhrreihengeschäft

Ein Reihengeschäft liegt vor, wenn mehrere Lieferanten in der Folge Lieferungen desselben Produktes vornehmen, wobei das Produkt in einer einzigen Bewegung vom ersten Lieferanten zum letzten Abnehmer in der Reihe gelangt. Dabei wird jeder Zwischenhändler in der Reihe, der im eigenen Namen auftritt, als Lieferant behandelt, obwohl er den Gegenstand der Lieferung nicht körperlich in Empfang nimmt.

Bei Reihengeschäften gelten sämtliche Lieferungen innerhalb der Reihe als im gleichen Zeitpunkt und am gleichen Ort (Ort der Abholung resp. Ort des Beförderungs- oder Versandbeginns) ausgeführt.

Bei Einfuhrreihengeschäften gelten die in der Reihe erbrachten Lieferungen als im Ausland erbracht, somit ist der Endkunde K Importeur und aufgrund der Veranlagungsverfügung MWSt der EZV je nach unternehmerischer Tätigkeit zum Vorsteuerabzug berechtigt. Die inländische H führt eine Lieferung im Ausland aus. Deklaration im Abrechnungsformular unter Ziff. 200 und Ziff. 221 (Leistungen im Ausland).

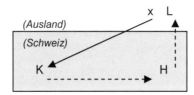

Legende: H = steuerpflichtiger Händler, K = Kunde, L = Lieferant
Bestellung ◄ - - - - - Lieferung ◄——— x = Ort der Leistung

Nimmt der Wiederverkäufer H aber die Einfuhr aufgrund einer Unterstellungserklärung im eigenen Namen vor, so gelten bei Einfuhrreihengeschäften seine und die nachfolgenden Lieferungen als im Inland erbracht (der Ort der Leistungserbringung beim H wird durch die Unterstellungserklärung vom Ausland ins Inland verschoben). Die vorangehenden Lieferungen in der Reihe gelten als im Ausland ausgeführt (Art. 3 Abs. 2 MWStV). H kann mittels der Unterstellungserklärung (Formular Nr. 1235/1236) in der Zollanmeldung als Importeur aufgeführt werden und der Endkunde K als Empfänger. Die Einfuhrsteuer berechnet sich vom Entgelt am Bestimmungsort im Inland, das die inländische H seinem ausländischen Lieferanten L schuldet. Die Lieferung des H gilt als im Inland ausgeführt und ist steuerbar zu 8,0% MWSt. Aufgrund der Veranlagungsverfügung MWSt der EZV kann H den Vorsteuerabzug vornehmen.

Wenn der Leistungserbringer der über eine Unterstellungserklärung verfügt, auf die Vornahme der Einfuhr im eigenen Namen verzichtet, kommen die Abs. 1 und 2 von Art. 3 MWStV nicht zur Anwendung. Auf diesen Verzicht muss der Leistungserbringer in der Rechnung an den Abnehmer hinweisen (Art. 3 Abs. 3 MWStV) (MI 06 «Ort der Leistungserbringung», Teil II, Ziff. 2.4 und Ziff. 4.1).

Bei einem Abholreihengeschäft kann das vereinfachte Verfahren (sog. Unterstellungserklärung) nicht angewendet werden (Form. 1235, Ziff. 2 Bst. c; EZV Publ. 52.01, Ziff. 4.6.2.1.3).

7 Bezugsteuer und Einfuhrsteuer

Hauptabteilung Mehrwertsteuer

Eidgenössische Steuerverwaltung ESTV
Administration fédérale des contributions AFC
Amministrazione federale delle contribuzioni AFC
Administraziun federala da taglia AFT

Datum
Ihr Zeichen
Ihre Nachricht vom
Unser Zeichen

Unterstellungserklärung für den Lieferer, welcher einen für seinen Abnehmer bestimmten Gegenstand im eigenen Namen in den zollrechtlich freien Verkehr zu überführen wünscht (Art. 3 der Mehrwertsteuerverordnung vom 27. November 2009 [MWSTV])

Sehr geehrte Damen und Herren

Das vorliegende Schreiben informiert Sie über den Zweck der Unterstellungserklärung und deren Anwendung. Es ergänzt den Bewilligungsantrag gemäss Formular Nr. 1236 für Lieferer, welche dieses Verfahren anwenden wollen.

In der Alltagssprache bedeutet *Lieferung* die physische Übergabe eines Gegenstandes an einen Dritten. Nachstehend bedeutet *Lieferung* im mehrwertsteuerlichen Sinn die Verschaffung der Befähigung, über einen beweglichen Gegenstand wirtschaftlich zu verfügen (z.B. durch Verkauf), oder das Überlassen eines beweglichen Gegenstandes zum Gebrauch oder zur Nutzung (z.B. durch Vermietung oder Leasing). Derselbe Gegenstand kann somit hintereinander mehrmals geliefert werden, ohne dass dies jeweils zu einer Warenbewegung führt.

1. Grundsätze

a. **Grundsätzlich** gilt bei der Lieferung eines Gegenstandes vom Ausland ins Inland der Abnehmer (z.B. der Käufer oder der Mieter), oder im Rahmen eines Reihengeschäfts der letzte Abnehmer, welchem der Gegenstand im Inland nach Entstehung der Steuerschuld zugestellt werden soll, als *Importeur*.

Folgen für die MWST:

- Die Lieferung, welche zur Einfuhr führt, wird im Ausland bewirkt und untersteht daher nicht der Inlandsteuer.

- Der Abnehmer als *Importeur* des Gegenstandes kann grundsätzlich die Einfuhrsteuer als Vorsteuer geltend machen.

b. Von diesem Grundsatz **abweichend** erlaubt es die **Einfuhr mittels Unterstellungserklärung** dem Lieferer, der im Besitz einer entsprechenden Bewilligung der ESTV ist, den ins Inland an den Abnehmer beförderten oder versendeten Gegenstand im eigenen Namen zu importieren.

Folgen für die MWST:

- Die Lieferung, welche zur Einfuhr führt, gilt als im Inland bewirkt (Art. 3 Abs. 1 MWSTV), und untersteht daher für den Lieferer der Inlandsteuer (die Befreiung von der Steuerpflicht nach Art. 10 Abs. 2 Bst. b des Bundesgesetzes vom 12. Juni 2009 über die Mehrwertsteuer [MWSTG] findet keine Anwendung für Lieferungen von Gegenständen, welche mittels Unterstellungserklärung eingeführt werden).

- Der Lieferer mit der entsprechenden Bewilligung, welcher den Gegenstand ins Inland befördert oder versendet, ist *Importeur* des Gegenstandes. Grundsätzlich kann er, sofern er nach der effektiven Methode abrechnet, die Einfuhrsteuer als Vorsteuerabzug geltend machen.

2. **Wie ist die Unterstellungserklärung anzuwenden?**

a. **Bewilligungsantrag und subjektive Steuerpflicht**

Der interessierte Lieferer hat den vollständig ausgefüllten Bewilligungsantrag Formular Nr. 1236 der ESTV einzureichen. Die ESTV unterrichtet die Eidgenössische Zollverwaltung über die erteilten Bewilligungen.

Die Bewilligung lautet auf den Antragsteller. Wenn sie einem Mitglied einer Mehrwertsteuergruppe oder dem Gruppenvertreter erteilt wird, ist sie für die restlichen Gruppenmitglieder nicht gültig.

Die Bewilligung führt für den Antragsteller zur subjektiven Steuerpflicht, sofern dieser nicht bereits als steuerpflichtige Person registriert ist. Als Folge der Steuerpflicht muss der Bewilligungsinhaber alle im Inland erbrachten Leistungen versteuern. Grundsätzlich kann er für die Aufwendungen, die im Rahmen seiner unternehmerischen Tätigkeit anfallen, den Vorsteuerabzug vornehmen.

Die Bewilligung kann auch dann erteilt werden, wenn der Antragsteller nach der Saldo- oder Pauschalsteuersatzmethode mit der ESTV abrechnet, auch wenn diesfalls kein Vorsteuerabzug möglich ist.

b. **Grundsätzliches zum Vorgehen**

Der Lieferer und Bewilligungsinhaber, welcher einen Gegenstand ins Inland befördert oder versendet (die Beförderung erfolgt diesfalls durch einen von ihm beauftragten Dritten), überführt diesen in den zollrechtlich freien Verkehr und gilt als *Importeur* des Gegenstandes.

In der Zollanmeldung ist dieser Lieferer als *Importeur* (wenn es sich um einen im Ausland domizilierten Lieferer handelt, muss die Angabe des Importeurs mit der Adresse seines inländischen Steuervertreters ergänzt werden) und der Abnehmer als *Empfänger* zu deklarieren. Die Einfuhrsteuer bemisst sich weiter vom Entgelt, welcher der Abnehmer am Bestimmungsort im Inland seinem Lieferer zu entrichten hat. In seiner Abrechnung kann der Lieferer die von ihm entrichtete oder zu entrichtende Einfuhrsteuer als Vorsteuer abziehen, sofern er nach der effektiven Methode abrechnet.

Der Lieferer muss seine Inlandlieferung an den Abnehmer versteuern (Art. 3 Abs. 1 MWSTV) und kann diesem die darauf entfallende Steuer in Rechnung stellen.

7 Bezugsteuer und Einfuhrsteuer

c. Anwendungsbereich der Einfuhr mittels Unterstellungserklärung

Wird ein Gegenstand im Rahmen seiner Überführung in den freien zollrechtlichen Verkehr durch den Lieferer und Bewilligungsinhaber ins Inland zum Abnehmer befördert oder an diesen versandt, erfolgt die Einfuhr mittels Unterstellungserklärung.

Wenn der genannte Lieferer auf die Einfuhr im eigenen Namen mittels Unterstellungserklärung verzichtet, muss er darauf in seiner Rechnung an den Abnehmer des Gegenstandes klar hinweisen (Art. 3 Abs. 3 MWSTV). Diesfalls gilt der Abnehmer des Gegenstandes als Importeur.

Die Einfuhr mittels Unterstellungserklärung ist seitens des Lieferers dann nicht möglich, wenn der Abnehmer den Gegenstand beim Lieferer abholt, um diesen selbst ins Inland einzuführen, oder dann, wenn aus einem inländischen Zollfreilager Gegenstände in den zollrechtlich freien Verkehr überführt werden.

Bei mehreren Lieferungen desselben Gegenstandes nacheinander, bei denen der Gegenstand vom ersten Lieferer an den letzten Abnehmer befördert oder versandt wird (*Reihengeschäft bei der Einfuhr*), gelten bei einer Einfuhr, welche mittels der Unterstellungserklärung im eigenen Namen vorgenommen wird, die der Einfuhr vorangehenden Lieferungen als im Ausland und die nachfolgenden als im Inland ausgeführt (Art. 3 Abs. 2 MWSTV).

Freundliche Grüsse

Abteilung Erhebung

Beilage: Unterstellungserklärung (Form. Nr. 1236)

Hauptabteilung Mehrwertsteuer

Eidgenössische Steuerverwaltung ESTV
Administration fédérale des contributions AFC
Amministrazione federale delle contribuzioni AFC
Administraziun federala da taglia AFT

Unterstellungserklärung für den Lieferer, welcher einen für seinen Abnehmer bestimmten Gegenstand im eigenen Namen in den zollrechtlich freien Verkehr zu überführen wünscht (Art. 3 der Mehrwertsteuerverordnung vom 27. November 2009 [MWSTV])

Der nachfolgend genannte Antragsteller verpflichtet sich, folgende Bedingungen zur Einfuhr von Gegenständen mittels Unterstellungserklärung einzuhalten:

- die Einfuhr von Gegenständen, welche er vom Ausland ins Inland an seine Abnehmer befördert oder versendet, im eigenen Namen (Unterstellungserklärung) vorzunehmen (Art. 3 Abs. 1 MWSTV);

  > Die Einfuhr mittels Unterstellungserklärung ist seitens des Lieferers dann nicht möglich, wenn der Abnehmer den Gegenstand beim Lieferer abholt, um diesen selbst ins Inland einzuführen, oder dann, wenn aus einem inländischen Zollfreilager Gegenstände in den zollrechtlich freien Verkehr überführt werden.

- die Lieferungen von Gegenständen, welche mittels Unterstellungserklärung eingeführt wurden, zu versteuern und diese Lieferungen mit der ESTV abzurechnen. Wenn er nach der effektiven Methode abrechnet, kann er die anlässlich der Einfuhr entrichtete oder zu entrichtende Einfuhrsteuern grundsätzlich als Vorsteuern abziehen;

- wenn er bei der Einfuhr von Gegenständen, welche er zu seinem inländischen Abnehmer befördert oder an diesen versendet, auf die Einfuhr im eigenen Namen verzichtet, **muss er oder sie auf diesen Verzicht in der Rechnung an den Abnehmer hinweisen** (Art. 3 Abs. 3 MWSTV). Diesfalls gilt der Abnehmer des Gegenstandes als Importeur.

Das Erteilen der Bewilligung hat die obligatorische Eintragung des Antragstellers zur Folge, sollte dieser nicht bereits im Inland im Register der steuerpflichtigen Personen eingetragen sein. Die Bewilligung lautet auf den Namen des Antragstellers und kann nicht an Dritte übertragen werden.

Die ESTV kann die Bewilligung jederzeit widerrufen, wenn es die Umstände rechtfertigen.

1. Name des Unternehmens: ....
2. Art der Tätigkeit: ....
3. Geschäftsadresse / Wohnsitz,
   Ort (Stadt), Land: ....
4. Telefonnummer und Name
   der Kontaktperson: ....
5. MWST-Nr., wenn bereits steuerpflichtig: ....
6. Datum, ab dem vorgesehen ist, Einfuhren
   mittels Unterstellungserklärung vorzunehmen: ....

Ort und Datum Firmenstempel und rechtsgültige Unterschrift

....

Unvollständig ausgefüllte Fragebogen können nicht verarbeitet werden.

Bewilligung

Die Einfuhr von Gegenständen mittels Unterstellungserklärung wird bewilligt.
Die ESTV informiert die Eidgenössische Zollverwaltung über die erteilten Bewilligungen.

Bern, Hauptabteilung Mehrwertsteuer
 Abteilung Erhebung

7.2.5 Rückerstattung wegen Wiederausfuhr   Art. 60

Die bei der Einfuhr erhobene Steuer wird auf Antrag zurückerstattet, wenn die Voraussetzungen für den Vorsteuerabzug nach Art. 28 MWStG fehlen und:

➢ die Gegenstände ohne vorherige Übergabe an eine Drittperson im Rahmen einer Lieferung im Inland und ohne vorherige Ingebrauchnahme unverändert wieder ausgeführt werden oder

➢ die Gegenstände im Inland in Gebrauch genommen wurden, aber wegen Rückgängigmachung der Lieferung wieder ausgeführt werden; in diesem Fall wird die Rückerstattung gekürzt um den Betrag, welcher der Steuer auf dem Entgelt für den Gebrauch der Gegenstände oder auf der durch den Gebrauch eingetretenen Wertverminderung sowie auf den nicht zurückerstatteten Einfuhrzollabgaben und Abgaben nach nichtzollrechtlichen Bundesgesetzen entspricht.

Die Steuer wird nur zurückerstattet, wenn:

➢ die Wiederausfuhr innert fünf Jahren nach Ablauf des Kalenderjahres erfolgt, in dem die Steuer erhoben worden ist, und

➢ die Identität der ausgeführten mit den seinerzeit eingeführten Gegenständen nachgewiesen ist.

Die Rückerstattung kann im Einzelfall von der ordnungsgemässen Anmeldung im Einfuhrland abhängig gemacht werden.

Die Anträge auf Rückerstattung sind bei der Anmeldung zum Ausfuhrverfahren zu stellen. Nachträgliche Rückerstattungsanträge können berücksichtigt werden, wenn sie innert 60 Tagen seit Ausstellung des Ausfuhrdokuments, mit dem die Gegenstände nach dem Ausfuhrverfahren (Art. 61 ZG) veranlagt worden sind, schriftlich bei der EZV eingereicht werden.

7.2.6 Verlagerung der Steuerentrichtung   Art. 63

Bei der ESTV registrierte und nach der effektiven Methode abrechnende steuerpflichtige Importeure können die auf der Einfuhr von Gegenständen geschuldete Steuer, statt sie der EZV zu entrichten, in der periodischen Steuerabrechnung mit der ESTV deklarieren (Verlagerungsverfahren), sofern sie regelmässig Gegenstände ein- und ausführen und sich daraus regelmässig beachtliche Vorsteuerüberschüsse ergeben.

Werden die im Verlagerungsverfahren eingeführten Gegenstände nach der Einfuhr im Inland noch bearbeitet oder verarbeitet, so kann die ESTV steuerpflichtigen Personen bewilligen, die bearbeiteten oder verarbeiteten Gegenstände ohne Berechnung der Steuer an andere steuerpflichtige Personen zu liefern.

Die Bewilligung wird gemäss Art. 118 MWStV erteilt, wenn die steuerpflichtige Person:

➢ die MWSt nach der effektiven Methode abrechnet;

➢ im Rahmen ihrer unternehmerischen Tätigkeit regelmässig Gegenstände importiert und exportiert;

> über diese Gegenstände eine detaillierte Einfuhr-, Lager- und Ausfuhrkontrolle führt;
> in ihren periodischen Steuerabrechnungen mit der ESTV regelmässig Vorsteuerüberschüsse aus Ein- und Ausfuhren von Gegenständen von mehr als Fr. 50 000.– pro Jahr ausweist, die aus der Entrichtung der Einfuhrsteuer an die EZV herrühren und
> Gewähr bietet für einen ordnungsgemässen Ablauf des Verfahrens.

Die Erteilung oder die Aufrechterhaltung der Bewilligung kann von der Leistung von Sicherheiten in Höhe der mutmasslichen Ansprüche abhängig gemacht werden.

Fällt eine der Voraussetzungen der Bewilligung weg, so muss die steuerpflichtige Person die ESTV unverzüglich schriftlich benachrichtigen.

Die Bewilligung wird entzogen, wenn die steuerpflichtige Person nicht mehr Gewähr für einen ordnungsgemässen Ablauf des Verfahrens bietet.

Weitere Hinweise zur Einfuhr können den Art. 50 bis 64 MWStG sowie Art. 112 bis Art. 121 MWStV entnommen werden.

Beispiele von Einfuhrlieferungen:
(MI 06 «Ort der Leistungserbringung», EZV Publ. 52.01 «MWSt auf der Einfuhr von Gegenständen»)

Legende: K = Kunde, L = Lieferant
           Bestellung ◄----- Lieferung ◄——— x = Ort der Leistung

Der inländische Kunde (K) bestellt beim ausländischen Lieferanten (L) Waren. Im Auftrag von L wird die Ware durch einen Spediteur zu K geliefert.

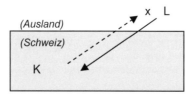

Lieferungsart?   Versandlieferung (eingliedriges Geschäft)
Ort der Lieferung?   Ausland
Importeur?   K
Bemessungsgrundlage?   durch K bezahltes Entgelt (inkl. Nebenkosten)
                            (EZV Publ. 52.01, Ziff. 4.6.2.1.2)

7 Bezugsteuer und Einfuhrsteuer 217

Der inländische Kunde (K) bestellt beim inländischen Lieferanten (L2) im Inland Waren. L2 bestellt die Waren beim ausländischen Lieferanten (L1). L1 liefert die Ware direkt an den inländischen K.

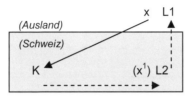

[1] beim vereinfachten Verfahren (sog. Unterstellungserklärung)

Lieferungsart?	Beförderungsreihengeschäft
Ort der Lieferung?	Ausland
Importeur?	K
Bemessungsgrundlage?	bezahltes Entgelt (inkl. Nebenkosten [K an L2])

Ausnahmeregelung:	vereinfachtes Verfahren (sog. Unterstellungserklärung)
Lieferungsart?	Beförderungsreihengeschäft
Ort der Lieferung?	für L1: Ausland
	für L2: Inland
Importeur?	L2
Bemessungsgrundlage?	bezahltes Entgelt (inkl. Nebenkosten [L2 an L1])

(MI 06 «Ort der Leistungserbringung», Teil II, Ziff. 2.4 und Ziff. 4.1).

Der inländische Kunde (K) bestellt beim inländischen Lieferanten (L2) im Inland Waren. L2 bestellt die Waren beim ausländischen Lieferanten (L1). K lässt die Ware durch seinen Spediteur beim ausländischen L1 abholen.

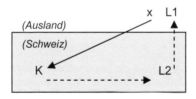

Lieferungsart?	Abholreihengeschäft
Ort der Lieferung?	Ausland
Importeur?	K
Bemessungsgrundlage?	bezahltes Entgelt (inkl. Nebenkosten) [K an L2])

Beim Abholreihengeschäft ist das vereinfachte Verfahren (sog. Unterstellungserklärung) nicht anwendbar (Form. 1235, Ziff. 2 Bst. c; EZV Publ. 52.01, Ziff. 4.6.2.1.3).

Der inländische Kunde (K) bestellt beim ausländischen in der Schweiz steuerpflichtigen Lieferanten (L) Waren mit Montage im Inland.

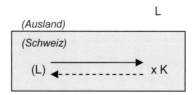

Eine werkvertragliche Lieferung liegt vor, wenn ein ausländischer Lieferant im Inland mit eingeführten Gegenständen eine werkvertragliche Leistung ausführt (z.B. Einbau einer gelieferten Küche, Lieferung und Montage eines Fertighauses usw.). Der ausländische Lieferant führt eine Lieferung im Inland aus, was seine Steuerpflicht auslösen kann. Zur Einfuhr führt das Geschäft zwischen ihm und seinem inländischen Kunden (MI 06 „Ort der Leistungserbringung" Teil II Ziff. 3; EZV Publ. 52.02, Ziff. 2, Ziff. 3 und Ziff. 5).

Importeur des Gegenstandes ist der ausländische L per Adresse seines schweizerischen Steuervertreters. Als Empfänger ist auf der Zollanmeldung der Kunde (K) zu deklarieren. Die Einfuhrsteuer bemisst sich vom Marktwert des Gegenstandes (Verkaufspreis vom Lieferanten [L] an den Kunden [K]) am ersten inländischen Bestimmungsort (ohne Montage- / Einbaukosten)).

Der ausländische steuerpflichtige L stellt K Rechnung mit 8,0% MWSt.

Beispiele von Bezugsteuer:
(MI 14 «Bezugsteuer»)

Legende: K = Kunde, DL = Dienstleistungserbringer, L = Lieferant
                 Bestellung ◄ - - - - -   Leistungen   ◄───── x = Ort der Leistung

Der inländische Kunde (K) bezahlt an einen ausländischen Vermittler (DL) eine Provision von Fr. 5 000.– für das Zuführen von Kunden (Art. 8 Abs. 1 MWStG).

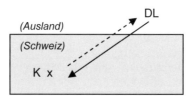

Der Bezug von Dienstleistungen nach Art. 8 Abs. 1 MWStG von einem Unternehmen mit Sitz im Ausland, das im Inland nicht im MWSt-Register eingetragen ist, unterliegt beim inländischen Empfänger der Bezugsteuer nach Art. 45 Abs. 2 MWStG.

K ist steuerpflichtig

Der steuerpflichtige K hat den Dienstleistungsbezug im Abrechnungsformular unter Ziff. 381 generell zu deklarieren (8,0% von (100%) Fr. 5 000.– = Fr. 400.–). Ein Vorsteuerabzug ist je nach unternehmerischen Leistungen möglich (MI 14 «Bezugsteuer», Ziff. 2.1)

Der Vorsteuerabzug kann im Rahmen der unternehmerischen Tätigkeit unter Ziff. 405 (evtl. Ziff. 400) geltend gemacht werden.

Aus der Rechnung des ausländischen Leistungserbringers muss die erbrachte Leistung ersichtlich sein.

K ist nicht steuerpflichtig

Keine Steuerpflicht auf dem Bezug von Dienstleistungen von Unternehmen mit Sitz im Ausland, weil die Leistungen nicht mehr als Fr. 10 000.– pro Kalenderjahr sind (Art. 45 MWStG).

Die in der Schweiz nicht steuerpflichtige Montagefirma L in Lindau (D) führt an der Aussenfassade der Liegenschaft Blumenstrasse 20 (vermietete Wohnungen) des steuerpflichtigen K Montagearbeiten für Fr. 20 000.– aus. Es wird kein Material von Deutschland eingeführt.

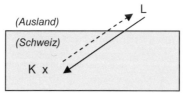

Auf dem gesamten Wert der Lieferung (Arbeit und allfällige Gegenstände) ist gemäss Art. 45 Abs. 1 Bst. c und Abs. 2 MWStG die Bezugsteuer geschuldet, weil der ausländische Leistungserbringer (im Inland nicht steuerpflichtige Montagefirma L) kein Material über die Grenze bringt.

Bei der steuerpflichtigen K kommt Art. 45 Abs. 2 Bst. b MWStG nicht zur Anwendung, d.h. die zuständige Behörde muss nicht schriftlich über die Bezugsteuerpflicht informieren.

Deklaration im Abrechnungsformular unter Ziff. 381 (8,0% von (100%) Fr. 20 000.– = Fr. 1 600.–). Ein Vorsteuerabzug ist nicht möglich, weil die Liegenschaft für von der Steuer ausgenommene Leistungen nach Art. 21 Abs. 2 Ziff. 21 MWStG verwendet wird (MI 14 «Bezugsteuer», Ziff. 2.3)

Aus der Rechnung des ausländischen Leistungserbringers muss die erbrachte Leistung ersichtlich sein.

7.3 FRAGEN

46 Die ausländische Montagefirma X in München (D) (nicht steuerpflichtig im Inland) führt beim inländischen Kunden in St. Gallen (steuerpflichtig) die Montagearbeiten an der Produktionsmaschine 10BB für EURO 16 000.– aus. Die Produktionsmaschine 10BB wird von einem steuerpflichtigen inländischen Lieferanten geliefert. Die Montagefirma X hat kein Material eingeführt.

Unterliegen die Montagearbeiten der Bezugsteuer?

47 Die Kaderschule Z in Konstanz (D) fakturiert dem inländischen nicht steuerpflichtigen Kunden für den besuchten Ausbildungslehrgang in Konstanz EURO 18 000.–.

Unterliegt der fakturierte Betrag der Bezugsteuer?

48 Die Maschinenfabrik A (steuerpflichtig) importiert eine Schleifmaschine. Die Kosten für die Einfuhr belaufen sich wie folgt:

1 Schleifmaschine	Fr. 664 000.–
Transportkosten bis zur Schweizer Grenze	Fr. 2 158.–
Transportkosten bis zum inländischen Bestimmungsort	Fr. 2 000.–
Weitere Kosten (Versicherung, Abladen usw.)	Fr. 1 000.–
Total	Fr. 669 158.–

Welcher Betrag wird durch die EZV besteuert?

(Lösungen im Anhang, Seiten 265 und 266)

8. VERFAHRENSRECHT FÜR DIE INLAND- UND DIE BEZUGSTEUER

8.1 ALLGEMEINE VERFAHRENSBESTIMMUNGEN

8.1.1 Behörde für die Erhebung und den Einzug — Art. 65

Für die Erhebung und den Einzug der Inland- und der Bezugsteuer ist die ESTV zuständig. Die steuerpflichtige Person darf durch die Steuererhebung nur so weit belastet werden, als dies für die Durchsetzung des MWStG zwingend erforderlich ist. Das Organigramm der ESTV Hauptabteilung MWST kann der Homepage «www.estv.admin.ch» entnommen werden.

8.1.2 Steuervertretung — Art. 67

Nachfolgende Situationen verlangen für die Erfüllung der Verfahrenspflichten eine Steuervertretung mit Wohn- oder Geschäftssitz im Inland:

> Steuerpflichtige Personen ohne Wohn- oder Geschäftssitz im Inland,
> Gruppenbesteuerung.

8.1.3 Auskunftspflicht und Auskunftsrecht — Art. 68, 69

Die steuerpflichtige Person hat der ESTV über alle Tatsachen, die für die Steuerpflicht oder für die Steuerbemessung von Bedeutung sein können, nach bestem Wissen und Gewissen Auskunft zu erteilen und die erforderlichen Unterlagen einzureichen. Das gesetzlich geschützte Berufsgeheimnis bleibt vorbehalten.

Auf schriftliche Anfrage der steuerpflichtigen Person zu den mehrwertsteuerlichen Konsequenzen eines konkret umschriebenen Sachverhalts erteilt die ESTV innert angemessener Frist Auskunft. Die Auskunft ist für die anfragende steuerpflichtige Person und die ESTV rechtsverbindlich. Sie kann auf keinen anderen Sachverhalt bezogen werden.

8.2 AN- UND ABMELDUNG ALS STEUERPFLICHTIGE PERSON

Anmeldung	Art. 66 Abs. 1 und 3

> Inlandsteuer

Personen, die aufgrund von Leistungen nach Art. 10 steuerpflichtig werden, haben sich unaufgefordert innert 30 Tagen nach Beginn ihrer Steuerpflicht bei der ESTV schriftlich anzumelden. Die ESTV teilt der Person eine nicht übertragbare Nummer nach den Vorgaben des Bundesgesetzes vom 18.6.2010 über die Unternehmens-Identifikationsnummer zu, die registriert wird.

➤ Bezugsteuer

Personen, die einzig aufgrund der Bezugsteuer steuerpflichtig werden, haben sich innert 60 Tagen nach Ablauf des Kalenderjahres, für das die Person steuerpflichtig ist, schriftlich bei der ESTV anzumelden und gleichzeitig die bezogenen Leistungen zu deklarieren.

Abmeldung	Art. 66 Abs. 2

Endet die Steuerpflicht nach Art. 14 Abs. 2 MWStG, so hat sich die steuerpflichtige Person innert 30 Tagen nach der Beendigung der unternehmerischen Tätigkeit, spätestens aber mit dem Abschluss des Liquidationsverfahrens bei der ESTV schriftlich abzumelden.

8.3 BUCHFÜHRUNG UND AUFBEWAHRUNG   Art. 70

Die steuerpflichtige Person hat ihre Geschäftsbücher und Aufzeichnungen nach den handelsrechtlichen Grundsätzen zu führen. Die ESTV kann ausnahmsweise darüber hinausgehende Aufzeichnungspflichten erlassen, wenn dies für die ordnungsgemässe Erhebung der MWSt unerlässlich ist.

Darüber hinausgehende Aufzeichnungspflichten sind u.a.:

Bezugs- und Lieferungskontrolle über Gebrauchtgegenstände			
Ankauf			
Datum	Lieferant	Gegenstand	Einstandspreis
Verkauf			
Datum	Kunde	Verkaufserlös	

Aufzeichnungspflicht gemäss Art. 64 MWStV; MI 09 «Vorsteuerabzug und Vorsteuerkorrekturen», Ziff. 7.3.8

zusätzliche Konten oder Steuercodes bei der Gruppenbesteuerung
Die gruppeninternen Transaktionen (Aufwand und Ertrag) sind in den Geschäftsbüchern separat darzustellen. Dies kann mit der Erfassung auf separaten Konti oder mit einem separaten Steuercode geschehen.

MI 03 «Gruppenbesteuerung», Ziff. 8.3

8 Verfahrensrecht für die Inland- und die Bezugsteuer 223

> **Aufzeichnungspflicht bei Liegenschaften**
>
> Für jede gemischt genutzte Immobilie sind von der steuerpflichtigen Person Aufzeichnungen zu führen, aus denen die Vorsteuerschlüssel ersichtlich sind (Art. 70 Abs. 1 MWStG). Es empfiehlt sich, diese Aufzeichnungen bei jeder Änderung den neuen Verhältnissen anzupassen und zu Kontrollzwecken aufzubewahren.
>
> Die bei der Ermittlung einer allfälligen Nutzungsänderung benötigten Unterlagen müssen bei der steuerpflichtigen Person gemäss Art. 70 Abs. 3 i.V.m. Art. 42 MWStG während 26 Jahren aufbewahrt werden (Amortisationsdauer zuzüglich Verjährung).
>
> Die Aufteilung ist – soweit möglich – bereits in der Buchhaltung anhand einzelner Konten vorzunehmen, beispielsweise wie folgt:
>
> - Anschaffungswert der Immobilien;
> - Wertberichtigung auf Immobilien;
> - Wertvermehrende Aufwendungen;
> - Werterhaltende Aufwendungen (Unterhalt zL des Vermieters);
> - Nebenkosten (je nach Verteilschlüssel aufgeteilt in Heiz- und übrige Nebenkosten).
>
> Es empfiehlt sich, diese Konten für jede Immobilie getrennt zu führen. Zudem ist es vorteilhaft, die vorsteuerbelasteten Liegenschaftsaufwendungen auf den Konten mit speziellen Steuercodes zu versehen oder auf separaten Konten (getrennt nach Steuersätzen) zu verbuchen. Wird diese Gliederung nicht bereits in der Buchhaltung vorgenommen, ist es empfehlenswert, entsprechende Aufzeichnungen ausserhalb der Buchhaltung zu führen (z.B. in Form von Listen, Anlagedateien oder Mieterspiegel).

MBI 17 «Liegenschaftsverwaltung / Vermietung und Verkauf von Immobilien», Ziff. 3.2

Weil die MWSt buchhalterisch einen durchlaufenden Posten darstellt, empfiehlt es sich, die auf dem Umsatz geschuldete MWSt auf einem separaten Konto «Umsatzsteuer» zu verbuchen. Die beim Einkauf an steuerpflichtige Leistungserbringer zu bezahlende oder bezahlte, abzugsberechtigte MWSt wird auf das Konto «Vorsteuer auf Material- und Dienstleistungsaufwand» oder auf das Konto «Vorsteuer auf Investitionen und übrigem Betriebsaufwand» erfasst (MI 16 «Buchführung und Rechnungsstellung», Ziff. 1.7).

Die steuerpflichtige Person hat ihre Geschäftsbücher, Belege, Geschäftspapiere und sonstigen Aufzeichnungen geordnet nach Steuerperiode bis zum Eintritt der absoluten Verjährung der Steuerforderung, mindestens aber während 10 Jahren, ordnungsgemäss aufzubewahren. Die Art. 957 und Art. 962 OR sind anwendbar. Als Belege gelten Korrespondenzen, Bestellungen, Lieferantenrechnungen, Kopien der Ausgangsrechnungen, Kaufverträge, Zahlungsbelege, Kassenstreifen, Ein- und Ausfuhrveranlagungsverfügungen der EZV, Hilfsbücher, interne Belege wie Arbeitsrapporte, Werkstattkarten, Materialbezugsscheine, Zusammenstellungen für die MWSt-Abrechnungen, die MWSt-Abrechnungen usw. (MI 16 «Buchführung und Rechnungsstellung», Ziff. 1.6.2).

Geschäftsunterlagen im Zusammenhang mit unbeweglichen Gegenständen sind während 20 Jahren aufzubewahren (z.B. Lieferantenrechnungen, MWSt-Abrechnungen, Kaufverträge usw). Ist nach Ablauf dieser Frist die Verjährung der Steuerforderung, auf welche sich die Unterlagen beziehen, noch nicht eingetreten, so dauert die Aufbewahrungspflicht bis zum Eintritt der Verjährung (MI 16 «Buchführung und Rechnungsstellung», Ziff. 1.6.2).

8.4 EINREICHUNG DER ABRECHNUNG   Art. 71

Die steuerpflichtige Person hat gegenüber der ESTV innert 60 Tagen nach Ablauf der Abrechnungsperiode unaufgefordert in der vorgeschriebenen Form über die Steuerforderung abzurechnen. Endet die Steuerpflicht, so läuft die Frist von diesem Zeitpunkt an. Bei verspäteter Zahlung der Steuerforderung ist ein Verzugszins geschuldet. Weitere Hinweise können dem Kapitel 8.11 entnommen werden.

Steuerpflichtige Unternehmen und deren Vertreter können über ein Formular elektronisch Fristgesuche für die verspätete Einreichung der Abrechnung und/oder die verspätete Zahlung einreichen. Die maximale Frist beträgt 3 Monate.

8.5 KORREKTUR VON MÄNGELN IN DER ABRECHNUNG   Art. 72
(FINALISIERUNG)

Stellt die steuerpflichtige Person im Rahmen der Erstellung ihres Jahresabschlusses Mängel in ihren Steuerabrechnungen fest, so muss sie diese spätestens in der Abrechnung über jene Abrechnungsperiode korrigieren, in die der 180. Tag seit Ende des betreffenden Geschäftsjahres fällt (Art. 72 Abs. 1 MWStG).

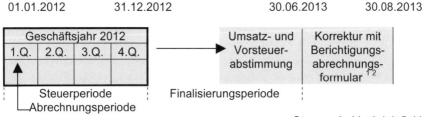

[1] mit separater Berichtigungsabrechnung (MI 15 «Abrechnung und Steuerentrichtung», Ziff. 6)

[2] ist nach Ablauf von 240 Tagen seit Geschäftsabschluss keine Berichtigungsabrechnung eingegangen, geht die ESTV davon aus, dass die von der steuerpflichtigen Person eingereichten Abrechnungen vollständig und korrekt sind und die Steuerperiode finalisiert ist (MI 01 «MWSt in Kürze und Übergangsinfo», Teil II Ziff. 4.1).

Finalisierung heisst Abstimmung der MWSt-Abrechnungen mit dem Jahresabschluss in Form einer Umsatz- und Vorsteuerabstimmung gemäss Art. 128 MWStV. Beispiele von Umsatzabstimmungen können der MI 16 «Buchführung und Rechnungsstellung», Anhang II und III entnommen werden.

Aus der Umsatzabstimmung muss ersichtlich sein, wie die Deklaration für die Steuerperiode unter Berücksichtigung der verschiedenen Steuersätze bzw. der Saldo- oder Pauschalsteuersätze mit dem Jahresabschluss in Übereinstimmung gebracht wird (Art. 128 Abs. 2 MWStV).

Aus der Vorsteuerabstimmung muss ersichtlich sein, dass die Vorsteuern gemäss Vorsteuerkonti oder sonstigen Aufzeichnungen mit den deklarierten Vorsteuern abgestimmt wurden (Art. 128 Abs. 3 MWStV).

Es empfiehlt sich, eine vertiefte Plausibilitätskontrolle der geltend gemachten Vorsteuern mit der Buchhaltung sowie eine Plausibilitätskontrolle der eingereichten Abrechnungen vorzunehmen.

Im Rahmen der Finalisierung sind die Vorsteuerkorrekturen ebenfalls zu überprüfen. Bei Abweichungen ist die deklarierte Vorsteuerkorrektur entsprechend anzupassen (MI 09 «Vorsteuerabzug und Vorsteuerkorrekturen», Ziff. 6.1).

Die steuerpflichtige Person hat die Steuerabrechnungen mit ihrem Jahresabschluss abzugleichen und festgestellte Mängel zu korrigieren. Solche Korrekturen müssen spätestens in derjenigen Abrechnungsperiode erfolgen, in die der 180. Tag nach Abschluss des Geschäftsjahres fällt. Die festgestellten Mängel sind der ESTV mittels *Berichtigungsabrechnung* zu melden (zu deklarieren sind nur allfällige Differenzen) (Art. 72 MWStG). Diese Berichtigungsabrechnung ist über Internet der ESTV HA MWST abrufbar. Ist nach Ablauf von 240 Tagen seit Ende des Geschäftsjahres keine Berichtigungsabrechnung eingegangen, geht die ESTV davon aus, dass die von der steuerpflichtigen Person eingereichten Abrechnungen vollständig und korrekt sind und die Steuerperiode finalisiert ist. Wurden beim Abgleich mit dem Jahresabschluss keine Mängel festgestellt, ist keine Berichtigungsabrechnung einzureichen (u.a. MI 01 «MWSt in Kürze und Übergangsinfo», Teil II Ziff. 4.1 oder MI 15 «Abrechnung und Steuerentrichtung», Ziff. 6).

Die steuerpflichtige Person ist weiterhin verpflichtet (auch nach der Finalisierungsfrist), erkannte Mängel in Abrechnungen über zurückliegende Steuerperioden nachträglich zu korrigieren, soweit die Steuerforderungen dieser Steuerperioden nicht in Rechtskraft erwachsen oder verjährt sind. Die nachträglichen Korrekturen der Abrechnungen haben in der von der ESTV vorgeschriebenen Form zu erfolgen (mittels *Korrekturabrechnung*) (es sind sämtliche Beträge der zu korrigierenden Abrechnungsperiode zu deklarieren) (Art. 43 Abs. 2 MWStG, Art. 129 MWStV, Art. 72 Abs. 2 und 3 MWStG).

Wird der Steuervorteil aufgrund einer fehlerhaften Abrechnung erzielt, ist die Steuerhinterziehung erst strafbar, wenn die Frist zur Korrektur von Mängeln in der Abrechnung abgelaufen ist und der Fehler nicht korrigiert wurde (Art. 96 Abs. 6 MWStG, Art. 102 MWStG).

Die steuerpflichtige Person hat ihre Geschäftsbücher, Belege, Geschäftspapiere und sonstigen Aufzeichnungen bis zum Eintritt der absoluten Verjährung der Steuerforderung ordnungsgemäss aufzubewahren. Geschäftsunterlagen, die im Zusammenhang mit der Berechnung der Einlageentsteuerung und des Eigenverbrauchs von unbeweglichen Gegenständen benötigt werden, sind während 20 Jahren (zuzüglich Verjährungsfrist) aufzubewahren (Art. 70 MWStG).

Nachfolgend sind die entsprechenden Formulare aufgeführt.

8 Verfahrensrecht für die Inland- und die Bezugsteuer

JAHRESABSTIMMUNG (Berichtigungsabrechnung nach Art. 72 MWSTG, effektive Methode)
In dieser Abrechung sind nur die <u>Differenzen</u> zu den bisher eingereichten Abrechnungen zu deklarieren.

Herrn, Frau, Firma

MWST-Nr.:
Ref.-Nr.:
Steuerperiode von/bis: 01.01.20....... bis 31.12.20.......

Wir bitten Sie bei einer Differenz zugunsten der ESTV den Betrag auf das Konto IBAN CH60 0900 0000 3000 0037 5 zu überweisen sowie unter „Mitteilung" die MWST-Nummer und den Zahlungsgrund (z.B. J2011 für das Jahr 2011) anzugeben.

I. UMSATZ (zitierte Artikel beziehen sich auf das Mehrwertsteuergesetz vom 12.06.2009)

	Ziffer	Umsatz CHF	Umsatz CHF
Total der vereinbarten bzw. vereinnahmten Entgelte (Art. 39), inkl. Entgelte aus Übertragungen im Meldeverfahren sowie aus Leistungen im Ausland	200		
In Ziffer 200 enthaltene Entgelte aus nicht steuerbaren Leistungen (Art. 21), für welche nach Art. 22 optiert wird	205		
Abzüge: Von der Steuer befreite Leistungen (u.a. Exporte, Art. 23), von der Steuer befreite Leistungen an begünstigte Einrichtungen und Personen (Art. 107 Abs. 1 Bst. a)	220		
Leistungen im Ausland	221 +		
Übertragung im Meldeverfahren (Art. 38, bitte zusätzlich Form. 764 einreichen)	225 +		
Nicht steuerbare Leistungen (Art. 21), für die nicht nach Art. 22 optiert wird	230 +		
Entgeltsminderungen	235 +		
Diverses	280 +		Total Ziff. 220 bis 280 = 289
Steuerbarer Gesamtumsatz (Ziff. 200 abzüglich Ziff. 289)	299	=	

II. STEUERBERECHNUNG

Satz		Leistungen CHF ab 01.01.2011	Steuer CHF / Rp. ab 01.01.2011			Leistungen CHF bis 31.12.2010	Steuer CHF / Rp. bis 31.12.2010	
Normal	301			8,0%	300			7,6%
Reduziert	311			2,5%	310			2,4%
Beherbergung	341			3,8%	340			3,6%
Bezugsteuer	381				380			

		Steuer CHF / Rp.	
Total geschuldete Steuer (Ziff. 300 bis 381)		=	399
Vorsteuer auf Material- und Dienstleistungsaufwand	400		
Vorsteuer auf Investitionen und übrigem Betriebsaufwand	405 +		
Einlageentsteuerung (Art. 32, bitte detaillierte Aufstellung beilegen)	410 +		
Vorsteuerkorrekturen: gemischte Verwendung (Art. 30), Eigenverbrauch (Art. 31)	415 –		Total Ziff. 400 bis 420
Vorsteuerkürzungen: Nicht-Entgelte wie Subventionen, Tourismusabgaben (Art. 33 Abs. 2)	420 –	=	479
An die Eidg. Steuerverwaltung zu bezahlender Betrag	500	=	
Guthaben der steuerpflichtigen Person	510 =		

III. ANDERE MITTELFLÜSSE (Art. 18 Abs. 2)

Subventionen, durch Kurvereine eingenommene Tourismusabgaben, Entsorgungs- und Wasserwerkbeiträge (Bst. a-c)	900	
Spenden, Dividenden, Schadenersatz usw. (Bst. d-l)	910	

Der/die Unterzeichnende bestätigt die Richtigkeit seiner/ihrer Angaben:
Datum   Buchhaltungsstelle   Telefon   Rechtsverbindliche Unterschrift

DM_0550 / 06.12

8 Verfahrensrecht für die Inland- und die Bezugsteuer

JAHRESABSTIMMUNG (Berichtigungsabrechnung nach Art. 72 MWSTG, Saldosteuersatz / Pauschalsteuersatz) In dieser Abrechnung sind nur die _Differenzen_ zu den bisher eingereichten Abrechnungen zu deklarieren.

Herrn, Frau, Firma

MWST-Nr.:
Ref.-Nr.:
Steuerperiode von/bis: 01.01.20....... bis 31.12.20.......

Wir bitten Sie bei einer Differenz zugunsten der ESTV den Betrag auf das Konto IBAN CH60 0900 0000 3000 0037 5 zu überweisen sowie unter „Mitteilung" die MWST-Nummer und den Zahlungsgrund (z.B. J2011 für das Jahr 2011) anzugeben.

I. UMSATZ (zitierte Artikel beziehen sich auf das Mehrwertsteuergesetz vom 12.06.2009)

	Ziffer	Umsatz CHF	Umsatz CHF
Total der vereinbarten bzw. vereinnahmten Entgelte (Art. 39), inkl. Entgelte aus Übertragungen im Meldeverfahren sowie aus Leistungen im Ausland	200		
Abzüge: Von der Steuer befreite Leistungen (u.a. Exporte, Art. 23), von der Steuer befreite Leistungen an begünstigte Einrichtungen und Personen (Art. 107 Abs. 1 Bst. a)	220		
Leistungen im Ausland	221 +		
Übertragung im Meldeverfahren (Art. 38, bitte zusätzlich Form. 764 einreichen)	225 +		
Nicht steuerbare Leistungen (Art. 21), für die nicht nach Art. 22 optiert wird	230 +		
Entgeltsminderungen	235 +		Total Ziff. 220 bis 280
Diverses	280 +	= –	289
Steuerbarer Gesamtumsatz (Ziff. 200 abzüglich Ziff. 289)	299	=	

II. STEUERBERECHNUNG

	Leistungen CHF ab 01.01.2011	Steuer CHF / Rp. ab 01.01.2011		Leistungen CHF bis 31.12.2010	Steuer CHF / Rp. bis 31.12.2010
1. Satz	321	+	320		+
2. Satz	331	+	330		+
		+			+
Bezugsteuer	381	+	380		+
Total geschuldete Steuer (Ziff. 320 bis 381)				=	399

		Steuer CHF / Rp.
Steueranrechnung gemäss Formular Nr. 1050	470	
Steueranrechnung gemäss Formular Nr. 1055	471 +	
	+	
	–	Total Ziff. 470 bis 471
	–	= –	479
An die Eidg. Steuerverwaltung zu bezahlender Betrag	500	=
Guthaben der steuerpflichtigen Person	510 =	

III. ANDERE MITTELFLÜSSE (Art. 18 Abs. 2)

Subventionen, durch Kurvereine eingenommene Tourismusabgaben, Entsorgungs- und Wasserwerkbeiträge (Bst. a-c)	900	
Spenden, Dividenden, Schadenersatz usw. (Bst. d-l)	910	

Der/die Unterzeichnende bestätigt die Richtigkeit seiner/ihrer Angaben:
Datum   Buchhaltungsstelle   Telefon   Rechtsverbindliche Unterschrift

DM_0553 / 06.12

Korrekturabrechnung (effektive Methode)
Diese Abrechnung ersetzt die bereits eingereichte Abrechnung

Herrn, Frau, Firma   MWST-Nr:
                       Ref.-Nr.:
                       Abrechnungsperiode:
                       von/bis:
                       deklarierter Steuerbetrag: CHF

I. UMSATZ (zitierte Artikel beziehen sich auf das Mehrwertsteuergesetz vom 12.06.2009)

	Ziffer	Umsatz CHF	Umsatz CHF
Total der vereinbarten bzw. vereinnahmten Entgelte (Art. 39), inkl. Entgelte aus Übertragungen im Meldeverfahren sowie aus Leistungen im Ausland	200		
In Ziffer 200 enthaltene Entgelte aus nicht steuerbaren Leistungen (Art. 21), für welche nach Art. 22 optiert wird	205		
Abzüge: Von der Steuer befreite Leistungen (u.a. Exporte, Art. 23), von der Steuer befreite Leistungen an begünstigte Einrichtungen und Personen (Art. 107 Abs. 1 Bst. a)	220		
Leistungen im Ausland	221 +		
Übertragung im Meldeverfahren (Art. 38, bitte zusätzlich Form. 764 einreichen)	225 +		
Nicht steuerbare Leistungen (Art. 21), für die nicht nach Art. 22 optiert wird	230 +		
Entgeltsminderungen	235 +		Total Ziff. 220 bis 280
Diverses	280 +	= –	289
Steuerbarer Gesamtumsatz (Ziff. 200 abzüglich Ziff. 289)	299	=	

II. STEUERBERECHNUNG

Satz		Leistungen CHF ab 01.01.2011	Steuer CHF / Rp. ab 01.01.2011			Leistungen CHF bis 31.12.2010		Steuer CHF / Rp. bis 31.12.2010	
Normal	301		+		8,0%	300		+	7,6%
Reduziert	311		+		2,5%	310		+	2,4%
Beherbergung	341		+		3,8%	340		+	3,6%
Bezugsteuer	381		+			380		+	

		Steuer CHF / Rp.	
Total geschuldete Steuer (Ziff. 300 bis 381)		=	399
Vorsteuer auf Material- und Dienstleistungsaufwand	400		
Vorsteuer auf Investitionen und übrigem Betriebsaufwand	405 +		
Einlageentsteuerung (Art. 32, bitte detaillierte Aufstellung beilegen)	410 +		
Vorsteuerkorrekturen: gemischte Verwendung (Art. 30), Eigenverbrauch (Art. 31)	415 –		Total Ziff. 400 bis 420
Vorsteuerkürzungen: Nicht-Entgelte wie Subventionen, Tourismusabgaben (Art. 33 Abs. 2)	420 –	= –	479
An die Eidg. Steuerverwaltung zu bezahlender Betrag	500	=	
Guthaben der steuerpflichtigen Person	510 =		

III. ANDERE MITTELFLÜSSE (Art. 18 Abs. 2)

Subventionen, durch Kurvereine eingenommene Tourismusabgaben, Entsorgungs- und Wasserwerkbeiträge (Bst. a-c)	900	
Spenden, Dividenden, Schadenersatz usw. (Bst. d-l)	910	

Der/die Unterzeichnende bestätigt die Richtigkeit seiner/ihrer Angaben:
Datum   Buchhaltungsstelle   Telefon   Rechtsverbindliche Unterschrift

DM_0535_01 / 01.12

8 Verfahrensrecht für die Inland- und die Bezugsteuer

Korrekturabrechnung (Saldosteuersatz/Pauschalsteuersatz)

Diese Abrechnung **ersetzt** die bereits eingereichte Abrechnung

Herrn, Frau, Firma
MWST-Nr:
Ref.-Nr.:
Abrechnungsperiode:
von/bis:
deklarierter Steuerbetrag: CHF

I. UMSATZ (zitierte Artikel beziehen sich auf das Mehrwertsteuergesetz vom 12.06.2009)

Bezeichnung	Ziffer	Umsatz CHF	Umsatz CHF
Total der vereinbarten bzw. vereinnahmten Entgelte (Art. 39), inkl. Entgelte aus Übertragungen im Meldeverfahren sowie aus Leistungen im Ausland	200		
Abzüge: Von der Steuer befreite Leistungen (u.a. Exporte, Art. 23), von der Steuer befreite Leistungen an begünstigte Einrichtungen und Personen (Art. 107 Abs. 1 Bst. a)	220		
Leistungen im Ausland	221 +		
Übertragung im Meldeverfahren (Art. 38, bitte zusätzlich Form. 764 einreichen)	225 +		
Nicht steuerbare Leistungen (Art. 21), für die nicht nach Art. 22 optiert wird	230 +		
Entgeltsminderungen	235 +		
Diverses	280 +	=	Total Ziff. 220 bis 280 289
Steuerbarer Gesamtumsatz (Ziff. 200 abzüglich Ziff. 289)	299	=	

II. STEUERBERECHNUNG

	Leistungen CHF ab 01.01.2011	Steuer CHF / Rp. ab 01.01.2011		Leistungen CHF bis 31.12.2010	Steuer CHF / Rp. bis 31.12.2010
1. Satz	321	+	320		+
2. Satz	331	+	330		+
	▉	+		▉	+
Bezugsteuer	381	+	380		+
Total geschuldete Steuer (Ziff. 320 bis 381)				=	399

			Steuer CHF / Rp.
Steueranrechnung gemäss Formular Nr. 1050	470		
Steueranrechnung gemäss Formular Nr. 1055	471 +		
	+	▉	
	−	▉	Total Ziff. 470 bis 471
	−	▉	= − 479
An die Eidg. Steuerverwaltung zu bezahlender Betrag	500	=	
Guthaben der steuerpflichtigen Person	510 =		

III. ANDERE MITTELFLÜSSE (Art. 18 Abs. 2)

Subventionen, durch Kurvereine eingenommene Tourismusabgaben, Entsorgungs- und Wasserwerkbeiträge (Bst. a-c)	900	
Spenden, Dividenden, Schadenersatz usw. (Bst. d-l)	910	

Der/die Unterzeichnende bestätigt die Richtigkeit seiner/ihrer Angaben:
Datum Buchhaltungsstelle Telefon Rechtsverbindliche Unterschrift

DM_0536_01 / 01.12

Der Aufbau der Umsatz- und Vorsteuerabstimmung kann je nach Branche und Grösse des Unternehmens unterschiedlich sein. Das nachfolgende Beispiel zeigt einen praktikablen Vorschlag auf.

Beispiel: Finalisierung

Ausgangslage:

Aus der Buchhaltung des Geschäftsjahres 2011 (1.1. – 31.12.2011) der Muster Beratung GmbH, St. Gallen (steuerpflichtig, effektive Abrechnungsmethode, Abrechnung nach vereinnahmten Entgelten) sind folgende Zahlen bekannt:

Erfolgsrechnung 1.1. – 31.12.2011

AUFWAND		ERTRAG	
Materialaufwand (exkl. 2,5%)[1]	110 000	Beratung Inland (exkl. 8,0%)	500 000
Personalaufwand (ohne MWSt)	440 000	Beratung Ausland (0,0%)	40 000
Verwaltungs- / Betriebsaufwand[2] (inkl. Abschreibungen)	220 000	Schulung optiert Inland (exkl. 8,0%)	200 000
		Darlehensverzicht Gesellschafter	90 000
		Privatanteil Fahrzeug[3]	3 840
Gewinn	63 840	Entgeltsminderungen	0
	833 840		833 840

[1] Materialeinkauf 2011 Fr. 120 000.– zuzüglich 2,5% MWSt Fr. 3 000.– (Bücher für die Schulung)
[2] davon vorsteuerbelasteter Aufwand 2011 Fr. 140 000.– zuzüglich 8,0% MWSt Fr. 11 200.–
[3] Privatanteil Fahrzeug (0,8% pro Monat vom Kaufpreis 2009 Fr. 40 000.– exkl. MWSt)

Bilanz per 31.12.2011
(teilweise Auszug aus der Bilanz)

AKTIVEN		PASSIVEN	
Debitoren 01.01.	0	Kreditoren 01.01. (exkl. MWSt)	24 000
Debitoren 31.12. (exkl. 8,0%)	20 000	Kreditoren 31.12. (exkl. MWSt)	10 000
Warenvorräte 01.01. (exkl. 2,5%)	10 000	Umsatzsteuern[4]	16 600
Warenvorräte 31.12. (exkl. 2,5%)	20 000		
Investitionen (exkl. 8,0%)[5]	160 000	Trans. Passiven	0
Vorsteuern Material[6]	1 350		
Vorsteuern Inv. / Betr.aufw.[7]	5 384		
usw.			

[4] verbuchte Umsatzsteuern 2011 Fr. 54 400.–
[5] Einkauf Investitionen 2011 Fr. 180 000.– zuzüglich 8,0% MWSt Fr. 14 400.–
[6] verbuchte Vorsteuern Material 2011 Fr. 3 000.–
[7] verbuchte Vorsteuern Investitionen und Betriebsaufwand 2011 Fr. 26 720.–

In den Abrechnungsformularen 1. bis 4. Quartal 2011 wurden nachfolgende Leistungen (exkl. MWSt) und Vorsteuern deklariert:

8 Verfahrensrecht für die Inland- und die Bezugsteuer

Ziff. 200:	Fr. 710 000.–		
Ziff. 205:	Fr. 200 000.–		
Ziff. 221 / 289:	Fr. 30 000.–		
Ziff. 299 / 301 / 399:	Fr. 680 000.–	Umsatzsteuern	Fr. 54 400.–
Ziff. 400:	Fr. 3 000.–		
Ziff. 405:	Fr. 25 920.–	Vorsteuern	Fr. 28 920.–

Fragen:

1. Wurden die Abrechnungsformulare 1. – 4. Quartal 2011 betragsmässig korrekt erstellt? Die Umsatz- und Vorsteuerabstimmung für die Geschäftsperiode 1.1. – 31.12.2011 ist vorzunehmen.
2. Wie viel Steuern sind der ESTV aufgrund der Umsatz- und Vorsteuerabstimmung zu bezahlen? Das Berichtigungsabrechnungsformular ist auszufüllen.
3. Bis wann sind die Mängel in den Abrechnungen 1. – 4. Quartal 2011 zu korrigieren (Finalisierung nach Art. 72 MWStG)?
4. Werden aufgrund der Plausibilitätskontrolle der geltend gemachten Vorsteuern Mängel in den Abrechnungen erkennbar? Die Berechnung ist vorzunehmen.
5. Was für Plausibilitätskontrollen über die ausgefüllten Abrechnungsformulare sind zweckmässig?

Lösungsansätze:

Lösungsansätze zur Frage 1:

Der Aufbau der Umsatz- und Vorsteuerabstimmung kann je nach Branche und Grösse des Unternehmens unterschiedlich sein. Das nachfolgende Beispiel zeigt einen praktikablen Vorschlag auf.

Umsatzabstimmung		01.01. – 31.12.2011		
			Leistungen	
Kto.	Bezeichnung	steuerbar Fr.	steuerbefreit / im Ausland Fr.	ausgenommen Fr.	Total Fr.
Umsatz gem. Erfolgsrechnung	700 000.–	40 000.–		740 000.–
Ertrag gem. Erfolgsrechnung (übrige Habenbuchungen)	3 840.–			3 840.–
Veränderung Kundenguthaben, angefangene Arbeiten, Vorauszahlungen, Delkredere, Trans. Abgrenzungspositionen, interne nicht umsatzrelevante Umbuchungen, geldwerte Leistungen	– 20 000.–			– 20 000.–
Zwischentotal (exkl. MWSt)	683 840.–	40 000.–		723 840.–
Verbuchte Umsatzsteuer	54 400.–	0.–		54 400.–
Entgelt gemäss Buchhaltung	738 240.–	40 000.–		778 240.–

	(Ziff. 299 / 225)	(Ziff. 220 / 221)	(Ziff. 230)	(Ziff. 200)
1. - 4. Quartal 2011	680 000.-	30 000.-		710 000.-
Zwischentotal (exkl. MWSt)	680 000.-	30 000.-		710 000.-
Deklarierte Umsatzsteuer	54 400.-	0.-		54 400.-
Entgelt gemäss Deklarationen	734 400.-	30 000.-		764 400.-
Differenz(en) (inkl. MWSt)	3 840.-	10 000.-		13 840.-

Vorsteuerabstimmung			01.01. – 31.12.2011	
Kto.	Bezeichnung	Sollbuchung	Vorsteuern Habenbuchung (ohne Zahlungen / Umbuchungen auf Kreditor MWSt)	Total Vorsteuern
		Fr. +	Fr. -	Fr. =
Aktivkonto Vorsteuern auf Material und Dienstleistungsaufwand		3 000.-		3 000.-
Vorsteuern gemäss Buchhaltung		3 000.-		3 000.-
Vorsteuern (Ziff. 400)		3 000.-		3 000.-
Vorsteuern gemäss Deklarationen		3 000.-		3 000.-
Differenz		0.-		0.-
Aktivkonto Vorsteuern auf Investitionen und übrigem Betriebsaufwand		26 720.-		26 720.-
Vorsteuern gemäss Buchhaltung		26 720.-	0.-	26 720.-
Vorsteuern (Ziff. 405 – Ziff. 420)		25 920.-		25 920.-
Vorsteuern gemäss Deklarationen		25 920.-	0.-	25 920.-
Differenz		800.-	0.-	800.-

Die Vorsteuerkonten (Aktiven) und die Umsatzsteuerkonten (Passiven) in der Buchhaltung müssen nach der Umbuchung auf das Buchhaltungskonto «Kreditor MWSt» einen Nullsaldo ausweisen. Voraussetzung für die Abstimmung ist, dass der Saldo des Passivkontos «Kreditoren MWSt» dem Betrag gemäss Ziff. 500 des letzten eingereichten Abrechnungsformulars entspricht.

Im Rahmen der Finalisierung ist bei Vorsteuerkorrekturen der berechnete Schlüssel zu überprüfen, ob er sachgerecht ist. Bei Abweichungen ist die deklarierte Vorsteuerkorrektur entsprechend anzupassen (MI 09 «Vorsteuerabzug und Vorsteuerkorrekturen», Ziff. 6.1).

Im vorliegenden Fallbeispiel sind keine Vorsteuerkorrekturen und -kürzungen vorzunehmen. Bei der privaten Benützung des Geschäftsfahrzeuges von der eng verbundenen Person handelt es sich um eine Leistung an den Gesellschafter (und nicht um eine Vorsteuerkorrektur (Eigenverbrauch)). IdR wird der entsprechende Wert pauschal ermittelt. Der diesbezügliche Ansatz beträgt pro Monat 0,8% des Kaufpreises exkl. MWSt, mindestens jedoch Fr. 150.--. Der so errechnete Ansatz versteht sich inkl. MWSt (MI 08 «Privatanteile», Ziff. 2.4.3.2).

8 Verfahrensrecht für die Inland- und die Bezugsteuer

Mittelflüsse nach Art. 18 Abs. 2 Bst. e MWStG (in diesem Fall Darlehensverzicht des Gesellschafters) führen bei einer Unternehmung, die vollumfänglich vorsteuerabzugsberechtigt ist, zu keiner Vorsteuerkorrektur resp. -kürzung.

Bei der Finalisierung sollte auch eine Plausibilitätskontrolle der geltend gemachten Vorsteuern und über die ausgefüllten Abrechnungsformulare vorgenommen werden.

Die detaillierten Nachweise der Umsatz- und Vorsteuerdifferenzen sowie allfällige Aufzeichnungen über die Berechnung der vorgenommenen Vorsteuerkorrekturen und -kürzungen sind aufzubewahren.

Lösungsansätze zur Frage 2:

In der Berichtigungsabrechnung der Steuerperiode 1.1. – 31.12.2011 (Geschäftsperiode) sind folgende Ziffern auszufüllen (Beträge exkl. MWSt):

Ziff. 200 [1]	Fr. 13 556.–	MWSt
Ziff. 221 / Ziff. 289	Fr. 10 000.–	
Ziff. 299	Fr. 3 556.–	
Ziff. 301 (8,0% MWSt)	Fr. 3 556.–	Fr. 284.50
Ziff. 405 / Ziff. 479		- Fr. 800.00
Ziff. 510		- Fr. 515.50
Ziff. 910	Fr. 90 000.–	

Lösungsansätze zur Frage 3:

Die Umsatz- und Vorsteuerabstimmung gemäss Art. 128 Abs. 2 und 3 MWStV muss innerhalb von 180 Tagen nach Ende des Geschäftsjahres vorgenommen werden (Art. 72 Abs. 1 MWStG).

Die Differenzen sind mit der Berichtigungsabrechnung innert 60 Tagen (d.h. bis 30.8.2012) der ESTV einzureichen (MI 01 «MWSt in Kürze und Übergangsinfo», Teil II, Ziff. 4.1 oder siehe u.a. auch Webseite der ESTV HA MWST unter Dienstleistungen).

Eine Steuerhinterziehung aufgrund einer fehlerhaften Abrechnung ist strafbar, wenn die Frist zur Korrektur von Mängeln in der Abrechnung abgelaufen ist und der Fehler nicht korrigiert wurde (Art. 96 Abs. 6 MWStG, Art. 102 MWStG).

Erfolgt die Auszahlung des Überschusses oder die Rückerstattung später als 60 Tage nach Eintreffen der Steuerabrechnung bzw. der schriftlichen Geltendmachung des Anspruches bei der ESTV, wird für die Zeit vom 61. Tag bis zur Auszahlung oder Rückerstattung ein Vergütungszins ausgerichtet. Der Vergütungszins beträgt ab 1.1.2010 4,5% und ab 1.1.2012 4,0% pro Jahr. Die Vergütungszinsen werden erst ab einem Zinsbetrag von Fr. 100.– ausgerichtet (Verordnung des EFD über die Verzugs- und die Vergütungszinssätze vom 11.12.2009).

---

[1] Privatanteil Fahrzeug Fr. 3 840.– ./. 108,0% x 100,0% = Fr. 3 556.– + Fr. 10 000.–

Wenn eine Nachzahlung an die ESTV erfolgt, ist ein Verzugszins ab mittlerem Verfall (in diesem Fall ab 15.10.2011) geschuldet. Der Verzugszins beträgt ab 1.1.2010 4,5% und ab 1.1.2012 4,0% pro Jahr. Die Verzugszinsen werden erst ab einem Zinsbetrag von Fr. 100.– eingefordert (Verordnung des EFD über die Verzugs- und die Vergütungszinssätze vom 11.12.2009).

Die Finalisierungsfrist von 180 Tagen seit Ende des betreffenden Geschäftsjahres gemäss Art. 72 Abs. 1 MWStG kann nicht verlängert werden. Wenn in begründeten Fällen der Geschäftsabschluss noch nicht erstellt werden konnte, kann bei der ESTV ein Antrag auf Verlängerung der Einreichefrist gestellt werden.

Lösungsansätze zur Frage 4:

Bei der Plausibilitätskontrolle der geltend gemachten Vorsteuern sind folgende Differenzen festgestellt worden:

Plausibilitätskontrolle Vorsteuer Material / Dienstleistung und Aufwand / Investitionen			
Kto. Bezeichnung	Material Fr.	Vorsteuer Aufw. / Inv. Fr.	Total Fr.
1. - 4. Quartal	3 000.–	25 920.–	28 920.–
Total Vorsteuer (gemäss Deklarationen)	3 000.–	25 920.–	28 920.–
Umgerechneter Aufwand / Investitionen zu 2,5% und 8,0% (exkl. MWSt)	120 000.–	324 000.–	444 000.–
Direkter Aufwand[2]	110 000.–		110 000.–
Übriger Aufwand / Investitionen[3]		320 000.–	320 000.–
Veränderung Kreditoren Material, Materialbestand, Anzahlung Lieferanten, übrige Kreditoren, Trans. Abgrenzungspositionen	10 000.–	14 000.–	24 000.–
Aufwand/Investitionen gem. Buchhaltung (exkl. MWSt)	120 000.–	334 000.–	454 000.–
Restdifferenz	0.–	10 000.–	10 000.–

Bei der Plausibilitätskontrolle der geltend gemachten Vorsteuern werden die vorsteuerbelasteten Investitionen und Aufwendungen auf die korrekte Geltendmachung des Vorsteuerabzugs überprüft.

---

[2] Materialeinkauf Fr. 120 000.– ./. Bestandeszunahme Fr. 10 000.– = Fr. 110 000.–
[3] Verwaltungs- / Betriebsaufwand (exkl. 8,0%) Fr. 140 000.– + Investitionen (exkl. 8,0%) Fr. 180 000.–

8 Verfahrensrecht für die Inland- und die Bezugsteuer

Lösungsansätze zur Frage 5:

Aufgrund der nachfolgenden Plausibilitätskontrollen über die ausgefüllten Abrechnungsformulare können falsche Deklarationen festgestellt werden:

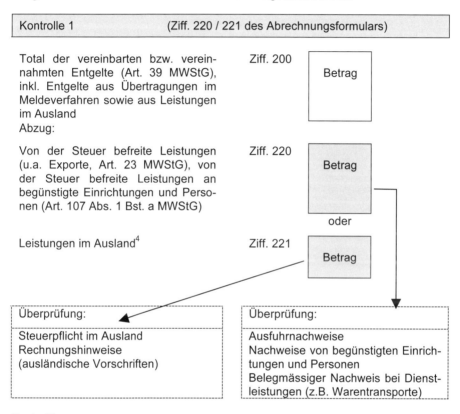

Kontrollfragen:

Sind bei den von der Steuer befreiten Leistungen (Ziff. 200 und Ziff. 220 des Abrechnungsformulars) entsprechende Nachweise vorhanden?

Ist bei Leistungen im Ausland

- die Steuerpflicht im Ausland abgeklärt worden und die allfällige Registrierung und Deklaration im Ausland vorgenommen worden?
- die Textvorschrift auf Kundenrechnungen beachtet worden (z.B. beim Reverse Charge Verfahren usw.)?

Werden die Aufbewahrungsrichtlinien (u.a. firmeninterne Zuständigkeitsregelung für die Aufbewahrung der Ausfuhrdokumente usw.) und die Verjährungsfristen beachtet?

---

[4] inkl. von der Steuer ausgenommene Leistungen im Ausland, die im Inland optiert werden könnten (Art. 60 MWStV) (Deklaration für die Plausibilitätskontrolle in dieser Ziffer notwendig)

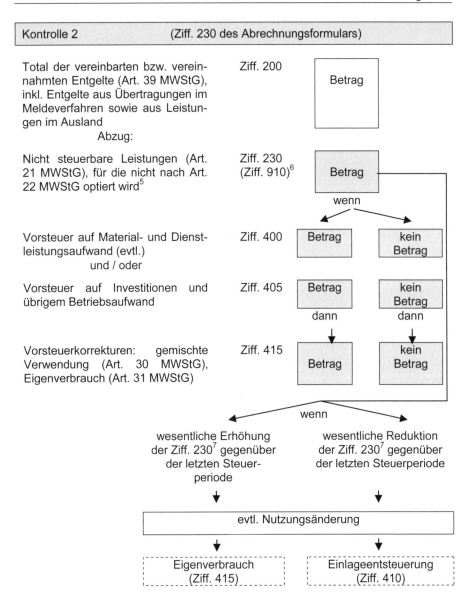

---

[5] inkl. von der Steuer ausgenommenen Leistungen im Ausland nach Art. 21 Abs. 2 Ziff. 18, 19, 23 und Ziff. 20 und 21 MWStG (sofern der Gegenstand vom Empfänger ausschliesslich für private Zwecke genutzt wird)

[6] auch bei hoheitlichen Tätigkeiten (Art. 18 Abs. 2 Bst. l MWStG) (Ziff. 910 des Abrechnungsformulars) (erkennbar aufgrund den Firmenangaben)

[7] die optierten von der Steuer ausgenommenen Leistungen (Ziff. 205 des Abrechnungsformulars) sollten sich gegensätzlich bewegen

8 Verfahrensrecht für die Inland- und die Bezugsteuer

Kontrollfragen:

Ist bei von der Steuer ausgenommenen Leistungen (unter Ziff. 230 im Abrechnungsformular deklariert) eine Vorsteuerkorrektur vorgenommen worden, sofern auf den Investitionen und Aufwendungen, die für von der Steuer ausgenommenen Leistungen verwendet werden, ein Vorsteuerabzug vorgenommen wurde?

Sind allfällige Nutzungsänderungen (Einlageentsteuerung / Eigenverbrauch) bei wesentlicher betragsmässiger Veränderung der Ziff. 230 gegenüber der letzten Steuerperiode deklariert worden?

> wesentliche Erhöhung gegenüber der letzten Steuerperiode = Eigenverbrauch (Art. 31 MWSTG)
> wesentliche Reduktion gegenüber der letzten Steuerperiode = Einlageentsteuerung (Art. 32 MWSTG)

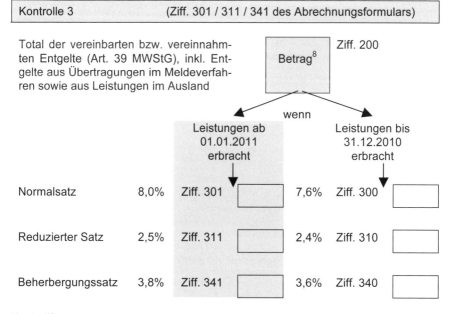

Kontrollfragen:

Sind die Steuerbeträge korrekt berechnet (Entgelte inkl. /exkl. MWSt)?

Sind die korrekten Steuersätze angewendet worden?

Sind ab 1.1.2012 nur noch Beträge in begründeten Fällen in Ziff. 300, Ziff. 310 und Ziff. 340 deklariert (Leistungen bis 31.12.2010)?

---

[8] die Beträge können inkl. oder exkl. MWSt deklariert werden

Kontrolle 4	(Ziff. 415 des Abrechnungsformulars)

Vorsteuerkorrekturen: gemischte Verwendung (Art. 30 MWStG), Eigenverbrauch (Art. 31 MWStG)	Ziff. 415 Betrag		
Voraussetzungen:	wenn	oder	oder
Unternehmen = Einzelunternehmung (Leistungen an EinzelfirmeninhaberIn und nicht mitarbeitende Familienangehörige)			
Nicht steuerbare Leistungen (Art. 21 MWStG), für die nicht nach Art. 22 MWStG optiert wird	Ziff. 230	oder	
hoheitliche Tätigkeiten (Mittelflüsse Art. 18 Abs. 2 Bst. l MWStG) (erkennbar aufgrund der Firmenangaben)	Ziff. 910		
Gratisabgaben über Fr. 500.– pro Person und Jahr, sofern kein unternehmerischer Grund vorliegt (Art. 31 Abs. 2 Bst. c MWStG)			

Kontrollfragen:

Wird bei einer oder mehreren der vorgenannten Voraussetzungen die Vorsteuerkorrektur (in Ziff. 415 des Abrechnungsformulars) vorgenommen?

Wird bei einer Nutzungsänderung in Kontrolle 2 die Eigenverbrauchssteuer in Ziff. 415 des Abrechnungsformulars abgerechnet?

Werden die Vorsteuerkorrekturen richtig berechnet?

8 Verfahrensrecht für die Inland- und die Bezugsteuer

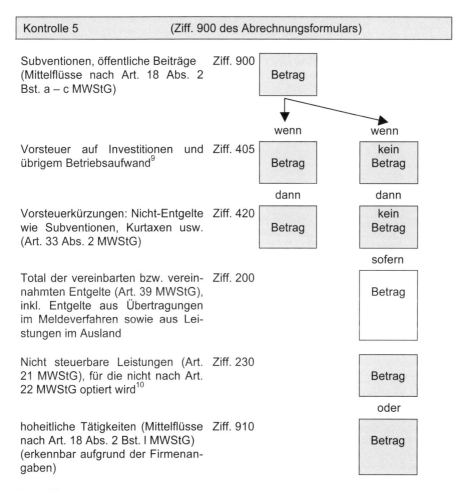

Kontrollfragen:

Wird bei Erhalt von Subventionen und öffentlichen Beiträgen eine Vorsteuerkürzung vorgenommen, wenn auf den Investitionen und Aufwendungen der Vorsteuerabzug vorgenommen wurde (Art. 33 MWStG)?

Sind in Ziff. 230 «von der Steuer ausgenommene Leistungen» oder in Ziff. 910 «hoheitliche Leistungen» Beträge deklariert, wenn bei Erhalt von Subventionen und öffentlichen Beiträgen keine Vorsteuerkürzung und somit kein Vorsteuerabzug vorgenommen wurde?

Werden die Vorsteuerkürzungen richtig berechnet[11]?

---

[9] evtl. Vorsteuer auf Material und Dienstleistungsaufwand (Ziff. 400 des Abrechnungsformulars)

[10] inkl. von der Steuer ausgenommene Leistungen im Ausland nach Art. 21 Abs. 2 Ziff. 18, 19, 23 und Ziff. 20 und 21 MWStG (sofern der Gegenstand vom Empfänger ausschliesslich für private Zwecke genutzt wird)

[11] MI 05 «Subventionen und Spenden», Ziff. 1.3.2 und Ziff. 1.3.3

8.6 MWST-CHECKLISTE FUER DEN GESCHÄFTSABSCHLUSS

Im Zusammenhang mit dem Jahresabschluss empfiehlt es sich, stichprobenweise nachfolgende MWST-Checkliste zu überprüfen:

Prüfungsbereiche:	Hinweise:
Abrechnungsformular	Das Abrechnungsformular ist korrekt auszufüllen, zu unterzeichnen und fristgerecht (innert 60 Tagen) der ESTV einzureichen. Es sind u.a. ➢ die optierten von der Steuer ausgenommenen Leistungen separat zu deklarieren (Ziff. 205), ➢ die Exportlieferungen (Ziff. 220) und Leistungen im Ausland (Ziff. 221) getrennt abzuziehen, ➢ die Bezugsteuer (Leistungen gemäss Art. 45 MWStG) in Ziff. 381 zu deklarieren, ➢ bei der Deklaration einer Einlageentsteuerung (Ziff. 410) dem Abrechnungsformular eine Aufstellung beizulegen, ➢ die anderen Mittelflüsse (Ziff. 900 und Ziff. 910) zu deklarieren, siehe auch «Mittelflüsse (Geldzuflüsse)». Muster der Abrechnungsformulare sind auf der Website der ESTV/MWST hinterlegt und Duplikate der Originale können bei Bedarf nachbestellt werden.
Aufbewahrungspflicht Geschäftsbücher / Belege	Geschäftsbücher, Belege, Geschäftspapiere und sonstige Aufzeichnungen sind bis zum Eintritt der absoluten Verjährung der Steuerforderung, mindestens aber während 10 Jahren (bei unbeweglichen Gegenständen während 20 Jahren zuzüglich Verjährungsfrist (= 26 Jahre)), ordnungsgemäss aufzubewahren (Art. 70 MWStG).
Beteiligungen	Beteiligungen sind Anteile am Kapital anderer Unternehmen, die mit der Absicht dauernder Anlage gehalten werden und einen massgeblichen Einfluss vermitteln. Anteile von weniger als 10 Prozent am Kapital gelten nicht als Beteiligung (Art. 29 Abs. 3 MWStG). Das Erwerben, Halten und Veräussern von Beteiligungen stellt grundsätzlich eine unternehmerische Tätigkeit im Sinne von Art. 10 Abs. 1 MWStG dar (Art. 9 MWStV). Somit können sich Unternehmen, die Beteiligungen halten – ohne dass sie weitere Einnahmen aus Leistungen erzielen (u.a. Holdinggesellschaften, die nur Dividenden vereinnahmen) – freiwillig der Steuerpflicht unterstellen (Verzicht auf die Befreiung von der Steuerpflicht nach Art. 11 MWStG).

8 Verfahrensrecht für die Inland- und die Bezugsteuer

Betriebsmittelverkauf	Verkäufe von Betriebsmitteln von einem unternehmerischen steuerbaren Bereich unterliegen der MWSt.
Bezugsteuer	Die Dienstleistungen und Lieferungen nach Art. 45 MWStG von ausländischen im Inland nicht steuerpflichtigen Personen sind im Abrechnungsformular zu deklarieren (Ausnahmen gemäss Art. 109 MWStV beachten). Der Vorsteuerabzug richtet sich nach der unternehmerischen Tätigkeit.
Eigenverbrauch (Vorsteuerkorrektur)	Eigenverbrauch (Vorsteuerkorrektur) infolge Nutzungsänderungen bei in Gebrauch genommenen unbeweglichen Gegenständen, beweglichen Gegenständen und aktivierbaren Dienstleistungen muss innerhalb der Verjährungsfrist bei der ESTV abgerechnet werden (Ziff. 415). Die Abschreibungssätze in Art. 31 MWStG sind zu beachten.
Einfuhr-Veranlagungsverfügungen MWSt	Für den Vorsteuerabzug müssen die Veranlagungsverfügungen MWSt der EZV bzw. elektronische Veranlagungsverfügungen (eVV) lückenlos vorhanden sein (MI 09, Ziff. 1.6.3). Bei (Beförderungs- und Versand-)Einfuhrreihengeschäften sollte der inländische Händler die Unterstellungserklärung der ESTV einreichen, damit er Anspruch auf den Vorsteuerabzug hat.
Einlageentsteuerung	Einlageentsteuerung (nachträglicher Vorsteuerabzug) infolge Nutzungsänderungen bei in Gebrauch genommenen unbeweglichen Gegenständen, beweglichen Gegenständen und aktivierten Dienstleistungen können innerhalb der Verjährungsfrist bei der ESTV geltend gemacht werden (Ziff. 410). Die Abschreibungssätze in Art. 32 MWStG sind zu beachten.
Einnahmen	Sämtliche Einnahmen aus unternehmerischen selbstständigen Tätigkeiten sind auf die Steuerbarkeit der Leistungen zu prüfen.
Entgeltsminderungen	Delkredereposten (oder Kreditkartenkommissionen) können nicht als Entgeltsminderungen abgezogen werden.
Erstellung von Bauwerken	Bei der Erstellung (Neubau / Umbau) von Bauwerken *zwecks Verkauf* ohne Option ist zu unterscheiden zwischen ➢ steuerbaren «werkvertraglichen» Lieferungen (ohne Wert des Bodens), und ➢ von der Steuer ausgenommener Grundstückslieferung.

	Die 6 Kriterien in MPI 01, Ziff. 1 und MBI 04, Ziff. 8 sind zu beachten.
	Bei vorgenannten «werkvertraglichen» Lieferungen sollte in Verträgen und Rechnungen (Sonderwünschen) die eingerechnete MWSt nicht offen ausgewiesen werden, damit bei einer späteren Änderung der Verwaltungspraxis eine Korrektur möglich ist (Art. 43 Abs. 2 MWStG).
	Bei Erstellung von Bauwerken *zwecks Vermietung* ohne Optionsmöglichkeit (z.B. für Wohnungen; private Zwecke) kann während der Bauphase und auch während der Vermietung kein Vorsteuerabzug vorgenommen werden (MBI 17, Ziff. 4.1).
	Eine mögliche Änderung der Verwaltungspraxis durch die ESTV für die Erstellung von Bauwerken zwecks Verkauf ohne Option ist zu prüfen.
Finalisierung (Korrektur von Mängeln in der Abrechnung)	Die Finalisierung (Umsatz- und Vorsteuerabstimmung) ist innert 180 Tagen nach Ende des Geschäftsjahres vorzunehmen. Allfällige Differenzen sind innert 60 Tagen mit der Berichtigungsabrechnung der ESTV mitzuteilen (Art. 72 MWStG; Art. 128 MWStV; MI 01, Teil II, Ziff. 4.1 sowie MI 15, Ziff. 6). Die Berichtigungsabrechnung ist auf der Website der ESTV/MWST hinterlegt und kann abgerufen werden.
	➢ Umsatzabstimmung, ➢ Vorsteuerabstimmung (verbuchte mit deklarierten Vorsteuern abstimmen), ➢ Abstimmung Saldo bilanzierte Vorsteuern (Aktiven) und bilanzierte Umsatzsteuern (Passiven) mit der letzten Abrechnung der Steuerperiode, ➢ Vorsteuerplausibilitätskontrolle, ➢ Überprüfung von Vorsteuerkorrekturen und -kürzungen, ➢ Überprüfung formelle Korrektheit der Eingangsbelege, ➢ Plausibilitätskontrolle Abrechnungsformulare.
Fristverlängerung(en)	Fristgesuche für die verspätete Einreichung der Abrechnung und/oder Zahlung können elektronisch mit dem sog. Fristerstreckungsformular der ESTV/MWST gemeldet werden. Die Fristverlängerung für die Einreichung der Abrechnung und/oder Zahlung beträgt grundsätzlich maximal 3 Monate (z.B. MWSt-Abrechnung Q01/2012 ist per 30.5.2012 einzureichen und zu bezahlen = die maximale Fristverlängerung beträgt 3 Monate und somit bis zum 31.8.2012, Verzugszins ist ab 31.5.2012 geschuldet).

Gemischte Verwendung	Wenn Gegenstände und Dienstleistungen für unternehmerische steuerbare Leistungen sowie für unternehmerische von der Steuer ausgenommene Leistungen und nicht unternehmerische Einnahmen verwendet werden, ist der Vorsteuerabzug entsprechend zu korrigieren (Ziff. 415) (Art. 30 MWStG).
Gruppenbesteuerung	Leistungen innerhalb der MWSt-Gruppe sind separat zu erfassen und unterliegen nicht der MWSt (Art. 13 MWStG; MI 03, Ziff. 8.8.2).
Kundenrechnungen	Die Kundenrechnungen sind formell korrekt nach Art. 26 MWStG zu erstellen.
Leistungen an das Personal, Leistungen an eng verbundene Personen	Verbuchtes, bezahltes, in der Lohnabrechnung in Abzug gebrachtes und im Lohnausweis deklariertes Entgelt gilt als entgeltliche Leistung. Art. 47 MWStV ist zu beachten. Bei Leistungen an nicht mitarbeitende eng verbundene Personen (Art. 3 Bst. h MWStG) gilt als Entgelt der Wert, der unter unabhängigen Dritten vereinbart würde (Art. 24 Abs. 2 MWStG). Pauschale Ermittlung des Privatanteils Fahrzeug (sofern mehrheitlich für unternehmerische Leistungen verwendet): 0,8% von Fr. 40 000.– (Kaufpreis exkl. MWSt) = Fr. 320.– (mind. Fr. 150.–) x 12 Monate = Fr. 3 840.– (inkl. MWSt) (MI 08, Ziff. 2.4.3.2, Ziff. 3.1.5, Ziff. 3.2, Ziff. 6.2).
Leistungen im Ausland	Bei Leistungen im Ausland ist die Steuerpflicht im Ausland zu prüfen. Allfällige Texthinweise in Kundenrechnungen gemäss Vorschriften der ausländischen Finanzämter sind zu beachten.
Liegenschaften	Der Verkauf einer Liegenschaft ist steueroptimal gemäss Anhang I (Seite 248) zu verkaufen. Die Vorsteuern können bei der Erstellung und Bewirtschaftung einer Liegenschaft gemäss Anhang II (Seite 249) geltend gemacht werden.
Meldeverfahren	Bei Anwendung des Meldeverfahrens muss das Formular Nr. 764 ausgefüllt und von beiden steuerpflichtigen Parteien unterzeichnet werden. Zudem müssen die steuerbaren Leistungen im Abrechnungsformular unter Ziff. 200 und Ziff. 225 deklariert werden sowie der Wert des Bodens unter Ziff. 200 und Ziff. 280. Auf den Rechnungen und/oder Verträgen muss ein Hinweis auf das Meldeverfahren aufgeführt sein. Es darf jedoch kein MWSt-Hinweis aufgeführt sein (Art. 38 MWStG, Art. 101 ff. MWStV).

	Bei der Übertragung von Liegenschaften kann das Meldeverfahren wahlweise angewendet werden (Art. 104 Bst. a MWStV).
	Bei der übernehmenden Unternehmung müssen bei späteren Nutzungsänderungen die Nachweise (Belege usw.) der übertragenden Unternehmung vorliegen.
Mittelflüsse (Geldzuflüsse)	Mittelflüsse nach Art. 18 Abs. 2 MWStG sind im Abrechnungsformular unter Ziff. 900 resp. Ziff. 910 zu deklarieren. Mittelflüsse nach Art. 18 Abs. 2 Bst. a – c MWStG können zu einer Vorsteuerkürzung führen und Mittelflüsse nach Art. 18 Abs. 2 Bst. j und l MWStG können zu einer Vorsteuerkorrektur führen.
Nachweise bei Exportlieferungen und Leistungen im Ausland	Eine Steuerbefreiung setzt entsprechende Nachweise voraus, die ordnungsgmäss aufzubewahren sind (MI 04, Ziff. 8). Es gilt aber auch noch der Grundsatz der «freien Beweiswürdigung» (Art. 81 Abs. 3 MWStG), d.h. die Ausfuhrbefreiung kann allenfalls auch anderweitig geltend gemacht werden.
Nutzungsänderungen	Nutzungsänderungen bei in Gebrauch genommenen unbeweglichen Gegenständen, beweglichen Gegenständen und aktivierbaren Dienstleistungen führen zum Eigenverbrauch (Vorsteuerkorrektur) oder Einlageentsteuerung (nachträglicher Vorsteuerabzug). Die Abschreibungssätze in Art. 31 und 32 MWStG sind zu beachten.
Option für die Versteuerung der von der Steuer ausgenommenen Leistungen	Die Option ist durch offenen Ausweis der MWSt vorzunehmen. Art. 22 MWStG und Art. 39 MWStV sind zu beachten.
	Für Leistungen die im Ausland erbracht, von der Steuer ausgenommen und wenn sie im Inland erbracht würden, optierbar wären, besteht ein Vorsteuerabzugsrecht nach Art. 60 MWStV.
	Bei nicht optierten Mietverträgen für Büro- und Gewerberäumlichkeiten sollte eine Vertragsklausel für eine spätere Option vorhanden sein.
	Bei optierter Vermietung von Räumlichkeiten müssen Aufstellungen für allfällige spätere Nutzungsänderungen erstellt werden.
Privatvermögen bei(m) Einzelfirmeninhaberln	Einnahmen aus Privatvermögen eines Einzelfirmeninhabers (z.B. Vermietung Ferienwohnung, Vermietung Parkplätze) können u.U. steuerbar sein (MBI 17, Ziff. 7.1).

8 Verfahrensrecht für die Inland- und die Bezugsteuer

	Bei vorsteuerbelastetem Privatvermögen, das für unternehmerische steuerbare Leistungen verwendet wird, kann der Vorsteuerabzug vorgenommen werden, wenn die Vorsteuern in der Einzelunternehmung verbucht werden (Vorsteuerkonto / Privatkonto) (MBI 17, Ziff. 6.5). Die Belege sind während 26 Jahren aufzubewahren (Amortisationsdauer zuzüglich Verjährung).
Prüfspur	Verfolgung des Einzelbelegs über die Buchhaltung bis zur MWSt-Abrechnung und umgekehrt muss möglich sein (MI 16, Ziff. 1.5).
Saldoabstimmung	Die Saldi bei den Buchhaltungskonten «Vorsteuern auf Material- und Dienstleistungsaufwand» (Aktiven), «Vorsteuern auf Investitionen und übrigem Betriebsaufwand» (Aktiven) sowie «Umsatzsteuer» (Passiven) sind mit dem Abrechnungsformular laufend abzustimmen.
Saldosteuersatzmethode	Bei Anwendung der Saldosteuersätze müssen die Bedingungen gemäss Art. 37 MWStG und Art. 77 ff. MWStV erfüllt sein.
	Der Eigenverbrauch ist, mit Ausnahme von Art. 83 Abs. 1 Bst. b MWStG, mit der Anwendung der Saldosteuersatzmethode berücksichtigt (Art. 92 MWStV).
	Entgeltliche Leistungen (inkl. im Lohnausweis deklarierte Leistungen) an eng verbundene Personen und an das Personal unterliegen zum Saldosteuersatz der MWSt.
	Bei Nutzungsänderungen sowie bei Löschungen im Steuerregister kann bei Liegenschaften eine Steuerkorrektur ausgelöst werden (auch bei Verkauf der Liegenschaft im Meldeverfahren) (Art. 82 MWStV, Art. 83 MWStV, Art. 93 MWStV).
	Leistungen, die der Bezugsteuer unterliegen, müssen zum gesetzlichen Steuersatz (in der Regel Normalsatz) versteuert werden (Ziff. 381 des Abrechnungsformulars).
Stellvertretung	Bei einer Stellvertretung muss auf den Dokumenten die vertretene Person als Leistungserbringer aufgeführt sein. Die Stellvertretung muss gegenüber dem Leistungsempfänger klar ersichtlich sein.
Steuerpflicht	Die Bedingungen für die Steuerpflicht sind stets zu beachten (Art. 10 MWStG).
Steuersätze	Es muss stets überprüft werden, ob die aktuellen richtigen Steuersätze gemäss Art. 25 MWStG (z.Zt.

	2,5%, 3,8% und 8,0%) angewendet werden. Die Steuersatzerhöhung auf 1.1.2011 ist zu beachten.
	Nebenleistungen (z.B. Umschliessungen) werden steuerlich gleich behandelt wie die Hauptleistung (Art. 19 Abs. 4 MWStG).
	Bei mehreren Leistungen, die zu einem Gesamtentgelt erbracht werden, kann die Kombinationsregelung (70%) angewendet werden (Art. 19 Abs. 2 MWStG).
Umsatzabstimmung	Die Umsatzabstimmung ist innert 180 Tagen nach Ende des Geschäftsjahres vorzunehmen. Zu berücksichtigen sind u.a. auch die Aufwandsminderungen, Entgelte für Fahrzeugbenutzung durch Personal, Verkäufe von Betriebsmitteln, Vorauszahlungen, allfällige steuerwirksame Abschlussbuchungen (Art. 72 MWStG; Art. 128 MWStV; MI 01, Teil II, Ziff. 4.1).
Verrechnungen von Leistungen	Verrechnungen von Leistungen sind korrekt abzurechnen.
Verwaltungspraxis der ESTV	Änderungen der Verwaltungspraxis der ESTV können zu Steuerkorrekturen führen (evtl. auch rückwirkend, vgl. dazu MI 20).
	Auskunftsschreiben der ESTV (bis 31.12.2009) können die Gültigkeit verloren haben (mit Beginn des neuen MWStG). Vorgehen bei der Ermittlung der MWSt aufgrund von Auskunftsschreiben der ESTV müssen überprüft werden.
Von der Steuer ausgenommene Leistungen	Von der Steuer ausgenommene Leistungen nach Art. 21 Abs. 2 MWStG sind im Abrechnungsformular unter Ziff. 200 und Ziff. 230 zu deklarieren. Investitionen und Aufwendungen hierzu berechtigen nicht zum Vorsteuerabzug (Art. 29 Abs. 1 MWStG).
	(siehe aber auch «Option für die Versteuerung der von der Steuer ausgenommenen Leistungen»)
Vorauszahlungen	Voraus- und Teilzahlungen sind unabhängig der Abrechnungsart bei Erhalt der Zahlung zu versteuern (Art. 40 MWStG).
Vorsteuerabstimmung	Die Vorsteuerabstimmung ist innert 180 Tagen nach Ende des Geschäftsjahres vorzunehmen. Zu berücksichtigen sind u.a. auch die Vorsteuerkorrekturen (bei Privatanteil Fahrzeug und Naturalbezüge bei Einzelunternehmen, Geschenke, gemischte Verwendung, Nutzungsänderungen usw.) und -kürzungen (bei Mittelflüssen wie z.B. Subventio-

8 Verfahrensrecht für die Inland- und die Bezugsteuer

	nen, öffentliche Beiträge). Aufzeichnungen sind notwendig. Aus der Vorsteuerabstimmung muss ersichtlich sein, dass die Vorsteuern gemäss Vorsteuerkonten oder sonstigen Aufzeichnungen mit den deklarierten Vorsteuern abgestimmt wurden. Es empfiehlt sich, eine Vorsteuerplausibilitätskontrolle durchzuführen (Art. 72 MWStG; Art. 128 MWStV; MI 01, Teil II, Ziff. 4.1).
Vorsteuerabzug	Investitionen und Aufwendungen berechtigen grundsätzlich nur zum Vorsteuerabzug, sofern sie im steuerbaren Bereich (d.h. für steuerbare Leistungen, steuerbefreite Leistungen oder Leistungen im Ausland) verwendet werden, d.h. unternehmerisch begründet sind (Art. 28 – 33 MWStG).
Vorsteuerabzug fiktiv	Bei gebrauchten individualisierbaren beweglichen Gegenständen darf beim Zukaufsbeleg kein MWSt-Hinweis aufgeführt sein. Zudem muss der gebrauchte Gegenstand für die Lieferung (Verkauf, Vermietung, Verleasen) an einen Abnehmer im Inland verwendet werden. Kein fiktiver Vorsteuerabzug ist möglich, wenn u.a. ➢ der Gegenstand als Betriebsmittel verwendet wird, ➢ der Gegenstand an einen Abnehmer im Ausland und/oder exportiert wird ➢ usw. (Art. 28 Abs. 3 MWStG, Art. 63 Abs. 3 MWStV)
Vorsteuerkorrektur (Eigenverbrauch) bei unentgeltlichen Entnahmen	Wenn Gegenstände und Dienstleistungen, bei denen der Vorsteuerabzug vorgenommen wurde, unentgeltlich entnommen oder abgegeben werden, ist – sofern kein unternehmerischer Grund vorliegt – eine Vorsteuerkorrektur (Eigenverbrauch) (Ziff. 415) abzurechnen (Art. 31 MWStG). (siehe auch «Leistungen an das Personal»)
Vorsteuerkorrektur infolge gemischter Verwendung	Wenn Gegenstände und Dienstleistungen für unternehmerische steuerbare Leistungen sowie für unternehmerische von der Steuer ausgenommene Leistungen und nicht für unternehmerische Einnahmen verwendet werden, ist der Vorsteuerabzug entsprechend zu korrigieren (Ziff. 415) (Art. 30 MWStG).
Vorsteuerkürzung	Bei Mittelflüssen nach Art. 18 Abs. 2 Bst. a - c MWStG (z.B. Subventionen) sind Vorsteuerkürzungen (Ziff. 420) vorzunehmen, sofern auf Investitionen und Aufwendungen ein Vorsteuerabzug vorgenommen wurde (Art. 33 MWStG).

248 8 Verfahrensrecht für die Inland- und die Bezugsteuer

ANHANG I Grundsatzregelung beim Verkauf einer Liegenschaft

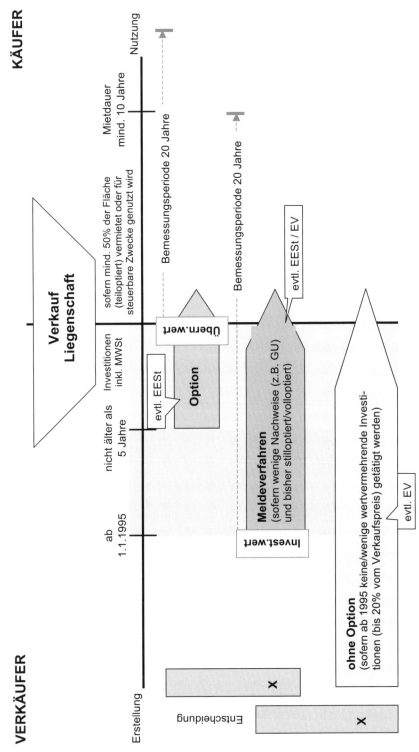

8 Verfahrensrecht für die Inland- und die Bezugsteuer 249

ANHANG II

ERSTELLUNG (Baukosten)	VERWENDUNGSZWECK	STEUERFOLGEN
kein VOSt	**Wohnungen** Vermietung	von der Steuer ausgenommen (Art. 21 MWStG)
kein VOSt	**Wohnungen** Verkauf	von der Steuer ausgenommen (Art. 21 MWStG)
	Erstellung und Verkauf	
VOSt	nur Gebäude	steuerbar 8,0%[2][3][4]
VOSt	Gebäude und Boden ➤ wenn Bst. a – f[1] nicht kumulativ erfüllt	steuerbar 8,0%[2][3][4]
kein VOSt	➤ wenn Bst. a – f[1] kumulativ erfüllt	von der Steuer ausgenommen (Art. 21 MWStG)[4]
VOSt	**Büro- / Gewerberäume** Verkauf / Vermietung mit Option Ausweis der MWSt / anderer Nachweis (Art. 22 MWStG, Art. 39 MWStV)	steuerbar 8,0% (ohne Wert des Bodens)
VOSt	**Büro- / Gewerberäume** steuerbare Zwecke Beherbergungsleistung	steuerbare Leistungen
Kaufkosten / Kosten für die Erschliessung (Anlagekosten) VOSt je nach Nutzung[3] oder Weiterbelastung übrige Aufwendungen kein VOSt	**Boden**	Verkauf *nur Boden*: Diverse Einnahmen (Ziff. 200, Ziff. 280 des Abrechnungsformulars) *mit Gebäude*: nicht Bemessungsgrundlage (Ziff. 200, Ziff. 280 des Abrechnungsformulars) (Art. 24 Abs. 6 Bst. c MWStG)

[1] MPI 01 «Präzisierungen zur MWSt Übergangsinfo 01», Ziff. 1; MBI 04 «Baugewerbe», Ziff. 8
[2] steuerbare «werkvertragliche» Leistungen (ohne Wert des Bodens)
[3] MBI 17 «Liegenschaftsverwaltung / Vermietung und Verkauf von Immobilien», Ziff. 1.3
[4] inskünftige Verwaltungspraxis beachten

Allfällige Nutzungsänderungen sind zu beachten (Art. 31 MWStG, Art. 32 MWStG). Aufbewahrungsfristen der Nachweise beachten (Art. 70 MWStG).

8.7 KONTROLLE   Art. 78

Die ESTV kann bei steuerpflichtigen Personen Kontrollen durchführen, soweit dies zur Abklärung des Sachverhalts erforderlich ist. Die Kontrolle ist innert 360 Tagen seit Ankündigung mit einer Einschätzungsmitteilung abzuschliessen. Diese hält den Umfang der Steuerforderung in der kontrollierten Periode fest. Als Kontrolle gelten auch das Einfordern und die Überprüfung von umfassenden Unterlagen durch die ESTV (Art. 78 MWStG).

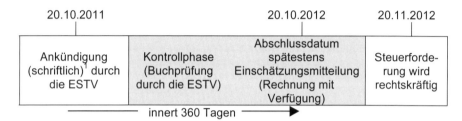

[1] die ESTV wird vorweg telefonisch einen Buchprüfungstermin festlegen. In begründeten Fällen kann ausnahmsweise von der Ankündigung einer Kontrolle abgesehen werden.

Wenn die Kontrolle nicht fristgerecht durchgeführt wird, verjähren die Steuerforderungen nach zwei Jahren (20.10.2013) (Art. 42 MWStG).

Die steuerpflichtige Person kann mittels begründetem Gesuch die Durchführung einer Kontrolle verlangen. Die Kontrolle ist innerhalb von zwei Jahren durchzuführen (Art. 78 Abs. 4 MWStG).

Wenn die ESTV eine Steuerkontrolle angekündigt hat, ist es hilfreich, die nachfolgend aufgeführten Unterlagen bereitzustellen:

> Hauptbuchkonten,
> Hilfs- und Nebenbücher,
> Betriebsbuchhaltung,
> Erfolgsrechnungen,
> Bilanzen,
> Revisions- und Geschäftsberichte,
> Inventar/Aufstellungen im Umlaufvermögen, Anlagevermögen und Fremdkapital.

sowie alle anderen Aufzeichnungen, Unterlagen und Belege, die dem Nachweis der Vollständigkeit und Ordnungsmässigkeit der Geschäftsbücher dienen. Vorbehalten bleibt das gesetzlich geschützte Berufsgeheimnis (MI 16 «Buchführung und Rechnungsstellung», Ziff. 1.10).

Die Prüfspur in der Buchhaltung ist eine wichtige Komponente, welche die formelle Dokumentation sicherstellt. Unter einer Prüfspur versteht man die Verfolgung der Geschäftsvorfälle sowohl vom Einzelbeleg über die Buchhaltung bis zur MWSt-Abrechnung als auch in umgekehrter Richtung. Diese Prüfspur muss – auch stichprobenweise – ohne Zeitverlust jederzeit gewährleistet sein. Dabei ist nicht von Belang, ob und welche technischen Hilfsmittel zur Führung der Geschäftsbücher und der Archivierung eingesetzt werden (MI 16 «Buchführung und Rechnungsstellung», Ziff. 1.5).

8 Verfahrensrecht für die Inland- und die Bezugsteuer

8.8 ERMESSENSEINSCHÄTZUNG Art. 79

Liegen keine oder nur unvollständige Aufzeichnungen vor oder stimmen die ausgewiesenen Ergebnisse mit dem wirklichen Sachverhalt offensichtlich nicht überein, so schätzt die ESTV die Steuerforderung nach pflichtgemässem Ermessen ein. Die Festsetzung der Steuerforderung erfolgt mit einer Einschätzungsmitteilung.

8.9 VEREINFACHUNGEN Art. 80

Erwachsen der steuerpflichtigen Person aus der genauen Feststellung einzelner für die Bemessung der MWSt wesentlicher Tatsachen übermässige Umtriebe, so gewährt die ESTV Erleichterungen und lässt zu, dass die MWSt annäherungsweise ermittelt wird, sofern sich dadurch kein namhafter Steuerausfall oder -mehrertrag, keine beachtenswerte Verzerrung der Wettbewerbsverhältnisse und keine übermässige Erschwerung der Steuerabrechnung für andere steuerpflichtige Personen und der Steuerkontrolle ergeben.

8.10 VERFÜGUNGS- UND RECHTSMITTELVERFAHREN Art. 81 ff.

Die Vorschriften des VwVG sind anwendbar. Art. 2 Abs. 1 VwVG findet auf das Mehrwertsteuerverfahren keine Anwendung. Die Behörden stellen den rechtserheblichen Sachverhalt von Amtes wegen fest. Es gilt der Grundsatz der freien Beweiswürdigung. Es ist unzulässig, Nachweise ausschliesslich vom Vorliegen bestimmter Beweismittel abhängig zu machen (Art. 81 MWStG).

Verfügungen der ESTV	Art. 82

Die ESTV trifft von Amtes wegen oder auf Verlangen der steuerpflichtigen Person alle für die Steuererhebung erforderlichen Verfügungen, insbesondere wenn:
- Bestand oder Umfang der Steuerpflicht bestritten wird;
- die Eintragung oder Löschung im Register der steuerpflichtigen Personen bestritten wird;
- Bestand oder Umfang der Steuerforderung, der Mithaftung oder des Anspruchs auf Rückerstattung von Steuern streitig ist;
- die steuerpflichtige Person oder Mithaftende die Steuer nicht entrichten;
- sonstige Pflichten nicht anerkannt oder nicht erfüllt werden, die sich aus dem MWStG oder aus gestützt darauf ergangenen Verordnungen ergeben;
- für einen bestimmten Fall vorsorglich die amtliche Feststellung der Steuerpflicht, der Steuerforderung, der Grundlagen der Steuerbemessung, des anwendbaren Steuersatzes oder der Mithaftung beantragt wird oder als geboten erscheint.

Verfügungen werden der steuerpflichtigen Person schriftlich eröffnet. Sie müssen eine Rechtsmittelbelehrung sowie eine angemessene Begründung enthalten.

Einsprache	Art. 83

Verfügungen der ESTV können innert 30 Tagen nach der Eröffnung mit Einsprache angefochten werden.

Die Einsprache ist schriftlich bei der ESTV einzureichen. Sie hat den Antrag, dessen Begründung mit Angabe der Beweismittel sowie die Unterschrift des Einsprechers oder seiner Vertretung zu enthalten. Die Vertretung hat sich durch schriftliche Vollmacht auszuweisen. Die Beweismittel sind in der Einspracheschrift zu bezeichnen und ihr beizulegen. Genügt die Einsprache diesen Anforderungen nicht oder lässt der Antrag oder dessen Begründung die nötige Klarheit vermissen, so räumt die ESTV dem Einsprecher eine kurze Nachfrist zur Verbesserung ein. Sie verbindet diese Nachfrist mit der Androhung, nach unbenutztem Fristablauf aufgrund der Akten zu entscheiden oder, wenn Antrag, Begründung, Unterschrift oder Vollmacht fehlen, auf die Einsprache nicht einzutreten.

Richtet sich die Einsprache gegen eine einlässlich begründete Verfügung der ESTV, so ist sie auf Antrag oder mit Zustimmung des Einsprechers als Beschwerde an das Bundesverwaltungsgericht weiterzuleiten.

Das Einspracheverfahren ist trotz Rückzugs der Einsprache weiterzuführen, wenn Anhaltspunkte dafür vorliegen, dass die angefochtene Verfügung den massgebenden Gesetzesbestimmungen nicht entspricht.

Im Verfügungs- und im Einspracheverfahren werden idR keine Kosten erhoben. Es werden keine Parteientschädigungen ausgerichtet. Ohne Rücksicht auf den Ausgang des Verfahrens können die Verfahrenskosten derjenigen Person oder Behörde auferlegt werden, die sie schuldhaft verursacht hat (Art. 84 MWStG).

8.11 ENTRICHTUNG DER STEUER/VERZUGSZINS   Art. 86 ff.

Innert 60 Tagen nach Ablauf der Abrechnungsperiode hat die steuerpflichtige Person die in diesem Zeitraum entstandene Steuerforderung zu begleichen.

Steuerpflichtige Unternehmen und deren Vertreter können über ein Formular elektronisch Fristgesuche für die verspätete Einreichung der Abrechnung und/oder die verspätete Zahlung einreichen. Die maximale Frist beträgt 3 Monate.

Erbringt die steuerpflichtige Person keine oder eine offensichtlich ungenügende Zahlung, so setzt die ESTV den für die jeweilige Abrechnungsperiode provisorisch geschuldeten Steuerbetrag nach vorgängiger Mahnung in Betreibung. Liegt keine oder eine offensichtlich ungenügende Abrechnung der steuerpflichtigen Person vor, bestimmt die ESTV den provisorisch geschuldeten Steuerbetrag vorgängig nach pflichtgemässem Ermessen.

Bei verspäteter Zahlung wird ohne Mahnung ein Verzugszins geschuldet. Kein Verzugszins ist geschuldet bei einer Nachbelastung, wenn diese auf einem Fehler beruht, der bei richtiger Abwicklung beim Bund zu keinem Steuerausfall geführt hätte. Der Verzugszins beträgt ab 1.1.2012 4,0% pro Jahr. Die Verzugszinsen werden erst ab einem Zinsbetrag von Fr. 100.– bezogen (Verordnung über die Verzugs- und die Vergütungszinssätze vom 11.12.2009).

Ergibt sich aus der Steuerabrechnung ein Überschuss zugunsten der steuerpflichtigen Person, so wird dieser ausbezahlt. Vorbehalten bleiben:

➢ die Verrechnung dieses Überschusses mit Einfuhrsteuerschulden, selbst wenn diese noch nicht fällig sind;
➢ die Verwendung des Überschusses zur Steuersicherung nach Art. 94 Abs. 1 MWStG;
➢ die Verwendung des Überschusses zur Verrechnung unter Bundesstellen.

Die steuerpflichtige Person kann bezahlte, aber nicht geschuldete Steuern zurückfordern, sofern die Steuer noch nicht rechtskräftig festgesetzt wurde.

Erfolgt die Auszahlung des Überschusses oder die Rückerstattung später als 60 Tage nach Eintreffen der Steuerabrechnung bzw. der schriftlichen Geltendmachung des Anspruches bei der ESTV, wird für die Zeit vom 61. Tag bis zur Auszahlung oder Rückerstattung ein Vergütungszins ausgerichtet. Der Vergütungszins beträgt ab 1.1.2012 4,0% pro Jahr. Die Vergütungszinsen werden erst ab einem Zinsbetrag von Fr. 100.– ausgerichtet (Verordnung über die Verzugs- und die Vergütungszinssätze vom 11.12.2009).

8.12 STEUERERLASS Art. 92

Die ESTV kann rechtskräftig festgesetzte Steuern ganz oder teilweise erlassen, wenn die steuerpflichtige Person:

➢ die Steuer aus einem entschuldbaren Grund nicht in Rechnung gestellt und eingezogen hat, eine nachträgliche Überwälzung nicht möglich oder nicht zumutbar ist und die Bezahlung der Steuer eine grosse Härte bedeuten würde;
➢ die Steuer einzig aufgrund der Nichteinhaltung von formellen Vorschriften oder aufgrund von Abwicklungsfehlern schuldet und erkennbar ist oder die steuerpflichtige Person nachweist, dass für den Bund kein Steuerausfall entstanden ist oder
➢ aus einem entschuldbaren Grund ihren Veranlagungspflichten nicht nachkommen konnte, nachträglich aber nachweisen oder glaubhaft machen kann, dass die durch die ESTV vorgenommene Ermessenseinschätzung zu hoch ausgefallen ist; in diesem Falle ist ein Steuererlass nur bis zur Höhe des zu viel veranlagten Betrages möglich.

Die ESTV kann ferner im Rahmen eines gerichtlichen Nachlassverfahrens einem Steuererlass zustimmen bzw. auf die Sicherstellung ihrer Forderung verzichten.

Das Erlassgesuch muss schriftlich begründet und mit den nötigen Beweismitteln versehen bei der ESTV eingereicht werden. Die Einsprache gegen die Verfügung der ESTV ist ausgeschlossen. Gegen die Verfügung kann beim Bundesverwaltungsgericht Beschwerde geführt werden.

8.13 SICHERSTELLUNG   Art. 93 ff.

Die ESTV kann Steuern, Zinsen und Kosten, auch wenn sie weder rechtskräftig festgesetzt noch fällig sind, unter den in Art. 93 MWStG erwähnten Gründen sicherstellen lassen.

Ein Überschuss aus der Steuerabrechnung zugunsten der steuerpflichtigen Person kann:

➢ mit Schulden für frühere Perioden verrechnet werden;

➢ zur Verrechnung mit zu erwartenden Schulden für nachfolgende Perioden gutgeschrieben werden, sofern die steuerpflichtige Person mit der Steuerentrichtung im Rückstand ist oder andere Gründe eine Gefährdung der Steuerforderung wahrscheinlich erscheinen lassen. Der gutgeschriebene Betrag wird vom 61. Tag nach Eintreffen der Steuerabrechnung bei der ESTV bis zum Zeitpunkt der Verrechnung zum Satz verzinst, der für den Vergütungszins gilt oder

➢ mit einer von der ESTV geforderten Sicherstellungsleistung verrechnet werden.

Bei wiederholtem Zahlungsverzug kann die ESTV die zahlungspflichtige Person dazu verpflichten, künftig monatliche oder halbmonatliche Vorauszahlungen zu leisten.

8.14 LÖSCHUNG IM HANDELSREGISTER   Art. 95

Eine juristische Person oder eine Betriebsstätte eines ausländischen Unternehmens darf im schweizerischen Handelsregister erst dann gelöscht werden, wenn die ESTV dem für die Führung des Registers zuständigen Amt angezeigt hat, dass die geschuldete Steuer bezahlt oder sichergestellt ist.

8 Verfahrensrecht für die Inland- und die Bezugsteuer

8.15 FRAGEN

49 Bis wann hat sich eine Unternehmung bei folgenden Ereignissen anzumelden:
- wenn die Umsatzgrenzen erreicht sind und die Steuerpflicht gegeben ist?
- wenn Dienstleistungen von Unternehmen mit Sitz im Ausland von über Fr. 10 000.– bezogen werden?

50 Nehmen Sie folgende Umsatzabstimmung vor (Abrechnung nach vereinnahmten Entgelten)!

Saldo Ertragskonto 2011 Fr. 1 250 600.–, Kundenguthaben per 1.1.2011 Fr. 52 000.–, Kundenguthaben per 31.12.2011 Fr. 38 000.–, Verkauf PC-Anlage (Barzahlung) Fr. 6 000.–, Deklaration vereinnahmtes Entgelt 1.–4. Quartal 2011 Fr. 1 264 600.–.

51 Im Oktober 2012 teilt die ESTV einem steuerpflichtigen Unternehmen schriftlich mit, dass sie in nächster Zeit eine Buchprüfung ab dem Kalenderjahr 2007 durchführen werde und deshalb die Geschäftsbücher und die Belege weiterhin aufzubewahren seien. Die Buchprüfung erfolge, weil der Eigenverbrauch nicht abgerechnet worden sei. Auf Mitte 2013 meldet sich die ESTV zur Buchprüfung an. Müssen die Geschäftsbücher und die Belege noch beigebracht werden?

52 Im Jahre 2015 wird die Betriebsliegenschaft zur Hälfte vermietet (ohne Option). Die ESTV nimmt eine Prüfung des Sachverhalts vor. Müssen für die Überprüfung der abgerechneten Eigenverbrauchssteuer infolge Umnutzung der im Jahr 1998 erstellten Liegenschaft die Handwerksrechnungen beigebracht werden?

53 Eine steuerpflichtige Person ist mit der Einschätzungsmitteilung, die anlässlich einer Buchprüfung erstellt wurde, nicht einverstanden.

Welche Rechtsmittel stehen der steuerpflichtigen Person zur Verfügung?

54 Aufgrund einer Verfügung der ESTV wird ein Steuerberater beauftragt, eine Einsprache für seinen Kunden zu erstellen.

Innert welcher Frist muss die Einsprache eingereicht werden und welche formalen Voraussetzungen müssen erfüllt sein?

(Lösungen im Anhang, Seite 266)

9. STRAFBESTIMMUNGEN

9.1 STEUERHINTERZIEHUNG Art. 96

Busse bis zu Fr. 400 000.–

Wer vorsätzlich oder fahrlässig die Steuerforderung zulasten des Staates verkürzt, indem er:
- in einer Steuerperiode nicht sämtliche Einnahmen, zu hohe Einnahmen aus von der Steuer befreiten Leistungen, nicht sämtliche der Bezugsteuer unterliegenden Ausgaben oder zu hohe zum Vorsteuerabzug berechtigende Ausgaben deklariert;
- eine unrechtmässige Rückerstattung erwirkt; oder
- einen ungerechtfertigten Steuererlass erwirkt.

Busse bis zu Fr. 800 000.–

Wenn die hinterzogene Steuer in den vorgenannten Fällen in einer Form überwälzt wird, die zum Vorsteuerabzug berechtigt.

Busse bis zu Fr. 200 000.–

Wer die Steuerforderungen zulasten des Staates verkürzt, indem er die für die Steuerfestsetzung relevanten Faktoren zwar wahrheitsgetreu deklariert, aber steuerlich falsch qualifiziert, sofern er vorsätzlich klare gesetzliche Bestimmungen, Anordnungen der Behörden oder publizierte Praxisfestlegungen nicht richtig anwendet und die Behörden darüber nicht vorgängig schriftlich in Kenntnis setzt. Bei fahrlässiger Begehung beträgt die Busse bis zu Fr. 20 000.–.

Busse bis zu Fr. 800 000.–

Wer die Steuerforderung zulasten des Staates verkürzt, indem er:
- vorsätzlich oder fahrlässig bei der Einfuhr Waren nicht oder unrichtig anmeldet oder verheimlicht;
- vorsätzlich im Rahmen einer behördlichen Kontrolle oder eines Verwaltungsverfahrens, das auf die Festsetzung der Steuerforderung oder den Steuererlass gerichtet ist, auf entsprechende Nachfrage hin keine, unwahre oder unvollständige Angaben macht.

Der Versuch ist strafbar.

Wird der Steuervorteil aufgrund einer fehlerhaften Abrechnung erzielt, so ist die Steuerhinterziehung erst strafbar, wenn die Frist zur Korrektur von Mängeln in der

Abrechnung (Finalisierung, Art. 72 Abs. 1 MWStG) abgelaufen ist und der Fehler nicht korrigiert wurde.

9.2 QUALIFIZIERTE STEUERHINTERZIEHUNG Art. 97

Bei erschwerenden Umständen wird das Höchstmass der angedrohten Busse um die Hälfte erhöht. Zugleich kann auf eine Freiheitsstrafe von bis zu zwei Jahren erkannt werden. Als erschwerende Umstände gelten:

- das Anwerben einer oder mehrerer Personen für eine Widerhandlung gegen das Mehrwertsteuerrecht;
- das gewerbsmässige Verüben von Widerhandlungen gegen das Mehrwertsteuerrecht.

9.3 STEUERHEHLEREI Art. 99

Wer Gegenstände, von denen er weiss oder annehmen muss, dass die darauf geschuldete Einfuhrsteuer vorsätzlich hinterzogen worden ist, erwirbt, sich schenken lässt, zu Pfand oder sonstwie in Gewahrsam nimmt, verheimlicht, absetzen hilft oder in Verkehr bringt, wird nach der Strafandrohung, die auf den Täter Anwendung findet, bestraft.

9.4 WIDERHANDLUNG IM GESCHÄFTSBETRIEB Art. 100

Fällt eine Busse von höchstens Fr. 100 000.– in Betracht und würde die Ermittlung der nach Art. 6 VStrR strafbaren Personen Untersuchungsmassnahmen bedingen, die im Hinblick auf die verwirkte Strafe unverhältnismässig wären, so kann die Behörde von einer Verfolgung dieser Personen absehen und an ihrer Stelle den Geschäftsbetrieb (Art. 7 VStrR) zur Bezahlung der Busse verurteilen.

9.5 VERLETZUNG VON VERFAHRENSPFLICHTEN Art. 98

Mit Busse wird bestraft, sofern die Tat nicht nach einer anderen Bestimmung mit höherer Strafe bedroht ist, wer vorsätzlich oder fahrlässig:

- die Anmeldung als steuerpflichtige Person nicht vornimmt;
- trotz Mahnung eine Steuerabrechnung nicht fristgerecht einreicht;
- die Steuer nicht periodengerecht deklariert;
- Sicherheiten nicht gehörig leistet;
- Geschäftsbücher, Belege, Geschäftspapiere und sonstige Aufzeichnungen nicht ordnungsgemäss führt, ausfertigt, aufbewahrt oder vorlegt;

- ➢ trotz Mahnung nicht oder nicht richtig Auskunft erteilt oder die für die Steuererhebung oder für die Überprüfung der Steuerpflicht massgebenden Daten und Gegenstände nicht oder nicht richtig deklariert;
- ➢ in Rechnungen eine nicht oder nicht in dieser Höhe geschuldete MWSt ausweist;
- ➢ durch Angabe einer Registernummer eine Eintragung im Register der steuerpflichtigen Personen vortäuscht;
- ➢ trotz Mahnung die ordnungsgemässe Durchführung einer Kontrolle erschwert, behindert oder verunmöglicht.

9.6 SELBSTANZEIGE   Art. 102

Zeigt die steuerpflichtige Person eine Widerhandlung gegen das MWStG an, bevor sie der zuständigen Behörde bekannt wird, wird von einer Strafverfolgung abgesehen, wenn:

- ➢ sie die Behörde bei der Festsetzung der geschuldeten oder rückzuerstattenden Steuer in zumutbarer Weise unterstützt und
- ➢ sie sich ernstlich um die Bezahlung der geschuldeten oder rückzuerstattenden Steuer bemüht.

Zeigt eine nicht steuerpflichtige Person, die eine Widerhandlung gegen das MWStG begangen oder an einer solchen teilgenommen hat, die Widerhandlung an, so wird von einer Strafverfolgung abgesehen.

Die Selbstanzeige einer juristischen Person erfolgt durch ihre Organe oder Vertreter. Die Solidarhaftung gemäss Art. 12 Abs. 3 VStrR der Organe oder der Vertreter wird aufgehoben und von einer Strafverfolgung wird abgesehen.

Eine Korrektur der Abrechnung nach Art. 72 Abs. 2 MWStG gilt als Selbstanzeige.

9.7 FRAGEN

55   Der Treuhänder L stellt im Jahr 2012 fest, dass der steuerpflichtige Kunde Z im Jahr 2010 MWSt von Fr. 18 000.– nicht abgerechnet hat. Er fordert den Kunden auf, eine Selbstanzeige bei der ESTV vorzunehmen.

Muss der Kunde Z mit einer Strafverfolgung rechnen?

(Lösungen im Anhang, Seite 266)

10. ÜBERGANGSBESTIMMUNGEN/WAHLMÖGLICHKEITEN

10.1 ÜBERGANGSBESTIMMUNGEN Art. 112 ff.

Anwendung bisherigen Rechts	Art. 112

Die bisherigen gesetzlichen Bestimmungen sowie die darauf gestützt erlassenen Vorschriften bleiben, unter Vorbehalt von Art. 113 MWStG, weiterhin auf alle während ihrer Geltungsdauer eingetretenen Tatsachen und entstandenen Rechtsverhältnisse anwendbar. Die Verjährung richtet sich weiterhin nach den Art. 49 und Art. 50 des bisherigen Rechts.

Für Leistungen, die vor Inkrafttreten des neuen MWStG erbracht worden sind, sowie für Einfuhren von Gegenständen, bei denen die Einfuhrsteuerschuld vor Inkrafttreten des neuen MWStG entstanden ist, gilt das bisherige Recht.

Leistungen, die teilweise vor Inkrafttreten des neuen MWStG erbracht worden sind, sind für diesen Teil nach bisherigem Recht zu versteuern. Leistungen, die teilweise ab Inkrafttreten des neuen MWStG erbracht werden, sind für diesen Teil nach neuem Recht zu versteuern.

Anwendung des neuen Rechts	Art. 113

Für die Feststellung, ob die Befreiung von der Steuerpflicht nach Art. 10 Abs. 2 MWStG mit dem Inkrafttreten des neuen MWStG besteht, ist das neue Recht auf die in den vorangegangenen 12 Monaten vor dem Inkrafttreten erzielten, nach dem neuen MWStG steuerbaren Leistungen anzuwenden.

Die Bestimmungen über die Einlageentsteuerung nach Art. 32 MWStG gelten auch für Leistungen, für die vor dem Inkrafttreten des neuen MWStG kein Anspruch auf Vorsteuerabzug gegeben war, z.B. (MI 01 «MWSt in Kürze und Übergangsinfo», Teil III; MBI 17 «Liegenschaftsverwaltung / Vermietung und Verkauf von Immobilien», Ziff. 1.3):

➢ Lagerentsteuerung per 1.1.2010 (Einlageentsteuerung) auf gebrauchten individualisierbaren beweglichen Gegenständen ohne MWSt-Hinweis beim Einkauf (Art. 28 Abs. 3 MWStG, Art. 62–64 MWStV), sofern die Gegenstände für die Lieferung bestimmt sind;

➢ Einlageentsteuerung per 1.1.2010 auf dem Luxusanteil von Geschäftsfahrzeugen im Rahmen der unternehmerischen Tätigkeit (auf dem aktivierten Zeitwert des Luxusanteils eines Geschäftsfahrzeuges [Anteil am Anschaffungswert über Fr. 100 000.– nach Berücksichtigung des Wertverzehrs]);

➢ Einlageentsteuerung per 1.1.2010 auf Aufwendungen im Zusammenhang mit dem Boden wie Totalabbruch, Roherschliessung, Altlastensanierung usw. die bis zum 31.12.2009 angefallen sind

➢ usw.

Unter Vorbehalt von Art. 91 MWStG ist das neue Verfahrensrecht auf sämtliche im Zeitpunkt des Inkrafttretens hängigen Verfahren anwendbar.

10.2 WAHLMÖGLICHKEITEN   Art. 114

Die steuerpflichtigen Personen können mit dem Inkrafttreten des neuen MWStG von den im neuen MWStG vorgesehenen Wahlmöglichkeiten erneut Gebrauch machen,

> z.B. Wechsel zur Saldosteuersatzmethode oder umgekehrt,
> Wechsel zur Pauschalsteuersatzmethode oder umgekehrt,
> usw.

Die Bestimmungen über die Einlageentsteuerung sind gemäss Art. 165 MWStV nicht anwendbar bei:

- nicht als Entgelt geltenden Mittelflüssen (Art. 18 Abs. 2 MWStG), die mit Inkrafttreten des neuen MWStG nicht mehr zu einer Kürzung des Vorsteuerabzugs nach Art. 33 Abs. 2 MWStG führen;
- im Rahmen des Baueigenverbrauchs nach Art. 9 Abs. 2 des alten MWStG besteuerten Eigenleistungen.

Sofern die Wahlmöglichkeiten an bestimmte Fristen geknüpft sind, beginnen diese mit dem Datum des Inkrafttretens des neuen MWStG neu zu laufen.

Äussert sich die steuerpflichtige Person nicht innert 90 Tagen nach Inkrafttreten des neuen MWStG zu den Wahlmöglichkeiten, so wird vermutet, dass sie ihre bisherige Wahl beibehält, sofern dies rechtlich weiterhin möglich ist.

10.3 ÄNDERUNG DER STEUERSÄTZE   Art. 115

Bei einer Änderung der Steuersätze gelten die Übergangsbestimmungen sinngemäss,

> z.B. Wechsel zur Saldosteuersatzmethode,
> Wechsel zur Pauschalsteuersatzmethode oder umgekehrt
> (MI 19 «Steuersatzerhöhung per 1.1.2011», Ziff. 5),
> usw.

Der Bundesrat passt die in Art. 37 Abs. 1 MWStG festgelegten Höchstbeträge angemessen an.

Für die Abrechnung der Steuerbeträge mit den bisherigen Sätzen sind den steuerpflichtigen Personen genügend lange Fristen einzuräumen, die sich nach der Natur der Liefer- und Dienstleistungsverträge richten. Im Abrechnungsformular werden deshalb die aktuellen und die vorgängigen Steuersätze aufgeführt.

11. ANHANG

11.1 LÖSUNGEN ZU DEN FRAGEN

1 Nein, wer nur gelegentlich, z.B. bloss einmalig, also nicht eine auf die nachhaltige Erzielung von Einnahmen aus Leistungen ausgerichtete berufliche oder gewerbliche Tätigkeit selbständig ausübt, wird dadurch nicht steuerpflichtig (Art. 10 MWStG).

2 Für die Beurteilung der Steuerpflicht gilt das Total der vereinbarten Entgelte ohne die Steuer innerhalb eines Jahres (Art. 10 Abs. 2 Bst. a MWStG).

3 Nein, der Steuerberater K ist von der Steuerpflicht befreit, weil er nur Leistungen im Ausland ausführt. Bei den Steuerberatungsleistungen handelt es sich um Dienstleistungen nach Art. 8 Abs. 1 MWStG (Empfängerortsprinzip). Der Steuerberater K kann jedoch auf die Befreiung der Steuerpflicht verzichten (Art. 10 und Art. 11 MWStG).

4 Die Gemeindeverwaltung hat die Umsätze wie folgt abzurechnen:
Steuereinnahmen: nein, hoheitliche Tätigkeit (Steuerabgaben)
Eintrittsgebühren: ja (Normalsatz)
Betreibungsgebühren: nein, hoheitliche Tätigkeit
Stromverkauf ja (Normalsatz)

5 Nein, die Liegenschaften AG ist von der Steuerpflicht befreit, weil die Mieteinnahmen von der Steuer ausgenommen sind (Art. 21 Abs. 2 Ziff. 21 MWStG). Bei der Erstellung ist kein Eigenverbrauch mit der ESTV abzurechnen, weil kein Vorsteuerabzug vorgenommen werden kann.

6 Bei Anwendung der Gruppenbesteuerung unterliegt die Lieferung der Halbfabrikate von der Maschinenfabrik A an ihre inländische Schwestergesellschaft B als Gruppeninnenumsatz nicht der MWSt. Die Gruppeninnenumsätze sind buchmässig separat zu erfassen. Auf den Belegen darf kein MWSt-Hinweis aufgeführt sein.

Wenn die Gruppenbesteuerung nicht angewendet wird, ist die Lieferung der Halbfabrikate als Inlandlieferung (zu Drittpreisen) mit der MWSt abzurechnen. Die Schwestergesellschaft B kann im Rahmen ihrer unternehmerischen Tätigkeit den Vorsteuerabzug vornehmen.

7 Die Floristin C kann auf den Beginn der laufenden Steuerperiode auf die Befreiung von der Steuerpflicht verzichten (Art. 11 MWStG).

8 Die Arbeitsgemeinschaft (einfache Gesellschaft) ist von Beginn ihrer Tätigkeit an steuerpflichtig, d.h. ab 1. April 2012. Gemäss Art. 14 MWStG beginnt die Steuerpflicht mit der Aufnahme der unternehmerischen Tätigkeit, wenn die Umsatzgrenze von Fr. 100 000.– innerhalb der nächsten 12 Monate überschritten wird (Art. 11 MWStV).

9 Ja, das Personalrestaurant erzielt gastgewerbliche Leistungen (8,0%) und ist ab Eröffnung des Personalrestaurants steuerpflichtig. Die Versicherungsleistungen sind gemäss Art. 21 Abs. 2 Ziff. 18 MWStG von der Steuer ausgenommene Umsätze, jedoch nicht die gastgewerblichen Leistungen.

10 Der Maler X muss nach 3 Monaten eine erneute Beurteilung vornehmen, ob umgerechnet auf 12 Monate die Umsatzgrenze erreicht ist. Wenn ja, ist die Steuerpflicht gegeben. Wenn nein, muss am 31.12.2012 aufgrund der erzielten Umsätze im Jahr 2012 – umgerechnet auf 12 Monate – überprüft werden, ob die subjektive Steuerpflicht erfüllt ist. Wenn ja, ist die Steuerpflicht auf 1.1.2013 gegeben.

11 Ja, die Versicherungsgesellschaft hat auf dem Dienstleistungsbezug von Unternehmen mit Sitz im Ausland die Bezugsteuer nach Art. 45 MWStG mit der ESTV abzurechnen. Die ausländische Werbeagentur wird nicht steuerpflichtig (Art. 10 Abs. 2 Bst. b MWStG).

12 Ja, die Erben haften gemäss Art. 16 Abs. 1 MWStG für die vom Erblasser geschuldeten Steuern solidarisch bis zur Höhe ihrer Erbteile, mit Einschluss der Vorempfänge. Sie haften somit für Steuerrechnungen bis zu Fr. 120 000.–.

13 Wer ein Unternehmen übernimmt, tritt in die steuerlichen Rechte und Pflichten des Rechtsvorgängers ein (Art. 16 Abs. 2 MWStG). Der Sohn muss daher die Steuer von Fr. 23 200.– bezahlen. Der Vater haftet zusammen mit dem Sohn noch während drei Jahren seit der Mitteilung oder Auskündigung der Übertragung für die vor der Übertragung entstandenen Steuerforderungen solidarisch (Art. 15 Abs. 1 Bst. d MWStG).

14 Gemäss Art. 15 Abs. 1 Bst. e MWStG haften die mit der Liquidation betrauten Personen solidarisch mit der liquidierten Unternehmung bis zum Betrag des Liquidationsergebnisses. Die ESTV kann beim Liquidator MWSt von Fr. 30 000.– einfordern.

15 Ja, steuerbar zu 8,0% MWSt
Reinigung = steuerbare Bearbeitung eines Gegenstandes (Art. 3 Bst. d Ziff. 2 MWStG) / Fürstentum Liechtenstein = Inland «ausländisches Gebiet mit staatsvertraglicher Vereinbarung» (Art. 3 Bst. a MWStG).

16 Nichts, weil der steuerpflichtige Lieferant kein Entgelt erhält (Art. 3 Bst. f MWStG, Art. 24 Abs. 1 MWStG).

17 Die Vermietung des Wohnmobils ist von der Steuer befreit, sofern das Wohnmobil direkt ins Ausland befördert wird und von der Familie Meier überwiegend im Ausland genutzt wird (Art. 23 Abs. 2 Ziff. 2 MWStG). Entsprechende Nachweise müssen erbracht werden.

18 a) steuerbar zu 8,0%
b) von der Steuer ausgenommene Leistung/Option möglich (8,0%)
c) von der Steuer ausgenommene Leistung/Option möglich (2,5%)
d) von der Steuer ausgenommene Leistung
e) von der Steuer ausgenommene Leistung
f) von der Steuer ausgenommene Leistung
g) von der Steuer ausgenommene Leistung/Option möglich (8,0%)
h) von der Steuer ausgenommene Leistung/Option möglich (2,5%)

11 Anhang

19 a) ja (Normalsatz)
    b) ja (Normalsatz)
    c) ja (reduzierter Satz)
    d) nein
    e) ja (Normalsatz), sofern der Mieter die Räumlichkeiten nicht ausschliesslich für private Zwecke nutzt

20 Wenn das Buchhaltungsprogramm «Mix» auf Datenträgern exportiert wird, handelt es sich um eine Lieferung von Gegenständen. Die Lieferung ist zum Normalsatz zu versteuern, weil der Ausfuhrnachweis fehlt.

    Bei Softwareleistungen über Datenfernleitungen, die an Empfänger mit Sitz im Ausland erbracht werden, handelt es sich um eine Leistung im Ausland (Empfängerortsprinzip nach Art. 8 Abs. 1 MWStG), sofern sie buch- und belegmässig nachgewiesen sind. Die Leistung unterliegt nicht der inländischen MWSt.

21 Die Produktions AG in St. Gallen führt eine Inlandlieferung (Reihengeschäft) aus. Für solche Lieferungen kann jedoch die Steuerbefreiung im Sinne einer Gleichstellung mit der Steuerbefreiung bei direkter Ausfuhr geltend gemacht werden, sofern bestimmte Voraussetzungen (z.B. ohne Ingebrauchnahme im Inland usw.) erfüllt werden (Art. 23 Abs. 3 MWStG).

22 Gemäss Art. 23 Abs. 2 Ziff. 6 MWStG sind das mit der Ausfuhr von Gegenständen des zollrechtlich freien Verkehrs im Zusammenhang stehende Befördern oder Versenden von Gegenständen und alle damit zusammenhängenden Leistungen von der Steuer befreit.

23 Der Verkauf der Kleider an das Personal ist vom tatsächlich bezahlten Entgelt mit der ESTV abzurechnen, sofern sie zum Eigenbedarf bestimmt und branchenüblich sind (Art. 24 Abs. 1 MWStG, Art. 47 MWStV). Auf dem Verkaufspreis von Fr. 180.– ist die MWSt von 8,0% abzurechnen.

24 Bei Leistungen an eng verbundene Personen (nicht Lohnausweisempfänger) gilt als Entgelt der Wert, der unter unabhängigen Dritten vereinbart würde (Art. 24 Abs. 2 MWStG). Die MWSt von 8,0% ist auf dem Verkaufspreis von Fr. 1 660.– zu entrichten.

25 Zum Entgelt gehören: Frachtkosten, Entsorgungskosten, Verpackungskosten (Art. 19 MWStG). Nicht zum Entgelt gehören: Subventionen, Verzugszinsen.

26 Die Auto Muster AG hat 8,0% auf (108,0%) Fr. 25 000.– (Verkaufspreis) = Fr. 1 851.85 mit der ESTV abzurechnen (Art. 28 Abs. 3 MWStG). Auf dem Einkaufspreis kann die Auto Muster AG den fiktiven Vorsteuerabzug 8,0% von (108,0%) Fr. 23 000.– = Fr. 1 703.70 geltend machen.

27 1 Kaffee   Fr. 4.20
    2 Gipfeli   Fr. 2.40   Fr. 6.60
    + 8,0% MWSt   Fr. 0.55
    Total Rechnungsbetrag   Fr. 7.15

28 Bücher «Mehrwertsteuer»   2,5%   Zeitung «Die Schweiz»   2,5%
    Visitenkarten   8,0%   Rechnungsgarnituren   8,0%

29 Besuche von Museen sind gemäss Art. 21 Abs. 2 Ziff. 14 Bst. c MWStG von der Steuer ausgenommene Leistungen. Bei der freiwilligen Besteuerung der Eintrittsbillette ist die MWSt mit 2,5% abzurechnen (Art. 22 MWStG und Art. 25 Abs. 2 Bst. c MWStG).

30 Ja, Rechnungen an nicht steuerpflichtige Kunden müssen keine besonderen Formvorschriften erfüllen. Der MWSt-Betrag darf auch gesondert ausgewiesen werden.

31 Die Rechnung muss idR die formellen Elemente gemäss Art. 26 Abs. 2 MWStG enthalten. Der Vorsteuerabzug kann jedoch trotzdem im Rahmen der unternehmerischen Tätigkeit vorgenommen werden, wenn die Auto Muster AG andere Beweise erbringen kann (freie Beweiswürdigung, Art. 81 Abs. 3 MWStG).

32 Ja, der steuerpflichtige Kunde kann im Rahmen seiner unternehmerischen Tätigkeit die ihm in Rechnung gestellte Inlandsteuer bei der ESTV geltend machen (Art. 28 Abs. 1 und Abs. 4 MWStG, Art. 59 Abs. 1 MWStV). Grundsätzlich sollte jedoch eine formell korrekte Rechnung nach Art. 26 Abs. 2 MWStG erstellt werden.

33 Die Bank Rheintal kann keinen Vorsteuerabzug vornehmen, weil der Computer für von der Steuer ausgenommene Leistungen nach Art. 21 Abs. 2 Ziff. 19 MWStG verwendet wird (Art. 29 Abs. 1 MWStG). In der Praxis haben Banken Vorsteuerpauschalen.

34 Ja, gemäss Art. 28 Abs. 2 MWStG kann der Gemüsehändler A auf den beim nicht steuerpflichtigen Landwirt B bezogenen Erzeugnissen der Landwirtschaft 2,5% des ihm in Rechnung gestellten Betrages als Vorsteuern abziehen. Gilt als Teileliminierung der taxe occulte. Vorsteuer: 2,5% von (100%) Fr. 25 000.– = Fr. 625.–.

35 Nein, der Vorsteuerabzug von Fr. 960.– kann auf dem Einkauf der Farbe nicht vorgenommen werden, weil die Farbe für von der Steuer ausgenommene Leistungen nach Art. 21 Abs. 2 Ziff. 21 MWStG (ohne Option vermietete Liegenschaft) verwendet wird.

36 Nein, der fiktive Vorsteuerabzug kann nicht vorgenommen werden, weil der gebrauchte Fotokopierer nicht für die Lieferung (Verkauf, Vermietung, Verleasen) bezogen wurde, sondern für unternehmerische steuerbare Leistungen (Betriebsmittel) (Art. 28 Abs. 3 MWStG).

37 Das Dachdeckergeschäft D kann folgende Vorsteuern abziehen:

Ziegel		Fr. 40 000.–	
Strom		Fr. 2 000.–	
Essen mit Kunden		Fr. 400.–	
Telefongebühren		Fr. 400.–	
Kranmiete		Fr. 600.–	
Vorsteuern	8,0%	Fr. 43 400.–	3 472.–

Prämien von Sachversicherungen sind von der Steuer ausgenommene Leistungen nach Art. 21 Abs. 2 Ziff. 18 MWStG.

11 Anhang

38 Die DS «Sport» hat ihren Vorsteuerabzug verhältnismässig zu kürzen, wenn sie Mittelflüsse nach Art. 18 Abs. 2 Bst. a – c (u.a. Subventionen, öffentlich-rechtliche Beiträge usw.) erhält (Art. 33 Abs. 2 MWStG). Weil die Investitionen vollumfänglich durch öffentlich-rechtliche Beiträge (Steuern) finanziert werden, ist ein Vorsteuerabzug durch die DS «Sport» nicht möglich.

39 Ja, gemäss Art. 32 MWStG kann auf den 1.1.2013 infolge Umnutzung der Räumlichkeiten (inskünftig optierte Vermietung) eine Einlageentsteuerung auf dem Zeitwert gemäss Art. 73 MWStV vorgenommen werden. Die abziehbaren Vorsteuern auf dem Anschaffungswert (bei Liegenschaften ohne Wert des Bodens) sowie wertvermehrenden Aufwendungen vom 1.1.1995 bis 31.12.2012 vermindern sich für jedes abgelaufene Jahr
➤ bei beweglichen Gegenständen linear um 20%,
➤ bei unbeweglichen Gegenständen linear um 5%.

40 Die Umsatz- und Vorsteuerabstimmung (Finalisierung) muss innerhalb von 180 Tagen seit Ende des betreffenden Geschäftsjahres vorgenommen und mit separater Berichtigungsabrechnung innerhalb von 60 Tagen (d.h. bis 30.8. der folgenden Geschäftsperiode) der ESTV eingereicht werden (Art. 72 Abs. 1 MWStG, Art. 128 und Art. 129 MWStV).

41 Die Heizungsfirma Z hat die MWSt wie folgt abzurechnen:
1. Quartal 2012:   8,0% von (100,0%) Fr. 20 000.– = Fr. 1 600.–
2. Quartal 2012:   8,0% von (108,0%) Fr.   430.– = Fr.   31.85 (Abzug)

42 Ja, ab 1.9. bis 1.10.2012 ist ohne Mahnung ein Verzugszins von z.Zt. 4,0% pro Jahr geschuldet (Art. 87 MWStG).

43 Die Steuerforderung verjährt 5 Jahre nach Ablauf der Steuerperiode, in der die Steuerforderung entstanden ist (Art. 42 Abs. 1 MWStG). Die Steuerabrechnung Q01/2010 verjährt am 31. Dezember 2015. Die steuerpflichtige Person kann somit bis 31.12.2015 mit der Korrekturabrechnung bei der ESTV eine Korrektur beantragen (Art. 72 MWStG).

44 Die Abrechnung nach der Saldosteuersatzmethode muss während mindestens einer Steuerperiode beibehalten werden. Der Anwalt Alfred Huber kann somit auf den 1.1.2013 zur effektiven Abrechnungsmethode wechseln (Art. 37 Abs. 4 MWStG, Art. 81 MWStV). Der Wechsel muss bis spätestens 60 Tage nach Beginn der neuen Steuerperiode schriftlich der ESTV gemeldet werden.

45 Nein, das Meldeverfahren nach Art. 38 MWStG setzt voraus, dass beide Parteien steuerpflichtig sind oder die übernehmende Unternehmung im Zusammenhang mit der Übertragung des Vermögens steuerpflichtig wird (Art. 38 MWStG, Art. 102 MWStV, Art. 104 MWStV).

46 Die Montagearbeiten unterliegen gemäss Art. 45 Abs. 1 Bst. c MWStG der Bezugsteuer, weil die ausländische Montagefirma X im Inland nicht steuerpflichtig ist und die Lieferung nicht der Einfuhrsteuer unterliegt.

47 Nein, Leistungen, die nach Art. 21 MWStG von der Steuer ausgenommen sind (u.a. Ausbildung usw.), unterliegen nicht der Bezugsteuer (Art. 109 Abs. 1 MWStV).

48 Die EZV berechnet die Steuer auf dem Betrag von Fr. 669 158.– zu 8,0% (MWSt Fr. 53 532.65). Der Steuer unterliegt die Einfuhr von Gegenständen einschliesslich der darin enthaltenen Kosten, Dienstleistungen und Rechte (Art. 52 Abs. 1 MWStG, Art. 54 Abs. 3 MWStG).

49 Ein Unternehmen hat sich unaufgefordert innert 30 Tagen nach Beginn ihrer Steuerpflicht bei der ESTV schriftlich anzumelden (Art. 66 Abs. 1 MWStG).

Wer einzig aufgrund der Bezugsteuer steuerpflichtig wird, hat sich innert 60 Tagen nach Ablauf des Kalenderjahres, für das er steuerpflichtig ist, schriftlich bei der ESTV anzumelden und gleichzeitig die bezogenen Leistungen zu deklarieren (Art. 66 Abs. 3 MWStG).

50 Umsatzabstimmung 1.–4. Quartal 2011:

Saldo Ertragskonto 2011	1 250 600.–
+ Kundenguthaben per 1.1.	52 000.–
– Kundenguthaben per 31.12.	– 38 000.–
	1 264 600.–
+ Verkauf PC-Anlage	+ 6 000.–
Total vereinnahmtes Entgelt	1 270 600.–
Deklaration 1.–4. Q. 2011	1 264 600.–
Umsatzdifferenz (zu wenig deklariert)	6 000.–

(ist innerhalb von 180 Tagen resp. 240 Tagen seit Ende des betreffenden Geschäftsjahres zu korrigieren [Art. 72 MWStG, Art. 128 und Art. 129 MWStV])

51 Ja, die steuerpflichtige Person hat ihre Geschäftsbücher, Belege, Geschäftspapiere und sonstigen Aufzeichnungen bis zum Eintritt der absoluten Verjährung der Steuerforderung, mindestens aber während 10 Jahren (bei Liegenschaftsbelegen 26 Jahre), ordnungsgemäss aufzubewahren (Art. 70 und Art. 78 MWStG).

52 Ja, gemäss Art. 70 Abs. 3 MWStG sind Geschäftsunterlagen, die im Zusammenhang mit der Berechnung der Einlageentsteuerung und des Eigenverbrauchs von unbeweglichen Gegenständen benötigt werden, während 20 Jahren zuzüglich Verjährungsfrist aufzubewahren.

53 Die Einschätzungsmitteilung wird mit einer Verfügung ausgestaltet. Die steuerpflichtige Person kann eine Verfügung der ESTV innert 30 Tagen nach der Eröffnung mit Einsprache anfechten (Art. 83 Abs. 1 MWStG).

54 Die Einsprache ist innert 30 Tagen nach der Eröffnung der Verfügung schriftlich bei der ESTV einzureichen. Sie hat den Antrag, dessen Begründung mit Angabe der Beweismittel sowie die Unterschrift des Einsprechers oder seiner Vertretung zu enthalten. Die Vertretung hat sich durch schriftliche Vollmacht auszuweisen. Die Beweismittel sind in der Einspracheschrift zu bezeichnen und ihr beizulegen (Art. 83 MWStG).

55 Nein, gemäss Art. 102 MWStG wird von einer Strafverfolgung abgesehen, wenn die steuerpflichtige Person eine Selbstanzeige vornimmt.

Bundesgesetz
über die Mehrwertsteuer
(Mehrwertsteuergesetz, MWSTG)

641.20

vom 12. Juni 2009 (Stand am 1. Januar 2012)

Die Bundesversammlung der Schweizerischen Eidgenossenschaft,
gestützt auf Artikel 130 der Bundesverfassung[1],
nach Einsicht in die Botschaft des Bundesrates vom 25. Juni 2008[2],
beschliesst:

1. Titel: Allgemeine Bestimmungen

Art. 1 Gegenstand und Grundsätze

[1] Der Bund erhebt eine allgemeine Verbrauchssteuer nach dem System der Netto-Allphasensteuer mit Vorsteuerabzug (Mehrwertsteuer). Die Steuer bezweckt die Besteuerung des nicht unternehmerischen Endverbrauchs im Inland.

[2] Als Mehrwertsteuer erhebt er:
  a. eine Steuer auf den im Inland von steuerpflichtigen Personen gegen Entgelt erbrachten Leistungen (Inlandsteuer);
  b. eine Steuer auf dem Bezug von Leistungen von Unternehmen mit Sitz im Ausland durch Empfänger und Empfängerinnen im Inland (Bezugsteuer);
  c. eine Steuer auf der Einfuhr von Gegenständen (Einfuhrsteuer).

[3] Die Erhebung erfolgt nach den Grundsätzen:
  a. der Wettbewerbsneutralität;
  b. der Wirtschaftlichkeit der Entrichtung und der Erhebung;
  c. der Überwälzbarkeit.

Art. 2 Verhältnis zum kantonalen Recht

[1] Billettsteuern und Handänderungssteuern, die von den Kantonen und Gemeinden erhoben werden, gelten nicht als gleichartige Steuern im Sinne von Artikel 134 der Bundesverfassung.

[2] Sie dürfen erhoben werden, soweit sie nicht die Mehrwertsteuer in ihre Bemessungsgrundlage einbeziehen.

AS **2009** 5203
[1] SR **101**
[2] BBl **2008** 6885

Art. 3 Begriffe

Im Sinne dieses Gesetzes bedeuten:

a. Inland: das schweizerische Staatsgebiet mit den Zollanschlussgebieten nach Artikel 3 Absatz 2 des Zollgesetzes vom 18. März 2005[3] (ZG);

b. Gegenstände: bewegliche und unbewegliche Sachen sowie Elektrizität, Gas, Wärme, Kälte und Ähnliches;

c. Leistung: die Einräumung eines verbrauchsfähigen wirtschaftlichen Wertes an eine Drittperson in Erwartung eines Entgelts, auch wenn sie von Gesetzes wegen oder aufgrund behördlicher Anordnung erfolgt;

d. Lieferung:
   1. Verschaffen der Befähigung, im eigenen Namen über einen Gegenstand wirtschaftlich zu verfügen,
   2. Abliefern eines Gegenstandes, an dem Arbeiten besorgt worden sind, auch wenn dieser Gegenstand dadurch nicht verändert, sondern bloss geprüft, geeicht, reguliert, in der Funktion kontrolliert oder in anderer Weise behandelt worden ist,
   3. Überlassen eines Gegenstandes zum Gebrauch oder zur Nutzung;

e. Dienstleistung: jede Leistung, die keine Lieferung ist; eine Dienstleistung liegt auch vor, wenn:
   1. immaterielle Werte und Rechte überlassen werden,
   2. eine Handlung unterlassen oder eine Handlung beziehungsweise ein Zustand geduldet wird;

f. Entgelt: Vermögenswert, den der Empfänger oder die Empfängerin oder an seiner oder ihrer Stelle eine Drittperson für den Erhalt einer Leistung aufwendet;

g. hoheitliche Tätigkeit: Tätigkeit eines Gemeinwesens, die nicht unternehmerischer Natur ist, namentlich nicht marktfähig ist und nicht im Wettbewerb mit Tätigkeiten privater Anbieter steht, selbst wenn dafür Gebühren, Beiträge oder sonstige Abgaben erhoben werden;

h. eng verbundene Personen: die Inhaber und Inhaberinnen von massgebenden Beteiligungen an einem Unternehmen oder ihnen nahe stehende Personen; eine massgebende Beteiligung liegt vor, wenn die Schwellenwerte gemäss Artikel 69 des Bundesgesetzes vom 14. Dezember 1990[4] über die direkte Bundessteuer (DBG) überschritten werden oder wenn eine entsprechende Beteiligung an einer Personengesellschaft vorliegt;

i. Spende: freiwillige Zuwendung in der Absicht, den Empfänger oder die Empfängerin zu bereichern ohne Erwartung einer Gegenleistung im mehrwertsteuerlichen Sinne; eine Zuwendung gilt auch dann als Spende, wenn die Zuwendung in einer Publikation in neutraler Form einmalig oder mehrmalig erwähnt wird, selbst wenn dabei die Firma oder das Logo des Spen-

---

[3] SR **631.0**
[4] SR **642.11**

ders oder der Spenderin verwendet wird; Beiträge von Passivmitgliedern sowie von Gönnern und Gönnerinnen an Vereine oder an gemeinnützige Organisationen werden den Spenden gleichgestellt;

j. gemeinnützige Organisation: Organisation, die die Voraussetzungen erfüllt, welche gemäss Artikel 56 Buchstabe g DBG für die direkte Bundessteuer gelten;

k. Rechnung: jedes Dokument, mit dem gegenüber einer Drittperson über das Entgelt für eine Leistung abgerechnet wird, gleichgültig, wie dieses Dokument im Geschäftsverkehr bezeichnet wird.

Art. 4   Samnaun und Sampuoir

¹ Solange die Talschaften Samnaun und Sampuoir aus dem schweizerischen Zollgebiet ausgeschlossen sind, gilt dieses Gesetz in den beiden Talschaften nur für Dienstleistungen.

² Die dem Bund aufgrund von Absatz 1 entstehenden Steuerausfälle sind durch die Gemeinden Samnaun und Tschlin zu kompensieren.

³ Der Bundesrat regelt die Einzelheiten im Einvernehmen mit den Gemeinden Samnaun und Tschlin. Er berücksichtigt dabei die Einsparungen infolge des geringeren Erhebungsaufwands angemessen.

Art. 5   Indexierung

Der Bundesrat beschliesst die Anpassung der in den Artikeln 31 Absatz 2 Buchstabe c, 37 Absatz 1, 38 Absatz 1 und 45 Absatz 2 Buchstabe b genannten Frankenbeträge, sobald sich der Landesindex der Konsumentenpreise seit der letzten Festlegung um mehr als 30 Prozent erhöht hat.

Art. 6   Steuerüberwälzung

¹ Die Überwälzung der Steuer richtet sich nach privatrechtlichen Vereinbarungen.

² Zur Beurteilung von Streitigkeiten über die Steuerüberwälzung sind die Zivilgerichte zuständig.

Art. 7   Ort der Lieferung

¹ Als Ort einer Lieferung gilt der Ort, an dem:

a. sich der Gegenstand zum Zeitpunkt der Verschaffung der Befähigung, über ihn wirtschaftlich zu verfügen, der Ablieferung oder der Überlassung zum Gebrauch oder zur Nutzung befindet;

b. die Beförderung oder Versendung des Gegenstandes zum Abnehmer oder zur Abnehmerin oder in dessen oder deren Auftrag zu einer Drittperson beginnt.

² Als Ort der Lieferung von Elektrizität und Erdgas in Leitungen gilt der Ort, an dem der Empfänger oder die Empfängerin der Lieferung den Sitz der wirtschaftlichen Tätigkeit oder eine Betriebsstätte hat, für welche die Lieferung erbracht wird, oder in Ermangelung eines solchen Sitzes oder einer solchen Betriebsstätte der Wohnort oder der Ort, von dem aus er oder sie tätig wird.

Art. 8   Ort der Dienstleistung

¹ Als Ort der Dienstleistung gilt unter Vorbehalt von Absatz 2 der Ort, an dem der Empfänger oder die Empfängerin der Dienstleistung den Sitz der wirtschaftlichen Tätigkeit oder eine Betriebsstätte hat, für welche die Dienstleistung erbracht wird, oder in Ermangelung eines solchen Sitzes oder einer solchen Betriebsstätte der Wohnort oder der Ort seines oder ihres üblichen Aufenthaltes.

² Als Ort der nachfolgend aufgeführten Dienstleistungen gilt:

a. bei Dienstleistungen, die typischerweise unmittelbar gegenüber physisch anwesenden natürlichen Personen erbracht werden, auch wenn sie ausnahmsweise aus der Ferne erbracht werden: der Ort, an dem die dienstleistende Person den Sitz der wirtschaftlichen Tätigkeit oder eine Betriebsstätte hat, oder in Ermangelung eines solchen Sitzes oder einer solchen Betriebsstätte der Wohnort oder der Ort, von dem aus sie tätig wird; als solche Dienstleistungen gelten namentlich: Heilbehandlungen, Therapien, Pflegeleistungen, Körperpflege, Ehe-, Familien- und Lebensberatung, Sozialleistungen und Sozialhilfeleistungen sowie Kinder- und Jugendbetreuung;

b. bei Dienstleistungen von Reisebüros und Organisatoren von Veranstaltungen: der Ort, an dem die dienstleistende Person den Sitz der wirtschaftlichen Tätigkeit oder eine Betriebsstätte hat, oder in Ermangelung eines solchen Sitzes oder einer solchen Betriebsstätte der Wohnort oder der Ort, von dem aus sie tätig wird;

c. bei Dienstleistungen auf dem Gebiet der Kultur, der Künste, des Sportes, der Wissenschaft, des Unterrichts, der Unterhaltung oder ähnlichen Leistungen, einschliesslich der Leistungen der jeweiligen Veranstalter und der gegebenenfalls damit zusammenhängenden Leistungen: der Ort, an dem diese Tätigkeiten tatsächlich ausgeübt werden;

d. bei gastgewerblichen Leistungen: der Ort, an dem die Dienstleistung tatsächlich erbracht wird;

e. bei Personenbeförderungsleistungen: der Ort, an dem die Beförderung gemessen an der zurückgelegten Strecke tatsächlich stattfindet; der Bundesrat kann bestimmen, dass bei grenzüberschreitenden Beförderungen kurze inländische Strecken als ausländische und kurze ausländische Strecken als inländische Strecken gelten;

f. bei Dienstleistungen im Zusammenhang mit einem Grundstück: der Ort, an dem das Grundstück gelegen ist; als solche Dienstleistungen gelten namentlich: Vermittlung, Verwaltung, Begutachtung und Schätzung des Grundstückes, Dienstleistungen im Zusammenhang mit dem Erwerb oder der Bestellung von dinglichen Rechten am Grundstück, Dienstleistungen im

Zusammenhang mit der Vorbereitung oder der Koordinierung von Bauleistungen wie Architektur-, Ingenieur- und Bauaufsichtsleistungen, Überwachung von Grundstücken und Gebäuden sowie Beherbergungsleistungen;

g. bei Dienstleistungen im Bereich der internationalen Entwicklungszusammenarbeit und der humanitären Hilfe: der Ort, für den die Dienstleistung bestimmt ist.

Art. 9 Vermeidung von Wettbewerbsverzerrungen

Um Wettbewerbsverzerrungen durch Doppelbesteuerungen oder Nichtbesteuerungen bei grenzüberschreitenden Leistungen zu vermeiden, kann der Bundesrat die Abgrenzung zwischen Lieferungen und Dienstleistungen abweichend von Artikel 3 regeln sowie den Ort der Leistungserbringung abweichend von den Artikeln 7 und 8 bestimmen.

2. Titel: Inlandsteuer
1. Kapitel: Steuersubjekt

Art. 10 Grundsatz

¹ Steuerpflichtig ist, wer unabhängig von Rechtsform, Zweck und Gewinnabsicht ein Unternehmen betreibt und nicht nach Absatz 2 von der Steuerpflicht befreit ist. Ein Unternehmen betreibt, wer:

a. eine auf die nachhaltige Erzielung von Einnahmen aus Leistungen ausgerichtete berufliche oder gewerbliche Tätigkeit selbstständig ausübt; und

b. unter eigenem Namen nach aussen auftritt.

² Von der Steuerpflicht nach Absatz 1 ist befreit, wer:

a. im Inland innerhalb eines Jahres weniger als 100 000 Franken Umsatz aus steuerbaren Leistungen erzielt, sofern er oder sie nicht auf die Befreiung von der Steuerpflicht verzichtet; der Umsatz bemisst sich nach den vereinbarten Entgelten ohne die Steuer;

b. ein Unternehmen mit Sitz im Ausland betreibt, das im Inland ausschliesslich der Bezugsteuer (Art. 45–49) unterliegende Leistungen erbringt; nicht von der Steuerpflicht befreit ist jedoch, wer ein Unternehmen mit Sitz im Ausland betreibt, das im Inland Telekommunikations- oder elektronische Dienstleistungen an nicht steuerpflichtige Empfänger und Empfängerinnen erbringt;

c. als nicht gewinnstrebiger, ehrenamtlich geführter Sport- oder Kulturverein oder als gemeinnützige Institution im Inland weniger als 150 000 Franken Umsatz aus steuerbaren Leistungen erzielt, sofern er oder sie nicht auf die Befreiung von der Steuerpflicht verzichtet; der Umsatz bemisst sich nach den vereinbarten Entgelten ohne die Steuer.

³ Der Sitz im Inland sowie alle inländischen Betriebsstätten bilden zusammen ein Steuersubjekt.

Art. 11 Verzicht auf die Befreiung von der Steuerpflicht

¹ Wer ein Unternehmen betreibt und nach Artikel 10 Absatz 2 oder 12 Absatz 3 von der Steuerpflicht befreit ist, hat das Recht, auf die Befreiung von der Steuerpflicht zu verzichten.

² Auf die Befreiung von der Steuerpflicht muss mindestens während einer Steuerperiode verzichtet werden.

Art. 12 Gemeinwesen

¹ Steuersubjekte der Gemeinwesen sind die autonomen Dienststellen von Bund, Kantonen und Gemeinden und die übrigen Einrichtungen des öffentlichen Rechts.

² Dienststellen können sich zu einem einzigen Steuersubjekt zusammenschliessen. Der Zusammenschluss kann auf den Beginn jeder Steuerperiode gewählt werden. Er muss während mindestens einer Steuerperiode beibehalten werden.

³ Ein Steuersubjekt eines Gemeinwesens ist von der Steuerpflicht befreit, solange nicht mehr als 25 000 Franken Umsatz pro Jahr aus steuerbaren Leistungen an Nichtgemeinwesen stammen. Stammen mehr als 25 000 Franken des Umsatzes aus steuerbaren Leistungen an Nichtgemeinwesen, so bleibt es solange von der Steuerpflicht befreit, als sein Umsatz aus steuerbaren Leistungen an Nichtgemeinwesen und an andere Gemeinwesen 100 000 Franken im Jahr nicht übersteigt. Der Umsatz bemisst sich nach den vereinbarten Entgelten ohne die Steuer.

⁴ Der Bundesrat bestimmt, welche Leistungen von Gemeinwesen als unternehmerisch und damit steuerbar gelten.

Art. 13 Gruppenbesteuerung

¹ Rechtsträger mit Sitz oder Betriebsstätte in der Schweiz, die unter einheitlicher Leitung eines Rechtsträgers miteinander verbunden sind, können sich auf Antrag zu einem einzigen Steuersubjekt zusammenschliessen (Mehrwertsteuergruppe). In die Gruppe können auch Rechtsträger, die kein Unternehmen betreiben, und natürliche Personen einbezogen werden.

² Der Zusammenschluss zu einer Mehrwertsteuergruppe kann auf den Beginn jeder Steuerperiode gewählt werden. Die Beendigung einer Mehrwertsteuergruppe ist jeweils auf das Ende einer Steuerperiode möglich.

Art. 14 Beginn und Ende der Steuerpflicht und der Befreiung von der Steuerpflicht

¹ Die Steuerpflicht beginnt mit der Aufnahme der unternehmerischen Tätigkeit.

² Die Steuerpflicht endet:

    a. mit der Beendigung der unternehmerischen Tätigkeit;

    b. bei Vermögensliquidation: mit dem Abschluss des Liquidationsverfahrens.

³ Die Befreiung von der Steuerpflicht endet, sobald das Total der im letzten Geschäftsjahr erzielten Umsätze die Grenze von Artikel 10 Absatz 2 Buchstabe a oder c oder 12 Absatz 3 erreicht hat oder absehbar ist, dass diese Grenze innerhalb von 12 Monaten nach der Aufnahme oder Ausweitung der unternehmerischen Tätigkeit überschritten wird.

⁴ Der Verzicht auf die Befreiung von der Steuerpflicht kann frühestens auf den Beginn der laufenden Steuerperiode erklärt werden.

⁵ Unterschreitet der massgebende Umsatz der steuerpflichtigen Person die Umsatzgrenze nach Artikel 10 Absatz 2 Buchstabe a oder c oder 12 Absatz 3 und ist zu erwarten, dass der massgebende Umsatz auch in der folgenden Steuerperiode nicht mehr erreicht wird, so muss sich die steuerpflichtige Person abmelden. Die Abmeldung ist frühestens möglich auf das Ende der Steuerperiode, in der der massgebende Umsatz nicht erreicht worden ist. Die Nichtabmeldung gilt als Verzicht auf die Befreiung von der Steuerpflicht nach Artikel 11. Der Verzicht gilt ab Beginn der folgenden Steuerperiode.

Art. 15   Mithaftung

¹ Mit der steuerpflichtigen Person haften solidarisch:

a. die Teilhaber und Teilhaberinnen an einer einfachen Gesellschaft, Kollektiv- oder Kommanditgesellschaft im Rahmen ihrer zivilrechtlichen Haftbarkeit;

b. Personen, die eine freiwillige Versteigerung durchführen oder durchführen lassen;

c. jede zu einer Mehrwertsteuergruppe (Art. 13) gehörende Person oder Personengesellschaft für sämtliche von der Gruppe geschuldeten Steuern; tritt eine Person oder Personengesellschaft aus der Gruppe aus, so haftet sie nur noch für die Steuerforderungen, die sich aus ihren eigenen unternehmerischen Tätigkeiten ergeben haben;

d. bei der Übertragung eines Unternehmens: der bisherige Steuerschuldner oder die bisherige Steuerschuldnerin noch während dreier Jahre seit der Mitteilung oder Auskündigung der Übertragung für die vor der Übertragung entstandenen Steuerforderungen;

e. bei Beendigung der Steuerpflicht einer aufgelösten juristischen Person, Handelsgesellschaft oder Personengesamtheit ohne Rechtspersönlichkeit: die mit der Liquidation betrauten Personen bis zum Betrag des Liquidationsergebnisses;

f. für die Steuer einer juristischen Person, die ihren Sitz ins Ausland verlegt: die geschäftsführenden Organe bis zum Betrag des reinen Vermögens der juristischen Person.

² Die in Absatz 1 Buchstaben e und f bezeichneten Personen haften nur für Steuer-, Zins- und Kostenforderungen, die während ihrer Geschäftsführung entstehen oder fällig werden; ihre Haftung entfällt, soweit sie nachweisen, dass sie alles ihnen Zumutbare zur Feststellung und Erfüllung der Steuerforderung getan haben.

³ Die Haftung nach Artikel 12 Absatz 3 des Bundesgesetzes vom 22. März 1974⁵ über das Verwaltungsstrafrecht (VStrR) bleibt vorbehalten.

⁴ Tritt eine steuerpflichtige Person Forderungen aus ihrem Unternehmen an Dritte ab, so haften diese subsidiär für die mit den Forderungen mitzedierte Mehrwertsteuer, wenn im Zeitpunkt der Abtretung die Steuerschuld gegenüber der Eidgenössischen Steuerverwaltung (ESTV) noch nicht entstanden ist und ein Verlustschein vorliegt.

⁵ Die mithaftende Person hat im Verfahren die gleichen Rechte und Pflichten wie die steuerpflichtige Person.

Art. 16 Steuernachfolge

¹ Stirbt eine steuerpflichtige natürliche Person, so treten ihre Erben und Erbinnen in ihre Rechte und Pflichten ein. Sie haften solidarisch für die vom Erblasser oder von der Erblasserin geschuldeten Steuern bis zur Höhe ihrer Erbteile, mit Einschluss der Vorempfänge.

² Wer ein Unternehmen übernimmt, tritt in die steuerlichen Rechte und Pflichten des Rechtsvorgängers oder der Rechtsvorgängerin ein.

Art. 17 Steuersubstitution

Die Erfüllung der Steuerpflicht ausländischer Handelsgesellschaften und ausländischer Personengesamtheiten ohne Rechtspersönlichkeit obliegt auch deren Teilhabern und Teilhaberinnen.

2. Kapitel: Steuerobjekt

Art. 18 Grundsatz

¹ Der Inlandsteuer unterliegen die im Inland durch steuerpflichtige Personen gegen Entgelt erbrachten Leistungen; sie sind steuerbar, soweit dieses Gesetz keine Ausnahme vorsieht.

² Mangels Leistung gelten namentlich die folgenden Mittelflüsse nicht als Entgelt:
- a. Subventionen und andere öffentlich-rechtliche Beiträge, auch wenn sie gestützt auf einen Leistungsauftrag oder eine Programmvereinbarung gemäss Artikel 46 Absatz 2 der Bundesverfassung ausgerichtet werden;
- b. Gelder, die Kur- und Verkehrsvereine ausschliesslich aus öffentlich-rechtlichen Tourismusabgaben erhalten und die sie im Auftrag von Gemeinwesen zugunsten der Allgemeinheit einsetzen;
- c. Beiträge aus kantonalen Wasser-, Abwasser- oder Abfallfonds an Entsorgungsanstalten oder Wasserwerke;

---

⁵ SR **313.0**

d. Spenden;
e. Einlagen in Unternehmen, insbesondere zinslose Darlehen, Sanierungsleistungen und Forderungsverzichte;
f. Dividenden und andere Gewinnanteile;
g. vertraglich oder gesetzlich geregelte Kostenausgleichszahlungen, die durch eine Organisationseinheit, namentlich durch einen Fonds, an Akteure und Akteurinnen innerhalb einer Branche geleistet werden;
h. Pfandgelder, namentlich auf Umschliessungen und Gebinden;
i. Zahlungen für Schadenersatz, Genugtuung und dergleichen;
j. Entschädigungen für unselbstständig ausgeübte Tätigkeiten wie Verwaltungsrats- und Stiftungsratshonorare, Behördenentschädigungen oder Sold;
k. Erstattungen, Beiträge und Beihilfen bei Lieferungen ins Ausland, die nach Artikel 23 Absatz 2 Ziffer 1 von der Steuer befreit sind;
l. Gebühren, Beiträge oder sonstige Zahlungen, die für hoheitliche Tätigkeiten empfangen werden.

Art. 19   Mehrheit von Leistungen

¹ Voneinander unabhängige Leistungen werden selbstständig behandelt.

² Mehrere voneinander unabhängige Leistungen, die zu einer Sachgesamtheit vereinigt sind oder als Leistungskombination angeboten werden, können einheitlich nach der überwiegenden Leistung behandelt werden, wenn sie zu einem Gesamtentgelt erbracht werden und die überwiegende Leistung wertmässig mindestens 70 Prozent des Gesamtentgelts ausmacht (Kombination).

³ Leistungen, die wirtschaftlich eng zusammengehören und so ineinander greifen, dass sie als unteilbares Ganzes anzusehen sind, gelten als ein einheitlicher wirtschaftlicher Vorgang und sind nach dem Charakter der Gesamtleistung zu behandeln.

⁴ Nebenleistungen, namentlich Umschliessungen und Verpackungen, werden steuerlich gleich behandelt wie die Hauptleistung.

Art. 20   Zuordnung von Leistungen

¹ Eine Leistung gilt als von derjenigen Person erbracht, die nach aussen als Leistungserbringerin auftritt.

² Handelt eine Person im Namen und für Rechnung einer anderen Person, so gilt die Leistung als durch die vertretene Person getätigt, wenn die Vertreterin:
a. nachweisen kann, dass sie als Stellvertreterin handelt und die vertretene Person eindeutig identifizieren kann; und
b. das Bestehen eines Stellvertretungsverhältnisses dem Leistungsempfänger oder der Leistungsempfängerin ausdrücklich bekannt gibt oder sich dieses aus den Umständen ergibt.

³ Findet Absatz 1 in einem Dreiparteienverhältnis Anwendung, so wird das Leistungsverhältnis zwischen der nach aussen auftretenden Person und der die eigentliche Leistung erbringenden Person gleich qualifiziert wie das Leistungsverhältnis zwischen der nach aussen auftretenden Person und der leistungsempfangenden Person.

Art. 21   Von der Steuer ausgenommene Leistungen

¹ Eine Leistung, die von der Steuer ausgenommen ist und für deren Versteuerung nicht nach Artikel 22 optiert wird, ist nicht steuerbar.

² Von der Steuer ausgenommen sind:

1. die Beförderung von Gegenständen, die unter die reservierten Dienste nach Artikel 3 des Postgesetzes vom 30. April 1997[6] fällt;

2. die Spitalbehandlung und die ärztliche Heilbehandlung in Spitälern im Bereich der Humanmedizin einschliesslich der damit eng verbundenen Leistungen, die von Spitälern sowie Zentren für ärztliche Heilbehandlung und Diagnostik erbracht werden. Die Abgabe von selbst hergestellten oder zugekauften Prothesen und orthopädischen Apparaten gilt als steuerbare Lieferung;

3. die von Ärzten und Ärztinnen, Zahnärzten und Zahnärztinnen, Psychotherapeuten und Psychotherapeutinnen, Chiropraktoren und Chiropraktorinnen, Physiotherapeuten und Physiotherapeutinnen, Naturärzten und Naturärztinnen, Entbindungspflegern und Hebammen, Pflegefachmännern und Pflegefachfrauen oder Angehörigen ähnlicher Heil- und Pflegeberufe erbrachten Heilbehandlungen im Bereich der Humanmedizin, soweit die Leistungserbringer und Leistungserbringerinnen über eine Berufsausübungsbewilligung verfügen; der Bundesrat bestimmt die Einzelheiten. Die Abgabe von selbst hergestellten oder zugekauften Prothesen und orthopädischen Apparaten gilt als steuerbare Lieferung;

4. die von Krankenpflegepersonen, Organisationen der Krankenpflege und der Hilfe zu Hause (Spitex) oder in Heimen erbrachten Pflegeleistungen, sofern sie ärztlich verordnet sind;

5. die Lieferung von menschlichen Organen durch medizinisch anerkannte Institutionen und Spitäler sowie von menschlichem Vollblut durch Inhaber und Inhaberinnen einer hiezu erforderlichen Bewilligung;

6. die Dienstleistungen von Gemeinschaften, deren Mitglieder Angehörige der in Ziffer 3 aufgeführten Berufe sind, soweit diese Dienstleistungen anteilsmässig zu Selbstkosten an die Mitglieder für die unmittelbare Ausübung ihrer Tätigkeiten erbracht werden;

7. die Beförderung von kranken oder verletzten Personen oder Personen mit Behinderungen in dafür besonders eingerichteten Transportmitteln;

---

[6]   SR **783.0**

8. Leistungen, die von Einrichtungen der Sozialhilfe und der sozialen Sicherheit erzielt werden, Leistungen von gemeinnützigen Organisationen der Krankenpflege und der Hilfe zu Hause (Spitex) und von Alters-, Wohn- und Pflegeheimen;
9. die mit der Kinder- und Jugendbetreuung verbundenen Leistungen durch dafür eingerichtete Institutionen;
10. die mit der Kultur- und Bildungsförderung von Jugendlichen eng verbundenen Leistungen von gemeinnützigen Jugendaustauschorganisationen; Jugendliche im Sinne dieser Bestimmung sind Personen bis zum vollendeten 25. Altersjahr;
11. die folgenden Leistungen im Bereich der Erziehung und Bildung mit Ausnahme der in diesem Zusammenhang erbrachten gastgewerblichen und Beherbergungsleistungen:
    a. die Leistungen im Bereich der Erziehung von Kindern und Jugendlichen, des Unterrichts, der Ausbildung, der Fortbildung und der beruflichen Umschulung einschliesslich des von Privatlehrern und Privatlehrerinnen oder an Privatschulen erteilten Unterrichts,
    b. Kurse, Vorträge und andere Veranstaltungen wissenschaftlicher oder bildender Art; die Referententätigkeit ist von der Steuer ausgenommen, unabhängig davon, ob das Honorar der unterrichtenden Person oder ihrem Arbeitgeber ausgerichtet wird,
    c. im Bildungsbereich durchgeführte Prüfungen,
    d. Organisationsdienstleistungen (mit Einschluss der damit zusammenhängenden Nebenleistungen) der Mitglieder einer Einrichtung, die von der Steuer ausgenommene Leistungen nach den Buchstaben a–c erbringt, an diese Einrichtung,
    e. Organisationsdienstleistungen (mit Einschluss der damit zusammenhängenden Nebenleistungen) an Dienststellen von Bund, Kantonen und Gemeinden, die von der Steuer ausgenommene Leistungen nach den Buchstaben a–c entgeltlich oder unentgeltlich erbringen;
12. das Zurverfügungstellen von Personal durch religiöse oder weltanschauliche, nichtgewinnstrebige Einrichtungen für Zwecke der Krankenbehandlung, der Sozialhilfe und der sozialen Sicherheit, der Kinder- und Jugendbetreuung, der Erziehung und Bildung sowie für kirchliche, karitative und gemeinnützige Zwecke;
13. die Leistungen, die nichtgewinnstrebige Einrichtungen mit politischer, gewerkschaftlicher, wirtschaftlicher, religiöser, patriotischer, weltanschaulicher, philanthropischer, ökologischer, sportlicher, kultureller oder staatsbürgerlicher Zielsetzung ihren Mitgliedern gegen einen statutarisch festgesetzten Beitrag erbringen;
14. dem Publikum unmittelbar erbrachte kulturelle Dienstleistungen der nachstehend aufgeführten Arten, sofern hiefür ein besonderes Entgelt verlangt wird:

a. Theater-, musikalische und choreographische Aufführungen sowie Filmvorführungen,
b. Darbietungen von Schauspielern und Schauspielerinnen, Musikern und Musikerinnen, Tänzern und Tänzerinnen und anderen ausübenden Künstlern und Künstlerinnen sowie Schaustellern und Schaustellerinnen, einschliesslich Geschicklichkeitsspiele,
c. Besuche von Museen, Galerien, Denkmälern, historischen Stätten sowie botanischen und zoologischen Gärten,
d. Dienstleistungen von Bibliotheken, Archiven und Dokumentationsstellen, namentlich die Einsichtgewährung in Text-, Ton- und Bildträger in ihren Räumlichkeiten; steuerbar ist jedoch die Lieferung von Gegenständen (einschliesslich Gebrauchsüberlassung) solcher Institutionen;

15. für sportliche Anlässe verlangte Entgelte einschliesslich derjenigen für die Zulassung zur Teilnahme an solchen Anlässen (z. B. Startgelder) samt den darin eingeschlossenen Nebenleistungen;

16. kulturelle Dienstleistungen und Lieferung von Werken durch deren Urheber und Urheberinnen wie Schriftsteller und Schriftstellerinnen, Komponisten und Komponistinnen, Filmschaffende, Kunstmaler und Kunstmalerinnen, Bildhauer und Bildhauerinnen sowie von den Verlegern und Verlegerinnen und den Verwertungsgesellschaften zur Verbreitung dieser Werke erbrachte Dienstleistungen;

17. die Umsätze bei Veranstaltungen (wie Basare und Flohmärkte) von Einrichtungen, die von der Steuer ausgenommene Tätigkeiten auf dem Gebiete der Krankenbehandlung, der Sozialhilfe und der sozialen Sicherheit, der Kinder- und Jugendbetreuung und des nichtgewinnstrebigen Sports ausüben, sowie von gemeinnützigen Organisationen der Krankenpflege und der Hilfe zu Hause (Spitex) und von Alters-, Wohn- und Pflegeheimen, sofern die Veranstaltungen dazu bestimmt sind, diesen Einrichtungen eine finanzielle Unterstützung zu verschaffen und ausschliesslich zu ihrem Nutzen durchgeführt werden; Umsätze von Einrichtungen der Sozialhilfe und der sozialen Sicherheit, die diese mittels Brockenhäusern ausschliesslich zu ihrem Nutzen erzielen;

18. die Versicherungs- und Rückversicherungsumsätze einschliesslich der Umsätze aus der Tätigkeit als Versicherungsvertreter oder Versicherungsvertreterin, als Versicherungsmakler oder Versicherungsmaklerin;

19. die folgenden Umsätze im Bereich des Geld- und Kapitalverkehrs:
    a. die Gewährung und die Vermittlung von Krediten und die Verwaltung von Krediten durch die Kreditgeber und Kreditgeberinnen,
    b. die Vermittlung und die Übernahme von Verbindlichkeiten, Bürgschaften und anderen Sicherheiten und Garantien sowie die Verwaltung von Kreditsicherheiten durch die Kreditgeber und Kreditgeberinnen,
    c. die Umsätze, einschliesslich Vermittlung, im Einlagengeschäft und Kontokorrentverkehr, im Zahlungs- und Überweisungsverkehr, im Geschäft mit Geldforderungen, Checks und anderen Handelspapieren;

steuerbar ist jedoch die Einziehung von Forderungen im Auftrag des Gläubigers (Inkassogeschäft),

d. die Umsätze, einschliesslich Vermittlung, die sich auf gesetzliche Zahlungsmittel (in- und ausländische Valuten wie Devisen, Banknoten, Münzen) beziehen; steuerbar sind jedoch Sammlerstücke (Banknoten und Münzen), die normalerweise nicht als gesetzliches Zahlungsmittel verwendet werden,

e. die Umsätze (Kassa- und Termingeschäfte), einschliesslich Vermittlung, von Wertpapieren, Wertrechten und Derivaten sowie von Anteilen an Gesellschaften und anderen Vereinigungen; steuerbar sind jedoch die Verwahrung und die Verwaltung von Wertpapieren, Wertrechten und Derivaten sowie von Anteilen (namentlich Depotgeschäft) einschliesslich Treuhandanlagen,

f. der Vertrieb von Anteilen an und die Verwaltung von kollektiven Kapitalanlagen nach dem Kollektivanlagengesetz vom 23. Juni 2006[7] (KAG) durch Personen, die diese verwalten oder aufbewahren, die Fondsleitungen, die Depotbanken und deren Beauftragte; als Beauftragte werden alle natürlichen oder juristischen Personen betrachtet, denen die kollektiven Kapitalanlagen nach dem KAG Aufgaben delegieren können; der Vertrieb von Anteilen und die Verwaltung von Investmentgesellschaften mit festem Kapital nach Artikel 110 KAG richtet sich nach Buchstabe e;

20. die Übertragung und die Bestellung von dinglichen Rechten an Grundstücken sowie die Leistungen von Stockwerkeigentümergemeinschaften an die Stockwerkeigentümer und Stockwerkeigentümerinnen, soweit die Leistungen in der Überlassung des gemeinschaftlichen Eigentums zum Gebrauch, seinem Unterhalt, seiner Instandsetzung und sonstigen Verwaltung sowie der Lieferung von Wärme und ähnlichen Gegenständen bestehen;

21. die Überlassung von Grundstücken und Grundstücksteilen zum Gebrauch oder zur Nutzung; steuerbar sind jedoch:

    a. die Vermietung von Wohn- und Schlafräumen zur Beherbergung von Gästen sowie die Vermietung von Sälen im Hotel- und Gastgewerbe,

    b. die Vermietung von Campingplätzen,

    c. die Vermietung von nicht im Gemeingebrauch stehenden Plätzen für das Abstellen von Fahrzeugen, ausser es handle sich um eine unselbstständige Nebenleistung zu einer von der Steuer ausgenommenen Immobilienvermietung,

    d. die Vermietung und Verpachtung von fest eingebauten Vorrichtungen und Maschinen, die zu einer Betriebsanlage, nicht jedoch zu einer Sportanlage gehören,

    e. die Vermietung von Schliessfächern,

    f. die Vermietung von Messestandflächen und einzelner Räume in Messe- und Kongressgebäuden;

[7] SR **951.31**

22. die Lieferung von im Inland gültigen Postwertzeichen und sonstigen amtlichen Wertzeichen höchstens zum aufgedruckten Wert;

23. die Umsätze bei Wetten, Lotterien und sonstigen Glücksspielen mit Geldeinsatz, soweit sie einer Sondersteuer oder sonstigen Abgaben unterliegen;

24. die Lieferung gebrauchter beweglicher Gegenstände, die ausschliesslich zur Erbringung von nach diesem Artikel von der Steuer ausgenommenen Leistungen verwendet wurden;

25. die Leistungen von Ausgleichskassen untereinander sowie die Umsätze aus Aufgaben, die den Ausgleichskassen aufgrund des Bundesgesetzes vom 20. Dezember 1946[8] über die Alters- und Hinterlassenenversicherung oder den Familienausgleichskassen aufgrund des anwendbaren Rechts übertragen werden und die zur Sozialversicherung gehören oder der beruflichen und sozialen Vorsorge sowie der beruflichen Aus- und Weiterbildung dienen;

26. die Veräusserung von im eigenen Betrieb gewonnenen Erzeugnissen der Landwirtschaft, der Forstwirtschaft sowie der Gärtnerei durch Landwirte und Landwirtinnen, Forstwirte und Forstwirtinnen oder Gärtner und Gärtnerinnen sowie der Verkauf von Vieh durch Viehhändler und Viehhändlerinnen und der Verkauf von Milch durch Milchsammelstellen an milchverarbeitende Betriebe;

27. Bekanntmachungsleistungen, die gemeinnützige Organisationen zugunsten Dritter oder Dritte zugunsten gemeinnütziger Organisationen erbringen;

28. Leistungen innerhalb des gleichen Gemeinwesens;

29. die Ausübung von Funktionen der Schiedsgerichtsbarkeit.

[3] Ob eine in Absatz 2 genannte Leistung von der Steuer ausgenommen ist, bestimmt sich unter Vorbehalt von Absatz 4 ausschliesslich nach deren Gehalt und unabhängig davon, wer die Leistung erbringt oder empfängt.

[4] Ist eine Leistung in Absatz 2 entweder aufgrund von Eigenschaften des Leistungserbringers beziehungsweise der Leistungserbringerin oder des Leistungsempfängers beziehungsweise der Leistungsempfängerin von der Steuer ausgenommen, so gilt die Ausnahme nur für Leistungen, die von einer Person mit diesen Eigenschaften erbracht oder empfangen werden.

[5] Der Bundesrat bestimmt die von der Steuer ausgenommenen Leistungen näher; dabei beachtet er das Gebot der Wettbewerbsneutralität.

Art. 22 Option für die Versteuerung der von der Steuer ausgenommenen Leistungen

[1] Die steuerpflichtige Person kann unter Vorbehalt von Absatz 2 durch offenen Ausweis der Steuer jede von der Steuer ausgenommene Leistung versteuern (Option).

[8] SR **831.10**

² Die Option ist ausgeschlossen für:

a. Leistungen nach Artikel 21 Absatz 2 Ziffern 18, 19 und 23;
b. Leistungen nach Artikel 21 Absatz 2 Ziffern 20 und 21, wenn der Gegenstand vom Empfänger oder von der Empfängerin ausschliesslich für private Zwecke genutzt wird.

Art. 23 Von der Steuer befreite Leistungen

¹ Ist eine Leistung nach diesem Artikel von der Steuer befreit, so ist auf dieser Leistung keine Inlandsteuer geschuldet.

² Von der Steuer sind befreit:

1. die Lieferung von Gegenständen mit Ausnahme der Überlassung zum Gebrauch oder zur Nutzung, die direkt ins Ausland befördert oder versendet werden;

2. die Überlassung zum Gebrauch oder zur Nutzung, namentlich die Vermietung und Vercharterung, von Gegenständen, sofern diese direkt ins Ausland befördert oder versendet werden und vom Lieferungsempfänger oder von der Lieferungsempfängerin überwiegend im Ausland genutzt werden;

3. die Lieferung von Gegenständen, die im Rahmen eines Transitverfahrens (Art. 49 ZG[9]), Zolllagerverfahrens (Art. 50–57 ZG), Zollverfahrens der vorübergehenden Verwendung (Art. 58 ZG) oder der aktiven Veredelung (Art. 59 ZG) oder wegen Einlagerung in einem Zollfreilager (Art. 62–66 ZG) nachweislich im Inland unter Zollüberwachung standen;

4. das Verbringen oder Verbringenlassen von Gegenständen ins Ausland, das nicht im Zusammenhang mit einer Lieferung steht;

5. das mit der Einfuhr von Gegenständen im Zusammenhang stehende Befördern oder Versenden von Gegenständen und alle damit zusammenhängenden Leistungen bis zum Bestimmungsort, an den die Gegenstände im Zeitpunkt der Entstehung der Steuerschuld nach Artikel 56 zu befördern sind; entsteht keine Steuerschuld, so gilt für den massgebenden Zeitpunkt Artikel 69 ZG sinngemäss;

6. das mit der Ausfuhr von Gegenständen des zollrechtlich freien Verkehrs im Zusammenhang stehende Befördern oder Versenden von Gegenständen und alle damit zusammenhängenden Leistungen;

7. das Erbringen von Beförderungsleistungen und Nebentätigkeiten des Logistikgewerbes, wie Beladen, Entladen, Umschlagen, Abfertigen oder Zwischenlagern, im Ausland oder im Zusammenhang mit Gegenständen, die unter Zollüberwachung stehen;

[9] SR **631.0**

8. die Lieferung von Luftfahrzeugen an Luftverkehrsunternehmen, die gewerbsmässige Luftfahrt im Beförderungs- oder Charterverkehr betreiben und deren Umsätze aus internationalen Flügen jene aus dem Binnenluftverkehr übertreffen; Umbauten, Instandsetzungen und Wartungen an Luftfahrzeugen, die solche Luftverkehrsunternehmen im Rahmen einer Lieferung erworben haben; Lieferungen, Instandsetzungen und Wartungen der in diese Luftfahrzeuge eingebauten Gegenstände oder der Gegenstände für ihren Betrieb; Lieferungen von Gegenständen zur Versorgung dieser Luftfahrzeuge sowie Dienstleistungen, die für den unmittelbaren Bedarf dieser Luftfahrzeuge und ihrer Ladungen bestimmt sind;

9. die Dienstleistungen von ausdrücklich in fremdem Namen und für fremde Rechnung handelnden Vermittlern und Vermittlerinnen, wenn die vermittelte Leistung entweder nach diesem Artikel von der Steuer befreit ist oder ausschliesslich im Ausland bewirkt wird; wird die vermittelte Leistung sowohl im Inland als auch im Ausland bewirkt, so ist nur der Teil der Vermittlung von der Steuer befreit, der auf Leistungen im Ausland oder auf Leistungen, die nach diesem Artikel von der Steuer befreit sind, entfällt;

10. in eigenem Namen erbrachte Dienstleistungen von Reisebüros und Organisatoren von Veranstaltungen, soweit sie Lieferungen und Dienstleistungen Dritter in Anspruch nehmen, die von diesen im Ausland bewirkt werden; werden diese Leistungen Dritter sowohl im Inland als auch im Ausland erbracht, so ist nur der Teil der Dienstleistung des Reisebüros oder des Organisators von der Steuer befreit, der auf Leistungen im Ausland entfällt;

11.[10]die Lieferung von Gegenständen nach Artikel 17 Absatz 1bis ZG an ins Ausland abfliegende oder aus dem Ausland ankommende Reisende.

³ Direkte Ausfuhr nach Absatz 2 Ziffer 1 liegt vor, wenn der Gegenstand der Lieferung ohne Ingebrauchnahme im Inland ins Ausland ausgeführt oder in ein offenes Zolllager oder Zollfreilager ausgeführt wird. Bei Reihengeschäften erstreckt sich die direkte Ausfuhr auf alle beteiligten Lieferanten und Lieferantinnen. Der Gegenstand der Lieferung kann vor der Ausfuhr durch Beauftragte des nicht steuerpflichtigen Abnehmers oder der nicht steuerpflichtigen Abnehmerin bearbeitet oder verarbeitet werden.

⁴ Der Bundesrat kann zur Wahrung der Wettbewerbsneutralität Beförderungen im grenzüberschreitenden Luft-, Eisenbahn- und Busverkehr von der Steuer befreien.

⁵ Das Eidgenössische Finanzdepartement (EFD) regelt die Bedingungen, unter denen Inlandlieferungen zwecks Ausfuhr im Reiseverkehr von der Steuer befreit sind, und legt die hierfür erforderlichen Nachweise fest.

---

[10] Eingefügt durch Ziff. I 2 des BG vom 17. Dez. 2010 über den Einkauf von Waren in Zollfreiläden auf Flughäfen, in Kraft seit 1. Juni 2011 (AS **2011** 1743; BBl **2010** 2169).

3. Kapitel: Bemessungsgrundlage und Steuersätze

Art. 24 Bemessungsgrundlage

¹ Die Steuer wird vom tatsächlich empfangenen Entgelt berechnet. Zum Entgelt gehören namentlich auch der Ersatz aller Kosten, selbst wenn diese gesondert in Rechnung gestellt werden, sowie die von der steuerpflichtigen Person geschuldeten öffentlich-rechtlichen Abgaben. Die Absätze 2 und 6 bleiben vorbehalten.

² Bei Leistungen an eng verbundene Personen (Art. 3 Bst. h) gilt als Entgelt der Wert, der unter unabhängigen Dritten vereinbart würde.

³ Bei Tauschverhältnissen gilt der Marktwert jeder Leistung als Entgelt für die andere Leistung.

⁴ Bei Austauschreparaturen umfasst das Entgelt lediglich den Werklohn für die ausgeführte Arbeit.

⁵ Bei Leistungen an Zahlungs statt gilt als Entgelt der Betrag, der dadurch ausgeglichen wird.

⁶ Nicht in die Bemessungsgrundlage einbezogen werden:

- a. Billettsteuern, Handänderungssteuern sowie die auf der Leistung geschuldete Mehrwertsteuer selbst;
- b. Beträge, welche die steuerpflichtige Person von der die Leistung empfangenden Person als Erstattung der in deren Namen und für deren Rechnung getätigten Auslagen erhält, sofern sie diese gesondert ausweist (durchlaufende Posten);
- c. der Anteil des Entgelts, der bei der Veräusserung eines unbeweglichen Gegenstandes auf den Wert des Bodens entfällt;
- d. die im Preis für Entsorgungs- und Versorgungsleistungen eingeschlossenen kantonalen Abgaben an Wasser-, Abwasser- oder Abfallfonds, soweit diese Fonds daraus an Entsorgungsanstalten oder Wasserwerke Beiträge ausrichten.

Art. 25 Steuersätze

¹ Die Steuer beträgt 8 Prozent (Normalsatz);[11] vorbehalten bleiben die Absätze 2 und 3.

² Der reduzierte Steuersatz von 2,5 Prozent findet Anwendung:[12]

- a. auf der Lieferung folgender Gegenstände:
  1. Wasser in Leitungen,

---

[11] Fassung des ersten Teilsatzes gemäss Ziff. I der V vom 21. April 2010 über die Anhebung der Mehrwertsteuersätze zur befristeten Zusatzfinanzierung der Invalidenversicherung, in Kraft von 1. Jan. 2011 bis 31. Dez. 2017 (AS **2010** 2055).

[12] Fassung gemäss Ziff. I der V vom 21. April 2010 über die Anhebung der Mehrwertsteuersätze zur befristeten Zusatzfinanzierung der Invalidenversicherung, in Kraft von 1. Jan. 2011 bis 31. Dez. 2017 (AS **2010** 2055).

2. Nahrungsmittel und Zusatzstoffe nach dem Lebensmittelgesetz vom 9. Oktober 1992[13],
3. Vieh, Geflügel, Fische,
4. Getreide,
5. Sämereien, Setzknollen und -zwiebeln, lebende Pflanzen, Stecklinge, Pfropfreiser sowie Schnittblumen und Zweige, auch zu Arrangements, Sträussen, Kränzen und dergleichen veredelt; gesonderte Rechnungsstellung vorausgesetzt, unterliegt die Lieferung dieser Gegenstände auch dann dem reduzierten Steuersatz, wenn sie in Kombination mit einer zum Normalsatz steuerbaren Leistung erbracht wird,
6. Futtermittel, Silagesäuren, Streumittel für Tiere,
7. Dünger, Pflanzenschutzmittel, Mulch und anderes pflanzliches Abdeckmaterial,
8. Medikamente,
9. Zeitungen, Zeitschriften, Bücher und andere Druckerzeugnisse ohne Reklamecharakter der vom Bundesrat zu bestimmenden Arten;

b. auf den Dienstleistungen der Radio- und Fernsehgesellschaften, mit Ausnahme der Dienstleistungen mit gewerblichem Charakter;

c. auf den Leistungen nach Artikel 21 Absatz 2 Ziffern 14–16;

d. auf den Leistungen im Bereich der Landwirtschaft, die in einer mit der Urproduktion in unmittelbarem Zusammenhang stehenden Bearbeitung des Bodens oder Bearbeitung von mit dem Boden verbundenen Erzeugnissen der Urproduktion bestehen.

³ Für Nahrungsmittel, die im Rahmen von gastgewerblichen Leistungen abgegeben werden, gilt der Normalsatz. Als gastgewerbliche Leistung gilt die Abgabe von Nahrungsmitteln, wenn die steuerpflichtige Person sie beim Kunden oder bei der Kundin zubereitet beziehungsweise serviert oder wenn sie für deren Konsum an Ort und Stelle besondere Vorrichtungen bereithält. Werden hingegen die Nahrungsmittel in Verpflegungsautomaten angeboten, oder sind sie zum Mitnehmen oder zur Auslieferung bestimmt und sind hierfür geeignete organisatorische Massnahmen getroffen worden, so findet der reduzierte Steuersatz Anwendung.

⁴ Bis zum 31. Dezember 2013 beträgt die Steuer auf Beherbergungsleistungen 3,8 Prozent (Sondersatz).[14] Als Beherbergungsleistung gilt die Gewährung von Unterkunft einschliesslich der Abgabe eines Frühstücks, auch wenn dieses separat berechnet wird.

⁵ Der Bundesrat bestimmt die in Absatz 2 bezeichneten Gegenstände und Dienstleistungen näher; dabei beachtet er das Gebot der Wettbewerbsneutralität.

---

[13] SR **817.0**
[14] Fassung gemäss Ziff. I der V vom 21. April 2010 über die Anhebung der Mehrwertsteuersätze zur befristeten Zusatzfinanzierung der Invalidenversicherung, in Kraft von 1. Jan. 2011 bis 31. Dez. 2017 (AS **2010** 2055).

4. Kapitel: Rechnungsstellung und Steuerausweis

Art. 26 Rechnung

¹ Der Leistungserbringer oder die Leistungserbringerin hat dem Leistungsempfänger oder der Leistungsempfängerin auf Verlangen eine Rechnung auszustellen, die den Anforderungen nach den Absätzen 2 und 3 genügt.

² Die Rechnung muss den Leistungserbringer oder die Leistungserbringerin, den Leistungsempfänger oder die Leistungsempfängerin und die Art der Leistung eindeutig identifizieren und in der Regel folgende Elemente enthalten:

- a.[15] den Namen und den Ort des Leistungserbringers oder der Leistungserbringerin, wie er oder sie im Geschäftsverkehr auftritt, den Hinweis, dass er oder sie im Register der steuerpflichtigen Personen eingetragen ist, sowie die Nummer, unter der er oder sie eingetragen ist;
- b. den Namen und den Ort des Leistungsempfängers oder der Leistungsempfängerin, wie er oder sie im Geschäftsverkehr auftritt;
- c. Datum oder Zeitraum der Leistungserbringung, soweit diese nicht mit dem Rechnungsdatum übereinstimmen;
- d. Art, Gegenstand und Umfang der Leistung;
- e. das Entgelt für die Leistung;
- f. den anwendbaren Steuersatz und den vom Entgelt geschuldeten Steuerbetrag; schliesst das Entgelt die Steuer ein, so genügt die Angabe des anwendbaren Steuersatzes.

³ Bei Rechnungen, die von automatisierten Kassen ausgestellt werden (Kassenzettel), müssen die Angaben über den Leistungsempfänger oder die Leistungsempfängerin nicht aufgeführt sein, sofern das auf dem Beleg ausgewiesene Entgelt einen vom Bundesrat festzusetzenden Betrag nicht übersteigt.

Art. 27 Unrichtiger oder unberechtigter Steuerausweis

¹ Wer nicht im Register der steuerpflichtigen Personen eingetragen ist oder wer das Meldeverfahren nach Artikel 38 anwendet, darf in Rechnungen nicht auf die Steuer hinweisen.

² Wer in einer Rechnung eine Steuer ausweist, obwohl er zu deren Ausweis nicht berechtigt ist, oder wer für eine Leistung eine zu hohe Steuer ausweist, schuldet die ausgewiesene Steuer, es sei denn:

- a. es erfolgt eine Korrektur der Rechnung nach Absatz 4; oder
- b. er oder sie weist nach, dass dem Bund kein Steuerausfall entstanden ist; kein Steuerausfall entsteht namentlich, wenn der Rechnungsempfänger oder die Rechnungsempfängerin keinen Vorsteuerabzug vorgenommen hat oder die geltend gemachte Vorsteuer dem Bund zurückerstattet worden ist.

---

[15] Fassung gemäss Anhang Ziff. 2 des BG vom 18. Juni 2010 über die Unternehmens-Identifikationsnummer, in Kraft seit 1. Jan. 2011 (AS **2010** 4989; BBl **2009** 7855).

³ Die Rechtsfolgen von Absatz 2 treten auch bei Gutschriften ein, soweit der Gutschriftsempfänger oder die Gutschriftsempfängerin einem zu hohen Steuerbetrag nicht schriftlich widerspricht.

⁴ Die nachträgliche Korrektur einer Rechnung kann innerhalb des handelsrechtlich Zulässigen durch ein empfangsbedürftiges Dokument erfolgen, das auf die ursprüngliche Rechnung verweist und diese widerruft.

5. Kapitel: Vorsteuerabzug

Art. 28 Grundsatz

¹ Die steuerpflichtige Person kann im Rahmen ihrer unternehmerischen Tätigkeit, unter Vorbehalt der Artikel 29 und 33, die folgenden Vorsteuern abziehen:

a. die ihr in Rechnung gestellte Inlandsteuer;

b. die von ihr deklarierte Bezugsteuer (Art. 45–49);

c. die von ihr entrichtete oder zu entrichtende Einfuhrsteuer, die mit unbedingter Forderung veranlagt wurde oder die mit bedingter Forderung veranlagt wurde und fällig geworden ist, sowie die von ihr für die Einfuhr von Gegenständen deklarierte Steuer (Art. 52 und 63).

² Hat die steuerpflichtige Person bei nicht steuerpflichtigen Landwirten und Landwirtinnen, Forstwirten und Forstwirtinnen, Gärtnern und Gärtnerinnen, Viehhändlern und Viehhändlerinnen und Milchsammelstellen Erzeugnisse der Landwirtschaft, der Forstwirtschaft, der Gärtnerei, Vieh oder Milch im Rahmen ihrer zum Vorsteuerabzug berechtigenden unternehmerischen Tätigkeit bezogen, so kann sie als Vorsteuer 2,5 Prozent des ihr in Rechnung gestellten Betrags abziehen.[16]

³ Hat die steuerpflichtige Person im Rahmen ihrer zum Vorsteuerabzug berechtigenden unternehmerischen Tätigkeit einen gebrauchten individualisierbaren beweglichen Gegenstand für die Lieferung an einen Abnehmer oder eine Abnehmerin im Inland ohne Mehrwertsteuerbelastung bezogen, so kann sie auf dem von ihr entrichteten Betrag einen fiktiven Vorsteuerabzug vornehmen. Der von ihr entrichtete Betrag versteht sich inklusive Steuer zu dem im Zeitpunkt des Bezugs anwendbaren Steuersatz.

⁴ Der Abzug der Vorsteuer nach Absatz 1 ist zulässig, wenn die steuerpflichtige Person nachweist, dass sie die Vorsteuer bezahlt hat.

Art. 29 Ausschluss des Anspruchs auf Vorsteuerabzug

¹ Kein Anspruch auf Vorsteuerabzug besteht bei Leistungen und bei der Einfuhr von Gegenständen, die für die Erbringung von Leistungen, die von der Steuer ausgenommen sind und für deren Versteuerung nicht optiert wurde, verwendet werden.

---

[16] Fassung gemäss Ziff. I der V vom 21. April 2010 über die Anhebung der Mehrwertsteuersätze zur befristeten Zusatzfinanzierung der Invalidenversicherung, in Kraft von 1. Jan. 2011 bis 31. Dez. 2017 (AS **2010** 2055).

² Ungeachtet von Absatz 1 besteht ein Anspruch auf Vorsteuerabzug im Rahmen der zum Vorsteuerabzug berechtigenden unternehmerischen Tätigkeit für das Erwerben, Halten und Veräussern von Beteiligungen sowie für Umstrukturierungen im Sinne von Artikel 19 oder 61 DBG[17].

³ Beteiligungen sind Anteile am Kapital anderer Unternehmen, die mit der Absicht dauernder Anlage gehalten werden und einen massgeblichen Einfluss vermitteln. Anteile von mindestens 10 Prozent am Kapital gelten als Beteiligung.

⁴ Bei Holdinggesellschaften kann auf die zum Vorsteuerabzug berechtigende unternehmerische Tätigkeit der von ihnen gehaltenen Unternehmen abgestellt werden.

Art. 30 Gemischte Verwendung

¹ Verwendet die steuerpflichtige Person Gegenstände, Teile davon oder Dienstleistungen auch ausserhalb ihrer unternehmerischen Tätigkeit oder innerhalb ihrer unternehmerischen Tätigkeit sowohl für Leistungen, die zum Vorsteuerabzug berechtigen, als auch für Leistungen, die vom Vorsteuerabzug ausgeschlossen sind, so hat sie den Vorsteuerabzug nach dem Verhältnis der Verwendung zu korrigieren.

² Wird eine solche Vorleistung zu einem überwiegenden Teil im Rahmen der unternehmerischen Tätigkeit verwendet für Leistungen, die zum Vorsteuerabzug berechtigen, so kann die Vorsteuer ungekürzt abgezogen und am Ende der Steuerperiode korrigiert werden (Art. 31).

Art. 31 Eigenverbrauch

¹ Fallen die Voraussetzungen des Vorsteuerabzugs nachträglich weg (Eigenverbrauch), so ist der Vorsteuerabzug in demjenigen Zeitpunkt zu korrigieren, in welchem die Voraussetzungen hierfür weggefallen sind. Die früher in Abzug gebrachte Vorsteuer, einschliesslich ihrer als Einlageentsteuerung korrigierten Anteile, muss zurückerstattet werden.

² Eigenverbrauch liegt namentlich vor, wenn die steuerpflichtige Person aus ihrem Unternehmen Gegenstände oder Dienstleistungen dauernd oder vorübergehend entnimmt, sofern sie beim Bezug oder der Einlage des Ganzen oder seiner Bestandteile einen Vorsteuerabzug vorgenommen hat oder die Gegenstände oder Dienstleistungen im Rahmen des Meldeverfahrens nach Artikel 38 bezogen hat, und die:

  a. sie ausserhalb ihrer unternehmerischen Tätigkeit, insbesondere für private Zwecke, verwendet;
  b. sie für eine unternehmerische Tätigkeit verwendet, die nach Artikel 29 Absatz 1 nicht zum Vorsteuerabzug berechtigt;
  c. sie unentgeltlich abgibt, ohne dass ein unternehmerischer Grund besteht; bei Geschenken bis 500 Franken pro Person und Jahr sowie bei Werbegeschenken und Warenmustern zur Erzielung steuerbarer oder von der Steuer befreiter Umsätze wird der unternehmerische Grund ohne weiteres vermutet;
  d. sich bei Wegfall der Steuerpflicht noch in ihrer Verfügungsmacht befinden.

[17] SR **642.11**

³ Wurde der Gegenstand oder die Dienstleistung in der Zeit zwischen dem Empfang der Leistung und dem Wegfall der Voraussetzungen für den Vorsteuerabzug in Gebrauch genommen, so ist der Vorsteuerabzug im Umfang des Zeitwerts des Gegenstandes oder der Dienstleistung zu korrigieren. Zur Ermittlung des Zeitwertes wird der Vorsteuerbetrag linear für jedes abgelaufene Jahr bei beweglichen Gegenständen und bei Dienstleistungen um einen Fünftel, bei unbeweglichen Gegenständen um einen Zwanzigstel reduziert. Die buchmässige Behandlung ist nicht von Bedeutung. Der Bundesrat kann in begründeten Fällen Abweichungen von den Abschreibungsvorschriften festlegen.

⁴ Wird ein Gegenstand nur vorübergehend ausserhalb der unternehmerischen Tätigkeit oder für eine nicht zum Vorsteuerabzug berechtigende unternehmerische Tätigkeit verwendet, so ist der Vorsteuerabzug im Umfang der Steuer, die auf einer einer unabhängigen Drittperson dafür in Rechnung gestellten Miete anfallen würde, zu korrigieren.

Art. 32   Einlageentsteuerung

¹ Treten die Voraussetzungen des Vorsteuerabzugs nachträglich ein (Einlageentsteuerung), so kann der Vorsteuerabzug in der Abrechnungsperiode vorgenommen werden, in der die Voraussetzungen hierfür eingetreten sind. Die früher nicht in Abzug gebrachte Vorsteuer, einschliesslich ihrer als Eigenverbrauch korrigierten Anteile, kann abgezogen werden.

² Wurde der Gegenstand oder die Dienstleistung in der Zeit zwischen dem Empfang der Leistung oder der Einfuhr und dem Eintritt der Voraussetzungen für den Vorsteuerabzug in Gebrauch genommen, so beschränkt sich die abziehbare Vorsteuer auf den Zeitwert des Gegenstandes oder der Dienstleistung. Zur Ermittlung des Zeitwertes wird der Vorsteuerbetrag linear für jedes abgelaufene Jahr bei beweglichen Gegenständen und bei Dienstleistungen um einen Fünftel, bei unbeweglichen Gegenständen um einen Zwanzigstel reduziert. Die buchmässige Behandlung ist nicht von Bedeutung. Der Bundesrat kann in begründeten Fällen Abweichungen von den Abschreibungsvorschriften festlegen.

³ Wird ein Gegenstand nur vorübergehend für eine zum Vorsteuerabzug berechtigende unternehmerische Tätigkeit verwendet, so kann der Vorsteuerabzug im Umfang der Steuer, die auf einer einer unabhängigen Drittperson dafür in Rechnung gestellten Miete anfallen würde, geltend gemacht werden.

Art. 33   Kürzung des Vorsteuerabzugs

¹ Mittelflüsse, die nicht als Entgelte gelten (Art. 18 Abs. 2), führen unter Vorbehalt von Absatz 2 zu keiner Kürzung des Vorsteuerabzugs.

² Die steuerpflichtige Person hat ihren Vorsteuerabzug verhältnismässig zu kürzen, wenn sie Gelder nach Artikel 18 Absatz 2 Buchstaben a–c erhält.

6. Kapitel:
Ermittlung, Entstehung und Verjährung der Steuerforderung
1. Abschnitt: Zeitliche Bemessung

Art. 34 Steuerperiode

¹ Die Steuer wird je Steuerperiode erhoben.

² Als Steuerperiode gilt das Kalenderjahr.

³ Die ESTV gestattet der steuerpflichtigen Person auf Antrag, das Geschäftsjahr als Steuerperiode heranzuziehen.[18]

Art. 35 Abrechnungsperiode

¹ Innerhalb der Steuerperiode erfolgt die Abrechnung der Steuer:
   a. in der Regel vierteljährlich;
   b. bei der Abrechnung nach Saldosteuersätzen (Art. 37 Abs. 1 und 2): halbjährlich;
   c. bei regelmässigem Vorsteuerüberschuss: auf Antrag der steuerpflichtigen Person monatlich.

² Auf Antrag gestattet die ESTV in begründeten Fällen andere Abrechnungsperioden und setzt die Bedingungen dafür fest.

2. Abschnitt: Umfang der Steuerforderung und Meldeverfahren

Art. 36 Effektive Abrechnungsmethode

¹ Grundsätzlich ist nach der effektiven Abrechnungsmethode abzurechnen.

² Bei Anwendung der effektiven Abrechnungsmethode berechnet sich die Steuerforderung nach der Differenz zwischen der geschuldeten Inlandsteuer, der Bezugsteuer (Art. 45) sowie der im Verlagerungsverfahren deklarierten Einfuhrsteuer (Art. 63) und dem Vorsteuerguthaben der entsprechenden Abrechnungsperiode.

Art. 37 Abrechnung nach Saldo- und nach Pauschalsteuersätzen

¹ Wer als steuerpflichtige Person jährlich nicht mehr als 5 020 000 Franken Umsatz aus steuerbaren Leistungen erzielt und im gleichen Zeitraum nicht mehr als 109 000 Franken Steuern, berechnet nach dem für sie massgebenden Saldosteuersatz, zu bezahlen hat, kann nach der Saldosteuersatzmethode abrechnen.[19]

---

[18] Noch nicht in Kraft (s. Art. 116 Abs. 2 hiervor und AS **2011** 4737).
[19] Fassung gemäss Ziff. I der V vom 21. April 2010 über die Anhebung der Mehrwertsteuersätze zur befristeten Zusatzfinanzierung der Invalidenversicherung, in Kraft von 1. Jan. 2011 bis 31. Dez. 2017 (AS **2010** 2055).

² Bei Anwendung der Saldosteuersatzmethode wird die Steuerforderung durch Multiplikation des Totals aller in einer Abrechnungsperiode erzielten steuerbaren Entgelte, einschliesslich Steuer, mit dem von der ESTV bewilligten Saldosteuersatz ermittelt.

³ Die Saldosteuersätze berücksichtigen die branchenübliche Vorsteuerquote. Sie werden von der ESTV nach Konsultation der betroffenen Branchenverbände festgelegt; die Eidgenössische Finanzkontrolle überprüft die Saldosteuersätze regelmässig auf ihre Angemessenheit.

⁴ Die Abrechnung nach der Saldosteuersatzmethode ist bei der ESTV zu beantragen und muss während mindestens einer Steuerperiode beibehalten werden. Entscheidet sich die steuerpflichtige Person für die effektive Abrechnungsmethode, so kann sie frühestens nach drei Jahren zur Saldosteuersatzmethode wechseln. Wechsel sind jeweils auf Beginn einer Steuerperiode möglich.

⁵ Gemeinwesen und verwandte Einrichtungen, namentlich private Spitäler und Schulen oder konzessionierte Transportunternehmungen, sowie Vereine und Stiftungen können nach der Pauschalsteuersatzmethode abrechnen. Der Bundesrat regelt die Einzelheiten.

Art. 38   Meldeverfahren

¹ Übersteigt die auf dem Veräusserungspreis zum gesetzlichen Satz berechnete Steuer 10 000 Franken oder erfolgt die Veräusserung an eine eng verbundene Person, so hat die steuerpflichtige Person ihre Abrechnungs- und Steuerentrichtungspflicht in den folgenden Fällen durch Meldung zu erfüllen:

   a.   bei Umstrukturierungen nach den Artikeln 19 und 61 des DBG[20];

   b.   bei anderen Übertragungen eines Gesamt- oder eines Teilvermögens auf eine andere steuerpflichtige Person im Rahmen einer Gründung, einer Liquidation, einer Umstrukturierung oder eines anderen im Fusionsgesetz vom 3. Oktober 2003[21] vorgesehenen Rechtsgeschäfts.

² Der Bundesrat kann bestimmen, in welchen anderen Fällen das Meldeverfahren anzuwenden ist oder angewendet werden kann.

³ Die Meldungen sind im Rahmen der ordentlichen Abrechnung vorzunehmen.

⁴ Durch die Anwendung des Meldeverfahrens übernimmt der Erwerber oder die Erwerberin für die übertragenen Vermögenswerte die Bemessungsgrundlage und den zum Vorsteuerabzug berechtigenden Verwendungsgrad des Veräusserers oder der Veräusserin.

⁵ Wurde in den Fällen von Absatz 1 das Meldeverfahren nicht angewendet und ist die Steuerforderung gesichert, so kann das Meldeverfahren nicht mehr angeordnet werden.

---

[20]   SR **642.11**
[21]   SR **221.301**

3. Abschnitt:
Entstehung, Änderung und Verjährung der Steuerforderung

Art. 39 Abrechnungsart

[1] Über die Steuer wird nach vereinbarten Entgelten abgerechnet.

[2] Die ESTV gestattet der steuerpflichtigen Person auf Antrag, über die Steuer nach vereinnahmten Entgelten abzurechnen.

[3] Die gewählte Abrechnungsart muss während mindestens einer Steuerperiode beibehalten werden.

[4] Die ESTV kann die steuerpflichtige Person verpflichten, nach vereinnahmten Entgelten abzurechnen, wenn:

- a. diese zu einem erheblichen Teil Entgelte erhält, bevor sie die Leistung ausführt oder darüber Rechnung stellt; oder
- b. der begründete Verdacht besteht, dass die steuerpflichtige Person die Abrechnung nach vereinbarten Entgelten missbraucht, um sich oder einer Drittperson einen unrechtmässigen Vorteil zu verschaffen.

Art. 40 Entstehung der Steuerforderung

[1] Im Falle der Abrechnung nach vereinbarten Entgelten entsteht der Anspruch auf Vorsteuerabzug im Zeitpunkt des Empfangs der Rechnung. Die Umsatzsteuerschuld entsteht:

- a. mit der Rechnungsstellung;
- b. mit der Ausgabe der Teilrechnung oder mit der Vereinnahmung der Teilzahlung, wenn die Leistungen zu aufeinander folgenden Teilrechnungen oder Teilzahlungen Anlass geben;
- c. mit der Vereinnahmung des Entgelts bei Vorauszahlungen für nicht von der Steuer befreite Leistungen sowie bei Leistungen ohne Rechnungsstellung.

[2] Im Falle der Abrechnung nach vereinnahmten Entgelten entsteht der Anspruch auf Vorsteuerabzug im Zeitpunkt der Bezahlung. Die Umsatzsteuerschuld entsteht mit der Vereinnahmung des Entgelts.

[3] Der Anspruch auf Vorsteuerabzug aufgrund der Bezugsteuer entsteht im Zeitpunkt der Abrechnung über diese Bezugsteuer (Art. 47).

[4] Der Anspruch auf Vorsteuerabzug aufgrund der Einfuhrsteuer entsteht am Ende der Abrechnungsperiode, in der die Steuer festgesetzt wurde.

Art. 41 Nachträgliche Änderung der Umsatzsteuerschuld und des Vorsteuerabzugs

[1] Wird das vom Leistungsempfänger oder der Leistungsempfängerin bezahlte oder mit ihm oder ihr vereinbarte Entgelt korrigiert, so ist im Zeitpunkt, in dem die Korrektur verbucht oder das korrigierte Entgelt vereinnahmt wird, eine Anpassung der Umsatzsteuerschuld vorzunehmen.

² Wird das von der steuerpflichtigen Person aufgewendete Entgelt korrigiert, so ist im Zeitpunkt, in dem die Korrektur verbucht oder das korrigierte Entgelt bezahlt wird, eine Anpassung des Vorsteuerabzuges vorzunehmen.

Art. 42   Festsetzungsverjährung

¹ Das Recht, eine Steuerforderung festzusetzen, verjährt fünf Jahre nach Ablauf der Steuerperiode, in der die Steuerforderung entstanden ist.

² Die Verjährung wird durch eine auf Festsetzung oder Korrektur der Steuerforderung gerichtete empfangsbedürftige schriftliche Erklärung, eine Verfügung, einen Einspracheentscheid oder ein Urteil unterbrochen. Zu einer entsprechenden Unterbrechung der Verjährung führen auch die Ankündigung einer Kontrolle nach Artikel 78 Absatz 3 oder der Beginn einer unangekündigten Kontrolle.

³ Wird die Verjährung durch die ESTV oder eine Rechtsmittelinstanz unterbrochen, so beginnt die Verjährungsfrist neu zu laufen. Sie beträgt neu zwei Jahre.

⁴ Die Verjährung steht still, solange für die entsprechende Steuerperiode ein Steuerstrafverfahren nach diesem Gesetz durchgeführt wird und der zahlungspflichtigen Person dies mitgeteilt worden ist (Art. 104 Abs. 4).

⁵ Unterbrechung und Stillstand wirken gegenüber allen zahlungspflichtigen Personen.

⁶ Das Recht, die Steuerforderung festzusetzen, verjährt in jedem Fall zehn Jahre nach Ablauf der Steuerperiode, in der die Steuerforderung entstanden ist.

Art. 43   Rechtskraft der Steuerforderung

¹ Die Steuerforderung wird rechtskräftig durch:
   a. eine in Rechtskraft erwachsene Verfügung, einen in Rechtskraft erwachsenen Einspracheentscheid oder ein in Rechtskraft erwachsenes Urteil;
   b. die schriftliche Anerkennung oder die vorbehaltlose Bezahlung einer Einschätzungsmitteilung durch die steuerpflichtige Person;
   c. den Eintritt der Festsetzungsverjährung.

² Bis zum Eintritt der Rechtskraft können die eingereichten und bezahlten Abrechnungen korrigiert werden.

Art. 44   Abtretung und Verpfändung der Steuerforderung

¹ Die steuerpflichtige Person kann ihre Steuerforderung nach den Vorschriften des Zivilrechts abtreten und verpfänden.

² Die Rechte der ESTV, namentlich Einreden der Schuldnerin und die Massnahmen zur Steuersicherung, bleiben durch die Abtretung oder Verpfändung unberührt.

3. Titel: Bezugsteuer

Art. 45 Bezugsteuerpflicht

¹ Der Bezugsteuer unterliegen:

a. Dienstleistungen von Unternehmen mit Sitz im Ausland, die nicht im Register der steuerpflichtigen Personen eingetragen sind, sofern sich der Ort der Leistung nach Artikel 8 Absatz 1 im Inland befindet;

b. die Einfuhr von Datenträgern ohne Marktwert mit den darin enthaltenen Dienstleistungen und Rechten (Art. 52 Abs. 2);

c. Lieferungen im Inland durch Unternehmen mit Sitz im Ausland, die nicht im Register der steuerpflichtigen Personen eingetragen sind, sofern diese Lieferungen nicht der Einfuhrsteuer unterliegen.

² Steuerpflichtig für Leistungen nach Absatz 1 ist deren Empfänger oder Empfängerin im Inland, sofern er oder sie:

a. nach Artikel 10 steuerpflichtig ist; oder

b. im Kalenderjahr für mehr als 10 000 Franken solche Leistungen bezieht und er oder sie in den Fällen von Absatz 1 Buchstabe c vorgängig durch die zuständige Behörde schriftlich über die Bezugsteuerpflicht informiert wurde.

Art. 46 Steuerbemessung und Steuersätze

Für die Steuerbemessung und die Steuersätze gelten die Bestimmungen der Artikel 24 und 25.

Art. 47 Steuer- und Abrechnungsperiode

¹ Für steuerpflichtige Personen nach Artikel 45 Absatz 2 Buchstabe a gelten die gleichen Steuer- und Abrechnungsperioden wie für die Inlandsteuer (Art. 34 und 35).

² Als Steuer- und Abrechnungsperiode für steuerpflichtige Personen nach Artikel 45 Absatz 2 Buchstabe b gilt das Kalenderjahr.

Art. 48 Entstehung und Festsetzungsverjährung der Bezugsteuerschuld

¹ Die Bezugsteuerschuld entsteht:

a. mit der Zahlung des Entgelts für die Leistung;

b. bei steuerpflichtigen Personen nach Artikel 45 Absatz 2 Buchstabe a, die nach vereinbarten Entgelten (Art. 40 Abs. 1) abrechnen: im Zeitpunkt des Empfangs der Rechnung sowie bei Leistungen ohne Rechnungsstellung mit der Zahlung des Entgelts.

² Festsetzungsverjährung und Rechtskraft richten sich nach den Artikeln 42 und 43.

Art. 49 Mithaftung, Steuernachfolge und Substitution

Für die Mithaftung, die Steuernachfolge und die Substitution gelten die Bestimmungen der Artikel 15–17.

4. Titel: Einfuhrsteuer

Art. 50 Anwendbares Recht

Für die Steuer auf der Einfuhr von Gegenständen gilt die Zollgesetzgebung, soweit die nachfolgenden Bestimmungen nichts anderes anordnen.

Art. 51 Steuerpflicht

[1] Steuerpflichtig ist, wer nach Artikel 70 Absätze 2 und 3 ZG[22] Zollschuldner oder Zollschuldnerin ist.

[2] Die Solidarhaftung nach Artikel 70 Absatz 3 ZG ist für Personen, die gewerbsmässig Zollanmeldungen ausstellen (Art. 109 ZG), aufgehoben, wenn der Importeur oder die Importeurin:

    a. zum Vorsteuerabzug (Art. 28) berechtigt ist;

    b. die Einfuhrsteuerschuld über das Konto des zentralisierten Abrechnungsverfahrens der Eidgenössischen Zollverwaltung (ZAZ) belastet erhält; und

    c. der Person, die gewerbsmässig Zollanmeldungen ausstellt, einen Auftrag zur direkten Stellvertretung erteilt hat.

[3] Die Eidgenössische Zollverwaltung (EZV) kann von der Person, die gewerbsmässig Zollanmeldungen ausstellt, den Nachweis für ihre Vertretungsbefugnis verlangen.

Art. 52 Steuerobjekt

[1] Der Steuer unterliegen:

    a. die Einfuhr von Gegenständen einschliesslich der darin enthaltenen Dienstleistungen und Rechte;

    b. das Überführen von Gegenständen nach Artikel 17 Absatz 1bis ZG[23] in den zollrechtlich freien Verkehr durch Reisende, die im Flugverkehr aus dem Ausland ankommen.[24]

---

[22] SR **631.0**
[23] SR **631.0**
[24] Fassung gemäss Ziff. I 2 des BG vom 17. Dez. 2010 über den Einkauf von Waren in Zollfreiläden auf Flughäfen, in Kraft seit 1. Juni 2011 (AS **2011** 1743; BBl **2010** 2169).

² Lässt sich bei der Einfuhr von Datenträgern kein Marktwert feststellen, so ist hierauf keine Einfuhrsteuer geschuldet und die Bestimmungen über die Bezugsteuer (Art. 45–49) sind anwendbar.

³ Bei einer Mehrheit von Leistungen gelten die Bestimmungen von Artikel 19.

Art. 53 Steuerbefreite Einfuhren

¹ Von der Steuer befreit ist die Einfuhr von:

a. Gegenständen in kleinen Mengen, von unbedeutendem Wert oder mit geringfügigem Steuerbetrag; das EFD erlässt die näheren Bestimmungen;

b. menschlichen Organen durch medizinisch anerkannte Institutionen und Spitäler sowie von menschlichem Vollblut durch Inhaber und Inhaberinnen einer hierzu erforderlichen Bewilligung;

c. Kunstwerken, die von Kunstmalern und Kunstmalerinnen oder Bildhauern und Bildhauerinnen persönlich geschaffen wurden und von ihnen selbst oder in ihrem Auftrag ins Inland verbracht werden, unter Vorbehalt von Artikel 54 Absatz 1 Buchstabe c;

d. Gegenständen, die nach Artikel 8 Absatz 2 Buchstaben b–d, g und i–l ZG[25] zollfrei sind;

e. Gegenständen nach Artikel 23 Absatz 2 Ziffer 8, die im Rahmen einer Lieferung von Luftverkehrsunternehmen nach Artikel 23 Absatz 2 Ziffer 8 eingeführt oder die von solchen Luftverkehrsunternehmen ins Inland verbracht werden, sofern diese die Gegenstände vor der Einfuhr im Rahmen einer Lieferung bezogen haben und nach der Einfuhr für eigene zum Vorsteuerabzug berechtigende unternehmerische Tätigkeiten (Art. 28) verwenden;

f. Gegenständen, die nach dem Ausfuhrverfahren (Art. 61 ZG) veranlagt worden sind und unverändert an den Absender oder die Absenderin im Inland zurückgesandt werden, sofern sie nicht wegen der Ausfuhr von der Steuer befreit worden sind; ist die Steuer beachtlich, so erfolgt die Steuerbefreiung durch Rückerstattung; die Bestimmungen von Artikel 59 gelten sinngemäss;

g. Elektrizität und Erdgas in Leitungen;

h. Gegenständen, die in völkerrechtlichen Verträgen für steuerfrei erklärt werden;

i. Gegenständen, die nach den Artikeln 9 und 58 ZG zur vorübergehenden Verwendung oder nach den Artikeln 12 und 59 ZG zur aktiven Veredelung nach dem Verfahren mit Rückerstattungsanspruch ins Inland eingeführt werden, unter Vorbehalt von Artikel 54 Absatz 1 Buchstabe d;

---

[25] SR **631.0**

j. Gegenständen, die zur Lohnveredelung im Rahmen eines Werkvertrags von einer im Inland als steuerpflichtig eingetragenen Person vorübergehend ins Inland eingeführt und nach dem Verfahren der aktiven Veredelung mit bedingter Zahlungspflicht (Nichterhebungsverfahren) veranlagt werden (Art. 12 und 59 ZG);

k. Gegenständen, die nach den Artikeln 9 und 58 ZG zur vorübergehenden Verwendung oder nach den Artikeln 13 und 60 ZG zur passiven Lohnveredelung im Rahmen eines Werkvertrages aus dem Inland ausgeführt und an den Absender oder die Absenderin im Inland zurückgesandt werden, unter Vorbehalt von Artikel 54 Absatz 1 Buchstabe e;

l. Gegenständen, die zur Lohnveredelung im Rahmen eines Werkvertrags nach dem Ausfuhrverfahren (Art. 61 ZG) ins Ausland verbracht worden sind und an den Absender oder die Absenderin im Inland zurückgesandt werden, unter Vorbehalt von Artikel 54 Absatz 1 Buchstabe f.

² Der Bundesrat kann Gegenstände, die er nach Artikel 8 Absatz 2 Buchstabe a ZG für zollfrei erklärt, von der Einfuhrsteuer befreien.

Art. 54 Berechnung der Steuer

¹ Die Steuer wird berechnet:

a. auf dem Entgelt, wenn die Gegenstände in Erfüllung eines Veräusserungs- oder Kommissionsgeschäfts eingeführt werden;

b. auf dem Entgelt für werkvertragliche Lieferungen oder Arbeiten im Sinne von Artikel 3 Buchstabe d Ziffer 2, die unter Verwendung von in den zollrechtlich freien Verkehr übergeführten Gegenständen besorgt (Art. 48 ZG[26]) und durch eine im Inland nicht als steuerpflichtig eingetragene Person ausgeführt werden;

c. auf dem Entgelt für die im Auftrag von Kunstmalern und Kunstmalerinnen sowie Bildhauern und Bildhauerinnen an ihren eigenen Kunstwerken im Ausland besorgten Arbeiten (Art. 3 Bst. d Ziff. 2), sofern die Kunstwerke von ihnen selbst oder in ihrem Auftrag ins Inland verbracht wurden;

d. auf dem Entgelt für den Gebrauch von Gegenständen, die nach den Artikeln 9 und 58 ZG zur vorübergehenden Verwendung eingeführt wurden, sofern die Steuer auf diesem Entgelt beachtlich ist; wird für den vorübergehenden Gebrauch kein oder ein ermässigtes Entgelt gefordert, so ist das Entgelt massgebend, das einer unabhängigen Drittperson berechnet würde;

e. auf dem Entgelt für die im Ausland besorgten Arbeiten an Gegenständen (Art. 3 Bst. d Ziff. 2), die nach den Artikeln 9 und 58 ZG zur vorübergehenden Verwendung oder die nach den Artikeln 13 und 60 ZG zur passiven Lohnveredelung im Rahmen eines Werkvertrags ausgeführt wurden und an den Absender oder die Absenderin im Inland zurückgesandt werden;

[26] SR **631.0**

f. auf dem Entgelt für die im Ausland besorgten Arbeiten an Gegenständen (Art. 3 Bst. d Ziff. 2), sofern diese zur Lohnveredlung im Rahmen eines Werkvertrags nach dem Ausfuhrverfahren (Art. 61 ZG) ins Ausland verbracht worden sind und an den Absender oder die Absenderin im Inland zurückgesandt werden;

g. auf dem Marktwert in den übrigen Fällen; als Marktwert gilt, was der Importeur oder die Importeurin auf der Stufe, auf der die Einfuhr bewirkt wird, an einen selbstständigen Lieferanten oder eine selbständige Lieferantin im Herkunftsland der Gegenstände zum Zeitpunkt der Entstehung der Einfuhrsteuerschuld nach Artikel 56 unter den Bedingungen des freien Wettbewerbs zahlen müsste, um die gleichen Gegenstände zu erhalten.

² Richtet sich die Steuerberechnung nach dem Entgelt, so ist das vom Importeur oder der Importeurin oder an seiner oder ihrer Stelle von einer Drittperson entrichtete oder zu entrichtende Entgelt nach Artikel 24 massgebend, unter Vorbehalt von Artikel 18 Absatz 2 Buchstabe h. Bei einer nachträglichen Änderung dieses Entgelts gilt Artikel 41 sinngemäss.

³ In die Bemessungsgrundlage sind einzubeziehen, soweit nicht bereits darin enthalten:

a. die ausserhalb des Inlands sowie aufgrund der Einfuhr geschuldeten Steuern, Zölle und sonstigen Abgaben, mit Ausnahme der zu erhebenden Mehrwertsteuer;

b. die Kosten für das Befördern oder Versenden und alle damit zusammenhängenden Leistungen bis zum Bestimmungsort im Inland, an den die Gegenstände zum Zeitpunkt der Entstehung der Einfuhrsteuerschuld nach Artikel 56 zu befördern sind; ist dieser Ort unbekannt, so gilt als Bestimmungsort der Ort, an dem das Umladen nach Entstehung der Einfuhrsteuerschuld im Inland erfolgt.

⁴ Bestehen Zweifel an der Richtigkeit der Zollanmeldung oder fehlen Wertangaben, so kann die EZV die Steuerbemessungsgrundlage nach pflichtgemässem Ermessen schätzen.

⁵ Für die Ermittlung der Bemessungsgrundlage herangezogene Preis- oder Wertangaben in ausländischer Währung sind nach dem am letzten Börsentag vor der Entstehung der Einfuhrsteuerschuld nach Artikel 56 notierten Devisenkurs (Verkauf) in Schweizerfranken umzurechnen.

Art. 55[27]   Steuersätze

¹ Die Steuer auf der Einfuhr von Gegenständen beträgt 8 Prozent; vorbehalten bleibt Absatz 2.

² Auf der Einfuhr von Gegenständen nach Artikel 25 Absatz 2 Buchstabe a beträgt die Steuer 2,5 Prozent.

[27] Fassung gemäss Ziff. I der V vom 21. April 2010 über die Anhebung der Mehrwertsteuersätze zur befristeten Zusatzfinanzierung der Invalidenversicherung, in Kraft von 1. Jan. 2011 bis 31. Dez. 2017 (AS **2010** 2055).

Art. 56 Entstehung, Verjährung und Entrichtung der Einfuhrsteuerschuld

¹ Die Einfuhrsteuerschuld entsteht zur gleichen Zeit wie die Zollschuld (Art. 69 ZG[28]).

² Der steuerpflichtigen Person nach Artikel 51, welche die Einfuhrsteuerschuld über das ZAZ begleicht, steht für die Bezahlung eine Frist von 60 Tagen nach Ausstellung der Rechnung zu; ausgenommen sind Einfuhren im Reiseverkehr, die mündlich zur Zollveranlagung angemeldet werden.

³ Hinsichtlich der Sicherstellung können Erleichterungen gewährt werden, wenn dadurch der Steuereinzug nicht gefährdet wird.

⁴ Die Einfuhrsteuerschuld verjährt zur gleichen Zeit wie die Zollschuld (Art. 75 ZG). Die Verjährung steht still, solange ein Steuerstrafverfahren nach diesem Gesetz durchgeführt wird und der zahlungspflichtigen Person dies mitgeteilt worden ist (Art. 104 Abs. 4).

⁵ Ändert sich die Einfuhrsteuerschuld wegen nachträglicher Anpassung des Entgelts, namentlich aufgrund von Vertragsänderungen oder wegen Preisanpassungen zwischen verbundenen Unternehmen aufgrund anerkannter Richtlinien, so muss die zu niedrig bemessene Steuer innert 30 Tagen nach dieser Anpassung der EZV angezeigt werden. Die Meldung sowie die Anpassung der Steuerveranlagung können unterbleiben, wenn die nachzuentrichtende Steuer als Vorsteuer nach Artikel 28 abgezogen werden könnte.

Art. 57 Verzugszins

¹ Wird die Einfuhrsteuerschuld nicht fristgerecht bezahlt, so ist ein Verzugszins geschuldet.

² Die Verzugszinspflicht beginnt:

a. bei Bezahlung über das ZAZ: mit dem Ablauf der eingeräumten Zahlungsfrist;

b. bei Erhebung der Steuer auf dem Entgelt nach Artikel 54 Absatz 1 Buchstabe d: mit dem Ablauf der eingeräumten Zahlungsfrist;

c. bei nachträglicher Erhebung einer zu Unrecht erwirkten Rückerstattung von Steuern: mit dem Datum der Auszahlung;

d. in den übrigen Fällen: mit der Entstehung der Einfuhrsteuerschuld nach Artikel 56.

³ Die Verzugszinspflicht besteht auch während eines Rechtsmittelverfahrens und bei Ratenzahlungen.

Art. 58 Ausnahmen von der Verzugszinspflicht

Kein Verzugszins wird erhoben, wenn:

---

[28] SR **631.0**

a. die Einfuhrsteuerschuld durch Barhinterlage sichergestellt wurde;

b. in den zollrechtlich freien Verkehr übergeführte Gegenstände (Art. 48 ZG[29]) vorerst provisorisch veranlagt werden (Art. 39 ZG) und der Importeur oder die Importeurin im Zeitpunkt der Annahme der Zollanmeldung im Inland als steuerpflichtige Person eingetragen war;

c. bedingt veranlagte Gegenstände (Art. 49, 51 Abs. 2 Bst. b, 58 und 59 ZG), die von einer im Inland als steuerpflichtig eingetragenen Person eingeführt worden sind, zu einem andern Zollverfahren angemeldet werden (Art. 47 ZG);

d. ohne Sicherstellung der Steuer eingelagerte Gegenstände (Art. 51 Abs. 2 Bst. a und 62 Abs. 3 ZG) zu einem anderen Zollverfahren angemeldet werden und die im Zeitpunkt der Einlagerung über diese Gegenstände verfügungsberechtigte Person im Inland als steuerpflichtige Person eingetragen war;

e. die Gegenstände periodisch zum Zollveranlagungsverfahren anzumelden sind (Art. 42 Abs. 1 Bst. c ZG) oder aufgrund eines vereinfachten Zollveranlagungsverfahrens nachträglich veranlagt werden (Art. 42 Abs. 2 ZG) und der Importeur oder die Importeurin im Zeitpunkt der Einfuhr im Inland als steuerpflichtige Person eingetragen war.

Art. 59 Anspruch auf Steuerrückerstattung und Verjährung

[1] Für zu viel erhobene oder nicht geschuldete Steuern besteht ein Anspruch auf Rückerstattung.

[2] Nicht zurückerstattet werden zu viel erhobene, nicht geschuldete sowie wegen nachträglicher Veranlagung der Gegenstände nach den Artikeln 34 und 51 Absatz 3 ZG[30] oder wegen deren Wiederausfuhr nach den Artikeln 49 Absatz 4, 51 Absatz 3, 58 Absatz 3 und 59 Absatz 4 ZG nicht mehr geschuldete Steuern, wenn der Importeur oder die Importeurin im Inland als steuerpflichtige Person eingetragen ist und die der EZV zu entrichtende oder entrichtete Steuer als Vorsteuer nach Artikel 28 abziehen kann.

[3] Der Anspruch verjährt fünf Jahre nach Ablauf des Kalenderjahres, in dem er entstanden ist.

[4] Die Verjährung wird unterbrochen durch die Geltendmachung des Anspruchs gegenüber der EZV.

[5] Sie steht still, solange über den geltend gemachten Anspruch ein Rechtsmittelverfahren hängig ist.

[6] Der Anspruch auf Rückerstattung zu viel erhobener oder nicht geschuldeter Steuern verjährt in jedem Fall 15 Jahre nach Ablauf des Kalenderjahres, in dem er entstanden ist.

---

[29] SR **631.0**
[30] SR **631.0**

Art. 60 Rückerstattung wegen Wiederausfuhr

¹ Die bei der Einfuhr erhobene Steuer wird auf Antrag zurückerstattet, wenn die Voraussetzungen für den Vorsteuerabzug nach Artikel 28 fehlen und:

a. die Gegenstände ohne vorherige Übergabe an eine Drittperson im Rahmen einer Lieferung im Inland und ohne vorherige Ingebrauchnahme unverändert wieder ausgeführt werden; oder

b. die Gegenstände im Inland in Gebrauch genommen wurden, aber wegen Rückgängigmachung der Lieferung wieder ausgeführt werden; in diesem Fall wird die Rückerstattung gekürzt um den Betrag, welcher der Steuer auf dem Entgelt für den Gebrauch der Gegenstände oder auf der durch den Gebrauch eingetretenen Wertverminderung sowie auf den nicht zurückerstatteten Einfuhrzollabgaben und Abgaben nach nichtzollrechtlichen Bundesgesetzen entspricht.

² Die Steuer wird nur zurückerstattet, wenn:

a. die Wiederausfuhr innert fünf Jahren nach Ablauf des Kalenderjahres erfolgt, in dem die Steuer erhoben worden ist; und

b. die Identität der ausgeführten mit den seinerzeit eingeführten Gegenständen nachgewiesen ist.

³ Die Rückerstattung kann im Einzelfall von der ordnungsgemässen Anmeldung im Einfuhrland abhängig gemacht werden.

⁴ Die Anträge auf Rückerstattung sind bei der Anmeldung zum Ausfuhrverfahren zu stellen. Nachträgliche Rückerstattungsanträge können berücksichtigt werden, wenn sie innert 60 Tagen seit Ausstellung des Ausfuhrdokuments, mit dem die Gegenstände nach dem Ausfuhrverfahren (Art. 61 ZG[31]) veranlagt worden sind, schriftlich bei der EZV eingereicht werden.

Art. 61 Vergütungszins

¹ Ein Vergütungszins wird bis zur Auszahlung ausgerichtet:

a. bei Rückerstattung einer zu viel erhobenen oder nicht geschuldeten Steuer nach Artikel 59: ab dem 61. Tag nach Eintreffen der schriftlichen Geltendmachung des Anspruchs bei der EZV;

b. bei Rückerstattung der Steuer wegen Wiederausfuhr nach Artikel 60: ab dem 61. Tag nach Eintreffen des Antrages bei der EZV;

c. bei Verfahren mit bedingter Zahlungspflicht (Art. 49, 51, 58 und 59 ZG[32]): ab dem 61. Tag nach ordnungsgemässem Abschluss des Verfahrens.

² Die zinslose Frist von 60 Tagen beginnt erst zu laufen, wenn:

---

[31] SR **631.0**
[32] SR **631.0**

Bundesgesetz über die Mehrwertsteuer 301

a. sämtliche für die Feststellung des Sachverhalts und die Beurteilung des Begehrens notwendigen Unterlagen bei der EZV eingetroffen sind;
b. die Beschwerde gegen die Veranlagungsverfügung den Anforderungen von Artikel 52 des Bundesgesetzes vom 20. Dezember 1968[33] über das Verwaltungsverfahren (VwVG) genügt;
c. die Grundlagen für die Berechnung der Steuer auf dem Entgelt nach Artikel 54 Absatz 1 Buchstabe d der EZV bekannt sind.

³ Kein Vergütungszins wird ausgerichtet beim Steuererlass nach Artikel 64.

Art. 62   Zuständigkeit und Verfahren

¹ Die Einfuhrsteuer wird durch die EZV erhoben. Diese trifft die erforderlichen Anordnungen und Verfügungen.

² Die Organe der EZV sind befugt, zur Prüfung der für die Steuerveranlagung wesentlichen Tatsachen alle erforderlichen Erhebungen vorzunehmen. Die Artikel 68–70, 73–75 und 79 gelten sinngemäss. Die EZV kann Erhebungen bei im Inland als steuerpflichtig eingetragenen Personen im Einvernehmen mit der ESTV dieser übertragen.

Art. 63   Verlagerung der Steuerentrichtung

¹ Bei der ESTV registrierte und nach der effektiven Methode abrechnende steuerpflichtige Importeure und Importeurinnen können die auf der Einfuhr von Gegenständen geschuldete Steuer, statt sie der EZV zu entrichten, in der periodischen Steuerabrechnung mit der ESTV deklarieren (Verlagerungsverfahren), sofern sie regelmässig Gegenstände ein- und ausführen und sich daraus regelmässig beachtliche Vorsteuerüberschüsse ergeben.

² Werden die im Verlagerungsverfahren eingeführten Gegenstände nach der Einfuhr im Inland noch bearbeitet oder verarbeitet, so kann die ESTV steuerpflichtigen Personen bewilligen, die bearbeiteten oder verarbeiteten Gegenstände ohne Berechnung der Steuer an andere steuerpflichtige Personen zu liefern.

³ Der Bundesrat regelt die Einzelheiten des Verlagerungsverfahrens.

Art. 64   Steuererlass

¹ Die Einfuhrsteuer kann ganz oder teilweise erlassen werden, wenn:

a. im Gewahrsam der EZV stehende oder in ein Transitverfahren (Art. 49 ZG[34]), ein Zolllagerverfahren (Art. 50–57 ZG), ein Verfahren der vorübergehenden Verwendung (Art. 58 ZG) oder ein Verfahren der aktiven Veredelung (Art. 59 ZG) übergeführte Gegenstände durch Zufall, höhere Gewalt oder mit amtlicher Einwilligung ganz oder teilweise vernichtet werden;

---

[33] SR **172.021**
[34] SR **631.0**

b. in den zollrechtlich freien Verkehr übergeführte Gegenstände auf amtliche Verfügung hin ganz oder teilweise vernichtet oder wieder aus dem Inland ausgeführt werden;

c. eine Nachforderung im Sinne von Artikel 85 ZG mit Rücksicht auf besondere Verhältnisse die steuerpflichtige Person nach Artikel 51 unverhältnismässig belasten würde;

d. die mit der Zollanmeldung beauftragte Person (z. B. der Spediteur) die Steuer wegen Zahlungsunfähigkeit des Importeurs oder der Importeurin nicht weiterbelasten kann und der Importeur oder die Importeurin im Zeitpunkt der Annahme der Zollanmeldung im Inland als steuerpflichtige Person eingetragen war; von der Zahlungsunfähigkeit des Importeurs oder der Importeurin ist auszugehen, wenn die Forderung der beauftragten Person ernsthaft gefährdet erscheint.

² Die Oberzolldirektion entscheidet über den Steuererlass auf schriftliches, mit den nötigen Nachweisen belegtes Gesuch.

³ Die Frist für die Einreichung eines Gesuchs beträgt:

a. bei Veranlagung mit unbedingter Einfuhrsteuerschuld: ein Jahr seit der Ausstellung des Einfuhrdokuments, mit dem die Einfuhrsteuer veranlagt wurde;

b. bei Veranlagung mit bedingter Einfuhrsteuerschuld: ein Jahr seit Abschluss des gewählten Zollverfahrens.

5. Titel: Verfahrensrecht für die Inland- und die Bezugsteuer
1. Kapitel: Allgemeine Verfahrensbestimmungen

Art. 65

¹ Die ESTV ist für die Erhebung und den Einzug der Inland- und der Bezugsteuer zuständig.

² Für eine gesetzeskonforme Erhebung und den gesetzeskonformen Einzug der Steuer erlässt die ESTV alle erforderlichen Verfügungen, deren Erlass nicht ausdrücklich einer andern Behörde vorbehalten ist.

³ Sie veröffentlicht ohne zeitlichen Verzug alle Praxisfestlegungen, die nicht ausschliesslich verwaltungsinternen Charakter haben.

⁴ Sämtliche Verwaltungshandlungen sind beförderlich zu vollziehen.

⁵ Die steuerpflichtige Person darf durch die Steuererhebung nur soweit belastet werden, als dies für die Durchsetzung dieses Gesetzes zwingend erforderlich ist.

2. Kapitel: Rechte und Pflichten der steuerpflichtigen Person

Art. 66 An- und Abmeldung als steuerpflichtige Person

¹ Personen, die nach Artikel 10 steuerpflichtig werden, haben sich unaufgefordert innert 30 Tagen nach Beginn ihrer Steuerpflicht bei der ESTV schriftlich anzumelden. Diese teilt ihnen eine nicht übertragbare Nummer nach den Vorgaben des Bundesgesetzes vom 18. Juni 2010[35] über die Unternehmens-Identifikationsnummer zu, die registriert wird.[36]

² Endet die Steuerpflicht nach Artikel 14 Absatz 2, so hat sich die steuerpflichtige Person innert 30 Tagen nach der Beendigung der unternehmerischen Tätigkeit, spätestens aber mit dem Abschluss des Liquidationsverfahrens bei der ESTV schriftlich abzumelden.

³ Wer einzig aufgrund der Bezugsteuer steuerpflichtig wird (Art. 45 Abs. 2), hat sich innert 60 Tagen nach Ablauf des Kalenderjahres, für das er steuerpflichtig ist, schriftlich bei der ESTV anzumelden und gleichzeitig die bezogenen Leistungen zu deklarieren.

Art. 67 Steuervertretung

¹ Steuerpflichtige Personen ohne Wohn- oder Geschäftssitz im Inland haben für die Erfüllung ihrer Verfahrenspflichten eine Vertretung zu bestimmen, die im Inland Wohn- oder Geschäftssitz hat.

² Bei Gruppenbesteuerung (Art. 13) muss die Mehrwertsteuergruppe für die Erfüllung ihrer Verfahrenspflichten eine Vertretung mit Wohn- oder Geschäftssitz in der Schweiz bestimmen.

³ Durch die Bestimmung einer Vertretung nach den Absätzen 1 und 2 wird keine Betriebsstätte nach den Bestimmungen über die direkten Steuern begründet.

Art. 68 Auskunftspflicht

¹ Die steuerpflichtige Person hat der ESTV über alle Tatsachen, die für die Steuerpflicht oder für die Steuerbemessung von Bedeutung sein können, nach bestem Wissen und Gewissen Auskunft zu erteilen und die erforderlichen Unterlagen einzureichen.

² Das gesetzlich geschützte Berufsgeheimnis bleibt vorbehalten. Träger und Trägerinnen des Berufsgeheimnisses sind zur Vorlage der Bücher oder Aufzeichnungen verpflichtet, dürfen aber Namen und Adresse, nicht jedoch den Wohnsitz oder den

---

[35] SR **431.03**
[36] Fassung des zweiten Satzes gemäss Anhang Ziff. 2 des BG vom 18. Juni 2010 über die Unternehmens-Identifikationsnummer, in Kraft seit 1. Jan. 2011 (AS **2010** 4989; BBl **2009** 7855).

Sitz der Klienten und Klientinnen abdecken oder durch Codes ersetzen. In Zweifelsfällen werden auf Antrag der ESTV oder der steuerpflichtigen Person vom Präsidenten oder der Präsidentin der zuständigen Kammer des Bundesverwaltungsgerichts ernannte neutrale Sachverständige als Kontrollorgane eingesetzt.

Art. 69 Auskunftsrecht

Auf schriftliche Anfrage der steuerpflichtigen Person zu den mehrwertsteuerlichen Konsequenzen eines konkret umschriebenen Sachverhalts erteilt die ESTV innert angemessener Frist Auskunft. Die Auskunft ist für die anfragende steuerpflichtige Person und die ESTV rechtsverbindlich; sie kann auf keinen anderen Sachverhalt bezogen werden.

Art. 70 Buchführung und Aufbewahrung

¹ Die steuerpflichtige Person hat ihre Geschäftsbücher und Aufzeichnungen nach den handelsrechtlichen Grundsätzen zu führen. Die ESTV kann ausnahmsweise darüber hinausgehende Aufzeichnungspflichten erlassen, wenn dies für die ordnungsgemässe Erhebung der Mehrwertsteuer unerlässlich ist.

² Die steuerpflichtige Person hat ihre Geschäftsbücher, Belege, Geschäftspapiere und sonstigen Aufzeichnungen bis zum Eintritt der absoluten Verjährung der Steuerforderung (Art. 42 Abs. 6) ordnungsgemäss aufzubewahren. Die Artikel 957 und 962 des Obligationenrechts[37] sind anwendbar.

³ Geschäftsunterlagen, die im Zusammenhang mit der Berechnung der Einlageentsteuerung und des Eigenverbrauchs von unbeweglichen Gegenständen benötigt werden, sind während 20 Jahren aufzubewahren (Art. 31 Abs. 3 und 32 Abs. 2).

⁴ Der Bundesrat regelt die Voraussetzungen, unter welchen Belege, die nach diesem Gesetz für die Durchführung der Steuer nötig sind, papierlos übermittelt und aufbewahrt werden können.

Art. 71 Einreichung der Abrechnung

¹ Die steuerpflichtige Person hat gegenüber der ESTV innert 60 Tagen nach Ablauf der Abrechnungsperiode unaufgefordert in der vorgeschriebenen Form über die Steuerforderung abzurechnen.

² Endet die Steuerpflicht, so läuft die Frist von diesem Zeitpunkt an.

Art. 72 Korrektur von Mängeln in der Abrechnung

¹ Stellt die steuerpflichtige Person im Rahmen der Erstellung ihres Jahresabschlusses Mängel in ihren Steuerabrechnungen fest, so muss sie diese spätestens in der Abrechnung über jene Abrechnungsperiode korrigieren, in die der 180. Tag seit Ende des betreffenden Geschäftsjahres fällt.

---

[37] SR **220**

² Die steuerpflichtige Person ist verpflichtet, erkannte Mängel in Abrechnungen über zurückliegende Steuerperioden nachträglich zu korrigieren, soweit die Steuerforderungen dieser Steuerperioden nicht in Rechtskraft erwachsen oder verjährt sind.

³ Die nachträglichen Korrekturen der Abrechnungen haben in der von der ESTV vorgeschriebenen Form zu erfolgen.

⁴ Bei schwierig ermittelbaren systematischen Fehlern kann die ESTV der steuerpflichtigen Person eine Erleichterung nach Artikel 80 gewähren.

3. Kapitel: Auskunftspflicht von Drittpersonen

Art. 73

¹ Auskunftspflichtige Drittpersonen nach Absatz 2 haben der ESTV auf Verlangen kostenlos:

a. alle Auskünfte zu erteilen, die für die Feststellung der Steuerpflicht oder für die Berechnung der Steuerforderung gegenüber einer steuerpflichtigen Person erforderlich sind;

b. Einblick in Geschäftsbücher, Belege, Geschäftspapiere und sonstige Aufzeichnungen zu gewähren, sofern die nötigen Informationen bei der steuerpflichtigen Person nicht erhältlich sind.

² Auskunftspflichtige Drittperson ist, wer:

a. als steuerpflichtige Person in Betracht fällt;

b. neben der steuerpflichtigen Person oder an ihrer Stelle für die Steuer haftet;

c. Leistungen erhält oder erbracht hat;

d. an einer Gesellschaft, die der Gruppenbesteuerung unterliegt, eine massgebende Beteiligung hält.

³ Das gesetzlich geschützte Berufsgeheimnis bleibt vorbehalten.

4. Kapitel: Rechte und Pflichten der Behörden

Art. 74   Geheimhaltung

¹ Wer mit dem Vollzug dieses Gesetzes betraut ist oder dazu beigezogen wird, hat gegenüber anderen Behörden und Privaten über die in Ausübung seines Amtes gemachten Wahrnehmungen Stillschweigen zu bewahren und den Einblick in amtliche Akten zu verweigern.

² Keine Geheimhaltungspflicht besteht:

a. bei Leistung von Amtshilfe nach Artikel 75 und bei Erfüllung einer Pflicht zur Anzeige strafbarer Handlungen;

b. gegenüber Organen der Rechtspflege oder der Verwaltung, wenn die mit dem Vollzug dieses Gesetzes betraute Behörde durch das EFD zur Auskunftserteilung ermächtigt worden ist;

c. im Einzelfall gegenüber den Schuldbetreibungs- und Konkursbehörden oder bei der Anzeige von Schuldbetreibungs- und Konkursdelikten zum Nachteil der ESTV;

d.[38] für die folgenden im Register der steuerpflichtigen Personen enthaltenen Informationen: Nummer, unter der er oder sie eingetragen ist, Adresse und wirtschaftliche Tätigkeit sowie Beginn und Ende der Steuerpflicht.

Art. 75   Amtshilfe

[1] Die Steuerbehörden des Bundes, der Kantone, Bezirke, Kreise und Gemeinden unterstützen sich gegenseitig in der Erfüllung ihrer Aufgaben; sie haben sich kostenlos die zweckdienlichen Meldungen zu erstatten, die benötigten Auskünfte zu erteilen und Akteneinsicht zu gewähren.

[2] Die Verwaltungsbehörden des Bundes und die autonomen eidgenössischen Anstalten und Betriebe sowie alle sonstigen nicht in Absatz 1 genannten Behörden der Kantone, Bezirke, Kreise und Gemeinden sind gegenüber der ESTV auskunftspflichtig, sofern die verlangten Auskünfte für die Durchführung dieses Gesetzes sowie für die Einforderung der Steuer von Bedeutung sein können; die Auskunftserteilung hat kostenlos zu erfolgen. Auf Wunsch sind der ESTV Unterlagen kostenlos zuzustellen.

[3] Eine Auskunft darf nur verweigert werden, soweit ihr wesentliche öffentliche Interessen entgegenstehen oder die Auskunft die angefragte Behörde in der Durchführung ihrer Aufgabe wesentlich beeinträchtigen würde. Das Post- und das Fernmeldegeheimnis ist zu wahren.

[4] Über Streitigkeiten betreffend die Auskunftspflicht von Verwaltungsbehörden des Bundes entscheidet der Bundesrat. Über Streitigkeiten betreffend die Auskunftspflicht von Behörden der Kantone, Bezirke, Kreise und Gemeinden entscheidet das Bundesgericht (Art. 120 des Bundesgerichtsgesetzes vom 17. Juni 2005[39]), sofern die kantonale Regierung das Auskunftsbegehren abgelehnt hat.

[5] Die mit öffentlich-rechtlichen Aufgaben betrauten Organisationen haben im Rahmen dieser Aufgaben die gleiche Auskunftspflicht wie die Behörden; Absatz 4 gilt sinngemäss.

Art. 76   Automatisierte Verarbeitung und Aufbewahrung von Daten

[1] Die ESTV ist zur Bearbeitung derjenigen Daten und Informationen befugt, die zur Steuererhebung und zum Steuereinzug erforderlich sind; dazu gehören auch Angaben über administrative und strafrechtliche Verfolgungen und Sanktionen. Zu die-

---

[38]   Fassung gemäss Anhang Ziff. 2 des BG vom 18. Juni 2010 über die Unternehmens-Identifikationsnummer, in Kraft seit 1. Jan. 2011 (AS **2010** 4989; BBl **2009** 7855).
[39]   SR **173.110**

sem Zweck unterhält sie die dazu notwendigen Datensammlungen und die Mittel zur Bearbeitung und Aufbewahrung.

2 Der Bundesrat erlässt die nötigen Bestimmungen über Organisation, Bearbeitung und Aufbewahrung der Daten und Informationen, namentlich über die zu erfassenden Daten, den Zugriff, die Bearbeitungsberechtigung, die Aufbewahrungsdauer, die Löschung und den Schutz vor unbemerktem Verändern.

3 Die ESTV kann die notwendigen Daten und Informationen im Abrufverfahren den in der EZV mit der Erhebung und dem Einzug der Mehrwertsteuer betrauten Personen zugänglich machen. Die Bestimmungen über die Geheimhaltung und die Amtshilfe (Art. 74 und 75) sind anwendbar.

4 Die gestützt auf diese Bestimmung aufbewahrten Dokumente sind den Originalen gleichgestellt.

Art. 77   Überprüfung

Die Erfüllung der Pflicht zur Anmeldung als steuerpflichtige Person sowie die Steuerabrechnungen und -ablieferungen werden von der ESTV überprüft.

Art. 78   Kontrolle

1 Die ESTV kann bei steuerpflichtigen Personen Kontrollen durchführen, soweit dies zur Abklärung des Sachverhalts erforderlich ist. Zu diesem Zweck haben diese Personen der ESTV den Zugang zu ihrer Buchhaltung sowie zu den dazugehörigen Belegen zu gewähren. Dasselbe gilt für auskunftspflichtige Drittpersonen nach Artikel 73 Absatz 2.

2 Als Kontrolle gilt auch das Einfordern und die Überprüfung von umfassenden Unterlagen durch die ESTV.

3 Eine Kontrolle ist schriftlich anzukündigen. In begründeten Fällen kann ausnahmsweise von der Ankündigung einer Kontrolle abgesehen werden.

4 Die steuerpflichtige Person kann mittels begründeten Gesuchs die Durchführung einer Kontrolle verlangen. Die Kontrolle ist innerhalb von zwei Jahren durchzuführen.

5 Die Kontrolle ist innert 360 Tagen seit Ankündigung mit einer Einschätzungsmitteilung abzuschliessen; diese hält den Umfang der Steuerforderung in der kontrollierten Periode fest.

6 Die anlässlich einer Kontrolle nach den Absätzen 1–4 bei einer Bank oder Sparkasse im Sinne des Bankengesetzes vom 8. November 1934[40], bei der Schweizerischen Nationalbank oder bei einer Pfandbriefzentrale oder bei einer Börse, einem Effektenhändler oder einer anerkannten Revisionsstelle im Sinne des Börsengesetzes vom 24. März 1995[41] gemachten Feststellungen betreffend Dritte dürfen ausschliesslich für die Durchführung der Mehrwertsteuer verwendet werden. Das Bankgeheimnis und das Berufsgeheimnis des Börsengesetzes vom 24. März 1995 sind zu wahren.

[40] SR **952.0**
[41] SR **954.1**

Art. 79 Ermessenseinschätzung

[1] Liegen keine oder nur unvollständige Aufzeichnungen vor oder stimmen die ausgewiesenen Ergebnisse mit dem wirklichen Sachverhalt offensichtlich nicht überein, so schätzt die ESTV die Steuerforderung nach pflichtgemässem Ermessen ein.

[2] Die Festsetzung der Steuerforderung erfolgt mit einer Einschätzungsmitteilung.

Art. 80 Vereinfachungen

Erwachsen der steuerpflichtigen Person aus der genauen Feststellung einzelner für die Bemessung der Steuer wesentlicher Tatsachen übermässige Umtriebe, so gewährt die ESTV Erleichterungen und lässt zu, dass die Steuer annäherungsweise ermittelt wird, sofern sich dadurch kein namhafter Steuerausfall oder -mehrertrag, keine beachtenswerte Verzerrung der Wettbewerbsverhältnisse und keine übermässige Erschwerung der Steuerabrechnung für andere steuerpflichtige Personen und der Steuerkontrolle ergeben.

5. Kapitel: Verfügungs- und Rechtsmittelverfahren

Art. 81 Grundsätze

[1] Die Vorschriften des VwVG[42] sind anwendbar. Artikel 2 Absatz 1 VwVG findet auf das Mehrwertsteuerverfahren keine Anwendung.

[2] Die Behörden stellen den rechtserheblichen Sachverhalt von Amtes wegen fest.

[3] Es gilt der Grundsatz der freien Beweiswürdigung. Es ist unzulässig, Nachweise ausschliesslich vom Vorliegen bestimmter Beweismittel abhängig zu machen.

Art. 82 Verfügungen der ESTV

[1] Die ESTV trifft von Amtes wegen oder auf Verlangen der steuerpflichtigen Person alle für die Steuererhebung erforderlichen Verfügungen, insbesondere wenn:

    a. Bestand oder Umfang der Steuerpflicht bestritten wird;

    b. die Eintragung oder Löschung im Register der steuerpflichtigen Personen bestritten wird;

    c. Bestand oder Umfang der Steuerforderung, der Mithaftung oder des Anspruchs auf Rückerstattung von Steuern streitig ist;

    d. die steuerpflichtige Person oder Mithaftende die Steuer nicht entrichten;

    e. sonstige Pflichten nicht anerkannt oder nicht erfüllt werden, die sich aus diesem Gesetz oder aus gestützt darauf ergangenen Verordnungen ergeben;

    f. für einen bestimmten Fall vorsorglich die amtliche Feststellung der Steuerpflicht, der Steuerforderung, der Grundlagen der Steuerbemessung, des an-

---

[42] SR **172.021**

wendbaren Steuersatzes oder der Mithaftung beantragt wird oder als geboten erscheint.

² Verfügungen werden der steuerpflichtigen Person schriftlich eröffnet. Sie müssen eine Rechtsmittelbelehrung sowie eine angemessene Begründung enthalten.

Art. 83 Einsprache

¹ Verfügungen der ESTV können innert 30 Tagen nach der Eröffnung mit Einsprache angefochten werden.

² Die Einsprache ist schriftlich bei der ESTV einzureichen. Sie hat den Antrag, dessen Begründung mit Angabe der Beweismittel sowie die Unterschrift des Einsprechers oder der Einsprecherin oder seiner oder ihrer Vertretung zu enthalten. Die Vertretung hat sich durch schriftliche Vollmacht auszuweisen. Die Beweismittel sind in der Einspracheschrift zu bezeichnen und ihr beizulegen.

³ Genügt die Einsprache diesen Anforderungen nicht oder lässt der Antrag oder dessen Begründung die nötige Klarheit vermissen, so räumt die ESTV dem Einsprecher oder der Einsprecherin eine kurze Nachfrist zur Verbesserung ein. Sie verbindet diese Nachfrist mit der Androhung, nach unbenutztem Fristablauf aufgrund der Akten zu entscheiden oder, wenn Antrag, Begründung, Unterschrift oder Vollmacht fehlen, auf die Einsprache nicht einzutreten.

⁴ Richtet sich die Einsprache gegen eine einlässlich begründete Verfügung der ESTV, so ist sie auf Antrag oder mit Zustimmung des Einsprechers oder der Einsprecherin als Beschwerde an das Bundesverwaltungsgericht weiterzuleiten.

⁵ Das Einspracheverfahren ist trotz Rückzugs der Einsprache weiterzuführen, wenn Anhaltspunkte dafür vorliegen, dass die angefochtene Verfügung den massgebenden Gesetzesbestimmungen nicht entspricht.

Art. 84 Kosten und Entschädigungen

¹ Im Verfügungs- und im Einspracheverfahren werden in der Regel keine Kosten erhoben. Es werden keine Parteientschädigungen ausgerichtet.

² Ohne Rücksicht auf den Ausgang des Verfahrens können die Verfahrenskosten derjenigen Person oder Behörde auferlegt werden, die sie schuldhaft verursacht hat.

Art. 85 Revision, Erläuterung und Berichtigung

Auf die Revision, Erläuterung und Berichtigung von Einschätzungsmitteilungen, Verfügungen und Einspracheentscheiden der ESTV sind die Artikel 66–69 VwVG[43] anwendbar.

---

[43] SR **172.021**

6. Kapitel: Bezug

Art. 86 Entrichtung der Steuer

[1] Innert 60 Tagen nach Ablauf der Abrechnungsperiode hat die steuerpflichtige Person die in diesem Zeitraum entstandene Steuerforderung zu begleichen.

[2] Erbringt die steuerpflichtige Person keine oder eine offensichtlich ungenügende Zahlung, so setzt die ESTV den für die jeweilige Abrechnungsperiode provisorisch geschuldeten Steuerbetrag nach vorgängiger Mahnung in Betreibung. Liegt keine oder eine offensichtlich ungenügende Abrechnung der steuerpflichtigen Person vor, so bestimmt die ESTV den provisorisch geschuldeten Steuerbetrag vorgängig nach pflichtgemässem Ermessen.

[3] Durch Rechtsvorschlag eröffnet die steuerpflichtige Person das Verfahren um Rechtsöffnung. Für die Beseitigung des Rechtsvorschlages ist die ESTV im Verfügungs- und Einspracheverfahren zuständig.

[4] Die Verfügung betreffend den Rechtsvorschlag kann innert 10 Tagen nach der Eröffnung mit Einsprache bei der ESTV angefochten werden. Der Einspracheentscheid ist unter Vorbehalt von Absatz 5 endgültig.

[5] Hat die ESTV den in Betreibung gesetzten provisorisch geschuldeten Steuerbetrag nach pflichtgemässem Ermessen bestimmt, so kann gegen den Einspracheentscheid beim Bundesverwaltungsgericht Beschwerde geführt werden. Die Beschwerde hat keine aufschiebende Wirkung, es sei denn, das Gericht ordne diese auf begründetes Ersuchen hin an. Das Bundesverwaltungsgericht entscheidet endgültig.

[6] Artikel 85*a* des Bundesgesetzes vom 11. April 1889[44] über Schuldbetreibung und Konkurs (SchKG) ist nicht anwendbar.

[7] Der Einzug eines Steuerbetrags nach Absatz 2 berührt die Festsetzung der endgültigen Steuerforderung nicht. Diese richtet sich nach den Artikeln 72, 78 und 82.

[8] Anstelle einer Zahlung des Steuerbetrags kann die steuerpflichtige Person auch Sicherheiten gemäss Artikel 93 Absatz 7 leisten.

[9] Unmittelbar nach Eingang der Zahlung oder der Sicherheitsleistung zieht die ESTV die Betreibung zurück.

Art. 87 Verzugszins

[1] Bei verspäteter Zahlung wird ohne Mahnung ein Verzugszins geschuldet.

[2] Kein Verzugszins ist geschuldet bei einer Nachbelastung, wenn diese auf einem Fehler beruht, der bei richtiger Abwicklung beim Bund zu keinem Steuerausfall geführt hätte.

---

[44] SR **281.1**

Art. 88   Vergütungen an die steuerpflichtige Person

¹ Ergibt sich aus der Steuerabrechnung ein Überschuss zugunsten der steuerpflichtigen Person, so wird dieser ausbezahlt.

² Vorbehalten bleiben:

a. die Verrechnung dieses Überschusses mit Einfuhrsteuerschulden, selbst wenn diese noch nicht fällig sind;

b. die Verwendung des Überschusses zur Steuersicherung nach Artikel 94 Absatz 1;

c. die Verwendung des Überschusses zur Verrechnung unter Bundesstellen.

³ Die steuerpflichtige Person kann bezahlte, aber nicht geschuldete Steuern zurückfordern, sofern die Steuer noch nicht rechtskräftig festgesetzt wurde.

⁴ Erfolgt die Auszahlung des Überschusses nach Absatz 1 oder die Rückerstattung nach Absatz 3 später als 60 Tage nach Eintreffen der Steuerabrechnung beziehungsweise der schriftlichen Geltendmachung des Anspruches bei der ESTV, so wird für die Zeit vom 61. Tag bis zur Auszahlung oder Rückerstattung ein Vergütungszins ausgerichtet.

Art. 89   Betreibung

¹ Wird der Anspruch auf Steuern, Zinsen, Kosten und Bussen nicht befriedigt, so leitet die ESTV die Betreibung ein und trifft alle zweckdienlichen zivil- und vollstreckungsrechtlichen Vorkehrungen.

² Ist die Steuerforderung oder die Busse noch nicht rechtskräftig festgesetzt und wird sie bestritten, so erlässt die ESTV eine Verfügung. Bis eine rechtskräftige Verfügung vorliegt, unterbleibt die endgültige Kollokation.

³ Wird in der Betreibung Recht vorgeschlagen, so eröffnet die steuerpflichtige Person das Verfahren um Rechtsöffnung. Für die Beseitigung des Rechtsvorschlages ist die ESTV zuständig.

⁴ Rechtskräftige Verfügungen und Einspracheentscheide der ESTV über Steuern, Zinsen, Kosten und Bussen stehen vollstreckbaren gerichtlichen Urteilen nach Artikel 80 SchKG[45] gleich.

⁵ Die Steuerforderung besteht unabhängig davon, ob sie in öffentliche Inventare oder auf Rechnungsrufe eingegeben wird.

⁶ Die im Rahmen von Zwangsvollstreckungsverfahren anfallenden Steuern stellen Verwertungskosten dar.

⁷ Die ESTV kann in begründeten Fällen auf den Einzug der Steuer verzichten, wenn die Durchführung eines Betreibungsverfahrens keinen Erfolg bringen würde.

---

[45] SR **281.1**

Art. 90 Zahlungserleichterungen

¹ Ist die Zahlung der Steuer, Zinsen und Kosten innert der vorgeschriebenen Frist für die zahlungspflichtige Person mit einer erheblichen Härte verbunden, so kann die ESTV mit der steuerpflichtigen Person die Erstreckung der Zahlungsfrist oder Ratenzahlungen vereinbaren.

² Zahlungserleichterungen können von einer angemessenen Sicherheitsleistung abhängig gemacht werden.

³ Zahlungserleichterungen fallen dahin, wenn ihre Voraussetzungen wegfallen oder wenn die Bedingungen, an die sie geknüpft sind, nicht erfüllt werden.

⁴ Die Einreichung eines Antrags um Vereinbarung von Zahlungserleichterung hemmt die Vollstreckung nicht.

Art. 91 Bezugsverjährung

¹ Das Recht, die Steuerforderung, Zinsen und Kosten geltend zu machen, verjährt fünf Jahre, nachdem der entsprechende Anspruch rechtskräftig geworden ist.

² Die Verjährung steht still, solange die zahlungspflichtige Person in der Schweiz nicht betrieben werden kann.

³ Die Verjährung wird unterbrochen durch jede Einforderungshandlung und jede Stundung seitens der ESTV sowie durch jede Geltendmachung des Anspruchs seitens der steuerpflichtigen Person.

⁴ Unterbrechung und Stillstand wirken gegenüber allen zahlungspflichtigen Personen.

⁵ Die Verjährung tritt in jedem Fall zehn Jahre nach Ablauf des Jahres ein, in dem der Anspruch rechtskräftig geworden ist.

⁶ Wird über eine Steuerforderung ein Verlustschein ausgestellt, so richtet sich die Bezugsverjährung nach den Bestimmungen des SchKG[46].

Art. 92 Steuererlass

¹ Die ESTV kann rechtskräftig festgesetzte Steuern ganz oder teilweise erlassen, wenn die steuerpflichtige Person:

a. die Steuer aus einem entschuldbaren Grund nicht in Rechnung gestellt und eingezogen hat, eine nachträgliche Überwälzung nicht möglich oder nicht zumutbar ist und die Bezahlung der Steuer eine grosse Härte bedeuten würde;

b. die Steuer einzig aufgrund der Nichteinhaltung von formellen Vorschriften oder aufgrund von Abwicklungsfehlern schuldet und erkennbar ist oder die steuerpflichtige Person nachweist, dass für den Bund kein Steuerausfall entstanden ist; oder

---

[46] SR **281.1**

c. aus einem entschuldbaren Grund ihren Veranlagungspflichten nicht nachkommen konnte, nachträglich aber nachweisen oder glaubhaft machen kann, dass die durch die ESTV vorgenommene Ermessenseinschätzung zu hoch ausgefallen ist; in diesem Falle ist ein Steuererlass nur bis zur Höhe des zu viel veranlagten Betrages möglich.

² Die ESTV kann ferner im Rahmen eines gerichtlichen Nachlassverfahrens einem Steuererlass zustimmen beziehungsweise auf die Sicherstellung ihrer Forderung verzichten.

³ Das Erlassgesuch muss schriftlich begründet und mit den nötigen Beweismitteln versehen bei der ESTV eingereicht werden. Die Einsprache gegen die Verfügung der ESTV ist ausgeschlossen. Gegen die Verfügung kann beim Bundesverwaltungsgericht Beschwerde geführt werden.

⁴ Die Einreichung eines Gesuchs um Steuererlass hemmt die Vollstreckung der rechtskräftig festgesetzten Steuern nicht.

⁵ Das Steuererlassverfahren ist kostenfrei. Dem Gesuchsteller oder der Gesuchstellerin können indessen die Kosten ganz oder teilweise auferlegt werden, wenn er oder sie ein offensichtlich unbegründetes Gesuch eingereicht hat.

⁶ Der Bundesrat regelt die Voraussetzungen und das Verfahren für den Steuererlass näher.

7. Kapitel: Steuersicherung

Art. 93   Sicherstellung

¹ Die ESTV kann Steuern, Zinsen und Kosten, auch wenn sie weder rechtskräftig festgesetzt noch fällig sind, sicherstellen lassen, wenn:

a. deren rechtzeitige Bezahlung als gefährdet erscheint;

b. die zahlungspflichtige Person Anstalten trifft, ihren Wohn- oder Geschäftssitz oder ihre Betriebsstätte in der Schweiz aufzugeben oder sich im schweizerischen Handelsregister löschen zu lassen;

c. die zahlungspflichtige Person mit ihrer Zahlung in Verzug ist;

d. die steuerpflichtige Person ein Unternehmen, über das der Konkurs eröffnet worden ist, ganz oder teilweise übernimmt;

e. die steuerpflichtige Person offensichtlich zu tiefe Abrechnungen einreicht.

² Verzichtet die steuerpflichtige Person auf die Befreiung von der Steuerpflicht (Art. 11) oder optiert sie für die Versteuerung von ausgenommenen Leistungen (Art. 22), so kann die ESTV von ihr die Leistung von Sicherheiten gemäss Absatz 7 verlangen.

³ Die Sicherstellungsverfügung hat den Rechtsgrund der Sicherstellung, den sicherzustellenden Betrag und die Stelle, welche die Sicherheiten entgegennimmt, an-

zugeben; sie gilt als Arrestbefehl im Sinne von Artikel 274 SchKG[47]. Die Einsprache gegen die Sicherstellungsverfügung ist ausgeschlossen.

⁴ Gegen die Verfügung kann beim Bundesverwaltungsgericht Beschwerde geführt werden.

⁵ Beschwerden gegen Sicherstellungsverfügungen haben keine aufschiebende Wirkung.

⁶ Die Zustellung einer Verfügung über die Steuerforderung gilt als Anhebung der Klage nach Artikel 279 SchKG. Die Frist für die Einleitung der Betreibung beginnt mit dem Eintritt der Rechtskraft der Verfügung über die Steuerforderung zu laufen.

⁷ Die Sicherstellung ist zu leisten durch Barhinterlage, solvente Solidarbürgschaften, Bankgarantien, Schuldbriefe und Grundpfandverschreibungen, Lebensversicherungspolicen mit Rückkaufswert, kotierte Frankenobligationen von schweizerischen Schuldnern oder Kassenobligationen von schweizerischen Banken.

Art. 94 Andere Sicherungsmassnahmen

¹ Ein Überschuss aus der Steuerabrechnung zugunsten der steuerpflichtigen Person kann:

a. mit Schulden für frühere Perioden verrechnet werden;

b. zur Verrechnung mit zu erwartenden Schulden für nachfolgende Perioden gutgeschrieben werden, sofern die steuerpflichtige Person mit der Steuerentrichtung im Rückstand ist oder andere Gründe eine Gefährdung der Steuerforderung wahrscheinlich erscheinen lassen; der gutgeschriebene Betrag wird vom 61. Tag nach Eintreffen der Steuerabrechnung bei der ESTV bis zum Zeitpunkt der Verrechnung zum Satz verzinst, der für den Vergütungszins gilt; oder

c. mit einer von der ESTV geforderten Sicherstellungsleistung verrechnet werden.

² Bei steuerpflichtigen Personen ohne Wohn- oder Geschäftssitz in der Schweiz kann die ESTV ausserdem Sicherstellung der voraussichtlichen Schulden durch Leistung von Sicherheiten nach Artikel 93 Absatz 7 verlangen.

³ Bei wiederholtem Zahlungsverzug kann die ESTV die zahlungspflichtige Person dazu verpflichten, künftig monatliche oder halbmonatliche Vorauszahlungen zu leisten.

Art. 95 Löschung im Handelsregister

Eine juristische Person oder eine Betriebsstätte eines ausländischen Unternehmens darf im schweizerischen Handelsregister erst dann gelöscht werden, wenn die ESTV dem für die Führung des Registers zuständigen Amt angezeigt hat, dass die geschuldete Steuer bezahlt oder sichergestellt ist.

---

[47] SR **281.1**

6. Titel: Strafbestimmungen

Art. 96 Steuerhinterziehung

¹ Mit Busse bis zu 400 000 Franken wird bestraft, wer vorsätzlich oder fahrlässig die Steuerforderung zulasten des Staates verkürzt, indem er:

a. in einer Steuerperiode nicht sämtliche Einnahmen, zu hohe Einnahmen aus von der Steuer befreiten Leistungen, nicht sämtliche der Bezugsteuer unterliegenden Ausgaben oder zu hohe zum Vorsteuerabzug berechtigende Ausgaben deklariert;

b. eine unrechtmässige Rückerstattung erwirkt; oder

c. einen ungerechtfertigten Steuererlass erwirkt.

² Die Busse beträgt bis zu 800 000 Franken, wenn die hinterzogene Steuer in den in Absatz 1 genannten Fällen in einer Form überwälzt wird, die zum Vorsteuerabzug berechtigt.

³ Mit Busse bis zu 200 000 Franken wird bestraft, wer die Steuerforderung zulasten des Staates verkürzt, indem er die für die Steuerfestsetzung relevanten Faktoren zwar wahrheitsgetreu deklariert, aber steuerlich falsch qualifiziert, sofern er vorsätzlich klare gesetzliche Bestimmungen, Anordnungen der Behörden oder publizierte Praxisfestlegungen nicht richtig anwendet und die Behörden darüber nicht vorgängig schriftlich in Kenntnis setzt. Bei fahrlässiger Begehung beträgt die Busse bis zu 20 000 Franken.

⁴ Mit Busse bis zu 800 000 Franken wird bestraft, wer die Steuerforderung zulasten des Staates verkürzt, indem er:

a. vorsätzlich oder fahrlässig bei der Einfuhr Waren nicht oder unrichtig anmeldet oder verheimlicht;

b. vorsätzlich im Rahmen einer behördlichen Kontrolle oder eines Verwaltungsverfahrens, das auf die Festsetzung der Steuerforderung oder den Steuererlass gerichtet ist, auf entsprechende Nachfrage hin keine, unwahre oder unvollständige Angaben macht.

⁵ Der Versuch ist strafbar.

⁶ Wird der Steuervorteil aufgrund einer fehlerhaften Abrechnung erzielt, so ist die Steuerhinterziehung erst strafbar, wenn die Frist zur Korrektur von Mängeln in der Abrechnung (Art. 72 Abs. 1) abgelaufen ist und der Fehler nicht korrigiert wurde.

Art. 97 Strafzumessung und qualifizierte Steuerhinterziehung

¹ Die Busse wird in Anwendung von Artikel 106 Absatz 3 des Strafgesetzbuches[48] (StGB) bemessen; dabei kann Artikel 34 StGB sinngemäss herangezogen werden. Sofern der durch die Tat erzielte Steuervorteil höher ist als die Strafdrohung, kann

---

[48] SR **311.0**

die Busse bei vorsätzlicher Begehung bis zum Doppelten des Steuervorteils erhöht werden.

² Bei erschwerenden Umständen wird das Höchstmass der angedrohten Busse um die Hälfte erhöht. Zugleich kann auf eine Freiheitsstrafe von bis zu zwei Jahren erkannt werden. Als erschwerende Umstände gelten:

- a. das Anwerben einer oder mehrerer Personen für eine Widerhandlung gegen das Mehrwertsteuerrecht;
- b. das gewerbsmässige Verüben von Widerhandlungen gegen das Mehrwertsteuerrecht.

Art. 98   Verletzung von Verfahrenspflichten

Mit Busse wird bestraft, sofern die Tat nicht nach einer anderen Bestimmung mit höherer Strafe bedroht ist, wer vorsätzlich oder fahrlässig:

- a. die Anmeldung als steuerpflichtige Person nicht vornimmt;
- b. trotz Mahnung eine Steuerabrechnung nicht fristgerecht einreicht;
- c. die Steuer nicht periodengerecht deklariert;
- d. Sicherheiten nicht gehörig leistet;
- e. Geschäftsbücher, Belege, Geschäftspapiere und sonstige Aufzeichnungen nicht ordnungsgemäss führt, ausfertigt, aufbewahrt oder vorlegt;
- f. trotz Mahnung nicht oder nicht richtig Auskunft erteilt oder die für die Steuererhebung oder für die Überprüfung der Steuerpflicht massgebenden Daten und Gegenstände nicht oder nicht richtig deklariert;
- g. in Rechnungen eine nicht oder nicht in dieser Höhe geschuldete Mehrwertsteuer ausweist;
- h. durch Angabe einer Registernummer eine Eintragung im Register der steuerpflichtigen Personen vortäuscht;
- i. trotz Mahnung die ordnungsgemässe Durchführung einer Kontrolle erschwert, behindert oder verunmöglicht.

Art. 99   Steuerhehlerei

Wer Gegenstände, von denen er weiss oder annehmen muss, dass die darauf geschuldete Einfuhrsteuer vorsätzlich hinterzogen worden ist, erwirbt, sich schenken lässt, zu Pfand oder sonst wie in Gewahrsam nimmt, verheimlicht, absetzen hilft oder in Verkehr bringt, wird nach der Strafandrohung, die auf den Täter oder die Täterin Anwendung findet, bestraft.

Art. 100 Widerhandlung im Geschäftsbetrieb

Fällt eine Busse von höchstens 100 000 Franken in Betracht und würde die Ermittlung der nach Artikel 6 VStrR[49] strafbaren Personen Untersuchungsmassnahmen bedingen, die im Hinblick auf die verwirkte Strafe unverhältnismässig wären, so kann die Behörde von einer Verfolgung dieser Personen absehen und an ihrer Stelle den Geschäftsbetrieb (Art. 7 VStrR) zur Bezahlung der Busse verurteilen.

Art. 101 Konkurrenz

¹ Die Artikel 7, 9, 11 und 12 Absatz 4 und 13 VStrR[50] sind nicht anwendbar.

² Eine Bestrafung nach Artikel 98 Buchstabe a dieses Gesetzes schliesst eine Bestrafung nach den Artikeln 96 und 97 nicht aus.

³ Eine Bestrafung nach Artikel 14 VStrR schliesst eine zusätzliche Bestrafung wegen derselben Tat nach den Artikeln 96 und 97 des vorliegenden Gesetzes aus.

⁴ Erfüllt eine Handlung sowohl den Tatbestand einer Hinterziehung der Einfuhrsteuer oder einer Steuerhehlerei als auch einer durch die EZV zu verfolgenden Widerhandlung gegen andere Abgabenerlasse des Bundes, so wird die Strafe für die schwerste Widerhandlung verhängt; diese kann angemessen erhöht werden.

⁵ Hat der Täter oder die Täterin durch eine oder mehrere Handlungen die Voraussetzungen für mehrere Strafen erfüllt, die in den Zuständigkeitsbereich der ESTV fallen, so wird die Strafe für die schwerste Widerhandlung verhängt; diese kann angemessen erhöht werden.

Art. 102 Selbstanzeige

¹ Zeigt die steuerpflichtige Person eine Widerhandlung gegen dieses Gesetz an, bevor sie der zuständigen Behörde bekannt wird, wird von einer Strafverfolgung abgesehen, wenn:

a. sie die Behörde bei der Festsetzung der geschuldeten oder rückzuerstattenden Steuer in zumutbarer Weise unterstützt; und

b. sie sich ernstlich um die Bezahlung der geschuldeten oder rückzuerstattenden Steuer bemüht.

² Zeigt eine nicht steuerpflichtige Person, die eine Widerhandlung gegen dieses Gesetz begangen oder an einer solchen teilgenommen hat, die Widerhandlung an, so wird von einer Strafverfolgung abgesehen.

³ Die Selbstanzeige einer juristischen Person erfolgt durch ihre Organe oder Vertreter und Vertreterinnen. Die Solidarhaftung gemäss Artikel 12 Absatz 3 VStrR[51] der Organe oder der Vertreter und Vertreterinnen wird aufgehoben und von einer Strafverfolgung wird abgesehen.

⁴ Eine Korrektur der Abrechnung nach Artikel 72 Absatz 2 gilt als Selbstanzeige.

---

[49] SR **313.0**
[50] SR **313.0**
[51] SR **313.0**

Art. 103 Strafverfolgung

¹ Auf die Strafverfolgung ist mit Ausnahme der Artikel 63 Absätze 1 und 2, 69 Absatz 2, 73 Absatz 1 letzter Satz sowie 77 Absatz 4 das VStrR[52] anwendbar.

² Die Strafverfolgung obliegt bei der Inlandsteuer und bei der Bezugsteuer der ESTV, bei der Einfuhrsteuer der EZV.

³ In Strafsachen mit engem Sachzusammenhang, bei denen sowohl die Zuständigkeit der ESTV als auch die der EZV gegeben ist, kann die ESTV im Einvernehmen mit der EZV die Vereinigung der Strafverfolgung bei einer der beiden Behörden beschliessen.

⁴ Die Strafverfolgung kann unterbleiben, wenn Schuld und Tatfolgen gering sind (Art. 52 StGB[53]). In diesen Fällen wird eine Nichtanhandnahme- oder Einstellungsverfügung erlassen.

⁵ Hat die zuständige Behörde auch andere strafbare Handlungen, für welche das VStrR anwendbar ist, zu untersuchen oder zu beurteilen, so gilt Absatz 1 für alle strafbaren Handlungen.

Art. 104 Verfahrensgarantien

¹ Die beschuldigte Person hat Anspruch auf ein faires Strafverfahren gemäss der Bundesverfassung und den einschlägigen Strafverfahrensgesetzen.

² Die beschuldigte Person ist nicht verpflichtet, sich in einem Strafverfahren selbst zu belasten.

³ Die von der beschuldigten Person im Steuererhebungsverfahren erteilten Auskünfte (Art. 68 und 73) oder Beweismittel aus einer Kontrolle nach Artikel 78 dürfen in einem Strafverfahren nur dann verwendet werden, wenn die beschuldigte Person in diesem hierzu ihre Zustimmung erteilt.

⁴ Die Eröffnung einer Strafuntersuchung ist der beschuldigten Person unverzüglich schriftlich mitzuteilen, soweit nicht wichtige Gründe entgegenstehen.

Art. 105 Verfolgungsverjährung

¹ Das Recht, eine Strafuntersuchung einzuleiten, verjährt:

   a. bei Verletzung von Verfahrenspflichten: im Zeitpunkt der Rechtskraft der Steuerforderung, welche im Zusammenhang mit dieser Tat steht;

   b. bei Steuerhinterziehung: sechs Monate nach Eintritt der Rechtskraft der entsprechenden Steuerforderung; vorbehalten bleiben die Buchstaben c und d;

   c. bei der Steuerhinterziehung gemäss Artikel 96 Absatz 4: zwei Jahre nach Eintritt der Rechtskraft der entsprechenden Steuerforderung;

   d. bei allen Hinterziehungen der Einfuhrsteuer: in sieben Jahren;

---

[52] SR **313.0**
[53] SR **311.0**

e. bei Straftaten nach Artikel 99 und nach den Artikeln 14–17 VStrR[54]: sieben Jahre nach Ablauf der betreffenden Steuerperiode.

² Die Verfolgungsverjährung tritt nicht mehr ein, wenn vor Ablauf der Verjährungsfrist eine Strafverfügung oder ein erstinstanzliches Urteil ergangen ist.

³ Die Verjährung für die Leistungs- und Rückleistungspflicht gemäss Artikel 12 VStrR richtet sich:

a. grundsätzlich nach Artikel 42;
b. falls ein Tatbestand der Artikel 96 Absatz 4, 97 Absatz 2 oder 99 oder nach den Artikeln 14–17 VStrR erfüllt ist, nach den Absätzen 1 und 2.

⁴ Das Recht, eine eingeleitete Strafuntersuchung durchzuführen, verjährt in fünf Jahren; die Verjährung ruht, solange sich die beschuldigte Person im Ausland befindet.

Art. 106   Bezug und Verjährung der Bussen und Kosten

¹ Die im Steuerstrafverfahren auferlegten Bussen und Kosten werden im Verfahren nach den Artikeln 86–90 bezogen. Artikel 36 StGB[55] ist anwendbar.

² Die Bezugsverjährung richtet sich nach Artikel 91.

7. Titel: Schlussbestimmungen
1. Kapitel: Ausführungsbestimmungen

Art. 107   Bundesrat

¹ Der Bundesrat:

a. regelt die Entlastung von der Mehrwertsteuer für Begünstigte nach Artikel 2 des Gaststaatgesetzes vom 22. Juni 2007[56], die von der Steuerpflicht befreit sind;
b. bestimmt, unter welchen Voraussetzungen den Abnehmern und Abnehmerinnen mit Wohn- oder Geschäftssitz im Ausland die Steuer auf den an sie im Inland ausgeführten Leistungen sowie auf ihren Einfuhren bei Gewährung des Gegenrechts durch das Land ihres Wohn- oder Geschäftssitzes vergütet werden kann; dabei haben grundsätzlich die gleichen Anforderungen zu gelten, wie sie bei inländischen steuerpflichtigen Personen in Bezug auf den Vorsteuerabzug bestehen.

² Der Bundesrat kann von diesem Gesetz abweichende Bestimmungen über die Besteuerung der Umsätze und der Einfuhr von Münz- und Feingold erlassen.

³ Der Bundesrat erlässt die Vollzugsvorschriften.

---

[54]   SR **313.0**
[55]   SR **311.0**
[56]   SR **192.12**

Art. 108 Eidgenössisches Finanzdepartement

Das EFD:

a. legt marktübliche Verzugs- und Vergütungszinssätze fest und passt diese periodisch an;

b. legt die Fälle fest, in denen kein Verzugszins erhoben wird;

c. regelt, bis zu welchem Betrag geringfügige Verzugs- und Vergütungszinsen nicht erhoben werden oder nicht zu entrichten sind.

Art. 109 Konsultativgremium

¹ Der Bundesrat kann ein Konsultativgremium, bestehend aus Vertretern und Vertreterinnen der steuerpflichtigen Personen, der Kantone, der Wissenschaft, der Steuerpraxis, der Konsumenten und Konsumentinnen und der Bundesverwaltung, einsetzen.

² Das Konsultativgremium berät Anpassungen dieses Gesetzes sowie der gestützt darauf erlassenen Ausführungsbestimmungen und Praxisfestlegungen bezüglich der Auswirkungen auf die steuerpflichtigen Personen und die Volkswirtschaft.

³ Es nimmt zu den Entwürfen Stellung und kann selbstständig Empfehlungen für Änderungen abgeben.

2. Kapitel: Aufhebung und Änderung bisherigen Rechts

Art. 110 Aufhebung bisherigen Rechts

Das Mehrwertsteuergesetz vom 2. September 1999[57] wird aufgehoben.

Art. 111 Änderung bisherigen Rechts

...[58]

---

[57] [AS **2000** 1300 1134, **2001** 3086, **2002** 1480, **2004** 4719 Anhang Ziff. II 5, **2005** 4545 Anhang Ziff. 2, **2006** 2197 Anhang Ziff. 52 2673 5379 Anhang Ziff. II 5, **2007** 1411 Anhang Ziff. 7 3425 Anhang Ziff. 1 6637 Anhang Ziff. II 5]

[58] Die Änderungen können unter AS **2009** 5203 konsultiert werden.

3. Kapitel: Übergangsbestimmungen

Art. 112   Anwendung bisherigen Rechts

¹ Die bisherigen gesetzlichen Bestimmungen sowie die darauf gestützt erlassenen Vorschriften bleiben, unter Vorbehalt von Artikel 113, weiterhin auf alle während ihrer Geltungsdauer eingetretenen Tatsachen und entstandenen Rechtsverhältnisse anwendbar. Die Verjährung richtet sich weiterhin nach den Artikeln 49 und 50 des bisherigen Rechts.

² Für Leistungen, die vor Inkrafttreten dieses Gesetzes erbracht worden sind, sowie für Einfuhren von Gegenständen, bei denen die Einfuhrsteuerschuld vor Inkrafttreten dieses Gesetzes entstanden ist, gilt das bisherige Recht.

³ Leistungen, die teilweise vor Inkrafttreten dieses Gesetzes erbracht worden sind, sind für diesen Teil nach bisherigem Recht zu versteuern. Leistungen, die teilweise ab Inkrafttreten dieses Gesetzes erbracht werden, sind für diesen Teil nach neuem Recht zu versteuern.

Art. 113   Anwendung des neuen Rechts

¹ Für die Feststellung, ob die Befreiung von der Steuerpflicht nach Artikel 10 Absatz 2 mit dem Inkrafttreten dieses Gesetzes besteht, ist das neue Recht auf die in den vorangegangenen zwölf Monaten vor dem Inkrafttreten erzielten, nach diesem Gesetz steuerbaren Leistungen anzuwenden.

² Die Bestimmungen über die Einlageentsteuerung nach Artikel 32 gelten auch für Leistungen, für die vor dem Inkrafttreten des neuen Rechts kein Anspruch auf Vorsteuerabzug gegeben war.

³ Unter Vorbehalt von Artikel 91 ist das neue Verfahrensrecht auf sämtliche im Zeitpunkt des Inkrafttretens hängigen Verfahren anwendbar.

Art. 114   Wahlmöglichkeiten

¹ Die steuerpflichtigen Personen können mit dem Inkrafttreten dieses Gesetzes von den in diesem Gesetz vorgesehenen Wahlmöglichkeiten erneut Gebrauch machen. Sofern die Wahlmöglichkeiten an bestimmte Fristen geknüpft sind, beginnen diese mit dem Datum des Inkrafttretens neu zu laufen.

² Äussert sich die steuerpflichtige Person nicht innert 90 Tagen nach Inkrafttreten des Gesetzes zu den Wahlmöglichkeiten, so wird vermutet, dass sie ihre bisherige Wahl beibehält, sofern dies rechtlich weiterhin möglich ist.

Art. 115   Änderung der Steuersätze

¹ Bei einer Änderung der Steuersätze gelten die Übergangsbestimmungen sinngemäss. Der Bundesrat passt die in Artikel 37 Absatz 1 festgelegten Höchstbeträge angemessen an.

² Für die Abrechnung der Steuerbeträge mit den bisherigen Sätzen sind den steuerpflichtigen Personen genügend lange Fristen einzuräumen, die sich nach der Natur der Liefer- und Dienstleistungsverträge richten.

4. Kapitel: Referendum und Inkrafttreten

Art. 116

¹ Dieses Gesetz untersteht dem fakultativen Referendum.[59]

² Es tritt unter Vorbehalt von Absatz 3 am 1. Januar 2010 in Kraft. Der Bundesrat bestimmt das Inkrafttreten der Artikel 34 Absatz 3 und 78 Absatz 4.[60]

³ Wird das Referendum ergriffen und wird das Gesetz in der Volksabstimmung angenommen, so bestimmt der Bundesrat das Inkrafttreten.

Übergangsbestimmung zur Änderung vom 19. März 2010[61]

Bis zum Inkrafttreten einer entsprechenden Bestimmung im Mehrwertsteuergesetz sind von der Mehrwertsteuer ausgenommen Leistungen von Durchführungsorganen der Arbeitslosenversicherung untereinander sowie Leistungen, die diese Durchführungsorgane aufgrund der ihnen gesetzlich übertragenen Aufgaben erbringen oder die der beruflichen und sozialen Vorsorge sowie der beruflichen Aus- und Weiterbildung dienen.

---

[59] Die Referendumsfrist für dieses Gesetz ist am 1. Oktober 2009 unbenützt abgelaufen (BBl **2009** 4407).
[60] Art. 78 Abs. 4 tritt am 1. Jan. 2012 in Kraft (AS **2011** 4737).
[61] AS **2011** 1167; BBl **2008** 7733

Mehrwertsteuerverordnung
(MWSTV)

641.201

vom 27. November 2009 (Stand am 1. Januar 2012)

Der Schweizerische Bundesrat,
gestützt auf das Mehrwertsteuergesetz vom 12. Juni 2009[1] (MWSTG),
verordnet:

1. Titel: Allgemeine Bestimmungen

Art. 1 Schweizerisches Staatsgebiet
(Art. 3 Bst. a MWSTG)

Schweizerische Hochseeschiffe gelten nicht als schweizerisches Staatsgebiet im Sinn von Artikel 3 Buchstabe a MWSTG.

Art. 2 Verpfändung und besondere Verhältnisse beim Verkauf
(Art. 3 Bst. d MWSTG)

¹ Der Verkauf eines Gegenstands stellt auch dann eine Lieferung dar, wenn ein Eigentumsvorbehalt eingetragen wird.

² Die Übertragung eines Gegenstands im Rahmen einer Sicherungsübereignung oder einer Verpfändung stellt keine Lieferung dar. Wird das Recht aus der Sicherungsübereignung oder aus der Verpfändung in Anspruch genommen, so findet eine Lieferung statt.

³ Der Verkauf eines Gegenstands bei dessen gleichzeitiger Rücküberlassung zum Gebrauch an den Verkäufer oder die Verkäuferin (Sale-and-lease-back-Geschäft) gilt nicht als Lieferung, wenn im Zeitpunkt des Vertragsschlusses eine Rückübereignung vereinbart wird. In diesem Fall gilt die Leistung des Leasinggebers oder der Leasinggeberin nicht als Gebrauchsüberlassung des Gegenstands, sondern als Finanzierungsdienstleistung nach Artikel 21 Absatz 2 Ziffer 19 Buchstabe a MWSTG.

Art. 3 Unterstellungserklärung bei Einfuhr eines Gegenstands
(Art. 7 Abs. 1 MWSTG)

¹ Bei der Lieferung eines Gegenstands vom Ausland ins Inland gilt der Ort der Lieferung als im Inland gelegen, wenn der Leistungserbringer oder die Leistungserbringerin im Zeitpunkt der Einfuhr über eine Bewilligung der Eidgenössischen Steuerverwaltung (ESTV) verfügt, die Einfuhr im eigenen Namen vorzunehmen (Unterstellungserklärung).

AS **2009** 6743
[1] SR **641.20**

² Wird die Einfuhr aufgrund der Unterstellungserklärung im eigenen Namen vorgenommen, so gelten bei Reihengeschäften die vorangehenden Lieferungen als im Ausland und die nachfolgenden als im Inland ausgeführt.

³ Die Absätze 1 und 2 gelten nicht, wenn der Leistungserbringer oder die Leistungserbringerin, der oder die über eine Unterstellungserklärung verfügt, auf die Vornahme der Einfuhr im eigenen Namen verzichtet. Auf diesen Verzicht muss er oder sie in der Rechnung an den Abnehmer oder die Abnehmerin hinweisen.

Art. 4　　Lieferung eines aus dem Ausland ins Inland verbrachten Gegenstands ab Lager im Inland
(Art. 7 Abs. 1 MWSTG)

Bei Lieferungen von Gegenständen, die aus dem Ausland in ein Lager im Inland verbracht und ab diesem Lager geliefert werden, liegt der Ort der Lieferung im Ausland, wenn der Lieferungsempfänger oder die Lieferungsempfängerin und das zu entrichtende Entgelt beim Verbringen der Gegenstände ins Inland feststehen und sich die Gegenstände im Zeitpunkt der Lieferung im zollrechtlich freien Verkehr befinden.

Art. 5　　Betriebsstätte
(Art. 7 Abs. 2, 8 und 10 Abs. 3 MWSTG)

¹ Als Betriebsstätte gilt eine feste Geschäftseinrichtung, durch welche die Tätigkeit eines Unternehmens ganz oder teilweise ausgeübt wird.

² Als Betriebsstätten gelten namentlich:

a. Zweigniederlassungen;

b. Fabrikationsstätten;

c. Werkstätten;

d. Einkaufs- oder Verkaufsstellen;

e. ständige Vertretungen;

f. Bergwerke und andere Stätten der Ausbeutung von Bodenschätzen;

g. Bau- und Montagestellen von mindestens zwölf Monaten Dauer;

h. land-, weide- oder waldwirtschaftlich genutzte Grundstücke.

³ Nicht als Betriebsstätten gelten namentlich:

a. reine Auslieferungslager;

b. Beförderungsmittel, die entsprechend ihrem ursprünglichen Zweck eingesetzt werden;

c. Informations-, Repräsentations- und Werbebüros von Unternehmen, die nur zur Ausübung von entsprechenden Hilfstätigkeiten befugt sind.

Art. 5*a*[2] Schiffsverkehr auf dem Bodensee, dem Untersee und dem Rhein
bis zur Schweizer Grenze unterhalb Basel
(Art. 8 Abs. 2 Bst. e MWSTG)

Die Beförderung von Personen mit Schiffen auf dem Bodensee, dem Untersee sowie dem Rhein zwischen dem Untersee und der Schweizer Grenze unterhalb Basel gilt als im Ausland erbracht.

Art. 6 Beförderungsleistungen
(Art. 9 MWSTG)

Eine Beförderungsleistung liegt auch vor, wenn ein Beförderungsmittel mit Bedienungspersonal zu Beförderungszwecken zur Verfügung gestellt wird.

Art. 6*a*[3] Ort der Leistung für gastgewerbliche, kulturelle und ähnliche
Leistungen im Rahmen einer Personenbeförderung im Grenzgebiet
(Art. 9 MWSTG)

[1] Werden Leistungen nach Artikel 8 Absatz 2 Buchstaben c und d MWSTG im Rahmen einer Personenbeförderung erbracht, die im Grenzgebiet teilweise im Inland und teilweise im Ausland oder auf dem Bodensee stattfindet, und lässt sich der Ort der Leistung nicht eindeutig als im Inland oder im Ausland liegend bestimmen, so gilt die Leistung als am Ort erbracht, an dem die dienstleistende Person den Sitz der wirtschaftlichen Tätigkeit oder eine Betriebsstätte hat, oder in Ermangelung eines solchen Sitzes oder einer solchen Betriebsstätte am Wohnort oder am Ort, von dem aus sie tätig wird.

[2] Weist die steuerpflichtige Person nach, dass eine Leistung nach Absatz 1 im Ausland erbracht worden ist, so gilt Artikel 8 Absatz 2 Buchstaben c und d MWSTG.

2. Titel: Inlandsteuer
1. Kapitel: Steuersubjekt
1. Abschnitt: Unternehmerische Tätigkeit und Umsatzgrenze

Art. 7 Betriebsstätten von ausländischen Unternehmen
(Art. 10 MWSTG)

Alle inländischen Betriebsstätten eines Unternehmens mit Sitz im Ausland gelten zusammen als ein einziges selbstständiges Steuersubjekt.

Art. 8 Steuerpflicht
(Art. 10 Abs. 1 und 11 MWSTG)

[1] Steuerpflichtig kann nur eine Person sein, die ein Unternehmen betreibt und:

[2] Eingefügt durch Ziff. I der V vom 12. Okt. 2011, in Kraft seit 1. Jan. 2012
(AS **2011** 4739).
[3] Eingefügt durch Ziff. I der V vom 12. Okt. 2011, in Kraft seit 1. Jan. 2012
(AS **2011** 4739).

a. Leistungen im Inland erbringt; oder

b. bei welcher der Sitz der wirtschaftlichen Tätigkeit oder eine Betriebsstätte, oder in Ermangelung eines solchen Sitzes oder einer solchen Betriebsstätte der Wohnort oder der Ort, von dem aus sie tätig wird, im Inland liegt.

² Leistungen im Inland sind auch Leistungen, die aufgrund einer Unterstellungserklärung nach Artikel 3 als im Inland erbracht gelten.

Art. 9 Erwerben, Halten und Veräussern von Beteiligungen
(Art. 10 Abs. 1 MWSTG)

Das Erwerben, Halten und Veräussern von Beteiligungen im Sinn von Artikel 29 Absätze 2 und 3 MWSTG stellt eine unternehmerische Tätigkeit im Sinn von Artikel 10 Absatz 1 MWSTG dar.

Art. 10 Telekommunikations- und elektronische Dienstleistungen
(Art. 10 Abs. 2 Bst. b MWSTG)

¹ Als Telekommunikations- und elektronische Dienstleistungen gelten namentlich:

a. Radio- und Fernsehdienstleistungen;

b. das Verschaffen von Zugangsberechtigungen, namentlich zu Festnetzen und Mobilfunknetzen und zur Satellitenkommunikation sowie zu anderen Informationsnetzen;

c. das Bereitstellen und Zusichern von Datenübertragungskapazitäten;

d. das Bereitstellen von Websites, Webhosting, Fernwartung von Programmen und Ausrüstungen;

e. das elektronische Bereitstellen von Software und deren Aktualisierung;

f. das elektronische Bereitstellen von Bildern, Texten und Informationen sowie das Bereitstellen von Datenbanken;

g. das elektronische Bereitstellen von Musik, Filmen und Spielen, einschliesslich Glücksspielen und Lotterien.

² Nicht als Telekommunikations- oder elektronische Dienstleistung gelten namentlich:

a. die blosse Kommunikation zwischen leistungserbringender und leistungsempfangender Person über Draht, Funk, optische oder sonstige elektromagnetische Medien;

b. Bildungsleistungen im Sinn von Artikel 21 Absatz 2 Ziffer 11 MWSTG in interaktiver Form;

c. die blosse Gebrauchsüberlassung von genau bezeichneten Anlagen oder Anlageteilen für die alleinige Verfügung des Mieters oder der Mieterin zwecks Übertragung von Daten.

Art. 11 Beginn der Steuerpflicht und Ende der Befreiung
von der Steuerpflicht
(Art. 14 Abs. 3 MWSTG)

¹ Bei bisher von der Steuerpflicht befreiten Unternehmen endet die Befreiung von der Steuerpflicht nach Ablauf des Geschäftsjahres, in dem die massgebende Umsatzgrenze überschritten wurde. Wurde die für die Steuerpflicht massgebende Tätigkeit nicht während eines ganzen Jahres ausgeübt, so ist der Umsatz auf ein volles Jahr umzurechnen.

² Bei Unternehmen, die ihre Tätigkeit neu aufnehmen oder ihre Tätigkeit durch Geschäftsübernahme oder Eröffnung eines neuen Betriebszweiges ausweiten, endet die Befreiung von der Steuerpflicht mit der Aufnahme beziehungsweise der Ausweitung dieser Tätigkeit, wenn zu diesem Zeitpunkt nach den Umständen anzunehmen ist, dass die massgebende Umsatzgrenze innerhalb der folgenden zwölf Monate überschritten wird.

³ Kann zum Zeitpunkt der Tätigkeitsaufnahme oder -ausweitung noch nicht beurteilt werden, ob die Umsatzgrenze überschritten wird, so ist spätestens nach drei Monaten eine erneute Beurteilung vorzunehmen. Ist aufgrund dieser Beurteilung anzunehmen, dass die Umsatzgrenze überschritten wird, so beginnt die Steuerpflicht beziehungsweise endet die Befreiung von der Steuerpflicht wahlweise rückwirkend auf den Zeitpunkt der Aufnahme beziehungsweise der Ausweitung der Tätigkeit oder auf den Stichtag der erneuten Überprüfung, spätestens aber mit Beginn des vierten Monats.

2. Abschnitt: Gemeinwesen

Art. 12 Steuersubjekt
(Art. 12 Abs. 1 MWSTG)

¹ Die Unterteilung eines Gemeinwesens in Dienststellen richtet sich nach der Gliederung des finanziellen Rechnungswesens (Finanzbuchhaltung), soweit dieses dem organisatorischen und funktionalen Aufbau des Gemeinwesens entspricht.

² Übrige Einrichtungen des öffentlichen Rechts nach Artikel 12 Absatz 1 MWSTG sind:

    a. in- und ausländische öffentlich-rechtliche Körperschaften wie Zweckverbände;

    b. öffentlich-rechtliche Anstalten mit eigener Rechtspersönlichkeit;

    c. öffentlich-rechtliche Stiftungen mit eigener Rechtspersönlichkeit;

    d. einfache Gesellschaften von Gemeinwesen.

³ Im Rahmen der grenzüberschreitenden Zusammenarbeit können auch ausländische Gemeinwesen in Zweckverbände und einfache Gesellschaften aufgenommen werden.

⁴ Eine Einrichtung nach Absatz 2 ist als Ganzes ein Steuersubjekt.

Art. 13 Bildungs- und Forschungskooperationen
(Art. 12 Abs. 1 MWSTG)

¹ Leistungen zwischen Bildungs- und Forschungsinstitutionen, die an einer Bildungs- und Forschungskooperation beteiligt sind, sind von der Steuer ausgenommen, sofern sie im Rahmen der Kooperation erfolgen, unabhängig davon, ob die Bildungs- und Forschungskooperation als Mehrwertsteuersubjekt auftritt.

² Als Bildungs- und Forschungsinstitutionen gelten:

a. Institutionen des Hochschulwesens, die von Bund und Kantonen im Rahmen von Artikel 63a der Bundesverfassung[4] gestützt auf eine gesetzliche Grundlage gefördert werden;

b. gemeinnützige Organisationen nach Artikel 3 Buchstabe j MWSTG sowie Gemeinwesen nach Artikel 12 MWSTG;

c. öffentliche Spitäler ungeachtet ihrer Rechtsform.

³ Unternehmen der Privatwirtschaft gelten nicht als Bildungs- oder Forschungsinstitutionen.

Art. 14 Unternehmerische Leistungen eines Gemeinwesens
(Art. 12 Abs. 4 MWSTG)

Als unternehmerisch und damit steuerbar gelten Leistungen eines Gemeinwesens, die nicht hoheitliche Tätigkeiten nach Artikel 3 Buchstabe g MWSTG sind. Namentlich die folgenden Leistungen von Gemeinwesen sind unternehmerischer Natur:[5]

1. Dienstleistungen im Bereich von Radio und Fernsehen, Telekommunikationsdienstleistungen sowie elektronische Dienstleistungen;

2. Lieferung von Wasser, Gas, Elektrizität, thermischer Energie, Ethanol, Vergällungsmitteln und ähnlichen Gegenständen;

3. Beförderung von Gegenständen und Personen;

4. Dienstleistungen in Häfen und auf Flughäfen;

5. Lieferung von zum Verkauf bestimmten neuen Fertigwaren;

6. Lieferung von landwirtschaftlichen Erzeugnissen durch landwirtschaftliche Interventionsstellen von Gemeinwesen;

7. Veranstaltung von Messen und Ausstellungen mit gewerblichem Charakter;

8. Betrieb von Sportanlagen wie Badeanstalten und Kunsteisbahnen;

9. Lagerhaltung;

10. Tätigkeiten gewerblicher Werbebüros;

11. Tätigkeiten von Reisebüros;

---

[4] SR **101**
[5] Fassung gemäss Ziff. I der V vom 18. Juni 2010, in Kraft seit 1. Jan. 2010 (AS **2010** 2833).

12. Leistungen von betrieblichen Kantinen, Personalrestaurants, Verkaufsstellen und ähnlichen Einrichtungen;
13. Tätigkeiten von Amtsnotaren und Amtsnotarinnen;
14. Tätigkeiten von Vermessungsbüros;
15. Tätigkeiten im Entsorgungsbereich;
16. Tätigkeiten, die durch vorgezogene Entsorgungsgebühren gestützt auf Artikel 32a^{bis} des Umweltschutzgesetzes vom 7. Oktober 1983[6] (USG) finanziert werden;
17. Tätigkeiten im Rahmen der Erstellung von Verkehrsanlagen;
18. Rauchgaskontrollen;
19. Werbeleistungen.

3. Abschnitt: Gruppenbesteuerung

Art. 15 Einheitliche Leitung
(Art. 13 MWSTG)

Eine einheitliche Leitung liegt vor, wenn durch Stimmenmehrheit, Vertrag oder auf andere Weise das Verhalten eines Rechtsträgers kontrolliert wird.

Art. 16 Gruppenmitglieder
(Art. 13 MWSTG)

[1] Nicht rechtsfähige Personengesellschaften sind Rechtsträgern im Sinn von Artikel 13 MWSTG gleichgestellt.

[2] Versicherungsvertreter und Versicherungsvertreterinnen können Mitglieder einer Gruppe sein.

[3] Einrichtungen der beruflichen Vorsorge können nicht Mitglied einer Gruppe sein.

Art. 17 Gruppenbildung
(Art. 13 MWSTG)

[1] Der Kreis der Mitglieder der Mehrwertsteuergruppe kann, innerhalb der zur Teilnahme an der Gruppenbesteuerung Berechtigten, frei bestimmt werden.

[2] Die Bildung mehrerer Teilgruppen ist zulässig.

Art. 18 Bewilligung der Gruppenbesteuerung
(Art. 13 und 67 Abs. 2 MWSTG)

[1] Die ESTV erteilt auf entsprechendes Gesuch hin die Bewilligung zur Gruppenbesteuerung, sofern die massgebenden Voraussetzungen erfüllt sind.

[6] SR **814.01**

² Dem Gesuch sind schriftliche Erklärungen der einzelnen Mitglieder beizulegen, in denen sich diese mit der Gruppenbesteuerung und deren Wirkungen sowie der gemeinsamen Vertretung durch das darin bestimmte Gruppenmitglied oder die darin bestimmte Person einverstanden erklären.

³ Das Gesuch ist von der Gruppenvertretung einzureichen. Gruppenvertretung kann sein:

a. ein in der Schweiz ansässiges Mitglied der Mehrwertsteuergruppe; oder

b. eine Person, die nicht Mitglied ist, mit Wohn- oder Geschäftssitz in der Schweiz.

Art. 19   Änderungen der Gruppenvertretung
(Art. 13 MWSTG)

¹ Ein Rücktritt von der Vertretung einer Mehrwertsteuergruppe ist nur auf das Ende einer Steuerperiode möglich. Dabei ist der Rücktritt mindestens einen Monat im Voraus der ESTV schriftlich anzuzeigen.

² Tritt die bisherige Gruppenvertretung zurück und wird der ESTV nicht bis einen Monat vor Ende der Steuerperiode eine neue Gruppenvertretung schriftlich gemeldet, so kann die ESTV nach vorgängiger Mahnung eines der Gruppenmitglieder zur Gruppenvertretung bestimmen.

³ Die Gruppenmitglieder können gemeinsam der Gruppenvertretung das Mandat entziehen, sofern sie gleichzeitig eine neue Gruppenvertretung bestimmen. Absatz 1 gilt sinngemäss.

Art. 20   Änderungen im Bestand der Gruppe
(Art. 13 MWSTG)

¹ Erfüllt ein Mitglied die Voraussetzungen nicht mehr, um an der Gruppenbesteuerung teilzunehmen, so muss die Gruppenvertretung dies der ESTV schriftlich melden.

² Auf Gesuch hin kann ein Rechtsträger in eine bestehende Gruppe eintreten oder ein Mitglied aus einer Gruppe austreten. Die ESTV bewilligt den Ein- oder den Austritt auf den Beginn der folgenden beziehungsweise auf das Ende der laufenden Steuerperiode.

³ Erfüllt ein Rechtsträger, bei dem die Voraussetzungen zur Teilnahme an der Gruppenbesteuerung bisher nicht gegeben waren, neu diese Voraussetzungen, so kann der Eintritt in eine bestehende Mehrwertsteuergruppe auch während der laufenden Steuerperiode verlangt werden, sofern das entsprechende Gesuch der ESTV innert 30 Tagen nach Bekanntgabe der massgebenden Änderung im Handelsregister beziehungsweise nach Eintritt der Voraussetzungen schriftlich eingereicht wird.

Art. 21 Administrative und buchhalterische Erfordernisse
(Art. 13 MWSTG)

¹ Die Mitglieder müssen ihre Buchhaltung am gleichen Bilanzstichtag abschliessen; davon ausgenommen sind Holdinggesellschaften, wenn diese aus Gründen der Rechnungslegung einen anderen Bilanzstichtag aufweisen.

² Jedes Mitglied muss eine interne Mehrwertsteuerabrechnung erstellen, die in der Abrechnung der Mehrwertsteuergruppe zu konsolidieren ist.

Art. 22 Mithaftung bei Gruppenbesteuerung
(Art. 15 Abs. 1 Bst. c MWSTG)

¹ Die Mithaftung eines Mitglieds einer Mehrwertsteuergruppe erstreckt sich auf alle Steuer-, Zins- und Kostenforderungen, die während dessen Zugehörigkeit zur Gruppe entstehen, ausgenommen Bussen.

² Wurde gegenüber einem Gruppenmitglied eine Betreibung eingeleitet, bei der Gruppenvertretung eine Steuernachforderung mittels Einschätzungsmitteilung geltend gemacht oder wurde eine Kontrolle angekündigt, so kann sich ein Gruppenmitglied nicht durch Austritt aus der Gruppe der Mithaftung entziehen.

4. Abschnitt: Haftung bei der Zession von Forderungen

Art. 23 Umfang der Abtretung
(Art. 15 Abs. 4 MWSTG)

Bei der Abtretung eines Teilbetrags einer Forderung auf ein Entgelt gilt die Mehrwertsteuer als anteilig mitzediert. Die Abtretung der Nettoforderung ohne Mehrwertsteuer ist nicht möglich.

Art. 24 Umfang der Haftung
(Art. 15 Abs. 4 MWSTG)

¹ Die Haftung nach Artikel 15 Absatz 4 MWSTG beschränkt sich auf die Höhe des Mehrwertsteuerbetrags, der während eines Zwangsvollstreckungsverfahrens gegen die steuerpflichtige Person ab dem Zeitpunkt der Pfändung beziehungsweise ab dem Zeitpunkt der Konkurseröffnung durch den Zessionar oder die Zessionarin tatsächlich vereinnahmt worden ist.

² Im Rahmen eines Pfändungs- oder Pfandverwertungsverfahrens gegen eine steuerpflichtige Person muss die ESTV den Zessionar oder die Zessionarin nach Erhalt der Pfändungsurkunde unverzüglich über seine oder ihre Haftung informieren.

³ Nach der Eröffnung des Konkurses über eine steuerpflichtige Person kann die ESTV die Haftung des Zessionars oder der Zessionarin unabhängig von einer vorgängigen Mitteilung in Anspruch nehmen.

Art. 25 Befreiung von der Haftung
(Art. 15 Abs. 4 MWSTG)

Durch Weiterleitung der mit der Forderung mitzedierten und vereinnahmten Mehrwertsteuer an die ESTV befreit sich der Zessionar oder die Zessionarin im entsprechenden Umfang von der Haftung.

2. Kapitel: Steuerobjekt
1. Abschnitt: Leistungsverhältnis

Art. 26 Leistungen an eng verbundene Personen
(Art. 18 Abs. 1 MWSTG)

Das Erbringen von Leistungen an eng verbundene Personen gilt als Leistungsverhältnis. Die Bemessung richtet sich nach Artikel 24 Absatz 2 MWSTG.

Art. 27 Vorgezogene Entsorgungsgebühren
(Art. 18 Abs. 1 MWSTG)

Private Organisationen im Sinn von Artikel 32a^{bis} USG[7] erbringen durch ihre Tätigkeiten Leistungen gegenüber den Herstellern und Importeuren. Die vorgezogenen Entsorgungsgebühren sind Entgelt für diese Leistungen.

Art. 28 Grenzüberschreitende Entsendung von Mitarbeitenden im Konzern
(Art. 18 MWSTG)

Kein Leistungsverhältnis bei grenzüberschreitender Entsendung von Mitarbeitenden innerhalb eines Konzerns liegt vor, wenn:

a. ein ausländischer Arbeitgeber einen Arbeitnehmer oder eine Arbeitnehmerin in einem zum gleichen Konzern gehörenden Einsatzbetrieb im Inland einsetzt oder ein inländischer Arbeitgeber einen Arbeitnehmer oder eine Arbeitnehmerin in einem zum gleichen Konzern gehörenden ausländischen Einsatzbetrieb einsetzt;

b. der Arbeitnehmer oder die Arbeitnehmerin die Arbeitsleistung dem Einsatzbetrieb erbringt, jedoch den Arbeitsvertrag mit dem entsendenden Unternehmen beibehält; und

c. die Löhne, Sozialabgaben und dazugehörenden Spesen vom entsendenden Arbeitgeber ohne Zuschläge dem Einsatzbetrieb belastet werden.

Art. 29 Subventionen und andere öffentlich-rechtliche Beiträge
(Art. 18 Abs. 2 Bst. a MWSTG)

Als Subventionen oder andere öffentlich-rechtliche Beiträge gelten namentlich die von Gemeinwesen ausgerichteten:

---

[7] SR **814.01**

a. Finanzhilfen im Sinn von Artikel 3 Absatz 1 des Subventionsgesetzes vom 5. Oktober 1990[8] (SuG);

b. Abgeltungen im Sinn von Artikel 3 Absatz 2 Buchstabe a SuG, sofern kein Leistungsverhältnis vorliegt;

c. Forschungsbeiträge, sofern dem Gemeinwesen kein Exklusivrecht auf die Resultate der Forschung zusteht;

d. mit den Buchstaben a–c vergleichbaren Mittelflüsse, die gestützt auf kantonales und kommunales Recht ausgerichtet werden.

Art. 30 Weiterleiten von Mittelflüssen, die nicht als Entgelte gelten
(Art. 18 Abs. 2 MWSTG)

[1] Das Weiterleiten von Mittelflüssen, die nach Artikel 18 Absatz 2 MWSTG nicht als Entgelte gelten, namentlich innerhalb von Bildungs- und Forschungskooperationen, unterliegt nicht der Steuer.

[2] Die Kürzung des Vorsteuerabzugs nach Artikel 33 Absatz 2 MWSTG erfolgt beim letzten Zahlungsempfänger oder der letzten Zahlungsempfängerin.

2. Abschnitt: Mehrheit von Leistungen

Art. 31 Spezialwerkzeuge
(Art. 19 Abs. 1 MWSTG)

[1] Spezialwerkzeuge, die eine steuerpflichtige Person eigens für die Ausführung eines Fabrikationsauftrages zukauft, anfertigen lässt oder selbst anfertigt, gelten als Teil der Lieferung des damit hergestellten Gegenstands. Unerheblich ist, ob die Spezialwerkzeuge:

a. dem Leistungsempfänger oder der Leistungsempfängerin allenfalls gesondert fakturiert oder in den Preis der Erzeugnisse eingerechnet werden;

b. nach Ausführung des Fabrikationsauftrages dem Leistungsempfänger oder der Leistungsempfängerin oder einer von ihm oder ihr bezeichneten Drittperson abgeliefert werden oder nicht.

[2] Als Spezialwerkzeuge gelten namentlich Klischees, Fotolithos und Satz, Stanz- und Ziehwerkzeuge, Lehren, Vorrichtungen, Press- und Spritzformen, Gesenke, Giessereimodelle, Kokillen und Filme für gedruckte Schaltungen.

Art. 32 Sachgesamtheiten und Leistungskombinationen
(Art. 19 Abs. 2 MWSTG)

Artikel 19 Absatz 2 MWSTG ist nicht anwendbar für die Bestimmung, ob der Ort der Leistung bei Leistungskombinationen im Inland oder im Ausland liegt.

---

[8] SR **616.1**

Art. 33 Geltung der Einfuhrsteuerveranlagung für die Inlandsteuer
(Art. 19 Abs. 2 MWSTG)

Eine Einfuhrsteuerveranlagung nach Artikel 112 ist auch für die Inlandsteuer massgebend, sofern nach der Einfuhrveranlagung keine Bearbeitung oder Veränderung der Leistungskombination vorgenommen wurde.

3. Abschnitt: Von der Steuer ausgenommene Leistungen

Art. 34 Heilbehandlungen
(Art. 21 Abs. 2 Ziff. 3 MWSTG)

¹ Als Heilbehandlungen gelten die Feststellung und Behandlung von Krankheiten, Verletzungen und anderen Störungen der körperlichen und seelischen Gesundheit des Menschen sowie Tätigkeiten, die der Vorbeugung von Krankheiten und Gesundheitsstörungen des Menschen dienen.

² Den Heilbehandlungen gleichgestellt sind:

a. besondere Leistungen bei Mutterschaft, wie Kontrolluntersuchungen, Geburtsvorbereitung oder Stillberatung;

b. Untersuchungen, Beratungen und Behandlungen, die mit künstlicher Befruchtung, Empfängnisverhütung oder Schwangerschaftsabbruch im Zusammenhang stehen;

c. Lieferungen und Dienstleistungen eines Arztes, einer Ärztin, eines Zahnarztes oder einer Zahnärztin für die Erstellung eines medizinischen Berichts oder Gutachtens zur Abklärung sozialversicherungsrechtlicher Ansprüche.

³ Nicht als Heilbehandlungen gelten namentlich:

a. Untersuchungen, Beratungen und Behandlungen, die lediglich der Hebung des Wohlbefindens oder der Leistungsfähigkeit dienen oder lediglich aus ästhetischen Gründen vorgenommen werden, ausser die Untersuchung, Beratung oder Behandlung erfolge durch einen Arzt, eine Ärztin, einen Zahnarzt oder eine Zahnärztin, die im Inland zur Ausübung der ärztlichen oder zahnärztlichen Tätigkeit berechtigt sind;

b. die zur Erstellung eines Gutachtens vorgenommenen Untersuchungen, die nicht mit einer konkreten Behandlung der untersuchten Person im Zusammenhang stehen, ausser in Fällen nach Absatz 2 Buchstabe c;

c. die Abgabe von Medikamenten oder von medizinischen Hilfsmitteln, es sei denn, diese werden von der behandelnden Person im Rahmen einer Heilbehandlung verwendet;

d. die Abgabe von selbst hergestellten oder zugekauften Prothesen und orthopädischen Apparaten, auch wenn diese im Rahmen einer Heilbehandlung erfolgt; als Prothese gilt ein Körper-Ersatz, der ohne operativen Eingriff vom Körper entfernt und wieder eingesetzt oder angebracht werden kann;

e. Massnahmen der Grundpflege; diese gelten als Pflegeleistungen nach Artikel 21 Absatz 2 Ziffer 4 MWSTG.

Art. 35 Voraussetzung für die Anerkennung als Erbringer oder Erbringerin einer Heilbehandlung
(Art. 21 Abs. 2 Ziff. 3 MWSTG)

¹ Ein Leistungserbringer oder eine Leistungserbringerin verfügt über eine Berufsausübungsbewilligung im Sinn von Artikel 21 Absatz 2 Ziffer 3 MWSTG, wenn er oder sie:

a. im Besitz der nach kantonalem Recht erforderlichen Bewilligung zur selbstständigen Berufsausübung ist; oder

b. zur Ausübung der Heilbehandlung nach der kantonalen Gesetzgebung zugelassen ist.

² Als Angehörige von Heil- und Pflegeberufen im Sinn von Artikel 21 Absatz 2 Ziffer 3 MWSTG gelten namentlich:

a. Ärzte und Ärztinnen;

b. Zahnärzte und Zahnärztinnen;

c. Zahnprothetiker und Zahnprothetikerinnen;

d. Psychotherapeuten und Psychotherapeutinnen;

e. Chiropraktoren und Chiropraktorinnen;

f. Physiotherapeuten und Physiotherapeutinnen;

g. Ergotherapeuten und Ergotherapeutinnen;

h. Naturärzte, Naturärztinnen, Heilpraktiker, Heilpraktikerinnen, Naturheilpraktiker und Naturheilpraktikerinnen;

i. Entbindungspfleger und Hebammen;

j. Pflegefachmänner und Pflegefachfrauen;

k. medizinische Masseure und Masseurinnen;

l. Logopäden und Logopädinnen;

m. Ernährungsberater und Ernährungsberaterinnen;

n. Podologen und Podologinnen.

Art. 36 Kulturelle Leistungen
(Art. 21 Abs. 2 Ziff. 14 und 16 MWSTG)

¹ Als ausübende Künstler und Künstlerinnen im Sinn von Artikel 21 Absatz 2 Ziffer 14 Buchstabe b MWSTG gelten die natürlichen Personen nach Artikel 33 Absatz 1 des Urheberrechtsgesetzes vom 9. Oktober 1992[9] (URG), soweit deren kulturelle Dienstleistungen dem Publikum unmittelbar erbracht oder von diesem

---

[9] SR **231.1**

unmittelbar wahrgenommen werden. Die Rechtsform der solche Leistungen in Rechnung stellenden Person ist für die Qualifikation der von der Steuer ausgenommenen Leistung unerheblich.

² Als Urheber und Urheberinnen im Sinn von Artikel 21 Absatz 2 Ziffer 16 MWSTG gelten Urheber und Urheberinnen von Werken nach den Artikeln 2 und 3 URG, soweit sie kulturelle Dienstleistungen und Lieferungen erbringen.

Art. 37 Berufliche Vorsorge
(Art. 21 Abs. 2 Ziff. 18 MWSTG)

Zu den Umsätzen nach Artikel 21 Absatz 2 Ziffer 18 MWSTG zählen auch die Umsätze von Einrichtungen der beruflichen Vorsorge.

Art. 38 Leistungen innerhalb des gleichen Gemeinwesens
(Art. 21 Abs. 2 Ziff. 28 MWSTG)

¹ Leistungen innerhalb des gleichen Gemeinwesens sind Leistungen zwischen den Organisationseinheiten der gleichen Gemeinde, des gleichen Kantons oder des Bundes.

² Als Organisationseinheiten der gleichen Gemeinde, des gleichen Kantons oder des Bundes gelten:

a. die eigenen Dienststellen und die Zusammenschlüsse nach Artikel 12 Absatz 2 MWSTG;

b. die eigenen Anstalten ohne eigene Rechtspersönlichkeit und die eigenen Stiftungen ohne eigene Rechtspersönlichkeit;

c. nur diesem Gemeinwesen zugehörige Anstalten mit eigener Rechtspersönlichkeit;

d. nur diesem Gemeinwesen zugehörige juristische Personen des privaten Rechts.

³ Leistungen zwischen verschiedenen Gemeinden oder zwischen verschiedenen Kantonen, Leistungen zwischen Gemeinden und Kantonen sowie Leistungen zwischen Bund und Kantonen oder Gemeinden gelten nicht als Leistungen innerhalb des gleichen Gemeinwesens.

Art. 39 Option für die Versteuerung der von der Steuer ausgenommenen Leistungen
(Art. 22 MWSTG)

Kann die steuerpflichtige Person nicht durch offenen Ausweis der Steuer optieren, so kann sie die Ausübung der Option der ESTV auf andere Weise bekannt geben. Eine entsprechende Option ist bereits möglich, wenn noch keine Leistungen erbracht werden. Artikel 22 Absatz 2 MWSTG bleibt vorbehalten.

4. Abschnitt: Von der Steuer befreite Leistungen

Art. 40 Direkte Ausfuhr von zum Gebrauch oder zur Nutzung überlassenen Gegenständen
(Art. 23 Abs. 2 Ziff. 2 MWSTG)

Eine direkte Beförderung oder Versendung ins Ausland im Sinn von Artikel 23 Absatz 2 Ziffer 2 MWSTG liegt vor, wenn vor der Ausfuhr im Inland keine weitere Lieferung erfolgt.

Art. 41 Steuerbefreiung des internationalen Luftverkehrs
(Art. 23 Abs. 4 MWSTG)

[1] Von der Steuer sind befreit:

a. Beförderungen im Luftverkehr, bei denen entweder der Ankunfts- oder der Abflugsort im Inland liegt;

b. Beförderungen im Luftverkehr von einem ausländischen Flughafen zu einem anderen ausländischen Flughafen über inländisches Gebiet.

[2] Inlandstrecken im internationalen Luftverkehr sind von der Steuer befreit, wenn der Flug im Inland lediglich durch eine technische Zwischenlandung oder zum Umsteigen auf einen Anschlussflug unterbrochen wird.

Art. 42 Steuerbefreiung des internationalen Eisenbahnverkehrs
(Art. 23 Abs. 4 MWSTG)

[1] Beförderungen im grenzüberschreitenden Eisenbahnverkehr sind unter Vorbehalt von Absatz 2 von der Steuer befreit, soweit es sich um Strecken handelt, wofür ein internationaler Fahrausweis besteht. Darunter fallen:

a. Beförderungen auf Strecken, bei denen entweder der Abgangs- oder der Ankunftsbahnhof im Inland liegt;

b. Beförderungen auf inländischen Strecken, die im Transit benutzt werden, um die im Ausland liegenden Abgangs- und Ankunftsbahnhöfe zu verbinden.

[2] Für eine Steuerbefreiung muss der Fahrpreisanteil der ausländischen Strecke grösser sein als die wegen der Steuerbefreiung entfallende Mehrwertsteuer.

[3] Für den Verkauf von Pauschalfahrausweisen, namentlich Generalabonnementen und Halbtax-Abonnementen, die ganz oder teilweise für steuerbefreite Beförderungen verwendet werden, wird keine Steuerbefreiung gewährt.

Art. 43 Steuerbefreiung des internationalen Busverkehrs
(Art. 23 Abs. 4 MWSTG)

[1] Von der Steuer befreit sind die Beförderungen von Personen mit Autobussen auf Strecken, die:

a. überwiegend über ausländisches Gebiet führen; oder

b. im Transit benutzt werden, um die im Ausland liegenden Abgangs- und Ankunftsorte zu verbinden.

² Von der Steuer befreit sind Personenbeförderungen auf reinen Inlandstrecken, die allein für das unmittelbare Zubringen einer Person zu einer Beförderungsleistung nach Absatz 1 bestimmt sind, sofern diese gemeinsam mit der Beförderungsleistung nach Absatz 1 in Rechnung gestellt wird.

Art. 44   Steuerbefreite Umsätze von Münz- und Feingold
(Art. 107 Abs. 2 MWSTG)

¹ Von der Steuer sind befreit die Umsätze von:

a. staatlich geprägten Goldmünzen der Zolltarifnummern 7118.9010 und 9705.0000[10];

b.[11] Bankengold nach Artikel 178 Absätze 2 Buchstabe a und 3 der Edelmetallkontrollverordnung vom 8. Mai 1934[12];

c. Bankengold in Form von Granalien im Mindestfeingehalt von 995 Tausendsteln, die von einem anerkannten Prüfer-Schmelzer verpackt und versiegelt wurden, oder in einer anderen vom Eidgenössischen Finanzdepartement (EFD) akzeptierten Form im Mindestfeingehalt von 995 Tausendsteln;

d. Gold in Rohform oder in Form von Halbzeug, das zur Raffination oder Wiedergewinnung bestimmt ist;

e. Gold in Form von Abfällen und Schrott.

² Als Gold im Sinn von Absatz 1 Buchstaben d und e gelten auch Legierungen, die zwei oder mehr Gewichtsprozent Gold oder, wenn Platin enthalten ist, mehr Gold als Platin aufweisen.

3. Kapitel: Bemessungsgrundlage und Steuersätze
1. Abschnitt: Bemessungsgrundlage

Art. 45   Entgelte in ausländischer Währung
(Art. 24 Abs. 1 MWSTG)

¹ Zur Berechnung der geschuldeten Mehrwertsteuer sind Entgelte in ausländischer Währung im Zeitpunkt der Entstehung der Steuerforderung in Landeswährung umzurechnen.

² Ein Entgelt in ausländischer Währung liegt vor, wenn die Rechnung oder Quittung in ausländischer Währung ausgestellt ist. Wird keine Rechnung oder Quittung ausgestellt, so ist die Verbuchung beim Leistungserbringer oder bei der Leistungs-

---

[10] SR **632.10** Anhang
[11] Fassung gemäss Ziff. I der V vom 18. Juni 2010, in Kraft seit 1. Juli 2010 (AS **2010** 2833).
[12] SR **941.311**

erbringerin massgebend. Unerheblich ist, ob in Landes- oder in ausländischer Währung bezahlt wird und in welcher Währung das Retourgeld ausbezahlt wird.

³ Für die Umrechnung kann die steuerpflichtige Person wahlweise auf den von der ESTV veröffentlichten Monatsmittelkurs oder den Devisen-Tageskurs (Verkauf) abstellen. Für ausländische Währungen, für welche die ESTV keinen Monatsmittelkurs veröffentlicht, gilt immer der Devisen-Tageskurs (Verkauf).

⁴ Steuerpflichtige Personen, die Teil eines Konzerns sind, können für die Umrechnung ihren internen Konzernumrechnungskurs verwenden.

⁵ Das gewählte Vorgehen (Monatsmittel-, Tages- oder Konzernkurs) ist während mindestens einer Steuerperiode beizubehalten.

Art. 46 Kreditkartenkommissionen und Scheckgebühren
(Art. 24 Abs. 1 MWSTG)

Nicht als Entgeltsminderungen gelten Kreditkartenkommissionen, Scheckgebühren, WIR-Einschläge und dergleichen.

Art. 47 Leistungen an das Personal
(Art. 24 MWSTG)

¹ Bei entgeltlichen Leistungen an das Personal ist die Steuer vom tatsächlich empfangenen Entgelt zu berechnen. Artikel 24 Absätze 2 und 3 MWSTG bleibt vorbehalten.

² Leistungen des Arbeitgebers an das Personal, die im Lohnausweis zu deklarieren sind, gelten als entgeltlich erbracht. Die Steuer ist von dem Betrag zu berechnen, der auch für die direkten Steuern massgebend ist.

³ Leistungen, die im Lohnausweis nicht zu deklarieren sind, gelten als nicht entgeltlich erbracht und es wird vermutet, dass ein unternehmerischer Grund besteht.

⁴ Soweit bei den direkten Steuern Pauschalen für die Ermittlung von Lohnanteilen zulässig sind, die auch für die Bemessung der Mehrwertsteuer dienlich sind, können diese für die Mehrwertsteuer ebenfalls angewendet werden.

⁵ Für die Anwendung der Absätze 2–4 ist nicht erheblich, ob es sich dabei um eng verbundene Personen nach Artikel 3 Buchstabe h MWSTG handelt.

Art. 48 Kantonale Abgaben an Wasser-, Abwasser- oder Abfallfonds
(Art. 24 Abs. 6 Bst. d MWSTG)

¹ Die ESTV legt für jeden Fonds den Umfang des Abzuges in Prozenten fest, der für die einzelnen angeschlossenen Entsorgungsanstalten und Wasserwerke gilt.

² Sie berücksichtigt dabei, dass:
   a. der Fonds nicht alle eingenommenen Abgaben wieder ausrichtet; und
   b. die steuerpflichtigen Bezüger und Bezügerinnen von Entsorgungsdienstleistungen und Wasserlieferungen die ihnen darauf in Rechnung gestellte Steuer vollumfänglich als Vorsteuer abgezogen haben.

2. Abschnitt: Steuersätze

Art. 49[13]   Medikamente
(Art. 25 Abs. 2 Bst. a Ziff. 8 MWSTG)

Als Medikamente gelten:

a. nach Artikel 9 Absatz 1 des Heilmittelgesetzes vom 15. Dezember 2000[14] (HMG) zugelassene verwendungsfertige Arzneimittel und Tierarzneimittel-Vormischungen sowie die entsprechenden galenisch fertigen Produkte;

b. verwendungsfertige Arzneimittel, die nach Artikel 9 Absatz 2 HMG keiner Zulassung bedürfen, mit Ausnahme von menschlichem und tierischem Vollblut;

c. verwendungsfertige Arzneimittel, die nach Artikel 9 Absatz 4 HMG eine befristete Bewilligung erhalten haben;

d. nicht zugelassene verwendungsfertige Arzneimittel nach Artikel 36 Absätze 1–3 der Arzneimittel-Bewilligungsverordnung vom 17. Oktober 2001[15] sowie nach Artikel 7 der Tierarzneimittelverordnung vom 18. August 2004[16].

Art. 50   Zeitungen und Zeitschriften ohne Reklamecharakter
(Art. 25 Abs. 2 Bst. a Ziff. 9 MWSTG)

Als Zeitungen und Zeitschriften ohne Reklamecharakter gelten Druckerzeugnisse, welche die folgenden Voraussetzungen erfüllen:

a. Sie erscheinen periodisch, mindestens zweimal pro Jahr.

b. Sie dienen der laufenden Orientierung über Wissenswertes oder der Unterhaltung.

c. Sie tragen einen gleich bleibenden Titel.

d. Sie enthalten eine fortlaufende Nummerierung sowie die Angabe des Erscheinungsdatums und der Erscheinungsweise.

e. Sie sind äusserlich als Zeitungen oder Zeitschriften aufgemacht.

f. Sie weisen nicht überwiegend Flächen zur Aufnahme von Eintragungen auf.

Art. 51   Bücher und andere Druckerzeugnisse ohne Reklamecharakter
(Art. 25 Abs. 2 Bst. a Ziff. 9 MWSTG)

Als Bücher und andere Druckerzeugnisse ohne Reklamecharakter gelten Druckerzeugnisse, welche die folgenden Voraussetzungen erfüllen:

---

[13] Fassung gemäss Ziff. I der V vom 18. Juni 2010, in Kraft seit 1. Jan. 2010 (AS **2010** 2833).
[14] SR **812.21**
[15] SR **812.212.1**
[16] SR **812.212.27**

a. Sie weisen Buch-, Broschüren- oder Loseblattform auf; Loseblattwerke gelten als Bücher, wenn sie sich aus einer Einbanddecke, versehen mit einer Schraub-, Spiral- oder Schnellheftung, und den darin einzuordnenden losen Blättern zusammensetzen, als vollständiges Werk mindestens 16 Seiten umfassen und der Titel des Werks auf der Einbanddecke erscheint.

b. Sie weisen inklusive Umschlag und Deckseiten mindestens 16 Seiten auf, mit Ausnahme von Kinderbüchern, gedruckten Musikalien und Teilen zu Loseblattwerken.

c. Sie weisen einen religiösen, literarischen, künstlerischen, unterhaltenden, erzieherischen, belehrenden, informierenden, technischen oder wissenschaftlichen Inhalt auf.

d. Sie sind nicht zur Aufnahme von Eintragungen oder Sammelbildern bestimmt, mit Ausnahme von Schul- und Lehrbüchern sowie bestimmten Kinderbüchern wie Übungsheften mit Illustrationen und ergänzendem Text und Zeichen- und Malbüchern mit Vorgaben und Anleitungen.

Art. 52 Reklamecharakter
(Art. 25 Abs. 2 Bst. a Ziff. 9 MWSTG)

[1] Ein Druckerzeugnis hat Reklamecharakter, wenn sein Inhalt dazu bestimmt ist, eine geschäftliche Tätigkeit der Herausgeberschaft oder einer hinter dieser stehenden Drittperson deutlich anzupreisen.

[2] Das Druckerzeugnis preist die geschäftliche Tätigkeit der Herausgeberschaft oder einer hinter dieser stehenden Drittperson deutlich an, wenn:

a. das Druckerzeugnis offensichtlich zu Werbezwecken für die Herausgeberschaft oder einer hinter dieser stehenden Drittperson herausgegeben wird; oder

b. der Werbeinhalt für die geschäftlichen Tätigkeiten der Herausgeberschaft oder einer hinter dieser stehenden Drittperson mehr als die Hälfte der Gesamtfläche des Druckerzeugnisses ausmacht.

[3] Als hinter der Herausgeberschaft stehende Drittpersonen gelten Personen und Unternehmen, für die die Herausgeberschaft handelt, die sie beherrscht oder sonstige mit dieser eng verbundene Personen im Sinn von Artikel 3 Buchstabe h MWSTG.

[4] Als Werbeinhalt gilt sowohl die direkte Werbung, wie Reklame oder Inserate, als auch die indirekte Werbung, wie Publireportagen oder Publimitteilungen, für die Herausgeberschaft oder eine hinter dieser stehenden Drittperson.

[5] Nicht zum Werbeinhalt gehören Inserate und Werbung für eine unabhängige Drittperson.

Art. 53 Zubereitung vor Ort und Servierleistung
(Art. 25 Abs. 3 MWSTG)

[1] Als Zubereitung gelten namentlich das Kochen, Erwärmen, Mixen, Rüsten und Mischen von Nahrungsmitteln. Nicht als Zubereitung gilt das blosse Bewahren der Temperatur konsumbereiter Nahrungsmittel.

² Als Servierleistung gelten namentlich das Anrichten von Speisen auf Tellern, das Bereitstellen von kalten oder warmen Buffets, der Ausschank von Getränken, das Decken und Abräumen von Tischen, das Bedienen der Gäste, die Leitung oder Beaufsichtigung des Service-Personals sowie die Betreuung und Versorgung von Selbstbedienungsbuffets.

Art. 54   Besondere Konsumvorrichtungen an Ort und Stelle
(Art. 25 Abs. 3 MWSTG)

¹ Als besondere Vorrichtungen zum Konsum von Nahrungsmitteln an Ort und Stelle (Konsumvorrichtungen) gelten namentlich Tische, Stehtische, Theken und andere für den Konsum zur Verfügung stehende Abstellflächen oder entsprechende Vorrichtungen, namentlich in Beförderungsmitteln. Unerheblich ist:

a. wem die Vorrichtungen gehören;

b. ob der Kunde oder die Kundin die Vorrichtung tatsächlich benutzt;

c. ob die Vorrichtungen ausreichen, um sämtlichen Kunden und Kundinnen den Konsum an Ort und Stelle zu ermöglichen.

² Nicht als Konsumvorrichtungen gelten:

a. blosse Sitzgelegenheiten ohne dazugehörige Tische, die in erster Linie als Ausruhmöglichkeit dienen;

b. bei Kiosks oder Restaurants auf Campingplätzen: die Zelte und Wohnwagen der Mieter und Mieterinnen.

Art. 55   Zum Mitnehmen oder zur Auslieferung bestimmte Nahrungsmittel
(Art. 25 Abs. 3 MWSTG)

¹ Als Auslieferung gilt die Lieferung von Nahrungsmitteln durch die steuerpflichtige Person an ihre Kundschaft an deren Domizil oder an einen andern von ihr bezeichneten Ort ohne jede weitere Zubereitung oder Servierleistung.

² Als zum Mitnehmen bestimmte Nahrungsmittel gelten Nahrungsmittel, die der Kunde oder die Kundin nach dem Kauf an einen anderen Ort verbringt und nicht im Betrieb des Leistungserbringers oder der Leistungserbringerin konsumiert. Für das Mitnehmen spricht namentlich:

a. der durch den Kunden oder die Kundin bekannt gegebene Wille zum Mitnehmen der Nahrungsmittel;

b. die Abgabe der Nahrungsmittel in einer speziellen, für den Transport geeigneten Verpackung;

c. die Abgabe von Nahrungsmitteln, die nicht für den unmittelbaren Verzehr geeignet sind.

³ Für bestimmte Betriebe und Anlässe sieht die ESTV Vereinfachungen im Sinn von Artikel 80 MWSTG vor.

Art. 56 Geeignete organisatorische Massnahme
(Art. 25 Abs. 3 MWSTG)

Eine geeignete organisatorische Massnahme ist namentlich das Ausstellen von Belegen, anhand derer festgestellt werden kann, ob eine gastgewerbliche Leistung oder eine Auslieferung beziehungsweise eine Lieferung zum Mitnehmen erbracht wurde.

4. Kapitel: Rechnungsstellung und Steuerausweis
(Art. 26 Abs. 3 MWSTG)

Art. 57

Kassenzettel für Beträge bis 400 Franken müssen keine Angaben über den Leistungsempfänger oder die Leistungsempfängerin enthalten. Solche Kassenzettel berechtigen nicht zu einer Steuerrückerstattung im Vergütungsverfahren.

5. Kapitel: Vorsteuerabzug
1. Abschnitt: Allgemeines

Art. 58 Vorsteuerabzug bei ausländischer Währung
(Art. 28 MWSTG)

Für die Berechnung der abziehbaren Vorsteuern gilt Artikel 45 sinngemäss.

Art. 59 Nachweis
(Art. 28 Abs. 1 Bst. a MWSTG)

[1] Die Inlandsteuer gilt als in Rechnung gestellt, wenn der Leistungserbringer oder die Leistungserbringerin für den Leistungsempfänger oder die Leistungsempfängerin erkennbar von diesem oder dieser die Mehrwertsteuer eingefordert hat.

[2] Der Leistungsempfänger oder die Leistungsempfängerin muss nicht prüfen, ob die Mehrwertsteuer zu Recht eingefordert wurde. Weiss er oder sie aber, dass die Person, die die Mehrwertsteuer überwälzt hat, nicht als steuerpflichtige Person eingetragen ist, so ist der Vorsteuerabzug ausgeschlossen.

Art. 60 Vorsteuerabzug für Leistungen im Ausland
(Art. 29 Abs. 1 MWSTG)

Der Vorsteuerabzug für im Ausland erbrachte Leistungen ist im selben Umfang möglich, wie wenn diese im Inland erbracht und nach Artikel 22 MWSTG für deren Versteuerung optiert worden wäre.

Art. 61 Vorsteuerabzug bei Münz- und Feingold
(Art. 107 Abs. 2 MWSTG)

Die Steuer auf den Lieferungen von Gegenständen und auf den Dienstleistungen, die für Umsätze nach Artikel 44 und Einfuhren nach Artikel 113 Buchstabe g verwendet werden, kann als Vorsteuer abgezogen werden.

2. Abschnitt: Fiktiver Vorsteuerabzug

Art. 62 Gebrauchtgegenstand
(Art. 28 Abs. 3 MWSTG)

¹ Als Gegenstand im Sinn von Artikel 28 Absatz 3 MWSTG (Gebrauchtgegenstand) gilt ein gebrauchter individualisierbarer beweglicher Gegenstand, der in seinem derzeitigen Zustand oder nach seiner Instandsetzung erneut verwendbar ist und dessen Teile nicht unabhängig voneinander veräussert werden.

² Nicht als Gebrauchtgegenstände gelten Edelmetalle der Zolltarifnummern 7106–7112[17] und Edelsteine der Zolltarifnummern 7102–7105.

Art. 63 Berechtigung zum Abzug fiktiver Vorsteuern
(Art. 28 Abs. 3 MWSTG)

¹ Die steuerpflichtige Person kann, sofern die übrigen Voraussetzungen gegeben sind, auch auf dem für den Erwerb von Gebrauchtgegenständen zu einem Gesamtpreis entrichteten Betrag einen fiktiven Vorsteuerabzug vornehmen.

² Eine bloss vorübergehende Verwendung des Gebrauchtgegenstands zwischen dessen Erwerb und der Weiterlieferung an einen Abnehmer oder eine Abnehmerin im Inland schliesst den fiktiven Vorsteuerabzug nicht aus. Artikel 31 Absatz 4 MWSTG bleibt vorbehalten.

³ Der fiktive Vorsteuerabzug ist ausgeschlossen:

a. wenn beim Erwerb des Gebrauchtgegenstands das Meldeverfahren nach Artikel 38 MWSTG zur Anwendung kam;

b. wenn die steuerpflichtige Person den Gebrauchtgegenstand eingeführt hat;

c. wenn Gegenstände nach Artikel 21 Absatz 2 MWSTG erworben werden, mit Ausnahme von Gegenständen nach Artikel 21 Absatz 2 Ziffer 24 MWSTG;

d. wenn die steuerpflichtige Person den Gegenstand im Inland von einer Person bezogen hat, die den Gegenstand steuerbefreit eingeführt hat;

e. in der Höhe der ausgerichteten Zahlungen im Rahmen der Schadenregulierung, die den tatsächlichen Wert des Gegenstands im Zeitpunkt der Übernahme übersteigt.

---

[17] SR **632.10** Anhang

⁴ Liefert die steuerpflichtige Person den Gegenstand an einen Abnehmer oder eine Abnehmerin im Ausland, so muss sie den fiktiven Vorsteuerabzug in der Abrechnungsperiode rückgängig machen, in der die Lieferung erfolgt.

Art. 64 Aufzeichnungen
(Art. 28 Abs. 3 MWSTG)

Die steuerpflichtige Person muss über die Gebrauchtgegenstände eine Bezugs- und Lieferungskontrolle führen. Bei Gebrauchtgegenständen, die zu einem Gesamtpreis erworben werden, sind pro Gesamtheit separate Aufzeichnungen zu führen.

3. Abschnitt: Korrektur des Vorsteuerabzugs

Art. 65 Methoden zur Berechnung der Korrektur
(Art. 30 MWSTG)

Die Korrektur des Vorsteuerabzugs kann berechnet werden:

a. nach dem effektiven Verwendungszweck;

b. anhand von Pauschalmethoden mit von der ESTV festgelegten Pauschalen;

c. gestützt auf eigene Berechnungen.

Art. 66 Pauschalmethoden
(Art. 30 MWSTG)

Die ESTV legt namentlich Pauschalen fest für:

a. Tätigkeiten von Banken;

b. die Tätigkeit von Versicherungsgesellschaften;

c. Tätigkeiten von spezialfinanzierten Dienststellen von Gemeinwesen;

d. die Gewährung von Krediten sowie für Zinseinnahmen und Einnahmen aus dem Handel mit Wertpapieren;

e. die Verwaltung von eigenen Immobilien, für deren Versteuerung nicht nach Artikel 22 MWSTG optiert wird;

f. Transportunternehmen des öffentlichen Verkehrs.

Art. 67 Eigene Berechnungen
(Art. 30 MWSTG)

Stützt die steuerpflichtige Person die Korrektur des Vorsteuerabzugs auf eigene Berechnungen, so muss sie die Sachverhalte, die ihren Berechnungen zugrunde liegen, umfassend belegen sowie eine Plausibilitätsprüfung durchführen.

Art. 68 Wahl der Methode
(Art. 30 MWSTG)

¹ Die steuerpflichtige Person kann zur Berechnung der Korrektur des Vorsteuerabzugs eine oder mehrere Methoden anwenden, sofern dies zu einem sachgerechten Ergebnis führt.

² Als sachgerecht gilt jede Anwendung einer oder mehrerer Methoden, die den Grundsatz der Erhebungswirtschaftlichkeit berücksichtigt, betriebswirtschaftlich nachvollziehbar ist und die Vorsteuern nach Massgabe der Verwendung für eine bestimmte Tätigkeit zuteilt.

4. Abschnitt: Eigenverbrauch

Art. 69 Grundsätze
(Art. 31 MWSTG)

¹ Der Vorsteuerabzug ist auf nicht in Gebrauch genommenen Gegenständen und Dienstleistungen vollumfänglich zu korrigieren.

² Der Vorsteuerabzug ist auf in Gebrauch genommenen Gegenständen und Dienstleistungen zu korrigieren, die im Zeitpunkt des Wegfalls der Voraussetzungen des Vorsteuerabzugs noch vorhanden sind und einen Zeitwert haben. Bei Dienstleistungen in den Bereichen Beratung, Buchführung, Personalbeschaffung, Management und Werbung wird vermutet, dass sie bereits im Zeitpunkt ihres Bezugs verbraucht und nicht mehr vorhanden sind.

³ Bei selbst hergestellten Gegenständen ist für die Ingebrauchnahme der Infrastruktur ein Pauschalzuschlag von 33 Prozent auf den Vorsteuern auf Material und allfälligen Drittarbeiten bei Halbfabrikaten vorzunehmen. Vorbehalten bleibt der effektive Nachweis der Vorsteuern, die auf die Ingebrauchnahme der Infrastruktur entfallen.

⁴ Fallen die Voraussetzungen des Vorsteuerabzugs nur teilweise weg, so ist die Korrektur im Ausmass der nicht mehr zum Vorsteuerabzug berechtigenden Nutzung vorzunehmen.

Art. 70 Ermittlung des Zeitwerts
(Art. 31 Abs. 3 MWSTG)

¹ Zu berechnen ist der Zeitwert auf der Grundlage des Anschaffungspreises, bei Immobilien ohne Wert des Bodens, sowie der wertvermehrenden Aufwendungen. Nicht zu berücksichtigen sind die werterhaltenden Aufwendungen. Werterhaltende Aufwendungen sind solche, die lediglich dazu dienen, den Wert eines Gegenstands sowie seine Funktionsfähigkeit zu erhalten, namentlich Service-, Unterhalts-, Betriebs-, Reparatur- und Instandstellungskosten.

² Bei der Ermittlung des Zeitwerts von in Gebrauch genommenen Gegenständen und Dienstleistungen ist in der ersten Steuerperiode der Ingebrauchnahme der Wertverlust für die ganze Steuerperiode zu berücksichtigen. In der letzten noch nicht

abgelaufenen Steuerperiode ist hingegen keine Abschreibung vorzunehmen, ausser die Nutzungsänderung tritt am letzten Tag der Steuerperiode ein.

Art. 71 Grossrenovationen von Liegenschaften
(Art. 31 MWSTG)

Übersteigen die Renovationskosten einer Bauphase insgesamt 5 Prozent des Gebäudeversicherungswerts vor der Renovation, so muss der Vorsteuerabzug um die gesamten Kosten korrigiert werden, unabhängig davon, ob es sich um Kosten für wertvermehrende oder für werterhaltende Aufwendungen handelt.

5. Abschnitt: Einlageentsteuerung

Art. 72 Grundsätze
(Art. 32 MWSTG)

¹ Der Vorsteuerabzug kann auf nicht in Gebrauch genommenen Gegenständen und Dienstleistungen vollumfänglich korrigiert werden.

² Der Vorsteuerabzug kann auf in Gebrauch genommenen Gegenständen und Dienstleistungen korrigiert werden, die im Zeitpunkt des Eintritts der Voraussetzungen des Vorsteuerabzugs noch vorhanden sind und einen Zeitwert haben. Bei Dienstleistungen in den Bereichen Beratung, Buchführung, Personalbeschaffung, Management und Werbung wird vermutet, dass sie bereits im Zeitpunkt ihres Bezugs verbraucht und nicht mehr vorhanden sind.

³ Bei selbst hergestellten Gegenständen kann für die Ingebrauchnahme der Infrastruktur ein Pauschalzuschlag von 33 Prozent auf den Vorsteuern auf Material und allfälligen Drittarbeiten bei Halbfabrikaten vorgenommen werden. Vorbehalten bleibt der effektive Nachweis der Vorsteuern, die auf die Ingebrauchnahme der Infrastruktur entfallen.

⁴ Treten die Voraussetzungen des Vorsteuerabzugs nur teilweise ein, so kann die Korrektur nur im Ausmass der nun zum Vorsteuerabzug berechtigenden Nutzung vorgenommen werden.

Art. 73 Ermittlung des Zeitwerts
(Art. 32 Abs. 2 MWSTG)

¹ Zu berechnen ist der Zeitwert auf der Grundlage des Anschaffungspreises, bei Immobilien ohne Wert des Bodens, sowie der wertvermehrenden Aufwendungen. Nicht zu berücksichtigen sind die werterhaltenden Aufwendungen. Werterhaltende Aufwendungen sind solche, die lediglich dazu dienen, den Wert eines Gegenstands sowie seine Funktionsfähigkeit zu erhalten, namentlich Service-, Unterhalts-, Betriebs-, Reparatur- und Instandstellungskosten.

² Bei der Ermittlung des Zeitwerts von in Gebrauch genommenen Gegenständen und Dienstleistungen ist in der ersten Steuerperiode der Ingebrauchnahme der Wertverlust für die ganze Steuerperiode zu berücksichtigen. In der letzten noch nicht

abgelaufenen Steuerperiode ist hingegen keine Abschreibung vorzunehmen, ausser die Nutzungsänderung tritt am letzten Tag der Steuerperiode ein.

Art. 74   Grossrenovationen von Liegenschaften
(Art. 32 MWSTG)

Übersteigen die Renovationskosten einer Bauphase insgesamt 5 Prozent des Gebäudeversicherungswerts vor der Renovation, so kann der Vorsteuerabzug um die gesamten Kosten korrigiert werden, unabhängig davon, ob es sich um Kosten für wertvermehrende oder für werterhaltende Aufwendungen handelt.

6. Abschnitt: Kürzung des Vorsteuerabzugs
(Art. 33 Abs. 2 MWSTG)

Art. 75

[1] Keine Vorsteuerabzugskürzung ist vorzunehmen, soweit die Mittel nach Artikel 18 Absatz 2 Buchstaben a–c MWSTG einem Tätigkeitsbereich zuzuordnen sind, für den keine Vorsteuer anfällt oder für den kein Anspruch auf Vorsteuerabzug besteht.

[2] Soweit die Mittel nach Artikel 18 Absatz 2 Buchstaben a–c MWSTG einem bestimmten Tätigkeitsbereich zugeordnet werden können, ist nur die Vorsteuer auf den Aufwendungen für diesen Tätigkeitsbereich zu kürzen.

[3] Werden die Mittel nach Artikel 18 Absatz 2 Buchstaben a–c MWSTG zur Deckung eines Betriebsdefizits entrichtet, so ist die Vorsteuer gesamthaft im Verhältnis dieser Mittel zum Gesamtumsatz exklusive Mehrwertsteuer zu kürzen.

6. Kapitel:
Ermittlung und Entstehung der Steuerforderung
1. Abschnitt: Geschäftsabschluss
(Art. 34 Abs. 3 MWSTG)

Art. 76[18]

[1] In jedem Kalenderjahr, ausgenommen im Gründungsjahr, muss ein Geschäftsabschluss erstellt werden.

[2] Eine Änderung des Abschlussdatums ist der ESTV vorgängig mitzuteilen.

---

[18] Tritt zu einem späteren Zeitpunkt in Kraft.

2. Abschnitt: Saldosteuersatzmethode

Art. 77 Grundsätze
(Art. 37 Abs. 1–4 MWSTG)

¹ Bei der Abklärung, ob die Voraussetzungen nach Artikel 37 MWSTG erfüllt sind, sind die im Inland gegen Entgelt erbrachten steuerbaren Leistungen zu berücksichtigen.

² Die Saldosteuersatzmethode kann nicht gewählt werden von steuerpflichtigen Personen, die:

a. nach Artikel 37 Absatz 5 MWSTG nach der Pauschalsteuersatzmethode abrechnen können;

b. das Verlagerungsverfahren nach Artikel 63 MWSTG anwenden;

c. die Gruppenbesteuerung nach Artikel 13 MWSTG anwenden;

d. ihren Sitz oder eine Betriebsstätte in den Talschaften Samnaun oder Sampuoir haben;

e. mehr als 50 Prozent ihres Umsatzes aus Leistungen an eine andere steuerpflichtige, nach der effektiven Methode abrechnende Person erzielen und diese gleichzeitig beherrschen oder von dieser beherrscht werden.

³ Steuerpflichtige Personen, die mit der Saldosteuersatzmethode abrechnen, können Leistungen nach Artikel 21 Absatz 2 Ziffern 1–25, 27 und 29 MWSTG nicht freiwillig versteuern (optieren).

Art. 78 Unterstellung unter die Saldosteuersatzmethode bei Beginn der Steuerpflicht
(Art. 37 Abs. 1–4 MWSTG)

¹ Neu ins Register der steuerpflichtigen Personen (Mehrwertsteuerregister) eingetragene Personen, die sich der Saldosteuersatzmethode unterstellen wollen, müssen dies der ESTV innert 60 Tagen nach Zustellung der Mehrwertsteuernummer schriftlich melden.

² Die ESTV bewilligt die Anwendung der Saldosteuersatzmethode, wenn in den ersten 12 Monaten sowohl der erwartete Umsatz als auch die erwarteten Steuern die Grenzen von Artikel 37 Absatz 1 MWSTG nicht überschreiten.

³ Erfolgt keine Meldung innert der Frist von Absatz 1, so muss die steuerpflichtige Person mindestens drei Jahre nach der effektiven Methode abrechnen, bevor sie sich der Saldosteuersatzmethode unterstellen kann. Ein vorzeitiger Wechsel zur Saldosteuersatzmethode ist möglich, wenn die ESTV den Saldosteuersatz der entsprechenden Branche beziehungsweise Tätigkeit ändert.

⁴ Die Absätze 1–3 gelten auch bei rückwirkenden Eintragungen sinngemäss.

⁵ Die bei Beginn der Steuerpflicht auf dem Warenlager, den Betriebsmitteln und den Anlagegütern lastende Mehrwertsteuer wird mit der Anwendung der Saldosteuersatzmethode berücksichtigt. Eine Einlageentsteuerung kann nicht vorgenommen werden.

Art. 79 Wechsel von der effektiven Abrechungsmethode zur
Saldosteuersatzmethode
(Art. 37 Abs. 1–4 MWSTG)

¹ Steuerpflichtige Personen, die von der effektiven Abrechnungsmethode zur Saldosteuersatzmethode wechseln wollen, müssen dies der ESTV bis spätestens 60 Tage nach Beginn der Steuerperiode schriftlich melden, ab welcher der Wechsel erfolgen soll. Bei verspäteter Meldung erfolgt der Wechsel auf den Beginn der nachfolgenden Steuerperiode.

² Die ESTV bewilligt die Anwendung der Saldosteuersatzmethode, wenn in der vorangegangenen Steuerperiode keine der Grenzen von Artikel 37 Absatz 1 MWSTG überschritten wurde.

³ Beim Wechsel von der effektiven Abrechnungsmethode zur Saldosteuersatzmethode erfolgen keine Korrekturen auf dem Warenlager, den Betriebsmitteln und den Anlagegütern.

⁴ Wird gleichzeitig mit der Unterstellung unter die Saldosteuersatzmethode auch die Abrechnungsart nach Artikel 39 MWSTG geändert, so sind folgende Korrekturen vorzunehmen:

a. Wird von vereinbarten auf vereinnahmte Entgelte gewechselt, so schreibt die ESTV der steuerpflichtigen Person auf den im Zeitpunkt der Umstellung von ihr in Rechnung gestellten, aber noch nicht bezahlten steuerbaren Leistungen (Debitorenposten) die Steuer zum entsprechenden gesetzlichen Steuersatz gut und belastet gleichzeitig die Vorsteuer auf den ihr in Rechnung gestellten, aber noch nicht bezahlten steuerbaren Leistungen (Kreditorenposten).

b. Wird von vereinnahmten auf vereinbarte Entgelte gewechselt, so belastet die ESTV die Steuer auf den im Zeitpunkt der Umstellung bestehenden Debitorenposten zum entsprechenden gesetzlichen Steuersatz und schreibt gleichzeitig die auf den Kreditorenposten lastende Vorsteuer gut.

Art. 80 Entzug der Bewilligung
(Art. 37 Abs. 1–4 MWSTG)

Steuerpflichtigen Personen, denen die Anwendung der Saldosteuersatzmethode aufgrund falscher Angaben gewährt wurde, kann die ESTV die Bewilligung rückwirkend bis auf den Zeitpunkt der Gewährung dieser Abrechnungsmethode entziehen.

Art. 81 Wechsel von der Saldosteuersatzmethode zur effektiven
Abrechnungsmethode
(Art. 37 Abs. 1–4 MWSTG)

¹ Steuerpflichtige Personen, die von der Saldosteuersatzmethode zur effektiven Methode wechseln wollen, müssen dies der ESTV bis spätestens 60 Tage nach Beginn der Steuerperiode schriftlich melden, ab welcher der Wechsel erfolgen soll. Bei verspäteter Meldung erfolgt der Wechsel auf den Beginn der nachfolgenden Steuerperiode.

² Wer eine oder beide der in Artikel 37 Absatz 1 MWSTG festgelegten Grenzen in zwei aufeinander folgenden Steuerperioden um höchstens 50 Prozent überschreitet, muss auf den Beginn der folgenden Steuerperiode zur effektiven Abrechnungsmethode wechseln.

³ Wer eine oder beide der in Artikel 37 Absatz 1 MWSTG festgelegten Grenzen um mehr als 50 Prozent überschreitet, muss auf den Beginn der folgenden Steuerperiode zur effektiven Abrechnungsmethode wechseln. Werden die Grenzen bereits in den ersten 12 Monaten der Unterstellung unter die Saldosteuersatzmethode überschritten, so wird die Bewilligung rückwirkend entzogen.

⁴ Ist die Überschreitung einer oder beider Grenzen um mehr als 50 Prozent auf die Übernahme eines Gesamt- oder Teilvermögens im Meldeverfahren zurückzuführen, so kann die steuerpflichtige Person entscheiden, ob sie rückwirkend auf den Beginn der Steuerperiode, in der die Übernahme erfolgte, oder auf den Beginn der nachfolgenden Steuerperiode zur effektiven Abrechnungsmethode wechseln will.

⁵ Beim Wechsel zur effektiven Abrechnungsmethode erfolgen keine Korrekturen auf dem Warenlager, den Betriebsmitteln und den Anlagegütern.

⁶ Wird gleichzeitig mit dem Wechsel zur effektiven Abrechnungsmethode auch die Abrechnungsart nach Artikel 39 MWSTG geändert, so sind folgende Korrekturen vorzunehmen:

a. Wird von vereinbarten auf vereinnahmte Entgelte gewechselt, so schreibt die ESTV der steuerpflichtigen Person auf den im Zeitpunkt der Umstellung bestehenden Debitorenposten die Steuer zu den bewilligten Saldosteuersätzen gut. Auf den Kreditorenposten sind keine Korrekturen vorzunehmen.

b. Wird von vereinnahmten auf vereinbarte Entgelte gewechselt, so belastet die ESTV die Steuer auf den im Zeitpunkt der Umstellung bestehenden Debitorenposten zu den bewilligten Saldosteuersätzen. Auf den Kreditorenposten sind keine Korrekturen vorzunehmen.

Art. 82 Ende der Steuerpflicht
(Art. 37 Abs. 1–4 MWSTG)

¹ Stellt eine nach der Saldosteuersatzmethode abrechnende steuerpflichtige Person ihre Geschäftstätigkeit ein oder wird sie infolge Unterschreitens der Umsatzgrenze von Artikel 10 Absatz 2 Buchstabe a MWSTG von der Steuerpflicht befreit, so sind die bis zur Löschung aus dem Mehrwertsteuerregister erzielten Umsätze, die angefangenen Arbeiten und bei Abrechnung nach vereinnahmten Entgelten auch die Debitorenposten mit den bewilligten Saldosteuersätzen abzurechnen.

² Auf dem Zeitwert der unbeweglichen Gegenstände im Zeitpunkt der Löschung aus dem Mehrwertsteuerregister ist die Steuer zum Normalsatz abzurechnen, wenn:

a. der Gegenstand von der steuerpflichtigen Person erworben, erbaut oder umgebaut wurde, als sie nach der effektiven Methode abrechnete, und sie den Vorsteuerabzug vorgenommen hat;

b. der Gegenstand von der steuerpflichtigen Person während der Zeit, in der sie mit Saldosteuersätzen abrechnete, im Rahmen des Meldeverfahrens von einer effektiv abrechnenden steuerpflichtigen Person erworben wurde.

³ Zur Ermittlung des Zeitwerts der unbeweglichen Gegenstände wird für jedes abgelaufene Jahr linear ein Zwanzigstel abgeschrieben.

Art. 83 Übernahme von Vermögen im Meldeverfahren
(Art. 37 Abs. 1–4 MWSTG)

¹ Verwendet eine nach der Saldosteuersatzmethode abrechnende steuerpflichtige Person ein im Meldeverfahren nach Artikel 38 MWSTG übernommenes Gesamt- oder Teilvermögen nicht oder zu einem geringeren Anteil als der Veräusserer oder die Veräusserin für eine zum Vorsteuerabzug berechtigende Tätigkeit, so ist wie folgt vorzugehen:

a. Rechnet der Veräusserer oder die Veräusserin nach der Saldosteuersatzmethode ab, so sind keine Korrekturen vorzunehmen.

b. Rechnet der Veräusserer oder die Veräusserin nach der effektiven Methode ab, so ist auf dem Teil des übernommenen Vermögens, der neu für eine nicht zum Vorsteuerabzug berechtigende Tätigkeit verwendet wird, der Eigenverbrauch im Sinn von Artikel 31 MWSTG unter Berücksichtigung von Artikel 38 Absatz 4 MWSTG abzurechnen.

² Verwendet eine nach der Saldosteuersatzmethode abrechnende steuerpflichtige Person ein im Meldeverfahren nach Artikel 38 MWSTG übernommenes Gesamt- oder Teilvermögen zu einem grösseren Anteil als der Veräusserer oder die Veräusserin für eine zum Vorsteuerabzug berechtigende Tätigkeit, so kann keine Korrektur vorgenommen werden.

Art. 84 Abrechnung nach Saldosteuersätzen
(Art. 37 Abs. 1–4 MWSTG)

¹ Steuerpflichtige Personen müssen ihre Tätigkeiten zu den von der ESTV bewilligten Saldosteuersätzen abrechnen.

² Wird eine Tätigkeit aufgegeben oder eine neue aufgenommen oder verändern sich die Umsatzanteile der Tätigkeiten derart, dass eine Neuzuteilung der Saldosteuersätze notwendig wird, so muss sich die steuerpflichtige Person mit der ESTV in Verbindung setzen.

³ Steuerpflichtige Personen, denen zwei verschiedene Saldosteuersätze bewilligt wurden, müssen die Erträge für jeden der beiden Saldosteuersätze separat verbuchen.

Art. 85 Bewilligung der Anwendung eines einzigen Saldosteuersatzes
(Art. 37 Abs. 1–4 MWSTG)

Der steuerpflichtigen Person wird die Anwendung eines einzigen Saldosteuersatzes bewilligt, ausser es liegt ein Fall nach Artikel 86 Absatz 1 oder 89 Absatz 3 oder 5 vor.

Art. 86 Bewilligung der Anwendung von zwei Saldosteuersätzen
(Art. 37 Abs. 1–4 MWSTG)

¹ Der steuerpflichtigen Person wird die Anwendung von zwei Saldosteuersätzen bewilligt, wenn:

a. sie zwei oder mehr Tätigkeiten ausübt, deren von der ESTV festgelegte Saldosteuersätze sich unterscheiden; und

b. mindestens zwei dieser Tätigkeiten einen Anteil von je mehr als 10 Prozent am Gesamtumsatz haben.

² Die 10-Prozent-Grenze wird berechnet:

a. bei Personen, die neu steuerpflichtig werden, und bei steuerpflichtigen Personen, die eine neue Tätigkeit aufnehmen: gestützt auf die voraussichtlichen Umsätze;

b. bei den übrigen steuerpflichtigen Personen: gestützt auf den Umsatz in den vorangegangenen zwei Steuerperioden.

³ Die Umsätze von Tätigkeiten mit gleichem Saldosteuersatz sind bei der Abklärung, ob die 10-Prozent-Grenze überschritten wird, zusammenzuzählen.

⁴ Überschreiten bei einer steuerpflichtigen Person, der die Anwendung von zwei Saldosteuersätzen bewilligt wurde, während zwei aufeinander folgenden Steuerperioden nur noch eine Tätigkeit beziehungsweise mehrere Tätigkeiten, für die derselbe Saldosteuersatz vorgesehen ist, die 10-Prozent-Grenze, so fällt die Bewilligung für die Anwendung des zweiten Saldosteuersatzes auf den Beginn der dritten Steuerperiode dahin.

Art. 87 Höhe der bewilligten Saldosteuersätze
(Art. 37 Abs. 1–4 MWSTG)

¹ Überschreiten nur zwei Tätigkeiten der steuerpflichtigen Person die 10-Prozent-Grenze, so wird die Anwendung der zwei für diese Tätigkeiten vorgesehenen Saldosteuersätze bewilligt.

² Überschreiten mehr als zwei Tätigkeiten die 10-Prozent-Grenze, so wird die Anwendung der folgenden Saldosteuersätze bewilligt:

a. der höchste der Saldosteuersätze, die für die entsprechenden Tätigkeiten, deren Anteil am Gesamtumsatz mehr als 10 Prozent beträgt, vorgesehen sind;

b. ein zweiter Saldosteuersatz, den die steuerpflichtige Person unter jenen Sätzen wählt, die für ihre übrigen Tätigkeiten, deren Anteil am Gesamtumsatz mehr als 10 Prozent beträgt, vorgesehen sind.

Art. 88 Versteuerung der einzelnen Tätigkeiten
(Art. 37 Abs. 1–4 MWSTG)

Die Umsätze aus Tätigkeiten der steuerpflichtigen Person, der die Anwendung von zwei Saldosteuersätzen bewilligt worden sind, sind zu versteuern:

a. zum höheren bewilligten Saldosteuersatz, wenn der für die betreffende Tätigkeit vorgesehene Saldosteuersatz über dem tieferen bewilligten Satz liegt;

b. zum tieferen bewilligten Satz in den übrigen Fällen.

Art. 89 Sonderregelung für Mischbranchen
(Art. 37 Abs. 1–4 MWSTG)

¹ Mischbranchen sind Branchen, in denen üblicherweise mehrere Tätigkeiten ausgeübt werden, die für sich allein betrachtet zu unterschiedlichen Saldosteuersätzen abzurechnen wären.

² Die ESTV legt in einer Verordnung fest:

a. den für die jeweilige Mischbranche anwendbaren Saldosteuersatz;

b. die in der jeweiligen Mischbranche üblichen Haupt- und Nebentätigkeiten.

³ Überschreitet der Anteil einer branchenüblichen Nebentätigkeit oder mehrerer branchenüblichen Nebentätigkeiten, für die nach der Verordnung der ESTV derselbe Saldosteuersatz anwendbar wäre, 50 Prozent des Umsatzes aus der Haupttätigkeit und den branchenüblichen Nebentätigkeiten, so gelten für die Abrechnung nach Saldosteuersätzen die Artikel 86–88.

⁴ Die 50-Prozent-Grenze wird berechnet:

a. bei Personen, die neu steuerpflichtig werden, und bei steuerpflichtigen Personen, die eine neue Tätigkeit aufnehmen: gestützt auf die voraussichtlichen Umsätze;

b. bei den übrigen steuerpflichtigen Personen: gestützt auf den Umsatz in den vorangegangenen zwei Steuerperioden.

⁵ Übt eine steuerpflichtige Person, die in einer Mischbranche tätig ist, noch branchenfremde Tätigkeiten aus, so richtet sich die Abrechnung nach Saldosteuersätzen für diese Tätigkeiten nach den Artikeln 86–88.

Art. 90 Besondere Verfahren
(Art. 37 Abs. 1–4 MWSTG)

¹ Die ESTV stellt den nach der Saldosteuersatzmethode abrechnenden steuerpflichtigen Personen ein Verfahren zur annäherungsweisen Abgeltung der angefallenen Vorsteuern zur Verfügung bei:

a. Lieferungen von Gegenständen ins Ausland, sofern der Gegenstand selbst hergestellt oder steuerbelastet eingekauft worden ist;

b. Leistungen an Begünstigte nach Artikel 2 des Gaststaatgesetzes vom 22. Juni 2007[19] (GSG), sofern der Ort der Leistung im Inland liegt und bei Lieferungen der Gegenstand selbst hergestellt oder steuerbelastet eingekauft worden ist.

[19] SR **192.12**

² Nach der Saldosteuersatzmethode abrechnende steuerpflichtige Personen, die Gebrauchtgegenstände nach Artikel 62 für den Wiederverkauf an einen Abnehmer oder eine Abnehmerin im Inland beziehen, können das von der ESTV zur Verfügung gestellte Verfahren zur Abgeltung der fiktiven Vorsteuer anwenden. Nicht anwendbar ist das Verfahren für gebrauchte Automobile bis zu einem Gesamtgewicht von 3500 kg.

³ Für Betriebe und Anlässe nach Artikel 55 Absatz 3 sieht die ESTV eine Pauschalregelung zur annäherungsweisen Aufteilung der Umsätze auf die beiden Saldosteuersätze vor.

Art. 91 Abrechnung der Bezugsteuer
(Art. 37 Abs. 1–4 MWSTG)

Nach der Saldosteuersatzmethode abrechnende steuerpflichtige Personen, die Leistungen von Unternehmen mit Sitz im Ausland nach den Artikeln 45–49 MWSTG beziehen, müssen die Bezugsteuer halbjährlich zum entsprechenden gesetzlichen Steuersatz entrichten.

Art. 92 Eigenverbrauch
(Art. 37 Abs. 1–4 MWSTG)

Der Eigenverbrauch ist, mit Ausnahme von Artikel 83 Absatz 1 Buchstabe b, mit der Anwendung der Saldosteuersatzmethode berücksichtigt.

Art. 93 Korrekturen bei unbeweglichen Gegenständen
(Art. 37 Abs. 1–4 MWSTG)

¹ Wird ein unbeweglicher Gegenstand nicht mehr im Rahmen der unternehmerischen Tätigkeit der steuerpflichtigen Person oder neu für eine nach Artikel 21 Absatz 2 MWSTG von der Steuer ausgenommene Tätigkeit verwendet, so ist auf dem Zeitwert die Steuer zum Normalsatz zu belasten, wenn:

   a. der Gegenstand von der steuerpflichtigen Person erworben, erbaut oder umgebaut wurde, als sie nach der effektiven Methode abrechnete, und sie den Vorsteuerabzug vorgenommen hat;

   b. der Gegenstand von der steuerpflichtigen Person während der Zeit, in der sie mit Saldosteuersätzen abrechnete, im Rahmen des Meldeverfahrens von einer effektiv abrechnenden steuerpflichtigen Person erworben wurde.

² Zur Ermittlung des Zeitwerts der unbeweglichen Gegenstände wird für jedes abgelaufene Jahr linear ein Zwanzigstel abgeschrieben.

Art. 94 Leistungen an eng verbundene Personen und an das Personal
(Art. 37 Abs. 1–4 MWSTG)

¹ Leistungen an eng verbundene Personen sind, unter Vorbehalt von Artikel 93, bei der Abrechnung mit Saldosteuersätzen wie folgt zu behandeln:

a. Eingekaufte Gegenstände und Dienstleistungen, die unentgeltlich abgegeben beziehungsweise erbracht werden, sind in den Saldosteuersätzen berücksichtigt und daher nicht abzurechnen.

b. Selbst hergestellte Gegenstände und Dienstleistungen, die unentgeltlich abgegeben oder erbracht werden, sind zum Wert, der unter unabhängigen Dritten vereinbart würde, mit dem bewilligten Saldosteuersatz abzurechnen.

c. Gegenstände und Dienstleistungen, die entgeltlich abgegeben oder erbracht werden, sind zum bezahlten Entgelt, mindestens aber zum Wert, der unter unabhängigen Dritten vereinbart würde, mit dem bewilligten Saldosteuersatz abzurechnen.

d. Wird mit zwei Saldosteuersätzen abgerechnet und kann die Leistung nicht einer Tätigkeit zugeordnet werden, so kommt der höhere Satz zur Anwendung.

2 Leistungen an das Personal sind bei der Abrechnung mit Saldosteuersätzen wie folgt zu behandeln:

a. Entgeltlich abgegebene Gegenstände und entgeltlich erbrachte Dienstleistungen an das Personal sind mit dem bewilligten Saldosteuersatz abzurechnen.

b. Wird mit zwei Saldosteuersätzen abgerechnet und kann die Leistung nicht einer Tätigkeit zugeordnet werden, so kommt der höhere Satz zur Anwendung.

3 Handelt es sich bei der angestellten Person um eine eng verbundene Person und besteht kein Rechtsanspruch aus Arbeitsvertrag für die Leistung, so gilt Absatz 1. Besteht ein solcher Rechtsanspruch, so wird Absatz 2 angewendet.

4 Leistungen, die im Lohnausweis zuhanden der direkten Steuern aufgeführt werden müssen, gelten immer als entgeltlich erbracht.

Art. 95   Verkäufe von Betriebsmitteln und Anlagegütern
(Art. 37 Abs. 1–4 MWSTG)

Verkäufe von Betriebsmitteln und Anlagegütern, die nicht ausschliesslich zur Erzielung von Leistungen, die von der Steuer ausgenommen sind, eingesetzt wurden, sind zum bewilligten Saldosteuersatz zu versteuern. Wird mit zwei Saldosteuersätzen abgerechnet und wurde das Betriebsmittel oder das Anlagegut für beide Tätigkeiten verwendet, so sind die Entgelte zum höheren Saldosteuersatz abzurechnen.

Art. 96   Rechnungsstellung zu einem zu hohen Steuersatz
(Art. 37 Abs. 1–4 MWSTG)

Stellt eine mit Saldosteuersätzen abrechnende steuerpflichtige Person eine Leistung zu einem zu hohen Steuersatz in Rechnung, so muss sie zusätzlich zu der mit dem Saldosteuersatz berechneten Mehrwertsteuer auch die Differenz zwischen der nach dem ausgewiesenen Steuersatz berechneten Steuer und der nach dem Steuersatz nach Artikel 25 MWSTG berechneten Steuer entrichten. Dabei wird das Entgelt als inklusive Mehrwertsteuer betrachtet.

3. Abschnitt: Pauschalsteuersatzmethode

Art. 97   Grundsätze
(Art. 37 Abs. 5 MWSTG)

¹ Verwandte Einrichtungen nach Artikel 37 Absatz 5 MWSTG sind namentlich Gemeindezweckverbände und andere Zusammenschlüsse von Gemeinwesen, Kirchgemeinden, private Schulen und Internate, private Spitäler, Zentren für ärztliche Heilbehandlungen, Rehabilitationszentren, Kurhäuser, private Spitexorganisationen, Altersheime, Pflegeheime, Seniorenresidenzen, sozial tätige Unternehmen wie Behindertenwerkstätten, Wohnheime und Sonderschulen, von Gemeinwesen subventionierte Betreiber von Sportanlagen und Kulturzentren, kantonale Gebäudeversicherungen, Wassergenossenschaften, Transportunternehmen des öffentlichen Verkehrs, von Gemeinwesen subventionierte privatrechtliche Waldkorporationen, Veranstalter und Veranstalterinnen von nicht wiederkehrenden Anlässen in den Bereichen Kultur und Sport, Vereine nach den Artikeln 60–79 des Zivilgesetzbuchs[20] (ZGB) und Stiftungen nach den Artikeln 80–89bis ZGB.

² Es bestehen keine betragsmässigen Grenzen für die Anwendung der Pauschalsteuersatzmethode.

³ Steuerpflichtige Personen, die mit der Pauschalsteuersatzmethode abrechnen, können Leistungen nach Artikel 21 Absatz 2 Ziffern 1–25, 27 und 29 MWSTG nicht freiwillig versteuern (optieren).

Art. 98   Unterstellung unter die Pauschalsteuersatzmethode und Wechsel der Abrechnungsmethode
(Art. 37 Abs. 5 MWSTG)

¹ Gemeinwesen sowie verwandte Einrichtungen nach Artikel 97 Absatz 1, die nach der Pauschalsteuersatzmethode abrechnen wollen, müssen dies der ESTV schriftlich melden.

² Die Pauschalsteuersatzmethode muss während mindestens dreier Steuerperioden beibehalten werden. Entscheidet sich die steuerpflichtige Person für die effektive Abrechnungsmethode, so kann sie frühestens nach zehn Jahren zur Pauschalsteuersatzmethode wechseln. Ein vorzeitiger Wechsel ist nur möglich, wenn die ESTV den Pauschalsteuersatz der betreffenden Tätigkeit ändert.

³ Wechsel der Abrechnungsmethode sind auf den Beginn einer Steuerperiode möglich. Sie müssen der ESTV bis spätestens 60 Tage nach Beginn der Steuerperiode schriftlich gemeldet werden, ab welcher der Wechsel erfolgen soll. Bei verspäteter Meldung erfolgt der Wechsel auf den Beginn der nachfolgenden Steuerperiode.

---

[20] SR **210**

Art. 99 Pauschalsteuersätze
(Art. 37 Abs. 5 MWSTG)

¹ Bei Anwendung der Pauschalsteuersatzmethode wird die Steuerforderung durch Multiplikation des Totals der in einer Abrechnungsperiode erzielten steuerbaren Entgelte, einschliesslich der Steuer, mit dem von der ESTV bewilligten Pauschalsteuersatz ermittelt.

² Die ESTV legt die Pauschalsteuersätze unter Berücksichtigung der branchenüblichen Vorsteuerquote fest. Eine Tätigkeit, für die kein Pauschalsteuersatz festgelegt wurde, ist mit dem bei der Saldosteuersatzmethode geltenden Satz abzurechnen.

³ Die steuerpflichtige Person muss jede ihrer Tätigkeiten zum massgebenden Pauschalsteuersatz abrechnen. Die Anzahl der anwendbaren Pauschalsteuersätze ist nicht beschränkt.

Art. 100 Anwendbarkeit der Regeln der Saldosteuersatzmethode
(Art. 37 Abs. 5 MWSTG)

Soweit dieser Abschnitt keine Regelung enthält, gelten ergänzend die Artikel 77–96.

4. Abschnitt: Meldeverfahren

Art. 101 Teilvermögen
(Art. 38 Abs. 1 MWSTG)

Als Teilvermögen gilt jede kleinste für sich lebensfähige Einheit eines Unternehmens.

Art. 102 Steuerpflicht des Erwerbers oder der Erwerberin
(Art. 38 Abs. 1 MWSTG)

Das Meldeverfahren ist auch dann anzuwenden, wenn der Erwerber oder die Erwerberin erst im Zusammenhang mit der Übertragung des Gesamt- oder Teilvermögens steuerpflichtig wird.

Art. 103 Rechnung
(Art. 38 Abs. 1 MWSTG)

Wird das Meldeverfahren angewendet, so muss dies auf der Rechnung vermerkt werden.

Art. 104 Freiwillige Anwendung des Meldeverfahrens
(Art. 38 Abs. 2 MWSTG)

Unter der Voraussetzung, dass beide Parteien steuerpflichtig sind oder werden, kann das Meldeverfahren angewendet werden:

 a. bei der Übertragung eines Grundstücks oder von Grundstücksteilen;

 b. auf Gesuch der übertragenden Person, sofern gewichtige Interessen vorliegen.

Art. 105 Verwendungsgrad
(Art. 38 Abs. 4 MWSTG)

Es wird vermutet, dass der Veräusserer oder die Veräusserin die übertragenen Vermögenswerte vollumfänglich für zum Vorsteuerabzug berechtigende Tätigkeiten verwendet hat. Ein anderer Verwendungsgrad ist vom Erwerber oder der Erwerberin nachzuweisen.

5. Abschnitt: Abrechnungsart und Abtretung der Steuerforderung

Art. 106 Wechsel der Abrechnungsart bei Abrechnung nach der effektiven Methode
(Art. 39 MWSTG)

¹ Beim Wechsel von der Abrechnung nach vereinnahmten Entgelten zur Abrechnung nach vereinbarten Entgelten muss die steuerpflichtige Person in der auf den Wechsel folgenden Abrechnungsperiode:

a. die Steuer auf den im Zeitpunkt des Wechsels bestehenden Debitorenposten abrechnen; und

b. die Vorsteuern auf den im Zeitpunkt des Wechsels bestehenden Kreditorenposten im Rahmen der zum Vorsteuerabzug berechtigenden unternehmerischen Tätigkeit abziehen.

² Beim Wechsel von der Abrechnung nach vereinbarten Entgelten zur Abrechnung nach vereinnahmten Entgelten muss die steuerpflichtige Person in der auf den Wechsel folgenden Abrechnungsperiode:

a. die im Zeitpunkt des Wechsels bestehenden Debitorenposten von den in dieser Abrechnungsperiode vereinnahmten Entgelten abziehen; und

b. die Vorsteuern auf den im Zeitpunkt des Wechsels bestehenden Kreditorenposten von den in dieser Abrechnungsperiode bezahlten Vorsteuern abziehen.

³ Wird gleichzeitig mit dem Wechsel der Abrechnungsart auch die Abrechnungsmethode nach den Artikeln 36 und 37 MWSTG geändert, so gilt Artikel 79 Absatz 4 beziehungsweise Artikel 81 Absatz 6 dieser Verordnung.

Art. 107 Wechsel der Abrechnungsart bei Abrechnung nach der Saldosteuersatzmethode
(Art. 39 MWSTG)

¹ Beim Wechsel von der Abrechnung nach vereinnahmten Entgelten zur Abrechnung nach vereinbarten Entgelten muss die steuerpflichtige Person in der auf den Wechsel folgenden Abrechnungsperiode die im Zeitpunkt des Wechsels bestehenden Debitorenposten mit den bewilligten Saldosteuersätzen abrechnen.

² Beim Wechsel von der Abrechnung nach vereinbarten Entgelten zur Abrechnung nach vereinnahmten Entgelten muss die steuerpflichtige Person in der auf den Wechsel folgenden Abrechnungsperiode die im Zeitpunkt des Wechsels bestehen-

den Debitorenposten von den in dieser Abrechnungsperiode vereinnahmten Entgelten abziehen.

3 Wird gleichzeitig mit dem Wechsel der Abrechnungsart auch die Abrechnungsmethode geändert, so gilt Artikel 79 Absatz 4 beziehungsweise Artikel 81 Absatz 6.

Art. 108 Abtretung und Verpfändung der Steuerforderung
(Art. 44 Abs. 2 MWSTG)

Bei der Abtretung und der Verpfändung der Steuerforderung gelten die Bestimmungen über die Geheimhaltung nach Artikel 74 MWSTG nicht.

3. Titel: Bezugsteuer

Art. 109 Nicht der Bezugsteuer unterliegende Leistungen
(Art. 45 MWSTG)

1 Leistungen, die nach Artikel 21 MWSTG von der Steuer ausgenommen oder nach Artikel 23 MWSTG von der Steuer befreit sind, unterliegen nicht der Bezugsteuer.

2 Nicht der Bezugsteuer, sondern der Inlandsteuer unterliegt die Lieferung von Elektrizität und Erdgas in Leitungen nach Artikel 7 Absatz 2 MWSTG an Personen, die nicht nach Artikel 10 MWSTG steuerpflichtig sind.

Art. 110 Beendigung des Gebrauchs oder der Nutzung mit anschliessender Lieferung des Gegenstands im Inland
(Art. 45 Abs. 1 Bst. c MWSTG)

Wird ein zum Gebrauch oder zur Nutzung überlassener Gegenstand, der in den zollrechtlich freien Verkehr überführt wurde, nach Beendigung dieses Gebrauchs oder dieser Nutzung nicht unmittelbar nach dem Ausfuhrverfahren (Art. 61 des Zollgesetzes vom 18. März 2005[21], ZG) veranlagt, sondern an eine Drittperson im Inland geliefert, so muss diese die Bezugsteuer entrichten.

Art. 111 Datenträger ohne Marktwert
(Art. 45 Abs. 1 Bst b und 52 Abs. 2 MWSTG)

1 Als Datenträger ohne Marktwert gilt, unabhängig vom Trägermaterial oder der Art der Datenspeicherung, jeder Träger von Daten, der in der Art und Beschaffenheit, wie er eingeführt wird:
   a. nicht gegen Entrichtung eines im Zeitpunkt der Einfuhr feststehenden Entgelts erworben werden kann; und
   b. nicht gegen Entrichtung einer einmaligen, im Zeitpunkt der Einfuhr feststehenden Lizenzgebühr vertragsmässig genutzt werden kann.

2 Der Datenträger kann namentlich Computerprogramme und -dateien, deren Updates und Upgrades sowie Ton- und Bilddaten enthalten.

[21] SR **631.0**

³ Massgebend für die Beurteilung, ob ein Datenträger ohne Marktwert vorliegt, ist der Träger selbst mit den darin enthaltenen Dienstleistungen und den damit verbundenen Rechten ohne Berücksichtigung des zur Einfuhr führenden Rechtsgeschäfts.

⁴ Den Datenträgern ohne Marktwert sind namentlich die folgenden Gegenstände gleichgestellt, sofern der Gegenstand dem Auftraggeber oder der Auftraggeberin aufgrund eines selbstständigen Rechtsgeschäftes übergeben oder überlassen wird:

- a. Pläne, Zeichnungen und Illustrationen namentlich von Architekten und Architektinnen, Ingenieuren und Ingenieurinnen, Grafikern und Grafikerinnen sowie Designern und Designerinnen;
- b. Rechtsschriften von Anwälten und Anwältinnen, Gutachten von Sachverständigen, Übersetzungen, Forschungs- und Versuchsergebnisse sowie Ergebnisse aus Analysen, Bewertungen und Ähnlichem;
- c. verbriefte Rechte und immaterielle Werte.

4. Titel: Einfuhrsteuer

1. Kapitel: Mehrheit von Leistungen und Befreiung von der Einfuhrsteuer

Art. 112 Sachgesamtheiten und Leistungskombinationen
(Art. 52 Abs. 3 und 19 Abs. 2 MWSTG)

¹ Wird bei der Einfuhr die Veranlagung nach Artikel 19 Absatz 2 MWSTG verlangt, so muss im Zeitpunkt der Zollanmeldung eine Kostenkalkulation eingereicht werden.

² Aus der Kostenkalkulation müssen ersichtlich sein:

- a. die Selbstkosten der einzelnen Leistungen;
- b. das Gesamtentgelt.

³ Kostenbestandteile, die den einzelnen Leistungen nicht vollständig zugeordnet werden können, wie Gemeinkosten, Gewinn oder Beförderungskosten, sind wertanteilig auf die einzelnen Leistungen aufzuteilen.

⁴ Die Eidgenössische Zollverwaltung (EZV) kann im Einzelfall zur Überprüfung der Kalkulation weitere Unterlagen einfordern.

Art. 113 Befreiung von der Einfuhrsteuer
(Art. 53 Abs. 2 und 107 Abs. 2 MWSTG)

Von der Einfuhrsteuer sind befreit:

- a. Gegenstände für Staatsoberhäupter sowie für diplomatische, konsularische und internationale Stellen und deren Mitglieder, die nach Artikel 6 der Zollverordnung vom 1. November 2006[22] (ZV) zollfrei sind;

[22] SR **631.01**

b. Särge, Urnen und Trauerschmuck, die nach Artikel 7 ZV zollfrei sind;

c. Ehrenpreise, Erinnerungszeichen und Ehrengaben, die nach Artikel 8 ZV zollfrei sind;

d. Speisewagenvorräte, die nach Artikel 10 ZV zollfrei sind;

e. Vorräte, Ersatzteile und Ausrüstungsgegenstände auf Schiffen, die nach Artikel 11 ZV zollfrei sind;

f. Vorräte, Ersatzteile und Ausrüstungsgegenstände an Bord von Luftfahrzeugen, die nach Artikel 12 ZV zollfrei sind;

g. Münz- und Feingold nach Artikel 44.

2. Kapitel: Bestimmung und Sicherstellung der Einfuhrsteuerschuld

Art. 114 Sicherheit bei Bezahlung der Steuer über das zentralisierte Abrechnungsverfahren der EZV

(Art. 56 Abs. 3 MWSTG)

Wird die Steuer über das zentralisierte Abrechnungsverfahren (ZAZ) bezahlt, so kann die EZV aufgrund ihrer Risikobeurteilung eine pauschale Sicherheit verlangen. Diese berechnet sich wie folgt:

a. mindestens 20 Prozent der innerhalb einer Periode von 60 Tagen aufgelaufenen Steuer, sofern der Importeur oder die Importeurin bei der ESTV als steuerpflichtige Person eingetragen ist und die Bedingungen des ZAZ eingehalten werden;

b. 100 Prozent der innerhalb einer Periode von 60 Tagen aufgelaufenen Steuer, sofern der Importeur oder die Importeurin bei der ESTV nicht als steuerpflichtige Person eingetragen ist oder die Bedingungen des ZAZ nicht eingehalten werden.

Art. 115 Höhe der Sicherheit bei bedingt entstandener Steuerforderung und bei Zahlungserleichterungen

(Art. 56 Abs. 3 MWSTG)

[1] Die Höhe der Sicherheit beträgt bei bedingt entstandenen Steuerforderungen oder in Fällen, in denen Zahlungserleichterungen nach Artikel 76 Absatz 1 ZG[23] gewährt werden:

a. 100 Prozent bei der Lagerung von Massengütern;

b. mindestens 25 Prozent in den übrigen Fällen.

[2] Bei internationalen Transiten richtet sich die Höhe der Sicherheit nach den völkerrechtlichen Verträgen.

[23] SR **631.0**

Art. 116 Nachträgliche Anpassung der Entgelte
(Art. 56 Abs. 5 MWSTG)

¹ Die Meldung einer nachträglichen Anpassung der Entgelte muss folgende Informationen enthalten:

a. Anfangs- und Enddatum der Periode, für welche die Entgelte nachträglich angepasst werden;

b. die in dieser Periode berechneten Entgelte;

c. das Total der Entgeltsanpassungen;

d. die Aufteilung der Entgeltsanpassung auf die verschiedenen Steuersätze.

² Für die Ermittlung der Entgeltsanpassung herangezogene Preis- oder Wertangaben in ausländischer Währung sind nach dem durchschnittlichen Devisenkurs (Verkauf) der Periode in Schweizerfranken umzurechnen.

³ Die EZV kann im Einzelfall zur Bestimmung der Einfuhrsteuerschuld weitere Unterlagen einfordern.

3. Kapitel: Verlagerung der Steuerentrichtung

Art. 117 Verlagerung der Entrichtung der Einfuhrsteuer
(Art. 63 MWSTG)

¹ Wer Steuern im Verlagerungsverfahren entrichten will, bedarf einer Bewilligung der ESTV.

² Bestehen Zweifel darüber, ob die Voraussetzungen für die Verlagerung der Einfuhrsteuer erfüllt sind, so erhebt die EZV die Steuer.

³ Die Verjährung der verlagerten Einfuhrsteuerschuld richtet sich nach Artikel 42 MWSTG.

⁴ Die ESTV regelt den Vollzug im Einvernehmen mit der EZV.

Art. 118 Bewilligungsvoraussetzungen
(Art. 63 MWSTG)

¹ Die Bewilligung wird erteilt, wenn die steuerpflichtige Person:

a. die Mehrwertsteuer nach der effektiven Methode abrechnet;

b. im Rahmen ihrer unternehmerischen Tätigkeit regelmässig Gegenstände importiert und exportiert;

c. über diese Gegenstände eine detaillierte Einfuhr-, Lager- und Ausfuhrkontrolle führt;

d. in ihren periodischen Steuerabrechnungen mit der ESTV regelmässig Vorsteuerüberschüsse aus Ein- und Ausfuhren von Gegenständen nach Buchstabe b von mehr als 50 000 Franken pro Jahr ausweist, die aus der Entrichtung der Einfuhrsteuer an die EZV herrühren; und

e. Gewähr bietet für einen ordnungsgemässen Ablauf des Verfahrens.

² Die Erteilung oder Aufrechterhaltung der Bewilligung kann von der Leistung von Sicherheiten in Höhe der mutmasslichen Ansprüche abhängig gemacht werden.

Art. 119   Wegfall der Bewilligungsvoraussetzungen
(Art. 63 MWSTG)

Fällt eine der Voraussetzungen der Bewilligung nach Artikel 118 Absatz 1 Buchstaben a–d weg, so muss die steuerpflichtige Person die ESTV unverzüglich schriftlich benachrichtigen.

Art. 120   Entzug der Bewilligung
(Art. 63 MWSTG)

Die Bewilligung wird entzogen, wenn die steuerpflichtige Person nicht mehr Gewähr für einen ordnungsgemässen Ablauf des Verfahrens bietet.

Art. 121   Nichterhebung der Inlandsteuer
(Art. 63 Abs. 2 MWSTG)

Für die Bewilligung nach Artikel 63 Absatz 2 MWSTG gelten die Artikel 118–120 sinngemäss.

5. Titel: Verfahrensrecht für die Inland- und die Bezugsteuer
1. Kapitel: Rechte und Pflichten der steuerpflichtigen Person
1. Abschnitt: Elektronische Daten und Informationen

Art. 122   Grundsatz
(Art. 70 Abs. 4 MWSTG)

¹ Elektronisch oder in vergleichbarer Weise übermittelte und aufbewahrte Daten und Informationen, die für den Vorsteuerabzug, die Steuererhebung oder den Steuerbezug relevant sind, haben die gleiche Beweiskraft wie Daten und Informationen, die ohne Hilfsmittel lesbar sind, sofern folgende Voraussetzungen erfüllt sind:

a. Nachweis des Ursprungs;

b. Nachweis der Integrität;

c. Nichtabstreitbarkeit des Versands.

² Besondere gesetzliche Bestimmungen, welche die Übermittlung oder Aufbewahrung der genannten Daten und Informationen in einer besonderen Form vorschreiben, bleiben vorbehalten.

Art. 123 Verfügbarkeit und Wiedergabe
(Art. 70 Abs. 1 und 4 MWSTG)

Die Verfügbarkeit von für die Steuererhebung oder den Steuerbezug relevanten elektronisch oder in vergleichbarer Weise aufbewahrten Daten und Informationen richtet sich nach den Bestimmungen des 3. Abschnittes der Geschäftsbücherverordnung vom 24. April 2002[24]. Die steuerpflichtige Person muss sicherstellen, dass diese Daten und Informationen während der gesetzlichen Aufbewahrungsfrist jederzeit verständlich lesbar gemacht werden können. Sie muss die dazu erforderlichen Mittel zur Verfügung stellen.

Art. 124 Elektronischer Behördenverkehr
(Art. 70 Abs. 4 MWSTG)

[1] Belege können der ESTV elektronisch übermittelt werden, sofern die ESTV deren elektronische Übermittlung ausdrücklich für zulässig erklärt hat.

[2] Elektronische Daten und Informationen, die Artikel 74 MWSTG unterliegen, sind im Fall der Nutzung allgemein zugänglicher Netze verschlüsselt zu übermitteln.

[3] Im Übrigen gilt die Verordnung vom 17. Oktober 2007[25] über die elektronische Übermittlung im Rahmen eines Verwaltungsverfahrens.

Art. 125 Ausführungsbestimmungen
(Art. 70 Abs. 4 MWSTG)

Das EFD erlässt Bestimmungen technischer, organisatorischer und verfahrenstechnischer Natur, um die Sicherheit, Vertraulichkeit und Kontrolle elektronisch oder in vergleichbarer Weise erzeugter, übermittelter und aufbewahrter Daten und Informationen nach den Bestimmungen dieses Abschnitts angemessen zu gewährleisten.

2. Abschnitt: Abrechnung

Art. 126 Effektive Abrechnungsmethode
(Art. 71 und 72 MWSTG)

[1] Bei der effektiven Abrechnungsmethode muss die steuerpflichtige Person für die Abrechnung mit der ESTV die folgenden Werte in geeigneter Weise festhalten:

    a. das Total aller der Inlandsteuer unterliegenden Entgelte; dieses umfasst namentlich die Entgelte für:
        1. besteuerte Leistungen, aufgeteilt nach Steuersätzen,
        2. Leistungen, die nach Artikel 22 MWSTG freiwillig versteuert werden (Option),
        3. Leistungen, die nach Artikel 23 MWSTG von der Steuer befreit sind,

---

[24] SR **221.431**
[25] SR **172.021.2**

	4. Leistungen an Begünstigte nach Artikel 2 GSG[26], die nach Artikel 143 dieser Verordnung von der Mehrwertsteuer befreit sind,
	5. Leistungen, für die das Meldeverfahren nach Artikel 38 MWSTG angewendet wurde,
	6. Leistungen, die nach Artikel 21 MWSTG von der Steuer ausgenommen sind;
b. Minderungen des Entgelts bei Abrechnung nach vereinbarten Entgelten, soweit sie nicht in einer anderen Position berücksichtigt sind;
c. die nicht im Anwendungsbereich der Mehrwertsteuer liegenden:
	1. Entgelte aus Leistungen, deren Ort nach den Artikeln 7 und 8 MWSTG im Ausland liegt,
	2. nicht als Entgelte geltenden Mittelflüsse nach Artikel 18 Absatz 2 Buchstaben a–c MWSTG,
	3. anderen nicht als Entgelte geltenden Mittelflüsse nach Artikel 18 Absatz 2 Buchstaben d–l MWSTG;
d. das Total der Entgelte für der Bezugsteuer unterliegende Leistungen, aufgeteilt nach Steuersätzen;
e. das Total aller abziehbaren Vorsteuern, vor den Korrekturen und Kürzungen nach Buchstabe f, aufgeteilt in:
	1. Vorsteuer auf Material- und Dienstleistungsaufwand,
	2. Vorsteuer auf Investitionen und übrigem Betriebsaufwand,
	3. Einlageentsteuerung;
f. die Beträge, um die der Vorsteuerabzug korrigiert oder gekürzt werden muss infolge:
	1. gemischter Verwendung nach Artikel 30 MWSTG,
	2. Eigenverbrauchs nach Artikel 31 MWSTG,
	3. Erhalts von Mittelflüssen, die nicht als Entgelt gelten, nach Artikel 33 Absatz 2 MWSTG;
g. das Total der im Verlagerungsverfahren abgerechneten Einfuhrsteuer.

² Die ESTV kann mehrere Werte nach Absatz 1 unter einer Ziffer des Abrechnungsformulars zusammenfassen oder darauf verzichten, sie im Rahmen der periodischen Abrechnung zu verlangen.

Art. 127 Abrechnung nach der Saldosteuersatz- oder der Pauschalsteuersatzmethode
(Art. 71 und 72 MWSTG)

¹ Bei der Saldosteuersatz- und der Pauschalsteuersatzmethode muss die steuerpflichtige Person für die Abrechnung mit der ESTV die folgenden Werte in geeigneter Weise festhalten:

[26] SR **192.12**

a. das Total aller der Inlandsteuer unterliegenden Entgelte; dieses umfasst namentlich die Entgelte für:
  1. besteuerte Leistungen, aufgeteilt nach Saldosteuersätzen beziehungsweise Pauschalsteuersätzen,
  2. Leistungen, die nach Artikel 23 MWSTG von der Steuer befreit sind,
  3. Leistungen an Begünstigte nach Artikel 2 GSG[27], die nach Artikel 143 dieser Verordnung von der Mehrwertsteuer befreit sind,
  4. Leistungen, für die das Meldeverfahren nach Artikel 38 MWSTG angewendet wurde,
  5. Leistungen, die nach Artikel 21 MWSTG von der Steuer ausgenommen sind;
b. Minderungen des Entgelts bei Abrechnung nach vereinbarten Entgelten, soweit sie nicht in einer anderen Position berücksichtigt sind;
c. die nicht im Anwendungsbereich der Mehrwertsteuer liegenden:
  1. Entgelte aus Leistungen, deren Ort nach den Artikeln 7 und 8 MWSTG im Ausland liegt,
  2. nicht als Entgelte geltenden Mittelflüsse nach Artikel 18 Absatz 2 Buchstaben a–c MWSTG,
  3. anderen nicht als Entgelte geltenden Mittelflüsse nach Artikel 18 Absatz 2 Buchstaben d–l MWSTG;
d. das Total der Entgelte für der Bezugsteuer unterliegende Leistungen, aufgeteilt nach Steuersätzen;
e. Steueranrechnungen aus der Anwendung eines von der ESTV zur Verfügung gestellten besonderen Verfahrens nach Artikel 90 Absätze 1 und 2;
f. Zeitwert der unbeweglichen Gegenstände nach Artikel 93, die nicht mehr im Rahmen der unternehmerischen Tätigkeit oder neu für eine nach Artikel 21 Absatz 2 MWSTG von der Steuer ausgenommene Tätigkeit verwendet werden.

[2] Die ESTV kann mehrere Werte nach Absatz 1 unter einer Ziffer des Abrechnungsformulars zusammenfassen oder darauf verzichten, sie im Rahmen der periodischen Abrechnung zu verlangen.

Art. 128 Zusätzliche Unterlagen
(Art. 71 und 72 MWSTG)

[1] Die ESTV kann von der steuerpflichtigen Person die Einreichung namentlich folgender Unterlagen verlangen:

a. eine Zusammenfassung der in Artikel 126 beziehungsweise 127 genannten Angaben für die gesamte Steuerperiode (Deklaration für die Steuerperiode);
b. die rechtsgültig unterzeichnete Jahresrechnung oder, wenn die steuerpflichtige Person nicht buchführungspflichtig ist, eine Aufstellung über die Ein-

---

[27] SR **192.12**

nahmen und Ausgaben sowie über das Geschäftsvermögen zu Beginn und am Ende der Steuerperiode;

c. den Revisionsbericht, soweit für die steuerpflichtige Person ein solcher zu erstellen ist;

d. eine Umsatzabstimmung nach Absatz 2;

e. bei steuerpflichtigen Personen, die nach der effektiven Methode abrechnen, eine Vorsteuerabstimmung nach Absatz 3;

f. bei steuerpflichtigen Personen, die nach der effektiven Methode abrechnen, eine Aufstellung über die Berechnung der vorgenommenen Vorsteuerkorrekturen und -kürzungen, aus der die Vorsteuerkorrekturen nach Artikel 30 MWSTG, die Eigenverbrauchstatbestände nach Artikel 31 MWSTG und die Vorsteuerabzugskürzungen nach Artikel 33 Absatz 2 MWSTG ersichtlich sind.

² Aus der Umsatzabstimmung muss ersichtlich sein, wie die Deklaration für die Steuerperiode unter Berücksichtigung der verschiedenen Steuersätze beziehungsweise der Saldo- oder Pauschalsteuersätze mit dem Jahresabschluss in Übereinstimmung gebracht wird. Namentlich zu berücksichtigen sind:

a. der in der Jahresrechnung ausgewiesene Betriebsumsatz;

b. die Erträge, die auf Aufwandkonten verbucht wurden (Aufwandminderungen);

c. die konzerninternen Verrechnungen, die nicht im Betriebsumsatz enthalten sind;

d. die Verkäufe von Betriebsmitteln;

e. die Vorauszahlungen;

f. die übrigen Zahlungseingänge, die nicht im ausgewiesenen Betriebsumsatz enthalten sind;

g. die geldwerten Leistungen;

h. die Erlösminderungen;

i. die Debitorenverluste; und

j. die Abschlussbuchungen wie die zeitlichen Abgrenzungen, die Rückstellungen und internen Umbuchungen, die nicht umsatzrelevant sind.

³ Aus der Vorsteuerabstimmung muss ersichtlich sein, dass die Vorsteuern gemäss Vorsteuerkonti oder sonstigen Aufzeichnungen mit den deklarierten Vorsteuern abgestimmt wurden.

⁴ Die Einforderung zusätzlicher Unterlagen nach den Absätzen 1–3 stellt kein Einfordern von umfassenden Unterlagen im Sinn von Artikel 78 Absatz 2 MWSTG dar.

Art. 129 Korrektur
(Art. 72 MWSTG)

Die Korrektur von Mängeln in zurückliegenden Abrechnungen muss getrennt von den ordentlichen Abrechnungen erfolgen.

2. Kapitel: Auskunftspflicht von Drittpersonen
(Art. 73 Abs. 2 Bst. c MWSTG)

Art. 130

Die Auskunftspflicht von Drittpersonen nach Artikel 73 Absatz 2 Buchstabe c MWSTG gilt nicht für Unterlagen, die:

a. der auskunftspflichtigen Person zur Erbringung ihrer Leistung anvertraut worden sind;

b. die auskunftspflichtige Person zur Erbringung ihrer Leistung selbst erstellt hat.

3. Kapitel: Rechte und Pflichten der Behörden
1. Abschnitt: Automatisierte Verarbeitung und Aufbewahrung von Daten

Art. 131 Zweck der Datenbearbeitung und Art der Daten
(Art. 76 Abs. 2 MWSTG)

Die ESTV darf für die nachstehend aufgeführten Aufgaben die folgenden Daten und Informationen bearbeiten:

a.[28] Feststellung der Steuerpflicht von natürlichen und juristischen Personen und Personengesamtheiten: Namen, Rechtsform, Handelsregistereintrag, Geburtsdatum oder Gründungszeitpunkt, Adresse, Wohn- und Geschäftssitz, Telekommunikationsnummern, E-Mail-Adresse, Heimatort, Art der Geschäftstätigkeit, erzielte oder voraussichtliche Umsätze, Eintragungs- und Löschungszeitpunkt, Bankverbindung, erforderliche Angaben für den rechtlichen Vertreter oder die rechtliche Vertreterin, bei Inhabern und Inhaberinnen von Einzelunternehmen zusätzlich AHV-Versichertennummer;

b. Feststellung der steuerbaren Leistungen sowie Erhebung und Überprüfung der darauf geschuldeten Steuer und der abziehbaren Vorsteuern: Daten und Informationen aus Geschäftsbüchern, Belegen, Geschäftspapieren und sonstigen Aufzeichnungen, Steuerabrechnungen und Korrespondenzen sowie betriebswirtschaftliche Zahlen;

---

[28] Fassung gemäss Ziff. I der V vom 12. Okt. 2011, in Kraft seit 1. Jan. 2012 (AS **2011** 4739).

c. Überprüfung der als von der Steuer ausgenommen geltend gemachten Leistungen und der in diesem Zusammenhang stehenden Vorsteuern: Daten und Informationen aus Geschäftsbüchern, Belegen, Geschäftspapieren und sonstigen Aufzeichnungen, Steuerabrechnungen und Korrespondenzen;

d. Überprüfung der Steuerbefreiung von Leistungen, die von Gesetzes wegen der Steuer unterliegen oder freiwillig versteuert werden (Option): Daten und Informationen aus Geschäftspapieren und Belegen sowie aus Nachweisen über den Ort der Leistungserbringung;

e. Durchführung der für die Erhebung der Mehrwertsteuer relevanten Kontrollen von Import- und Exportbelegen: Daten aus Datenbeständen der EZV;

f. Sicherstellung des Bezugs der geschuldeten Steuern bei den steuerpflichtigen und mithaftenden Personen: Daten und Informationen über Betreibungs-, Konkurs- und Arrestverfahren, über die Dauer und den Umfang von Forderungszessionen und über die Höhe steuerbarer zedierter Forderungen, über Vermögensverhältnisse wie Barschaft, Post- und Bankkonten, Wertpapiere, Liegenschaften und sonstige bewegliche Wertsachen sowie unverteilte Erbschaften;

g. Verhängung und Vollstreckung von administrativen oder strafrechtlichen Sanktionen: Daten und Informationen über die in Administrativ- und Strafverfahren festgestellten Widerhandlungen sowie über die Strafzumessungsgründe, wie die Einkommens- und Vermögensverhältnisse;

h. Führung der für die Steuererhebung nötigen Statistiken: Daten und Informationen über betriebswirtschaftliche Zahlen;

i. branchen- und regionenbezogene Risikoanalysen: vorhandene Steuerdaten.

Art. 132   Bearbeitung der Daten und Informationen
(Art. 76 Abs. 2 MWSTG)

¹ Die Bearbeitung von Daten erfolgt im Rahmen der Erfüllung der gesetzlich vorgeschriebenen Aufgaben ausschliesslich durch Mitarbeitende der ESTV oder durch von der ESTV kontrolliertes Fachpersonal.

² Die ESTV kann Daten und Informationen, die sie selbst erhebt oder zusammenstellt oder von Verfahrensbeteiligten, Drittpersonen oder Behörden erhält, in elektronischer oder vergleichbarer Weise erstellen und aufbewahren, sofern sie jederzeit lesbar gemacht und nicht abgeändert werden können.

³ Besondere gesetzliche Regelungen, welche die Einreichung oder Aufbewahrung von Daten und Informationen in einer besonderen Form verlangen, bleiben vorbehalten.

Art. 133   Organisation und Betrieb
(Art. 76 Abs. 2 MWSTG)

¹ Die elektronischen Informationssysteme der ESTV werden als eigenständige Applikationen oder auf der Plattform der Büroautomation vom Bundesamt für

Informatik und Telekommunikation oder von anderen Anbietern im Auftrag der ESTV betreiben.

² Das EFD kann die Organisation und den Betrieb der Informationssysteme der ESTV näher regeln.

Art. 134   Datensicherheit
(Art. 76 Abs. 2 MWSTG)

¹ Die Daten und die zu ihrer Bearbeitung verwendeten Datenträger sind vor unbefugtem Verwenden, Verändern oder Zerstören sowie vor Diebstahl zu schützen.

² Die Datensicherheit richtet sich nach der Verordnung vom 14. Juni 1993[29] zum Bundesgesetz über den Datenschutz und dem 1. Kapitel, 3. Abschnitt der Bundesinformatikverordnung vom 26. September 2003[30] sowie nach den Empfehlungen des Informatikstrategieorgans Bund.

³ Die ESTV trifft in ihrem Bereich die angemessenen organisatorischen und technischen Massnahmen zur Sicherung der Daten.

Art. 135   Datenschutzberatung
(Art. 76 Abs. 2 MWSTG)

¹ Die ESTV bezeichnet eine für die Datenschutz- und Datensicherheitsberatung verantwortliche Person.

² Diese überwacht die Einhaltung der Datenschutzbestimmungen und sorgt insbesondere für eine regelmässige Überprüfung der Richtigkeit und Sicherheit der Daten.

³ Sie sorgt ausserdem dafür, dass regelmässige Kontrollen betreffend die Richtigkeit und die vollständige Übertragung der erhobenen Daten auf Datenträger stattfindet.

Art. 136   Statistik
(Art. 76 Abs. 2 MWSTG)

¹ Die ESTV erstellt und führt Statistiken, soweit es zur Erfüllung ihrer gesetzlichen Aufgaben erforderlich ist.

² Sie kann den Behörden des Bundes und der Kantone sowie weiteren interessierten Personen Daten zu statistischen Zwecken abgeben, sofern diese anonymisiert sind und keine Rückschlüsse auf die betroffenen Personen erlauben. Artikel 10 Absätze 4 und 5 des Bundesstatistikgesetzes vom 9. Oktober 1992[31] bleibt vorbehalten.

³ Nicht anonymisierte Daten dürfen für interne Geschäftskontrollen und für die interne Geschäftsplanung verwendet werden.

---

[29] SR **235.11**
[30] SR **172.010.58**
[31] SR **431.01**

Art. 137 Auswertung des Intranet- und Internetangebots der ESTV
(Art. 76 Abs. 2 MWSTG)

¹ Zur Auswertung ihres Intranet- und Internetangebots kann die ESTV die Daten von Personen bearbeiten, die von diesem Angebot Gebrauch machen (Logfiles).

² Die Daten dürfen nur für diese Auswertung und nur so lange wie nötig bearbeitet werden. Sie sind nach der Auswertung zu löschen oder zu anonymisieren.

Art. 138 Aufbewahrungsdauer, Löschung und Archivierung der Daten
(Art. 76 Abs. 2 MWSTG)

¹ Die ESTV löscht die Daten und Informationen spätestens nach Ablauf der in Artikel 70 Absätze 2 und 3 MWSTG beziehungsweise der in Artikel 105 MWSTG festgesetzten Fristen. Ausgenommen sind Daten, die für die Erhebung der Mehrwertsteuer immer wieder benötigt werden.

² Vor der Löschung werden die Daten dem Bundesarchiv nach dem Archivierungsgesetz vom 26. Juni 1998[32] zur Archivierung angeboten. Das Steuergeheimnis bleibt vorbehalten.

Art. 139 Bekanntgabe von Daten durch ein Abrufverfahren
(Art. 76 Abs. 3 MWSTG)

Die ESTV macht den in der EZV mit der Erhebung und dem Einzug der Mehrwertsteuer betrauten Personen die Daten nach Artikel 131 in einem Abrufverfahren zugänglich, sofern diese Daten für die korrekte und vollständige Veranlagung der Einfuhrsteuer erforderlich sind.

2. Abschnitt: Kontrolle
(Art. 78 Abs. 2 MWSTG)

Art. 140

Ein Einfordern von umfassenden Unterlagen liegt vor, wenn die Geschäftsbücher eines Geschäftsjahres verlangt werden, sei es mit oder ohne die dazugehörigen Buchungsbelege.

4. Kapitel: Verfügungs- und Rechtsmittelverfahren

Art. 141 Beschwerdeverfahren
(Art. 81 MWSTG)

Die ESTV ist im Sinn von Artikel 89 Absatz 2 Buchstabe a des Bundesgerichtsgesetzes vom 17. Juni 2005[33] zur Beschwerde an das Bundesgericht berechtigt.

---

[32] SR **152.1**
[33] SR **173.110**

Art. 142 Betreibungskosten
(Art. 86 MWSTG)

Wird die Betreibung nach Artikel 86 Absatz 9 MWSTG zurückgezogen, so trägt die steuerpflichtige Person die angefallenen Betreibungskosten.

6. Titel:
Entlastung von der Mehrwertsteuer für Begünstigte, die nach dem GSG von der Mehrwertsteuer befreit sind

Art. 143 Anspruchsberechtigung für die Steuerentlastung
(Art. 107 Abs. 1 Bst. a MWSTG)

¹ Anspruch auf Entlastung von der Mehrwertsteuer haben institutionelle Begünstigte und begünstigte Personen.

² Als institutionelle Begünstigte gelten:

a. Begünstigte nach Artikel 2 Absatz 1 GSG[34], die aufgrund des Völkerrechts, einer mit dem Bundesrat abgeschlossenen Vereinbarung über die Befreiung von den indirekten Steuern oder eines Entscheids des Eidgenössischen Departements für auswärtige Angelegenheiten (EDA) nach Artikel 26 Absatz 3 GSG von den indirekten Steuern befreit sind;

b. Begünstigte nach Artikel 2 Absatz 1 GSG mit Sitz im Ausland, sofern sie durch die Gründungsakte, ein Protokoll über die Vorrechte und Immunitäten oder sonstige völkerrechtliche Vereinbarungen von den indirekten Steuern befreit sind.

³ Als begünstigte Personen gelten:

a. Staatsoberhäupter sowie Regierungschefs und Regierungschefinnen während der tatsächlichen Ausübung einer offiziellen Funktion in der Schweiz sowie die zu ihrer Begleitung berechtigten Personen, die den diplomatischen Status geniessen;

b. diplomatische Vertreter und Vertreterinnen, Konsularbeamte und Konsularbeamtinnen sowie die zu ihrer Begleitung berechtigten Personen, sofern sie in der Schweiz denselben diplomatischen Status wie diese geniessen;

c. hohe Beamte und Beamtinnen von institutionellen Begünstigten nach Absatz 2 Buchstabe a, die in der Schweiz diplomatischen Status geniessen, sowie die zu ihrer Begleitung berechtigten Personen, sofern sie denselben diplomatischen Status geniessen, wenn sie aufgrund einer Vereinbarung zwischen dem Bundesrat oder dem EDA und dem betreffenden institutionellen Begünstigten oder aufgrund eines einseitigen Entscheids des Bundesrates oder des EDA von den indirekten Steuern befreit sind;

d. die Delegierten internationaler Konferenzen, die diplomatischen Status geniessen, wenn die internationale Konferenz, an der sie teilnehmen, in Über-

---

[34] SR **192.12**

einstimmung mit Absatz 2 Buchstabe a selbst von den indirekten Steuern befreit ist;

e. die ein internationales Mandat ausübenden Persönlichkeiten nach Artikel 2 Absatz 2 Buchstabe b GSG, die in der Schweiz diplomatischen Status geniessen und aufgrund eines Entscheids des Bundesrates von den indirekten Steuern befreit sind, sowie die zu ihrer Begleitung berechtigten Personen, sofern sie denselben diplomatischen Status geniessen.

⁴ Keinen Anspruch auf Steuerentlastung haben Personen mit Schweizer Bürgerrecht.

⁵ Die Entlastung von der Mehrwertsteuer wird durch die Steuerbefreiung an der Quelle nach den Artikeln 144 und 145 und ausnahmsweise durch die Rückerstattung nach Artikel 146 bewirkt.

Art. 144 Steuerbefreiung
(Art. 107 Abs. 1 Bst. a MWSTG)

¹ Von der Steuer befreit sind:

a. die Lieferungen von Gegenständen und die Dienstleistungen im Inland durch steuerpflichtige Personen an institutionelle Begünstigte und begünstigte Personen;

b. der Bezug von Dienstleistungen von Unternehmen mit Sitz im Ausland durch institutionelle Begünstigte und begünstigte Personen.

² Die Steuerbefreiung gilt nur für Lieferungen und Dienstleistungen:

a. an begünstigte Personen, wenn sie ausschliesslich zum persönlichen Gebrauch bestimmt sind;

b. an institutionelle Begünstigte, wenn sie ausschliesslich zum amtlichen Gebrauch bestimmt sind.

Art. 145 Voraussetzungen für die Steuerbefreiung
(Art. 107 Abs. 1 Bst. a MWSTG)

¹ Ein institutioneller Begünstigter, der die Steuerbefreiung beanspruchen will, muss vor jedem Bezug von Leistungen auf dem amtlichen Formular bescheinigen, dass die bezogenen Leistungen zum amtlichen Gebrauch bestimmt sind.

² Eine begünstigte Person, welche die Steuerbefreiung beanspruchen will, muss sich vor jedem Bezug von Leistungen von dem institutionellen Begünstigten, dem sie angehört, auf dem amtlichen Formular bescheinigen lassen, dass sie den Status nach Artikel 143 Absatz 3 geniesst, der sie zum steuerfreien Bezug berechtigt. Die begünstigte Person muss das eigenhändig unterzeichnete amtliche Formular dem Leistungserbringer oder der Leistungserbringerin übergeben und sich bei jedem Bezug von Leistungen mit der von der zuständigen eidgenössischen Behörde ausgestellten Legitimationskarte ausweisen.

³ Die Steuerbefreiung nach Artikel 144 Absatz 1 Buchstabe a kann nur in Anspruch genommen werden, wenn der effektive Bezugspreis der in der Rechnung oder einem gleichwertigen Dokument ausgewiesenen Leistungen insgesamt mindestens

100 Franken einschliesslich Steuer beträgt. Dieser Mindestbetrag gilt nicht für Telekommunikations- und elektronische Dienstleistungen nach Artikel 10 sowie für Lieferungen von Wasser in Leitungen, Gas und Elektrizität durch Versorgungsbetriebe.

⁴ Die Voraussetzungen nach den Absätzen 1–3 für die Beanspruchung einer Steuerbefreiung gelten nicht für Bezüge von Treibstoff, für die der institutionelle Begünstigte oder die begünstigte Person auf Grund der Artikel 26–28 der Mineralölsteuerverordnung vom 20. November 1996[35], der Artikel 30 und 31 der Verordnung vom 23. August 1989[36] über Zollvorrechte der diplomatischen Missionen in Bern und der konsularischen Posten in der Schweiz sowie der Artikel 28 und 29 der Verordnung vom 13. November 1985[37] über Zollvorrechte der internationalen Organisationen, der Staaten in ihren Beziehungen zu diesen Organisationen und der Sondermissionen fremder Staaten die Befreiung von der Mineralölsteuer beanspruchen kann. In diesem Fall muss der Leistungserbringer oder die Leistungserbringerin nachweisen können, dass die EZV die Mineralölsteuer nicht erhoben oder rückvergütet hat.

Art. 146 Steuerrückerstattung
(Art. 107 Abs. 1 Bst. a MWSTG)

¹ In begründeten Einzelfällen kann die ESTV auf Antrag bereits bezahlte Steuerbeträge, für die ein Anspruch auf Steuerentlastung besteht, zurückerstatten; sie kann dafür, im Einvernehmen mit dem EDA, eine Bearbeitungsgebühr erheben.

² Für die Steuerrückerstattung gilt Artikel 145 Absatz 3 sinngemäss.

³ Ein institutioneller Begünstigter kann pro Kalenderjahr höchstens zwei Anträge auf Steuerrückerstattung stellen. Er muss dafür das amtliche Formular benutzen.

⁴ Begünstigte Personen können pro Kalenderjahr höchstens einen Antrag auf Steuerrückerstattung stellen. Die Anträge der begünstigten Personen sind durch die Einrichtung, der sie angehören, zur einmaligen jährlichen Einreichung zusammenzustellen.

⁵ Die ESTV kann, im Einvernehmen mit dem EDA, einen Mindestrückerstattungsbetrag pro Antrag festsetzen. Auf Rückerstattungsbeträgen wird kein Vergütungszins ausgerichtet.

Art. 147 Aufbewahrungspflicht
(Art. 107 Abs. 1 Bst. a MWSTG)

Die steuerpflichtige Person muss die verwendeten amtlichen Formulare im Original zusammen mit den übrigen Belegen vollständig nach Artikel 70 Absatz 2 MWSTG aufbewahren. Bezüglich elektronisch übermittelter und aufbewahrter amtlicher Formulare gelten die Artikel 122–125 sinngemäss.

---

[35] SR **641.611**
[36] SR **631.144.0**
[37] SR **631.145.0**

Art. 148 Vorsteuerabzug
(Art. 107 Abs. 1 Bst. a MWSTG)

Die Steuer auf den Lieferungen und den Einfuhren von Gegenständen sowie den Dienstleistungen, die zur Bewirkung von steuerfreien Leistungen an institutionelle Begünstigte und begünstigte Personen verwendet werden, kann als Vorsteuer abgezogen werden.

Art. 149 Steuernachbezug und Widerhandlungen
(Art. 107 Abs. 1 Bst. a MWSTG)

¹ Sind die Voraussetzungen der Steuerbefreiung nach den Artikeln 144 und 145 nicht gegeben oder entfallen sie nachträglich, so ist in Fällen der Steuerbefreiung nach Artikel 144 Absatz 1 Buchstabe a der institutionelle Begünstigte oder die begünstigte Person verpflichtet, der steuerpflichtigen Person den auf die Steuer entfallenden Betrag zu bezahlen. Wird dieser Betrag nicht bezahlt, so wird er von der steuerpflichtigen Person geschuldet, sofern diese ein Verschulden trifft. Beim Bezug von Dienstleistungen von Unternehmen mit Sitz im Ausland sind die institutionellen Begünstigten und begünstigten Personen verpflichtet, die Steuer nachzuentrichten.

² Die Bestimmungen der Wiener Übereinkommen vom 18. April 1961[38] über diplomatische Beziehungen und vom 24. April 1963[39] über konsularische Beziehungen sowie der Sitzabkommen bleiben vorbehalten.

Art. 150 Freiwillige Versteuerung von ausgenommenen Leistungen
(Art. 107 Abs. 1 Bst. a MWSTG)

Die ESTV kann die freiwillige Versteuerung der in Artikel 21 Absatz 2 Ziffern 20 und 21 MWSTG genannten Leistungen, ohne den Wert des Bodens, bewilligen, sofern diese gegenüber institutionellen Begünstigten nach Artikel 143 Absatz 2 Buchstabe a erbracht werden, unabhängig davon, ob der institutionelle Begünstigte im Inland steuerpflichtig ist oder nicht. Diese Option ist beschränkt auf Grundstücke und Grundstücksteile, die administrativen Zwecken dienen, namentlich für Büros, Konferenzsäle, Lager, Parkplätze, oder die ausschliesslich für die Residenz des Chefs oder der Chefin einer diplomatischen Mission, einer ständigen Mission oder anderen Vertretung bei zwischenstaatlichen Organisationen oder eines konsularischen Postens bestimmt sind.

[38] SR **0.191.01**
[39] SR **0.191.02**

7. Titel:
Vergütung der Mehrwertsteuer an Abnehmer und Abnehmerinnen mit Wohn- oder Geschäftssitz im Ausland

Art. 151 Anspruchsberechtigte
(Art. 107 Abs. 1 Bst. b MWSTG)

¹ Anspruch auf Vergütung der angefallenen Steuern nach Artikel 28 Absatz 1 Buchstaben a und c MWSTG hat, wer Gegenstände einführt oder sich im Inland Leistungen gegen Entgelt erbringen lässt und zudem:

a. Wohnsitz, Geschäftssitz oder Betriebsstätte im Ausland hat;

b. im Inland nicht steuerpflichtige Person ist;

c. unter Vorbehalt von Absatz 2 im Inland keine Leistungen erbringt; und

d. seine oder ihre Unternehmereigenschaft im Land des Wohnsitzes, des Geschäftssitzes oder der Betriebsstätte gegenüber der ESTV nachweist.

² Der Anspruch auf Steuervergütung bleibt gewahrt, wenn die Person nur:

a. Beförderungen besorgt, die nach Artikel 23 Absatz 2 Ziffern 5–7 MWSTG von der Steuer befreit sind; oder

b. Dienstleistungen erbringt, die der Bezugsteuer unterliegen.

³ Die Steuervergütung setzt voraus, dass der Staat des Wohn- oder Geschäftssitzes beziehungsweise der Betriebsstätte des antragstellenden ausländischen Unternehmens ein entsprechendes Gegenrecht gewährt.

Art. 152 Gegenrecht
(Art. 107 Abs. 1 Bst. b MWSTG)

¹ Gegenrecht gilt als gewährt, wenn:

a. Unternehmen mit Wohn- oder Geschäftssitz in der Schweiz im betreffenden ausländischen Staat für die auf dort bezogenen Leistungen bezahlte Mehrwertsteuer ein Vergütungsanspruch zusteht, der bezüglich Umfang und Einschränkungen dem Vorsteuerabzugsrecht entspricht, das im ausländischen Staat ansässige Unternehmen geniessen;

b. im betreffenden ausländischen Staat keine mit der schweizerischen Mehrwertsteuer vergleichbare Steuer erhoben wird; oder

c. im betreffenden ausländischen Staat eine andere Art von Umsatzsteuer als die schweizerische Mehrwertsteuer erhoben wird, die Unternehmen mit Wohn- oder Geschäftssitz im ausländischen Staat gleich belastet wie Unternehmen mit Wohn- oder Geschäftssitz in der Schweiz.

² Die ESTV führt eine Liste mit den Staaten, mit denen nach Absatz 1 Buchstabe a eine Gegenrechtserklärung ausgetauscht wurde.

Art. 153 Umfang der Steuervergütung
(Art. 107 Abs. 1 Bst. b MWSTG)

¹ Die Steuervergütung für die im Inland bezahlte Mehrwertsteuer entspricht bezüglich Umfang und Einschränkungen dem Vorsteuerabzugsrecht nach den Artikeln 28–30 MWSTG.

² Reisebüros und Organisatoren von Veranstaltungen mit Sitz im Ausland haben keinen Anspruch auf Vergütung der Steuern, die ihnen im Inland beim Bezug von Lieferungen und Dienstleistungen, die sie den Kunden und Kundinnen weiterfakturieren, in Rechnung gestellt worden sind.

³ Rückzahlbare Steuern werden nur vergütet, wenn deren Betrag in einem Kalenderjahr mindestens 500 Franken erreicht.

Art. 154 Vergütungsperiode
(Art. 107 Abs. 1 Bst. b MWSTG)

Der Vergütungsantrag ist innerhalb von sechs Monaten nach Ablauf des Kalenderjahrs zu stellen, in dem für die erbrachte Leistung eine den Anspruch auf Vergütung begründende Rechnung gestellt wurde.

Art. 155 Verfahren
(Art. 107 Abs. 1 Bst. b MWSTG)

¹ Der Antrag auf Steuervergütung ist mit den Originalrechnungen der Leistungserbringer und Leistungserbringerinnen beziehungsweise mit den Veranlagungsverfügungen der EZV an die ESTV zu richten. Die Originalrechnungen müssen die Anforderungen nach Artikel 26 Absatz 2 MWSTG erfüllen und auf den Namen des Antragstellers oder der Antragstellerin lauten.

² Für den Antrag ist das Formular der ESTV zu verwenden.

³ Der Antragsteller oder die Antragstellerin muss eine Vertretung mit Wohn- oder Geschäftssitz in der Schweiz bestellen.

⁴ Die auf Kassenzetteln ausgewiesene Steuer kann nicht rückerstattet werden.

⁵ Die ESTV kann weitere Angaben und Unterlagen verlangen.

Art. 156 Vergütungszins
(Art. 107 Abs. 1 Bst. b MWSTG)

Wird die Steuervergütung später als 180 Tage nach Eintreffen des vollständigen Antrags bei der ESTV ausgezahlt, so wird für die Zeit vom 181. Tag bis zur Auszahlung ein vom EFD festzusetzender Vergütungszins ausgerichtet, sofern der entsprechende Staat Gegenrecht gewährt.

8. Titel: Mehrwertsteuer-Konsultativgremium[40]

Art. 157[41]   Stellung
(Art. 109 MWSTG)

Das Mehrwertsteuer-Konsultativgremium (Konsultativgremium) ist eine ausserparlamentarische Kommission nach Artikel 57a des Regierungs- und Verwaltungsorganisationsgesetzes vom 21. März 1997[42].

Art. 158[43]   Zusammensetzung des Konsultativgremiums

¹ Das Konsultativgremium setzt sich aus dem Chef oder der Chefin der Hauptabteilung Mehrwertsteuer der ESTV und vierzehn ständigen Mitgliedern aus dem Kreis der steuerpflichtigen Personen, der Kantone, der Wissenschaft, der Wirtschaft, der Steuerpraxis und der Konsumentinnen und Konsumenten zusammen.

² Der Chef oder die Chefin der Hauptabteilung Mehrwertsteuer der ESTV führt den Vorsitz. Er oder sie beantragt dem Bundesrat die Ernennung eines ständigen Mitglieds zum Stellvertreter oder zur Stellvertreterin.

³ Er oder sie kann weitere Vertreter und Vertreterinnen aus der Bundesverwaltung oder den betroffenen Branchen zu den Sitzungen des Konsultativgremiums einladen.

Art. 159   Arbeitsweise und Sekretariat
(Art. 109 MWSTG)

¹ Das Konsultativgremium tagt nach Bedarf. Die Einladung erfolgt durch den Vorsitzenden oder die Vorsitzende.

² Die Hauptabteilung Mehrwertsteuer der ESTV übernimmt die Sekretariatsaufgaben, die ihr von dem oder der Vorsitzenden zugewiesen werden, und die Protokollführung.[44]

Art. 160   Stellungnahmen und Empfehlungen
(Art. 109 MWSTG)

¹ Der oder die Vorsitzende hört die Mitglieder an und nimmt deren Stellungnahmen und Empfehlungen entgegen.

² Über die Beratungen wird ein Protokoll erstellt. Es enthält die Empfehlungen des Konsultativgremiums sowie allfällige Mehrheits- und Minderheitsmeinungen.

---

[40] Fassung gemäss Ziff. I der V vom 12. Okt. 2011, in Kraft seit 1. Jan. 2012 (AS **2011** 4739).
[41] Fassung gemäss Ziff. I der V vom 12. Okt. 2011, in Kraft seit 1. Jan. 2012 (AS **2011** 4739).
[42] SR **172.010**
[43] Fassung gemäss Ziff. I der V vom 12. Okt. 2011, in Kraft seit 1. Jan. 2012 (AS **2011** 4739).
[44] Fassung gemäss Ziff. I der V vom 12. Okt. 2011, in Kraft seit 1. Jan. 2012 (AS **2011** 4739).

Art. 161 Entscheidkompetenz
(Art. 109 MWSTG)

¹ Das Konsultativgremium hat keine Entscheidkompetenz.

² Der Entscheid über die Festlegung der Praxis liegt bei der Hauptabteilung Mehrwertsteuer der ESTV.

Art. 162 Amtsgeheimnis und Information
(Art. 109 MWSTG)

¹ Die Beratungen sowie die Dokumente, die dem Konsultativgremium vorgelegt oder von ihm erstellt werden, sind vertraulich. Davon ausgenommen sind Entwürfe von Praxisfestlegungen der ESTV; diese werden gleichzeitig mit dem Versand der Einladung zur Sitzung des Konsultativgremiums, an der sie voraussichtlich verabschiedet werden, elektronisch veröffentlicht.

² Die Mitglieder unterstehen den für die Angestellten des Bundes geltenden Vorschriften über das Amtsgeheimnis. Die Pflicht, das Amtsgeheimnis zu wahren, bleibt auch nach Austritt aus dem Konsultativgremium bestehen.

³ Mit Bewilligung des oder der Vorsitzenden darf über die Geschäfte des Konsultativgremiums öffentlich informiert werden.

9. Titel: Schlussbestimmungen
1. Kapitel: Aufhebung und Änderung bisherigen Rechts

Art. 163

Die Verordnung vom 29. März 2000[45] zum Bundesgesetz über die Mehrwertsteuer wird aufgehoben.

2. Kapitel: Übergangsbestimmungen

Art. 164 Subsidiäre Haftung bei der Zession
(Art. 15 Abs. 4 MWSTG)

Der Zessionar oder die Zessionarin haftet nur für die Mehrwertsteuer auf Forderungen, die er oder sie gestützt auf eine nach dem 1. Januar 2010 zustande gekommene Zession oder Globalzession erwirbt.

Art. 165 Einlageentsteuerung
(Art. 32 MWSTG)

Die Bestimmungen über die Einlageentsteuerung sind nicht anwendbar bei:

---

[45] [AS **2000** 1347, **2001** 3294 Ziff. II 4, **2004** 5387, **2006** 2353 4705 Ziff. II 45, **2007** 1469 Anhang 4 Ziff. 24 6657 Anhang Ziff. 9]

a.[46] nicht als Entgelt geltenden Mittelflüssen (Art. 18 Abs. 2 MWSTG), die mit Inkrafttreten des neuen Rechts nach Artikel 33 Absatz 1 MWSTG nicht mehr zu einer Kürzung des Vorsteuerabzugs führen;

b. im Rahmen des Baueigenverbrauchs nach Artikel 9 Absatz 2 des Mehrwertsteuergesetzes vom 2. September 1999[47] besteuerten Eigenleistungen.

Art. 166 Wahlmöglichkeiten
(Art. 37 und 114 MWSTG)

[1] Mit dem Inkrafttreten des MWSTG beginnen die Fristen nach Artikel 37 Absatz 4 MWSTG für die Wechsel von der effektiven Abrechnungsmethode zur Saldosteuersatzmethode und umgekehrt neu zu laufen.

[2] Mit dem Inkrafttreten des MWSTG beginnen die Fristen nach Artikel 98 Absatz 2 dieser Verordnung für die Wechsel von der effektiven Abrechnungsmethode zur Pauschalsteuersatzmethode und umgekehrt neu zu laufen.

[3] Für Fälle, in denen Artikel 113 Absatz 2 MWSTG eine Frist von 90 Tagen vorsieht, geht diese Frist der 60-Tage-Frist nach den Artikeln 79, 81 und 98 dieser Verordnung vor.

3. Kapitel: Inkrafttreten

Art. 167

[1] Diese Verordnung tritt mit Ausnahme von Artikel 76 am 1. Januar 2010 in Kraft.

[2] Artikel 76 wird zu einem späteren Zeitpunkt in Kraft gesetzt.

---

[46] Fassung gemäss Ziff. I der V vom 18. Juni 2010, in Kraft seit 1. Jan. 2010 (AS **2010** 2833).
[47] [AS **2000** 1300]

11.4 SACHVERZEICHNIS

Seitenzahl, **Artikel MWStG**, *Artikel MWStV*

Abmeldung als steuerpflichtige Person 153, 222, **31**, **66**, *69 - 71*
Abrechnung nach Saldo- und Pauschalsteuersätzen 173, 180, **37**, *77 - 100, 107, 127*
Abrechnung nach vereinbarten Entgelten 189, 191, **39**, **40**, **48**, *106, 107*
Abrechnung nach vereinnahmten Entgelten 189, 190, 191 - 192, **39**, **40**, **48**, *106, 107*
Abrechnungsarten 189, **39**, *106 - 107*
Abrechnungsformular 171, 172
Abrechnungsmethoden 173, **36 - 37**, *77 - 100, 106 - 107, 126 - 127, 166*
Abrechnungsperiode 170, **35**
Abrechnungssätze 16, 101, **25**, *49 - 56*
Abtretung und Verpfändung der Steuerforderung **44**, *108*
Änderung der Steuersätze (Übergangsbestimmungen) 260, **115**
Alters-, Wohn- und Pflegeheime, Leistungen von 66, 67, **21**, **22**, *35, 39*
Amtshilfe **75**
An- und Abmeldung als steuerpflichtige Person 153, 221, **31**, **66**, *69 - 71*
Annäherungsweise Ermittlung bei der partiellen Nutzungsänderung 159
Antiquitäten, Handel 127, **28**, *62 - 64*
Arbeiten an Bauwerken 39, 156, 249, **31**, *69*
Architekturleistungen (Ort der Dienstleistung) 21, **8**
Aufbewahrung und Buchführung 222, **70**, *122 - 125*
Aufbewahrung von Daten **76**, *131 - 139*
Aufbewahrungsfrist 195, 222, **70**, *122 - 125*
Aufwendungen wertvermehrend 159, **31 - 32**, *69 - 74, 165*
Aufzeichnungen beim Gebrauchtwarenhandel 222, **28**, *64*
Ausführungsbestimmungen **107 - 109**, *44, 61, 113, 143 - 162*
Ausfuhr direkt 78, **23**, *40*
Ausfuhr im Reiseverkehr 82, **23**
Ausfuhrnachweis 78, **81**
Ausgenommene Leistungen 65, 70, 90, **21**, **22**, *34 - 38, 39*
Ausgleichskassen, Leistungen von 69, **21**, **22**, *39*
Auskunftspflicht und Auskunftsrecht 221, **68**, **69**
Auskunftspflicht von Drittpersonen **73**, *130*
Auslandleistungen 79
Auslieferungslager im Ausland 80
Ausschluss des Anspruchs auf Vorsteuerabzug 142, **29**, *60*
Austauschreparaturen 91, **24**

Bankdienstleistungen 67, **21**
Bauland siehe Liegenschaften
Beendigung der Steuerpflicht, Schlussabrechnung 47, 50, 51 - 52, 153, **14**, **31**, *69 - 71*
Befördern oder Versenden von Gegenständen 21, 78, 87, **8**, **23**, *40*
Beförderungen von Personen 21, 66, 80, **8**, **9**, **21**, **23**, *5a, 6, 6a, 41 - 43*
Befreite Leistungen 65, 76, 90, **21**, **23**, *34 - 38, 40 - 44*
Befreiung von der Steuerpflicht 27, **10**, *7 - 10*
Beginn und Ende der Steuerpflicht 47, 153, 221, **14**, **31**, **66**, *11, 69 - 71*
Begriffe 18, **3**, *1 - 2*
Beherbergungsleistungen 68, 102, **21**, **25**

Behörden für die Erhebung und den Einzug 209, 221, **62**, **65**
Behörden, Rechte und Pflichten 250, 251, **74** - **80**, *131 - 140*
Behördenentschädigungen, unselbstständig ausgeübte (Mittelflüsse) 22, 23, 26, 63, 90, 142, 144, **18**, **30**, **33**, *65 - 68, 75*
Beiträge der öffentlichen Hand (Mittelflüsse) 19, 22, 23, 26, 63, 90, 142 - 143, **3**, **18**, **33**, *29, 75*
Beiträge und Beihilfen bei steuerbefreiten Lieferungen ins Ausland (Mittelflüsse) 22, 23, 26, 63, 90, 143, **18**, **33**
Bekanntmachungsleistungen 20, 69, **21**, **22**, *39*
Belegaufbewahrungsfristen 139, 141, 195, 222, **70**, *122 - 125*
Belege 105, **26**, *45, 57, 103*
Bemessungsgrundlage Einfuhrsteuer 207, **54**
Bemessungsgrundlage Inlandsteuer 90, **24**, *45 - 48*
Beratungsleistungen (Dienstleistungen) 19, 21, **3**, **8**
Berechnung und Überwälzung der Steuer 90
Berechnungsblatt (Eigenverbrauch / Einlageentsteuerung) 164
Berichtigungsabrechnungsformulare (Jahresabstimmung) 226, 227
Berichtigungseinreichefrist (Finalisierungsfrist) 195, 224, **72**, **96**, **102**, *126 - 129*
Bestellung und Übertragung von dinglichen Rechten an Grundstücken 68, 70, 90, 248 - 249, **21, 22, 24**, *39, 103*
Besteuerung des nicht unternehmerischen Endverbrauchs im Inland 17, 22, **1**
Bestimmungsort (Dienstleistungen) 21, **8**
Beteiligungen 27, 125, 132, **29**, *9*
Betreibung 252, **89**, *142*
Betriebsmittelverkauf 69, **21, 22**, *39, 95*
Betriebsstätte 20, **7, 8, 10**, *3 - 5, 5a, 7 - 8*
Beweismittel ideal 125
Beweismittelfreiheit 106, **81**
Bezug der Steuerforderung 252, **86** - **92**, *142*
Bezug von gebrauchten individualisierbaren beweglichen Gegenständen 127 - 132, **28**, *62 - 64*
Bezug von Urprodukten 126, **28**
Bezugsteuer 54, 191, 207, **40**, **45** - **49**, *91, 109 - 111*
Bezugsverjährung 192, **91**
Bibliotheken, Leistungen von 67, **21, 22**, *36, 39*
Bildhauern, Leistungen von 67, 102, **21, 22, 25**, *36, 39*
Bildungsleistungen 66, **21, 22**, *39*
Blumen, Steuersatz 101, **25**
Boden siehe Liegenschaften
Bodenbearbeitung (Pflügen, Ansäen usw.), Steuersatz 102, **25**
Branchen-Info-Broschüren der ESTV 13
Briefmarken, Verkauf von 69, **21, 22**, *39*
Briefpostbeförderung 65, **21, 22**, *39*
Brockenhäusern, Leistungen von 67, **21, 22**, *39*
Buchführung und Aufbewahrung 129, 222, **70**, *122 - 125*
Buchprüfung der ESTV 250, **78**, *140*
Bücher und andere Druckerzeugnisse 101, **25**, *51 - 52*
Büsingen 18, **3**
Bundesgesetz über die Mehrwertsteuer (MWStG) 267
Busse 256 - 258, **96** - **106**
Busverkehr, Beförderung im 21, 80, **8**, **23**, *43*

Campingplätzen, Vermietung von 68, 102, **21**, **25**

11 Anhang

Campione d'Italia 18, **3**
Checkliste MWSt für den Geschäftsabschluss 240
Coupons von Registrierkassen 105, 108, **26**, *57*

Datenträger ohne Marktwert 54, 57, 207, **45 - 49**, **52**, *91, 109 - 111*
Dienstleistungen (Begriff) 19, 21, **3, 8**, *6a*
Dienstleistungen der Radio- und Fernsehgesellschaften, Steuersatz 101, **25**
Dienstleistungen im Ausland 21, 79, **8**, *5a, 6a*
Dienstleistungen im Zusammenhang mit einer Liegenschaft 21, **8**
Dienstleistungen von Reisebüros und Organisatoren von Veranstaltungen 21, 77, 82, **8, 23**
Dienstleistungen von Unternehmen mit Sitz im Ausland 54, 191, 207, **40**, **45 - 49**, *91, 109 - 111*
Dienststelle eines Gemeinwesens 31, 69, **12, 21**, *12 - 14, 38*
Dingliche Rechte siehe Liegenschaften
Direkte Ausfuhr 78, **23**, *40*
Dividenden (Mittelflüsse) 22, 23, 26, 63, 90, 132, 143, **18, 29, 33**, *9*
Druckerzeugnisse ohne Reklamecharakter, Steuersatz 101, **25**, *50 - 52*
Dünger, Steuersatz 101, **25**
Dulden einer Handlung (Dienstleistungen) 19, 21, **3, 8**
Durchlaufposten, Einnahmen 90, **24**

Edelmetalle / Edelsteine, Handel 127, *62*
Effektive Abrechnungsmethode 171, 173, **36**, *106, 126*
Effektiver Vorsteuerabzug 125, **28 - 33**, *58 - 61, 65 - 75, 165*
Eigenverbrauch (Vorsteuerabzugskorrektur) 140, 142, 144, **30, 31**, *65 - 71, 92*
Eigenverbrauch, Entnahme von Gegenständen 153, **31**, *69 - 71*
Eigenverbrauch, Privatanteil Fahrzeug 93 - 94, 97, 155, **31**
Eigenverbrauch bei Anwendung der Saldosteuersatzmethode 153, **31**, *83*
Eigenverbrauch bei Erstellung von Bauwerken 39, 156, 249, **31**, *69*
Eigenverbrauch infolge Nutzungsänderung 140, 159, **31**, *70 - 71*
Einfache Gesellschaft, Steuerpflicht 46, 53, **15**
Einfuhr von Datenträgern ohne Marktwert 54, 57, 207, **45 - 49**, **52**, *91, 109 - 111*
Einfuhrsteuer 57, 192, 207 - 219, **40**, **50 - 64**, *112 - 121*
Eingangsbelege 105, **26**, *45, 57, 103*
Einkaufs- und Verkaufskontrollen 130, 222
Einlageentsteuerung infolge Nutzungsänderung 138, 159, **32**, *72 - 74, 165*
Einlagen in Unternehmen (Mittelflüsse) 22, 23, 26, 63, 90, 143, **18, 33**, *75*
Einreichung der Abrechnung 224, **71**, *126 - 128*
Einschätzungsmitteilung 193, 194, 250, **42, 43, 78**, *140*
Einsprache 252, **83**
Eintauschgeschäfte 91, 111, **24**
Einzelfirma 45, 93 - 94, 97, 153, 155, **31**
Eisenbahnverkehr, Beförderung im 21, 80, **8, 23**, *42*
Elektrizität, Lieferung von 18, 20, 27, 49, 55, **3, 7, 10, 45**, *3 - 5, 7 - 9, 11, 109*
Elektronische Dienstleistungen und Telekommunikationsdienstleistungen 27, 49, 55, **10, 45**, *7 - 8, 10 - 11*
Empfängerortsprinzip (Dienstleistungen) 21, **8**
Ende der Befreiung von der Steuerpflicht 47, **14**, *11*
Ende und Beginn der Steuerpflicht 47, 50, 153, **10, 14, 31**, *7 - 11, 69 - 71*
Eng verbundene Personen 19, 92, 95, 98, **3, 24, 26**, *47*
Entgelt 19, 90, **3, 18, 24**, *26 - 28, 45 - 48*
Entgelt, vereinbart oder vereinnahmt 189, **39**, *106 - 107*

Entgelte in ausländischen Währungen 112 - 113, **24**, *45, 58*
Entgeltsminderungen 90, **24**, *46*
Entlastung von der MWSt für Begünstigte, die nach dem GSG von der MWSt befreit sind **107**, *143 - 150*
Entnahme von Gegenständen (Eigenverbrauch) 153, **31**, *69 - 71*
Entrichtung der Steuer 252, **86**, *142*
Entsorgungsleistungen (Dienstleistung) 21, **8**
Entstehung der Bezugsteuerschuld 207, **48**
Entstehung der Einfuhrsteuerschuld 192, 209, **40**, **50 - 64**, *112 - 121*
Entstehung der Steuerforderung 191, **40**
Entwicklung der MWSt 15 - 16
Erbringerortsprinzip (Dienstleistungen) 21, **8**, *6a*
Erbschaft, Steuernachfolge bei 53, **16**
Erdgas, Lieferung von 18, 20, 27, 49, 55, **3**, **7**, **10**, **45**, *3 - 5, 7 - 9, 11, 109*
Erlass der Steuer 253, **64**, **92**
Erlösminderungen 90, **24**, *46*
Ermessenseinschätzung 251, **79**
Erstellen der Steuerabrechnung (Praxisfall) 196
Erstellung von Bauwerken 39, 156, 249, **31**, *69*
Erweiterung der Geschäftstätigkeit 47, **14**, *11*
Erwerbstätigkeit, unselbständig 22, 23, 26, 63, 90, 142, 144, **18**, **30**, **33**, *65 - 68, 75*
Erzeugnisse der Landwirtschaft, Forstwirtschaft, Gärtnerei 69, 101, 126, **21**, **22**, **25**, **28**, *39*
Ess- und Trinkwaren, Steuersatz 101, 103, **25**, *53 - 56*
Exportlieferungen 78, **23**, *40*
Exportlieferungen (Reihengeschäft) 79, 84, **23**

Fälligkeit der Steuer 207, 209, 252, **48**, **56**, **86**, *114 - 116*
Fahrzeug, Privatanteil 93 - 94, 97, 155, **31**
Fahrzeughandel 122, 127 - 132, **28**, *62 - 64*
Fakturierungssätze 16, 101, **25**, *49 - 56*
Ferienhäuser/-wohnungen, Vermietung von 45 - 46, 68, 74, 102, **21**, **25**
Festsetzungsverjährung 192, **42**
Fiktiver Vorsteuerabzug 126, 127, **28**, *62 - 64*
Filmvorführungen 67, 102, **21**, **22**, **25**, *36, 39*
Finalisierung 195, 224, **72**, **96**, **102**, *128 - 129*
Finalisierung (Beispiel) 230
Finalisierungsperiode 170, **72**
Finanzdienstleistungen 67, **21**
Finanzerträge, Vorsteuerabzugskorrektur 144, **30**, *65 - 68*
Formerfordernisse an Belege 105, 106, **26**, **81**, *45, 57, 103*
Formular Nr. 764 zur Meldung nach Art. 38 MWStG 186 - 188
Formulare 37, 51, 52, 171, 172, 179, 186 - 188, 190, 211 - 214, 226, 227, 228, 229
Forstwirtschaft / Landwirtschaft / Gärtnerei, Erzeugnisse der 69, 102, 126, **21**, **22**, **25**, **28**, *39*
Freie Beweiswürdigung 106, **81**
Fremdwährung, Entgelt 112 - 113, **24**, *45, 58*
Fristen (Steuerabrechnung, Steuerentrichtung, Finalisierung, Abrechnungskorrekturen, Belegaufbewahrung, Verjährung) 192, 195, 223 - 224, 250, 252, **42**, **70 - 72**, **78**, **86**, **91**, *126 - 129, 140*
Fürstentum Liechtenstein 18, **3**
Funktionen der Schiedsgerichtsbarkeit 69, **21**, **22**, *39*
Futtermittel, Steuersatz 101, **25**

11 Anhang

Gärtnerei / Landwirtschaft / Forstwirtschaft, Erzeugnisse der 69, 101, 126, **21**, **22**, **25**, **28**, *39*
Gas, Lieferung von 18, 20, 27, 49, 55, **3**, **7**, **10**, **45**, *3 - 5, 7 - 9, 11, 109*
Gastgewerbliche Leistungen 21, 103, **8**, **25**, *6a, 53 - 56*
Gebinde, Pfandgelder (Mittelflüsse) 22, 23, 26, 63, 90, 143, **18**, **33**, *75*
Gebrauchte individualisierbare bewegliche Gegenstände 69, 122, 127 - 132, **21**, **28**, *62 - 64*
Gegenstand 18, **3**
Geld- und Kapitalverkehr 67, **21**
Gemeinnützige Institution (Steuerpflicht) 28, **10**
Gemeinnützige Organisation (Begriff) 20, **3**
Gemeinnützige Organisation, Bekanntmachungsleistungen 20, 69, **21**, **22**, *39*
Gemeinwesen, Leistungen innerhalb 69, **21**, **22**, *38*, *39*
Gemeinwesen (Steuersubjekt) 31, 180, **12**, **37**, *12 - 14*, *97 - 100*
Gemischte Verwendung, Vorsteuerabzugskorrektur 144, **30**, *65 - 68*
Gesamt- oder Teilvermögen, Übertragung von 181, **38**, *83, 101 - 105*
Gesamtleistung 64, 103, **19**, *31 - 33, 112*
Geschäftsabschluss 170, **34**, *76*
Geschäftsabschluss, MWSt-Checkliste 240
Geschäftsbücher und weitere Unterlagen 222, **70**, *122 - 125*
Geschäftsführendes Organ, Mithaftung 53, **15**
Geschäftsperiode 170, **34**, *76*
Geschenke 93 - 95, 153, **31**, *69*
Gesundheitswesen, Leistungen beim 65, 66, **21**, **22**, *34 - 35, 39*
Getränke (Nahrungsmittel / gastgewerbliche Leistungen), Steuersatz 101, 103, **25**, *53 - 56*
Gewinnanteile (Mittelflüsse) 22, 23, 26, 63, 90, 143, **18**, **33**, *75*
Glücksspiele, Wetten und Lotterien 69, **21**
Gratisleistungen an das Personal 91, 153, **31**, *47, 69*
Grenzüberschreitende Entsendung von Mitarbeitenden im Konzern **18**, *28*
Grenzüberschreitende Personenbeförderung 21, 66, 80, **8**, **21**, **23**, *5a, 41 - 43*
Grossrenovationen bei Liegenschaften 159, **31 - 32**, *71, 74*
Grundstücke siehe Liegenschaften
Gruppenbesteuerung 34, 53, 221, **13**, **15**, **67**, *15 - 22*
Gutschriften 105, 120, **26**, **27**, *45*

Haftung bei Übernahme einer Unternehmung 53, **15**, **16**
Handänderungen von Gebäuden, Gebäudeteilen und Grundstücken siehe Liegenschaften
Handel mit gebrauchten Gegenständen 122, 127 - 132, **28**, *62 - 64*
Handlung unterlassen oder dulden (Dienstleistung) 19, 21, **3**, **8**
Hauptleistungen 64, 103, **19**, *31 - 33, 112*
Heilbehandlung 65, 66, **21**, **22**, *34 - 35, 39*
Hoheitliche Tätigkeit (Mittelflüsse) 19, 22, 23, 26, 63, 90, 143, **3**, **18**, **30**, **33**, *65 - 68, 75*
Holdinggesellschaften, Steuerpflicht 27, **10**, *9*
Holdinggesellschaften, Vorsteuerabzug 132, **29**, *9*
Hotel- und Gastgewerbe 21, 68, 102, 103, 121, **21**, **25**, *6a, 53 - 56*
Humanmedizin, Bereich der 65, 66, **21**, **22**, *34 - 35, 39*

Immaterielle Rechte (Dienstleistungen) 19, 21, **3**, **8**

Immobilien siehe Liegenschaften
Import 57, 192, 207- 219, **40**, **50 - 64**, *112 - 121*
Info-Broschüren der ESTV 13
Ingenieurarbeiten (Ort der Dienstleistung) 21, **8**
Inhalt der Rechnungen 105, 106, **26, 81**, *45, 57, 103*
Inland 18, **3**, *1*
Inlandlieferungen von Fahrzeugen zwecks Ausfuhr 81, **23**, *40*
Inlandlieferungen von Privatgegenständen zwecks Ausfuhr im Reiseverkehr 82, **23**
Inlandsteuer **10 - 44**, *7 - 108, 112, 164 - 165*
Institutionen, gemeinnützige 20, **3**

Jahresabstimmung (Berichtigungsabrechnungsformular) 226, 227
Jugend- und Kinderbetreuung 66, **21, 22**, *39*

Kälte, Lieferung von 18, **3**
Kassenzettel 105, 108, **26**, *57*
Kaufvertrag 105, 117 - 119, **26**, *103*
Kinder- und Jugendbetreuung 66, **21, 22**, *39*
Kombination von Leistungen 64, 103, **19**, *31 - 33, 112*
Komponisten, Leistungen von 67, **21, 22**, *36, 39*
Konsignationslager im Ausland 80
Konsultativgremium **109**, *157 - 162*
Kontrollblätter (Occasionshandel) 130, 222
Kontrolle der ESTV 250, **78**, *140*
Korrektur des Vorsteuerabzugs 140, 142 - 158, **30, 31**, *65 - 71, 92*
Korrektur von Mängeln in der Abrechnung 195, 224, **72, 96, 102**, *128 - 129*
Korrekturabrechnungsformulare 228, 229
Korrekturfrist von Abrechnungen 195, **96, 102**
Kostenausgleichszahlungen (Mittelflüsse) 22, 23, 26, 63, 90, 143, **18, 33**, *75*
Krankenpflege 65, 66, **21, 22**, *34 - 35, 39*
Kreditkartenkommissionen 90, **24**, *46*
Künstlern, Leistungen von 67, 102, **21, 22, 25**, *36, 39*
Kürzung des Vorsteuerabzugs 142, **33**, *75*
Kulturelle Leistungen 67, 102, **21, 22, 25**, *36, 39*
Kulturverein (Steuerpflicht) 28, **10**
Kunstgegenständen, Handel mit 127, **28**, *62 - 64*
Kunstmalern, Leistungen von 67, 102, **21, 22, 25**, *36, 39*
Kur- und Verkehrsvereine, Einnahmen von (Mittelflüsse) 22, 23, 26, 63, 90, 142, **18, 33**, *29, 75*
Kurse, Vorträge wissenschaftlicher oder bildender Art 66, **21, 22**, *39*

Ladenverkauf im Reiseverkehr 82, **23**
Landwirtschaft / Forstwirtschaft / Gärtnerei, Erzeugnisse der 69, 102, 126, **21, 22, 25, 28**, *39*
Landwirtschaftliche Produkte, Vorsteuerabzug fiktiv 126, **28**
Leasingverträge 105, 114 - 115, **26**
Lebensmittel 101, 103, **25**, *53 - 56*
Leistung (Begriff) 18, **3**
Leistungen an das Personal 91, 93 - 95, 97, 153, 155, **24, 31**, *47, 94*
Leistungen an diplomatische Vertretungen und internationale Organisationen 82
Leistungen an Einzelfirmeninhaber und an das Personal 91, 93 - 94, 97, 153, 155, **24, 31**, *47, 94*

11 Anhang

Leistungen an eng verbundene Personen 19, 92, 95, **3, 24**, *26, 47, 94*
Leistungen an Zahlungs statt 91, **24**
Leistungen im Ausland, Vorsteuerabzug 70, 79, 151, **28, 29**, *60*
Leistungen im Inland von Unternehmen mit Sitz im Ausland 27, 49, 55, 60, 221, **10, 45, 67,** *7 - 8, 10, 109*
Leistungen innerhalb des gleichen Gemeinwesens 69, **21, 22**, *38, 39*
Leistungen von Alters-, Wohn- und Pflegeheimen 66, 67, **21, 22**, *35, 39*
Leistungen, kulturelle 67, 102, **21, 22, 25**, *36, 39*
Leistungen, optiert 26, 70, 72, **22**, *39*
Leistungen, steuerbar 64, **18**
Leistungen, unternehmerisch 23, 64, 65, 76, 90, **12, 18, 21, 23**, *9, 14*
Leistungen, von der Steuer ausgenommen 65, 70, 90, **21, 22**, *34 - 38, 39*
Leistungen, von der Steuer befreit 76, 90, **21, 23**, *34 - 38, 40 - 44*
Leistungskombinationen 64, 103, **19**, *31 - 33, 112*
Lieferung (Begriff) 19, **3**
Lieferung gebrauchter beweglicher Gegenstände 69, 122, 127 - 132, **21, 28**, *62 - 64*
Lieferungen im Ausland 79
Lieferungen ins Ausland 78, **23**, *40*
Lieferungen von Gegenständen unter Zollüberwachung 76, 81, **23**
Liegenschaften, Bodenerwerb und -verkauf 41, 90, 249, **24**
Liegenschaften, Erstellung von Bauwerken 39, 156, 249, **31**, *69*
Liegenschaften, Grundsatzregelungen 248
Liegenschaften, Korrektur bei Anwendung der Saldosteuersatzmethode 175, 176 - 177, **37**, *82, 93*
Liegenschaften, Option für die Versteuerung von Mieterträgen und Verkaufspreisen 70, 72, 223, 248, 249, **22**, *39*
Liegenschaften, Steuerfolgen je nach Verwendungszweck 249
Liegenschaften, Verkauf 68, 70, 90, 248 - 249, **21, 22, 24**, *39, 103*
Liegenschaften, Verkauf (Wahlmöglichkeit Meldeverfahren) 181, 248, **38**, *83, 102 - 105*
Liegenschaften, Vermietung / Verpachtung 68, 70, 249, **21, 22**, *39*
Liegenschaften, wertvermehrend, werterhaltend, Grossrenovationen 159, **31 - 32**, *69 - 74*
Liegenschaftsmieterträge, Vorsteuerabzugskorrektur 144, **30**, *65 - 68*
Liquidator, Mithaftung 53, **15**
Löschung im Handelsregister 254, **95**
Löschung im Steuerregister 47, 50, 153, **14, 31**, *69 - 71*
Lohnausweis, Deklaration von Leistungen 91, 92, *47*
Lohnveredelung 76, 85, 208, **23**, *53*
Lotterien, Wetten und sonstige Glücksspiele 69, **21**
Luftverkehr, Beförderungen im 21, 80, **8, 23**, *41*

Medikamente, Steuersatz 101, **25**, *49*
Mehrheit von Leistungen 64, 103, **19**, *31 - 33, 112*
Mehrwertsteuerkonforme Belege 105, 106, **26, 81**, *45, 57, 103*
Mehrwertsteuerverordnung (MWStV) 323
Meldeverfahren 118 - 119, 181, **38**, *83, 101 - 105*
Messestandflächen, Vermietung 69, **21**
Mietverträge 105, 116, **26**
Mischbranchen, Sonderregelung (Saldosteuersatzmethode) 175, **37**, *89*
Mitgliederbeiträge 66, **21, 22**, *39*
Mithaftung 35, 53, **15**, *22 - 25, 164*

Mittelflüsse 22, 23, 26, 63, 90, 142, **18**, **33**, *29 - 30, 75*
Museen, Galerien, botanische und zoologische Gärten 67, 102, **21**, **22**, **25**, *36, 39*
Musikern, Leistungen von 67, 102, **21**, **22**, **25**, *36, 39*

Nachträgliche Änderung der Umsatzsteuerschuld und des Vorsteuerabzugs **41**
Nachträglicher Vorsteuerabzug (Einlageentsteuerung) 138, 159, **32**, *72 - 74, 165*
Nachweis der Ausfuhr 78, **81**
Nachweis des Vorsteuerabzugs 105 - 106, 125, **26**, **28**, **81**, *57, 59*
Nahrungsmittel (Steuersatz) 101, 103, **25**, *53 - 56*
Naturärzten, Leistungen von 65, 66, **21**, **22**, *34 - 35, 39*
Naturalbezüge 91, 93 - 95, 97, 153, 155, **24**, **31**, *47, 94*
Nebenleistungen 64, 103, **19**, *31 - 33*
Neuaufnahme der Geschäftstätigkeit 47, **14**, *11*
Nicht-Entgelt 22, 23, 26, 63, 90, 142, **18**, **33**, *29 - 30, 75*
Nicht-unternehmerische Leistungen 22, 23, 26, 63, 90, **18**
Normalsatz 16, 103, **25**, *53 - 56*
Nutzungsänderung (Eigenverbrauch / Einlageentsteuerung) 138, 140, 159, **30 - 32**, *69 - 74, 165*

Occasionshandel 122, 127 - 132, **28**, *62 - 64*
Öffentlich-rechtliche Beiträge (Mittelflüsse) 19, 22, 23, 26, 63, 90, 142 - 143, **3**, **18**, **33**, *29, 75*
Option für die Versteuerung der von der Steuer ausgenommenen Leistungen 26, 70, 72, **22**, *39*
Ordentliche Verjährungsfrist 192, 195, **42**, **59**, **91**
Organisatoren von Veranstaltungen, Dienstleistungen von 21, 77, 82, **8**, **23**
Ort der Dienstleistung 21, **8**
Ort der gelegenen Sache 21, **8**
Ort der Lieferung 20, **7**, *3 - 5*
Ort der Tätigkeit 21, **8**, *5a, 6, 6a*
Ort des Leistungsempfängers 21, **8**
Ort des Leistungserbringers 21, **8**

Parkplätze, Vermietung von 45 - 46, 69, 74, **21**
Pauschale Vorsteuerabzugskorrekturen 144, **30**, *65 - 68*
Pauschalsteuersatzmethode 16, 180, **37**, *97 - 100, 127*
Personal, Leistung ans 91, 93 - 95, 97, 153, 155, **24**, **31**, *47, 94*
Personalausflüge und -essen 126
Personalverleih (Dienstleistungen) 21, 66, 70, **8**, **21**, **22**, *39*
Personenbeförderungsleistung 21, 66, 80, **8**, **9**, **21**, **23**, *5a, 6, 6a, 41 - 43*
Pfandgelder (Mittelflüsse) 22, 23, 26, 63, 90, 143, **18**, **33**, *75*
Pflanzen, Steuersatz 101, **25**
Pflegeleistungen 65, 66, **21**, **22**, *34 - 35, 39*
Plausibilitätskontrolle der Steuerabrechnungen 225, 235 - 239
Plausibilitätskontrolle der Vorsteuern 225, 234
Postwertzeichen, Verkauf von 69, **21**, **22**, *39*
Praxis-Info-Broschüren der ESTV 13
Privatanteil Fahrzeug 93 - 94, 97, 155, **31**
Privatanteil Fahrzeug, Lieferung oder Eigenverbrauch 98
Private Zwecke 22, 26, 45, 63, 90, 93 - 94, 97, 153, 155 - 156, **18**, **31**, *69 - 74*
Prüfspur 129, 250
Publikationen der ESTV 13

Qualifizierte Steuerhinterziehung 257, **97**
Quartalsabrechnung 171
Quartalsabrechnung (Praxisfall) 196
Quittungen 105, **26**, *45, 57, 103*

Radio- und Fernsehgesellschaften, Dienstleistungen der 101, **25**
Rechnung 20, **3**
Rechnungsstellung 105, **26**, *45, 57, 103*
Rechte (dingliche Rechte an Grundstücken) siehe Liegenschaften
Rechtsformändernde Umwandlung nach FusG 38
Rechtskraft der Steuerforderung 192, 194, **43**
Rechtsmittelverfahren 251, **81 - 85**, *141 - 142*
Reduzierter Steuersatz 16, 101, **25**, *49 - 56*
Referententätigkeit 66, 144, **21, 22, 30**, *39, 65 - 68*
Reihengeschäft 79, 84, 210, **7, 23**, *3*
Reisebüro, Dienstleistungen von 21, 77, 82, **8, 23**
Restwerttabelle für die Ermittlung des Zeitwertes 165, 166
Rückgängigmachung des vorgenommenen fiktiven Vorsteuerabzugs 129
Rückerstattung wegen Wiederausfuhr 215, **60**

Sachgesamtheiten 64, 103, **19**, *31 - 33, 112*
Saldosteuersätze, Entwicklung 16
Saldosteuersatzmethode 16, 153, 172, 173, **37**, *77 - 96, 107, 127, 166*
Sammelstücke, Handel 127, **28**, *62*
Samnaun, Sampuoir 18, **3, 4**
Sanierungsleistungen (Mittelflüsse) 22, 23, 26, 63, 90, 143, **18, 33**, *75*
Schadenersatzzahlungen (Mittelflüsse) 22, 23, 26, 63, 90, 143, **18, 33**, *75*
Schatzungswert Gebäudeversicherungsanstalt 120, 159 - 163, **31 - 32**, *71, 74*
Schiedsgerichtsbarkeit, Leistungen 69, **21, 22**, *39*
Schliessfächern, Vermietung von 69, **21**
Schlussabrechnung bei Beendigung der Steuerpflicht 51, 52
Schriftstellern, Leistungen von 67, 102, **21, 22, 25**, *36, 39*
Schulungs- und Weiterbildungsleistungen 66, **21, 22**, *39*
Selbstanzeige 258, **102**
Semesterabrechnung (Saldosteuersatzmethode) 172
Sicherstellung der Steuer 254, **93 - 95**
Sold (Mittelflüsse) 22, 23, 26, 63, 90, 142, 144, **18, 30, 33**, *65 - 68, 75*
Sondersatz (Beherbergung) 16, 102, 121, **25**
Sozialhilfeleistungen 66, **21, 22**, *39*
Spenden (Mittelflüsse) 19, 22, 23, 26, 63, 90, 143, **3, 18, 33**, *75*
Spezialwerkzeuge 64, **19**, *31 - 33, 112*
Spitalbehandlungen 65, **21, 22**, *34 - 35, 39*
Sportanlässe 67, 102, **21, 22, 25**, *39*
Sportanlagen, Vermietung von 69, **21, 22**, *39*
Sportvereine (Steuerpflicht) 28, **10**
Stellvertretung 21, 64, 67 - 68, 76, 91, 110, **8, 20, 21, 23, 24**, *37*
Steuer auf den Einfuhren 57, 192, 207 - 219, **40, 50 - 64**, *112 - 121*
Steuerausweis 105, 125, **26 - 28**, *59*
Steuerbare Leistungen 64, **18**, *26*
Steuerbefreite Einfuhren 207, **53**, *113*
Steuerbefreite Leistungen 76, 90, **21, 23**, *34 - 38, 40 - 44*

Steuerbefreite Umsätze von Münz- und Feingold **107**, *44, 61*
Steuerbefreiung des internationalen Busverkehrs 21, 80, **8**, **23**, *43*
Steuerbefreiung des internationalen Eisenbahnverkehrs 21, 80, **8**, **23**, *42*
Steuerbefreiung des internationalen Luftverkehrs 21, 80, **8**, **23**, *41*
Steuererlass 253, **64**, **92**
Steuerforderung, Abtretung und Verpfändung **44**, *108*
Steuerforderung, Entstehung 191, **40**
Steuerforderung, Rechtskraft 192, 194, *43*
Steuerhehlerei 257, **99**
Steuerhinterziehung 256, **96**
Steuernachfolge 53, **16**
Steuerobjekt bei der Inlandsteuer 63, **18 - 23**, *26 - 43*
Steuerobjekt bei Einfuhren 207, **52**, *112*
Steuerperiode 20, 170, **34**, *76*
Steuerpflicht, Beginn und Ende 47, 153, 221, **14**, **31**, **66**, *11, 69 - 71*
Steuerpflicht bei der Erstellung von Liegenschaften 39, 156, 249, **31**, *69*
Steuerpflicht Bezugsteuer 54, 207, **45**, *109 - 111*
Steuerpflicht Einfuhrsteuer 57, 207, **51**
Steuerpflicht Inlandleistungen 27, **10**, *7 - 10*
Steuerpflicht von Gemeinwesen 31, 180, **12**, **37**, *12 - 14, 97 - 100*
Steuerpflicht von Sportverein, Kulturverein oder gemeinnützige Institution 28, **10**
Steuerpflicht von Unternehmen mit Sitz im Ausland 27, 49, 55, 60, 221, **10**, **45**, **67**, *7 - 8, 10, 109*
Steuersätze 16, 101, **25**, *49 - 56*
Steuersatzänderung (Übergangsbestimmungen) 260, **115**
Steuersubjekt 27 - 61, **10 - 17**, *7 - 25*
Steuersubjekt Bezugsteuer 54, 207, **45**, *109 - 111*
Steuersubjekt Einfuhrsteuer 57, 207, **51**
Steuersubjekt Inlandleistungen 27, **10**, *7 - 10*
Steuersubstitution **17**
Steuerüberwälzung 65, 90, **6**
Steuervertretung 221, **67**, *18*
Stiftungsratshonorare, unselbständig ausgeübte (Mittelflüsse) 22, 23, 26, 63, 90, 142, 144, **18**, **30**, **33**, *65 - 68, 75*
Stille Versteuerung (Vorsteuerabzugskorrektur) 145
Stockwerkeigentümergemeinschaften, Leistungen von 68, **21**, **22**, *39*
Strafbestimmungen 256, **96 - 106**
Strafverfolgung 103
Subventionen (Mittelflüsse) 19, 22, 23, 26, 63, 90, 142 - 143, **3**, **18**, **33**, *29, 75*
System der Mehrwertsteuer 24 - 26

Tätigkeiten, hoheitlich (Mittelflüsse) 19, 22, 23, 26, 63, 90, 143, **3**, **18**, **30**, **33**, *65 - 68, 75*
Tausch von Gegenständen 91, 111, **24**
Teil- oder Gesamtvermögen, Übertragung von 181, **38**, *83, 101 - 105*
Teilhaber an einer einfachen Gesellschaft, Kollektiv- oder Kommanditgesellschaft, Mithaftung 53, **15**, *22*
Teilzahlungen, Entstehung der Steuerforderung 78, 191, **40**
Telekommunikations- und elektronische Dienstleistungen 27, 49, 55, **10**, **45**, *7 - 8, 10 - 11*
Tiere (Vieh, Geflügel, Fische), Steuersatz 101, **25**
Transitwaren unverzollt 76, 81, **23**
Transportleistungen 21, 78, 87, **8**, **23**

11 Anhang

Trink- und Esswaren, Steuersatz 101, 103, **25**, *53 - 56*

Übergangsbestimmungen 259, **112 - 115**, *166*
Überlassung von Grundstücken und Grundstücksteilen 68, 70, 249, **21, 22**, *39*
Übernahme / Übertragung einer Unternehmung 53, **15, 16**
Übertragung eines Gesamt- oder Teilvermögens 181, **38**, *83, 101 - 105*
Übertragung und Bestellung von dinglichen Rechten an Grundstücken 68, 70, 90, 248 - 249, **21, 22, 24**, *39, 103*
Überwälzung der Steuer 65, 90, **6**
Umsatzabstimmung (Finalisierung) 195, 224, 231, **72, 96, 102**, *128 - 129*
Umschliessung 64, 103, **19**
Umstrukturierung 181, **38**, *83, 101 - 105*
Umwandlung, rechtsformändernde nach FusG 38
Unberechtigter Steuerausweis 105, **27**
Unecht befreite Leistungen 65, 70, 90, **21, 22**, *34 - 38, 39*
Unentgeltliche Zuwendung 91, 153, **31**, *47, 69*
Unselbständig ausgeübte Tätigkeit (Mittelflüsse) 22, 23, 26, 63, 90, 142, 144, **18, 30, 33**, *65 - 68, 75*
Unterlassen einer Handlung (Dienstleistungen) 19, 21, **3, 8**
Unternehmen (Begriff) 22 - 23, **10**, *7 - 10*
Unternehmen mit Sitz im Ausland, Steuerpflicht 27, 49, 55, 60, 221, **10, 45, 67**, *7 - 8, 10, 109*
Unternehmerische Leistungen 23, 64, 65, 76, 90, **12, 18, 21, 23**, *9, 12 - 14*
Unternehmerischer Grund 91, 92, 94, 95, **31**, *47*
Unterstellungserklärung beim Einfuhrreihengeschäft 210, 211 - 214, **7**, *3*
Unterstellungserklärung Saldosteuersätze 179
Untervermietung von Räumlichkeiten 74
Urprodukte, Lieferung 69, 102, **21, 22, 25**, *39*
Urproduktebezug 126, **28**

Veranlagung der Steuerforderung 170, **34 - 40**, *76 - 107*
Veranlagungsverfügungen EZV 78, 125, 210, **28**
Vercharterung von Luftfahrzeugen 76, **23**, *40*
Veredelung von Gegenständen 76, 85, 208, **23**, *53*
Vereinbartes Entgelt 189, **39**, *106 - 107*
Vereinfachungen 251, **80**
Vereinnahmtes Entgelt 189, **39**, *106 - 107*
Verfahrensrecht 221, **65 - 95**, *122 - 142*
Verfügung der ESTV 193, 194, 250, 251, **42, 43, 82**
Verfügungs- und Rechtsmittelverfahren 251, **81 - 85**, *141 - 142*
Vergütung der MWSt an Abnehmer mit Wohn- und Geschäftssitz im Ausland **107**, *151 - 156*
Vergütungszins 253, **61, 88, 108**
Verjährung der Einfuhrsteuerschuld **56, 59**, *114 - 116*
Verjährung der Steuerforderung 192, **42, 91**
Verjährungsfristen 192, 195, **42, 59, 91**
Verjährungsunterbrechung 193, **42, 91**
Verkauf von Boden 41, 90, 249, **24**
Verkauf von Ess- und Trinkwaren 101, 103, **25**, *53 - 56*
Verkauf von gebrauchten beweglichen Gegenständen (aus dem von der Steuer ausgenommen Bereich) 69, **21, 22**, *39*
Verkauf von Liegenschaften 68, 70, 90, 248 - 249, **21, 22, 24**, *39, 103*
Verkauf von Liegenschaften, Grundsatzregelung 248

Verkauf von Motorfahrzeugen ins Ausland 81, **23**
Verkauf von Privatgegenständen zwecks Ausfuhr im Reiseverkehr 82, **23**
Verkehrsverein, Einnahmen von (Mittelflüsse) 22, 23, 26, 63, 90, 142, **18**, **33**, *29, 75*
Verlagerung der Steuerentrichtung 215, **63**, *117 - 121*
Verlegern und Verwertungsgesellschaften, Leistungen von 67, 102, **21**, **22**, **25**, *36, 39*
Verletzung von Verfahrenspflichten 257, **98**
Vermeidung von Wettbewerbsverzerrungen **9**, *6, 6a*
Vermietung von Campingplätzen 68, 102, **21**, **25**
Vermietung von Ferienwohnungen/-häusern 45 - 46, 68, 74, 102, **21**, **25**
Vermietung von fest eingebauten Vorrichtungen und Maschinen 69, **21**
Vermietung von Liegenschaften 68, 70, 249, **21**, **22**, *39*
Vermietung von Maschinen, Geräte und Fahrzeuge ins Ausland 78, 81, **23**, *6, 40*
Vermietung von Messestandflächen 69, **21**
Vermietung von Parkplätzen 45 - 46, 69, 74, **21**
Vermietung von Räumlichkeiten, Option 70, 72, 223, 248, 249, **22**, *39*
Vermietung von Schliessfächern 69, **21**
Vermietung von Sportanlagen 69, **21**, **22**, *39*
Vermittlung von Leistungen 21, 64, 67 - 68, 76, 91, **8**, **20**, **21**, **23**, **24**, *37*
Verpachtung von Liegenschaften 68, 70, 249, **21**, **22**, *39*
Verpackung 64, 103, **19**
Verpfändung und Abtretung der Steuerforderung **44**, *108*
Verpflegungsautomaten, Einnahmen von Nahrungsmittel 103, **25**
Versenden oder Befördern von Gegenständen ins Ausland 21, 78, 87, **8**, **23**, *40*
Versicherungsleistungen 67, **21**, *37*
Verträge 105, 114 - 119, **26**, *103*
Verwaltungsrat, Mithaftung 53, **15**
Verwaltungsratshonorare, unselbständig ausgeübte (Mittelflüsse) 22, 23, 26, 63, 90, 142, 144, **18**, **30**, **33**, *65 - 68, 75*
Verzicht auf die Befreiung der Steuerpflicht 29, **11**, *11*
Verzugszins 252, **57**, **87**, **108**
Viehhandel 69, **21**, **22**, *39*
Von der Steuer ausgenommene Leistungen 65, 70, 90, **21**, **22**, *34 - 38, 39*
Von der Steuer befreite Leistungen 76, 90, **23**, *40 - 44*
Voraussetzung für die Abrechnung der MWSt 17, **1**
Vorauszahlungen, Entstehung der Steuerforderung 78, 191, **40**
Vorbehaltlose Bezahlung einer Einschätzungsmitteilung 194, **43**
Vorsteuerabstimmung (Finalisierung) 195, 224, 232, **72**, **96**, **102**, *128 - 129*
Vorsteuerabzug 125, **28 - 33**, **58 - 75**
Vorsteuerabzug, Ausschluss des Anspruchs 142, **29**
Vorsteuerabzug, nachträglich (Einlageentsteuerung) 138, 159, **32**, *72 - 74, 165*
Vorsteuerabzug, Nachweis 105 - 106, 125, **26**, **28**, **81**, *57, 59*
Vorsteuerabzug, spätere Entstehung des Anspruchs (Einlageentsteuerung) 138, 159, **32**, *72 - 74, 165*
Vorsteuerabzug, Verjährung des Anspruchs 192, 195, **42**, **59**, **91**
Vorsteuerabzug bei Beteiligungen 132, **29**, *9*
Vorsteuerabzug bei Bezügen von Landwirten, Forstwirten, Gärtnern, Viehhändlern und Milchsammelstellen 126, **28**
Vorsteuerabzug bei Bezugsteuern 125, 191 - 192, **28**, **40**, *58*
Vorsteuerabzug bei Einfuhren 125, 192, **28**, **40**, *58*
Vorsteuerabzug bei gebrauchten individualisierbaren beweglichen Gegenständen 127 - 132, **28**, *62 - 64*

11 Anhang 395

Vorsteuerabzug bei gemischter Verwendung 144, **30**, *65 - 68*
Vorsteuerabzug bei Geschenken 93 - 95, 153, **31**
Vorsteuerabzug bei Holdinggesellschaften 132, **29**, *9*
Vorsteuerabzug bei von der Steuer ausgenommenen Leistungen im Ausland 151, **29**, *60*
Vorsteuerabzug bei Warenmustern 153, **31**
Vorsteuerabzug bei Werbegeschenken 153, **31**
Vorsteuerabzug fiktiv 126, 127, **28**, *62 - 64*
Vorsteuerabzug für Leistungen im Ausland 70, 79, 151, **28**, **29**, *60*
Vorsteuerabzugskorrektur (Eigenverbrauch) 140, 142, 144, **30**, **31**, *65 - 71, 92*
Vorsteuerabzugskorrektur bei Erstellung von Bauwerken 39, 156, 249, **31**, *69*
Vorsteuerabzugskorrektur, Entnahme von Gegenständen 153, **31**, *69 - 71*
Vorsteuerabzugskorrektur, Privatanteil Fahrzeug 93 - 94, 97, 155, **31**
Vorsteuerabzugskürzung 142, **33**, *75*
Vorsteuerkorrekturen (Eigenverbrauch / Einlageentsteuerung) infolge Nutzungsänderung 138, 140, 159, **30 - 32**, *65 - 74, 165*
Vorträge, Kurse wissenschaftlicher oder bildender Art 66, **21**, **22**, *39*

Wärme, Lieferung von 18, **3**
Wahlmöglichkeiten (Übergangsbestimmungen) 260, **114**, *166*
Warenbeförderungsleistungen 21, 78, 87, **8**, **23**, *40*
Warenmuster 153, **31**
Warenumschliessungen 64, 103, **19**
Wasser in Leitungen, Steuersatz 101, **25**
Wechsel von der effektiven Abrechnungsmethode zur Saldosteuersatzmethode und umgekehrt 176, **37**, *79, 81*
Weiterbildungs- und Schulungsleistungen 66, **21**, **22**, *39*
Werbegeschenke 153, **31**
Werbeleistungen 19, 21, 69, **3**, **8**, **21**, **22**, *39*
Werkvertragliche Leistungen 39, 60, 79, 156, 207, **23**, **31**, **53**, *69*
Wert des Bodens 41, 90, 249, **24**
Wertvermehrende / werterhaltende Aufwendungen bei Liegenschaften 159, **31 - 32**, *69 - 74*
Wetten, Lotterien und sonstige Glücksspiele 69, **21**
Widerhandlung im Geschäftsbetrieb 257, **100**
WIR-Geld 90, **24**, *46*

Zahlungserleichterungen **90**
Zahlungsfrist, Entrichtung der Steuer 252, **86**
Zahnprothesen, Abgabe von 65, **21**, *34 - 35*
Zeitungen und Zeitschriften 101, **25**, *50 - 52*
Zeitwert 138, 140, 159, **30 - 32**, *65 - 74, 165*
Zinserträge, Vorsteuerabzugskorrektur 144, **30**, *65 - 68*
Zolldokumente 78, **81**
Zollfreihafen / Zollfreilager 18, 76, 81, **3**, **23**
Zollinland 18, **3**, *1*
Zoologische und botanische Gärten, Museen, Galerien 67, 102, **21**, **22**, **25**, *36, 39*
Zuordnung von Leistungen (Stellvertretung) 21, 64, 67 - 68, 76, 91, 110, **8**, **20**, **21**, **23**, **24**, *37*
Zurverfügungstellung von Personal (Dienstleistungen) 21, 66, 70, **8**, **21**, **22**, *39*
Zuschüsse von eng verbundenen Personen (Mittelflüsse) 22, 23, 26, 63, 90, 143, **18**, **33**, *75*